政府投资工程管理实务丛书

高俊合　主编

项目监督手册

高俊合　主编

中国建筑工业出版社

图书在版编目（CIP）数据

项目监督手册 / 高俊合主编 . —北京：中国建筑
工业出版社，2021.4（2022.4 重印）
（政府投资工程管理实务丛书 / 高俊合主编）
ISBN 978-7-112-26037-9

Ⅰ . ①项…　Ⅱ . ①高…　Ⅲ . ①政府投资 – 基本建设项
目 – 项目管理 – 监督管理 – 手册　Ⅳ . ① F284–62

中国版本图书馆 CIP 数据核字（2021）第 057020 号

责任编辑：徐晓飞　张　明
责任校对：王　烨

政府投资工程管理实务丛书
高俊合　主编

项目监督手册
高俊合　主编

*

中国建筑工业出版社出版、发行（北京海淀三里河路 9 号）
各地新华书店、建筑书店经销
北京建筑工业印刷厂制版
北京中科印刷有限公司印刷

*

开本：880 毫米 ×1230 毫米　1/16　印张：31½　字数：840 千字
2021 年 7 月第一版　　2022 年 4 月第二次印刷
定价：**160.00** 元
ISBN 978-7-112-26037-9
（37091）

《政府投资工程管理实务丛书》

主　　编：高俊合

《项目监督手册》编委会成员

主　　编：高俊合

编　　委：高　琳　孙琳琳　钱　程　初进校　柳长顺

张国强　黄　晶　孙　毅　李昌宇　温丽蓉

序

  政府投资工程多是基础设施和民生工程，对国家经济社会发展至关重要。虽然我国经过改革开放四十年的高速发展，城市基础设施和民生工程日趋完善，但即便是"北、上、广、深"等一线城市，政府投资工程还是量大、面广、工期紧，从业人员工作非常繁忙，尤其是区（县）基层建设单位和监管部门的工作人员，每天总有干不完的活。

  由于管理体制的原因，一个政府投资工程从立项到竣工验收、移交使用，除了建设单位和承包商外，还有多个政府部门参与。尤其是前期工作，多达十几个部门参与审批或监督，如发改、财政、规划、土地、环保、林业、水务、建设、人防、消防等，建设单位填报的表格多达几十种。尽管国家和地方政府，已在工程建设领域进行"放、管、服"改革，有的地方力度还较大，但政府投资工程建设管理仍然是一件复杂的系统工作，这不仅要求管理人员要具备相应的业务知识，还需要及时掌握国家及地方政策法规。毫无疑问，尚要求建设（监管）单位具有完善的内部管理制度，以及作业指导书（如《项目管理手册》《项目监督手册》等），这些对高效、高质量地实现各个项目管理目标非常重要。但据本人了解，实际书籍市场上缺少这方面的资料。

  高俊合博士及其团队成员，长期在深圳从事政府投资工程建设和监管工作，具有较丰富的管理经验。他们经过多年的工程管理实践和探索，结合深圳大鹏新区的实际，形成了一套行之有效的政府投资工程建设管理体系和管理方法，并编制成了本套丛书。丛书共四册，包括《法律法规汇编》《内控制度手册》《项目管理手册》和《项目监督手册》。手册以图表为主，系统地介绍了项目管理和监督中常见业务的流程图和相应申报、审批、监督等表格，实用性很强。相信此套丛书的面世为政府投资工程建设和监管单位相关人员带来很好的指导作用和便利的使用效果。本人非常高兴为此套丛书作序。

同济大学　教授　丁士昭

2019 年 11 月 9 日于上海

丛 书 自 序

政府投资工程不仅包括市政道路、桥梁、给排水、燃气、园林绿化、环卫等市政基础设施，还包括学校、医院、保障房、行政服务设施等，多是民生工程，对城市经济社会发展至关重要；同时，由于政府投资工程涉及规划、土地、环保、水务、交通、消防、人防、绿色建筑、招投标、廉政建设等众多环节，工期紧、任务重，对技术、质量、安全、文明施工及生态环境保护要求高。每一个政府投资工程都是一项复杂的系统工程，尤其是在区（县）级，因人力资源有限，如何高效、规范地完成建设任务是政府投资工程管理机构和管理人员面临的一项重要课题。

笔者所在的项目建设和监管团队，主要来自深圳市大鹏新区住房和建设局、原建设管理服务中心（建筑工务局），经过多年的实践，在借鉴国内外有关城市及深圳市、"兄弟"区相关建设主管及工务部门的经验基础上，探索形成了一套行之有效的政府投资工程建设管理体系和管理方法。主要包括四个层级：一是国家及地方层面的法律法规执行，二是建设单位内部制度管控，三是建设单位层面的项目管理，四是政府监督部门层面的监管。近年来，深圳市大鹏新区住房和建设局组织相关技术和管理人员，结合最新法规和实践需要，对上述管理体系和方法作进一步修改完善，编制了此套丛书，主要目的是供内部培训使用，同时为方便与同行交流，在广东岭南教育研究院中国建筑工业出版社的支持下予以出版。

本套丛书共包括四册：第一册为《法律法规汇编》，第二册为《内控制度手册》，第三册为《项目管理手册》，第四册为《项目监督手册》。在编制时，第二册以第一册为基础，第三册以前两册为基础，第四册以第一册和第二册部分内容（监督制度）为基础，所以在具体使用时应注意四册之间的相互关联性。

因时间及水平所限，丛书不可避免存在很多不足甚至错漏之处，恳请广大同行批评指正。

衷心感谢同济大学丁士昭教授在本套丛书的编写过程中给予我们多次指导和鼓励，并在百忙之中作序。

高俊合

2020 年 2 月于深圳

前　言

《项目监督手册》介绍了自项目立项至结（决）算审计结束的项目全过程中的主要项目监督工作。本手册共 26 章：第 1 章针对项目监督职责分工及主要内容作了概述；第 2 章～第 25 章分别对相关业务作了叙述；项目监督（审批）过程中发现的各类违法违规处罚（包括行政处罚、刑事处罚）集中在第 26 章中叙述。

本手册结构采用模块化设计，即部分章节内容划分为管理内容概述、重点工作内容和工作图表（含工作流程、常用表格和文书）三部分内容。为做到手册简洁实用，"重点工作"部分着重介绍了政府投资工程管理过程中常见的重点、难点问题和注意事项，"工作图表"部分则以流程图和表格的形式介绍了管理过程中常见工作流程图、申报指引表格、报审表格和审批表格等内容。附图和附表的编号与相关章节相对应，便于查阅。鉴于政府投资工程管理流程的普遍适用性，本手册的流程图和表格部分参照了深圳市相关单位和深圳市大鹏新区制定的政府投资管理规章制度，部分以《内控制度手册》中的相关制度为基础进行设计。

本手册应与本套丛书中的另外两册《法律法规汇编》和《内控制度手册》以及其他未纳入汇编的及新修订的国家及地方相关法律法规（含规范性文件）、监督（审批）机构内部管理制度等结合使用。本手册与其不一致的地方，应以后者为准（包括可对流程图和表格进行相应修改）。

参与本书编写的人员主要有：深圳市大鹏新区住房和建设局高俊合、黄晶、柳长顺、张国强、孙毅、孙琳琳、温丽蓉等，深圳市大鹏新区发展和财政局初进校，深圳市大鹏新区建设工程质量安全监督站高琳、钱程、李昌宇、李勇等。具体分工如下：

主编：高俊合。

第 1、17、18、19、20、22、24、25 章由高俊合编写；第 2、3 章由孙琳琳编写；第 4 章由高俊合、温丽蓉编写；第 5 章由高琳、高俊合编写；第 6 章由高琳、钱程、孙毅、李勇编写；第 7 章由高琳、高俊合编写；第 8 章由高俊合、张国强编写；第 9、11 章由钱程编写；第 10 章由李昌宇、黄晶、张国强编写；第 12 章由钱程编写；第 13 章由钱程编写；第 14、15 章由钱程、柳长顺编写；第 16 章由钱程编写；第 21 章由初进校编写；第 23 章由初进校、高俊合编写；第 26 章由孙琳琳、高俊合编写。感谢陈显同志提供部分资料。

本书由孙琳琳校核。

目　　录

第 1 章

项目监督主要内容

1.1　项目监督主要工作内容及职责分工

1.1.1　项目阶段划分

政府投资工程由建设单位实施的同时，要接受相关政府部门的监管（审批、监督）。按时间划分，政府投资工程建设全过程可分为三个阶段，即前期阶段（含招投标）、施工阶段（含竣工验收）、保修、结（决）算及审计阶段（含后评价）。

1.1.2　主要监督工作

各阶段项目监督主要内容及职责分工如下。

1. 前期审批

监管方式主要是审批，包括项目立项批复、工可批复、设计方案报审、环评、水保等报审、初步设计及概算批复、用地许可、工程规划许可等。

项目立项、工可、概算主要由发改部门负责审批和投资监管，财政部门负责资金监管；规划资源部门负责规划及土地审批；环保、水务部门分别负责环评和水保等评估及监管。

2. 招投标监督

包括招标备案（审批）、招标过程监督、招投标异议投诉处理、标后评估、制度完善等。招投标监督由建设主管部门负责。

3. 施工及竣工验收监督

包括施工报建批复，施工过程质量安全文明施工监督、生态保护监督、劳务工工资发放监管、竣工验收监管及备案等。

施工报建、施工过程质量安全文明施工及扬尘监督由建设主管部门负责。生态环保监管由环保部门负责。劳务工工资监管由劳动保障主管部门和建设主管部门负责，项目单位参与。进度监督由项目单位牵头负责。投资监管由发改部门牵头，财政部门配合。

小散工程由建设主管部门备案，所在办事处监督管理；拆除工程由建设主管部门负责备案及监督管理工作。

4. 保修监督

包括质量回访、质量投诉处理等，由建设主管部门及其所属质量监督机构负责。

5. 工程结（决）算、审计、稽察[①]

工程结算由发改和财政主管部门负责监督，重大项目审计及项目稽察由审计部门负责。

6. 项目绩效评估及后评价

项目绩效评估和后评价由发改、财政、审计部门负责监督。

进度监督和投资监督贯穿项目管理全过程，每个阶段都有涉及。

项目相关审批及监督部门，如发改、财政、规划资源、建设、生态环保等部门应按职责分工

---

① 本书使用"稽察"一词系参照《深圳市政府投资项目稽察办法》（深圳市人民政府令第281号）中的表述。

细化项目监督方案，并按市区相关政府投资工程管理法规（含规范性文件）履行相应职责。

项目监督主要工作及职责分工一览表见附表1–1。

1.1.3 本手册主要内容

本手册各章主要包括以下方面内容：

1. 项目监督主要内容
2. 项目前期审批
3. 招投标监督
4. 施工报建
5. 工程质量安全监督主要程序性工作
6. 工程质量监督技术要点
7. 安全文明施工监督技术要点
8. 房屋拆除工程及建废综合利用监管
9. 临时建设工程监管
10. 小散工程安全监督
11. 预拌混凝土和预拌砂浆监管
12. 工程监督抽检
13. 工程检测不合格处理
14. 工程质量事故报告及调查处理
15. 工程安全事故报告及调查处理
16. 工程质量安全投诉处理
17. 生态环境保护监管
18. 劳务工工资支付监管
19. 项目进度监督
20. 项目投资监管
21. 项目结（决）算评审
22. 项目审计
23. 项目稽察
24. 社会监督
25. 廉政监督
26. 违法违规处罚

1.2 工 作 流 程

项目监督总框图（图1–1）。

1.3　常用表格和文书

项目监督主要工作及职责分工一览表（表 1-1）。

1.4　相关文件

1.《深圳经济特区政府投资项目管理条例》（2014 年 8 月 28 日深圳市第五届人民代表大会常务委员会公告第 164 号公布，根据 2018 年 1 月 12 日深圳市第六届人民代表大会常务委员会第二十二次会议《关于修改〈深圳经济特区政府投资项目管理条例〉的决定》第一次修正，2021 年 10 月 30 日深圳市第七届人民代表大会常务委员会第五次会议修订）。

2.《深圳经济特区政府投资项目审计监督条例》（深圳市第六届人民代表大会常务委员会公告第 93 号，2018 年 1 月）。

3.《深圳市政府投资项目稽察办法》（市政府令第 281 号）。

4.《深圳市大鹏新区政府投资项目管理办法》（深鹏办规〔2019〕4 号）。

5.《深圳市政府投资项目验收管理暂行办法》（深府办规〔2018〕2 号）。

6.《深圳市大鹏新区基本建设资金管理办法》（深鹏发财规〔2018〕5 号）。

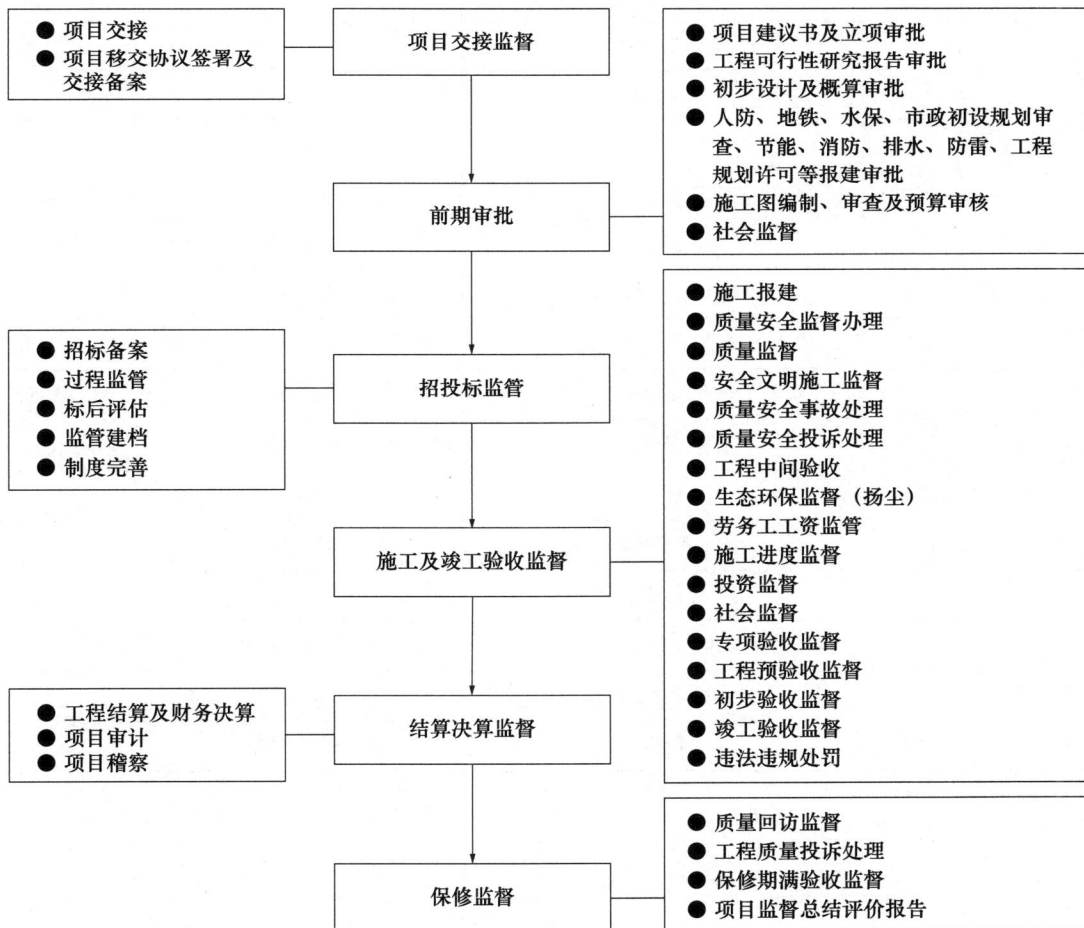

图1-1　项目监督总框图

项目监督主要工作及职责分工一览表 表1-1

	序号	监督事项	牵头部门	配合部门
一、前期阶段	1	立项、工可、概算审批	发展和改革部门	
	2	用地审批	规划资源部门	
	3	林地审批	规划资源部门	
	4	文物保护	文物保护部门	
	5	环评审批	生态环境保护部门	
	6	水保审批	水务部门	
	7	排水审批	水务部门	
	8	节能审批	建设部门	
	9	消防审批	建设部门	
	10	人防审批	建设部门	
二、招投标	11	招投备案（审批）	建设部门	
	12	招标过程监督	建设部门	
	13	招投标异议投诉处理	建设部门	
	14	标后评估	建设部门	
三、施工监督	15	施工报建	建设部门	
	16	质量监督	建设部门	
	17	安全监督	建设部门	
	18	文明施工监督	建设部门	城管部门
	19	生态保护监督	生态环境保护部门	建设部门
	20	竣工验收监管及备案	建设部门	
	21	劳务工工资发放监管	劳动保障部门	建设部门
	22	进度监督	项目单位	发改部门
	23	投资监督	财政部门	建设部门
	24	小散工程	办事处	
	25	拆除工程及建废利用	建设部门	
四、工程保修、结算决算阶段	26	保修监督	建设部门	
	27	工程结（决）算	发展和改革部门	
	28	审计（含绩效审计）	审计部门	
	29	稽察	审计部门	

注：以上各部门为各行业行政主管部门。

第 2 章
项目前期审批

2.1　概　　述

本章所述项目前期审批监督管理主要内容包括：项目交接、审批机构及人员组成、审批对象、审批实施（含立项和资金审批、用地审批、规划审批、事后监管及建档）。

2.2　重 点 工 作

2.2.1　项目交接

政府投资项目不同阶段一般由不同部门完成，如前期工作中的项目建议书编制及立项申报（或工可）由项目单位（如教育、卫生、城管、住建等）完成，而方案设计及初步设计、施工图设计由前期办（或中心）完成，施工由工务部门完成。

不同阶段之间一般需要进行项目交接，办理移交手续（详见《项目管理手册》），并报区重大项目管理机构或督办机构备案。

2.2.2　审批机构及人员组成

政府投资项目前期审批部门主要为本行政区域内发展和改革部门（以下简称"发改部门"）和规划资源部门，此外还有水务、建设等部门。

审批人员应熟悉国家、省、市、区有关政府投资项目管理的法律法规政策，具备相应的专业知识和业务能力。

2.2.3　审批对象

政府投资项目前期审批及监督对象为本行政区域内政府投资项目的立项、资金、用地、规划等前期管理活动、相关从业单位及个人。

2.2.4　审批实施

1. 立项和资金审批

发改部门应组织有关评审机构对直接投资、资本金注入方式的政府投资项目的项目建议书、可行性研究报告、初步设计、项目总概算和资金申请报告进行评估审核，并在法定办理时间内完成技术审查后出具相应批复文件。

可行性研究报告审查内容包括：（1）申报材料是否合规、有效、齐全（详见《项目管理手册》）；（2）根据国家、省、市的规范、标准、规定，重点论证项目建设可行性，功能定位、建设标准、投资估算的合理性，确定项目建设内容及规模，并核定投资估算。办结时限为 20 个工作日。

初步设计概算审查内容包括：（1）申报材料是否合规、有效、齐全（详见《项目管理手册》）；（2）申报概算的总投资是否在可研批复范围内，若是，且建设内容及规模与可研批复范围一致的，无需技术审查，实行告知性备案管理；若否，则进行技术审查；（3）审查重点为依据施工图纸核算项目工程量，按照定额标准核算项目总投资。办结时限为20个工作日。

资金申请审查内容包括：（1）申报材料是否合规、有效、齐全（详见《项目管理手册》）；（2）根据国家、广东省、深圳市的规范、标准、规定，重点研究项目建设必要性及可行性，论证项目功能定位、建设标准、投资估算的合理性，确定项目建设内容及规模，并核定项目总投资。

2. 用地审批

规划资源部门应在建设项目可行性研究论证阶段，依法对建设项目设计的土地利用事项进行审查，提出建设项目用地预审报告。根据《深圳市政府投资建设项目施工许可管理规定》，深圳市、区级项目用地预审与建设项目选址意见书已合并办理。

对于房建类项目，规划资源部门及其派出机构应提出初步选址方案并结合辖区政府及环境保护、水务、林业、国家安全、交通运输、轨道、文物、民航、机场、燃气、电力等主管部门出具的对于项目选址及用地的意见，确定项目用地并出具选址及用地预审意见，办理用地规划许可（或规划设计要点）。

对于市政线性类项目，规划资源部门及派出机构应根据人居环境、交通运输、水务、林业、轨道、文物、民航、机场、燃气、电力等主管部门提出的意见，对方案设计出具方案设计审查意见，再办理选址及用地预审手续。市政道路、交通枢纽场站、公交首末站等交通工程项目，应联同市交通运输部门同步对方案设计进行审查，并由市交通运输部门先行出具专业审查意见。

3. 规划审批

规划资源部门应对已出具建设用地规划许可的建设项目的方案设计进行核查，并出具建设工程规划许可（工程规划审查意见）。

方案设计核查主要内容为：（1）核查方案设计是否符合《建设用地规划许可证》或规划部门出具的规划设计条件、城市设计及详细蓝图（如有）的相关控制要求。需进行设计方案招投标的项目，应核查招投标备案及中标通知书，以及设计方案落实专家评审意见的情况。（2）核查方案设计是否满足城市规划标准与准则的要求。（3）对于重点地段或重要类型的建设项目，应通过城市仿真或实体模型研究建筑空间的形体和布局，并重点对方案设计文件中的城市设计内容进行核查。

建设工程规划许可核发审查要点为：（1）审查设计文件是否符合《建设用地规划许可证》、《建设用地使用权出让合同书》及补充协议以及相关法规和规范的要求；（2）设计文件上的盖章是否齐备（如工程设计出图专用章、注册师专用章等）；必要时需征求交通、城管、公共配套设施接收部门等的意见。

建设工程规划许可补办的核查要点：审查申请补办规划报建手续的已建建筑是否符合城市规划要求、是否与市政交通冲突、用地是否存在闲置问题、是否位于生态控制线或水源保护区内；对位于生态控制线内或水源保护区内的建筑物，应征询环保或水务主管部门意见；在作出同意补办建设工程规划许可决定前应对申请补办报建手续的建筑物进行现场勘查并拍照存档。

建设工程规划许可变更的核查要点：审查设计文件是否符合《建设用地规划许可证》《建设用地使用权出让合同书》及补充协议以及相关法规和规范的要求；设计文件上的盖章是否齐备（如工程设计出图专用章、注册师专用章等）。涉及总平面图变更的，还应当按规定进行公示，公示时间不少于10个工作日。已预售的房地产在建筑工程施工过程中，对公共设施部分确需变更设计的，应核查是否提交全体受让人五分之四以上同意的文件。如变更内容涉及需听证的事项，还应按规定开展听证。

建设工程规划许可延期的核查要点：审核申请项目现有规划条件是否变更、是否存在土地闲置问题。

建设工程设计文件修改备案（建筑类）的核查主要内容：审核申请变更内容是否符合设计文件修改备案的条件；修改内容是否涉及《建设用地规划许可》、《建设工程规划许可》的变更；建筑内部空间划分变更是否用实体墙分隔，是否会导致公共分摊面积变化。涉及总平面图变化的，按规定进行公示。已预售的房地产公共设施部分确需变更设计的，核查是否提供五分之四以上全体受让人的书面同意文书（原件）。修改内容涉及需移交的公共设施变化的，是否取得接收单位的意见。

核发建设工程规划许可证（告知承诺）审查要点：（1）申报项目是否符合实行告知承诺制的条件；（2）依据规划设计条件对报建文件中技术经济指标表进行比对审查；（3）总平面图中用地红线、建筑布局、建筑功能、建筑间距、建筑退线、建筑与周边关系、建筑物栋数和编号、公共空间设置位置及面积、公共配套设施面积和位置、分期建设情况等是否符合相关规划和标准要求；（4）日照分析结果是否符合相关标准和规范。

4．其他审批（监督）

环保、水务、林业等部门按职责权限分别负责相应审批监督工作，详见《项目管理手册》。

5．事后监督

发改部门负责监督检查政府投资项目年度计划的执行情况，并向市政府报告。同时，应选择有代表性的已通过项目验收并投入使用或者运营的政府投资项目，组织开展项目后评价，对项目检查后的实际效果与项目可行性研究报告及其批复文件进行对比分析，对投资决策、建设管理、项目效益等方面进行全面评价，并提出相应的对策建议。

规划资源部门在做出承诺制准予行政许可决定后 20 个工作日内对承诺的内容开展核查工作。核查内容包括：（1）建筑平面、立面、剖面图是否符合《建设用地规划许可证》或设计要点、《深圳市城市规划标准与准则》、《深圳市建筑设计规则》、城市设计、详细蓝图等相关要求；（2）核增建筑面积专篇中核增空间的功能、位置、面积、净宽和净空尺寸及对外开放性等是否满足《深圳市建筑设计规则》相关规定；（3）其他专篇的结论和指标是否满足相关要求；（4）必要时还须征求交通部门、灯光照明主管部门、公共配套设施接受单位意见。

发现存在不实承诺的，规划部门将建设单位、设计单位列入深圳市工程建设项目审批环节"黑名单"，并要求建设单位和设计单位在 10 个工作日内完成整改。对逾期未整改或整改后仍不符合要求的，规划部门做出撤销行政许可决定。被列入"黑名单"的建设单位和设计单位今后将不得向规划部门申请建设工程规划告知承诺事项。

6．建档

政府投资项目前期审批部门应当及时将立项和资金审批、用地审批、规划审批等过程中的文件、照片及影像等相关资料进行归档。

2.3　相 关 文 件

1．《建设项目用地预审管理办法》（国土资源部令第 68 号，2016 年 11 月）。

2．《深圳市城市规划条例》（1998 年 5 月 15 日深圳市第二届人民代表大会常务委员会第二十二次会议通过，根据 2001 年 3 月 22 日深圳市第三届人民代表大会常务委员会第六次会议《关于修改〈深圳市城市规划条例〉的决定》第一次修正，根据 2019 年 10 月 31 日深圳市第六届人民代表大会常务委员会第三十六次会议《关于修改〈深圳经济特区人体器官捐献移植条例〉等四十五项法规的决定》第二次修正，根据 2021 年 10 月 30 日深圳市第七届人民代表大会常务委员会第五次会议《关于修改〈深圳市城市规划条例〉的决定》第三次修正）。

3.《深圳经济特区政府投资项目管理条例》（2014 年 8 月 28 日深圳市第五届人民代表大会常务委员会公告第 164 号公布，根据 2018 年 1 月 12 日深圳市第六届人民代表大会常务委员会第二十二次会议《关于修改〈深圳经济特区政府投资项目管理条例〉的决定》第一次修正，2021 年 10 月 30 日深圳市第七届人民代表大会常务委员会第五次会议修订）。

4.《深圳市政府投资建设项目施工许可管理规定》（深圳市人民政府令第 328 号，2020 年 4 月）。

第 3 章

招投标监督

3.1　概　　述

本章所述招投标监督管理主要内容包括：监督机构及人员组成、监督对象、监督实施（含招标备案、过程监管、标后评估、投诉处理及监督建档）。

3.2　重　点　工　作

3.2.1　监督机构

建设工程招标投标监督部门为各行政区域内建设行政主管部门。

监督人员应熟悉国家、省、市、区（县）有关建设工程招标投标的法律法规政策，具备相应的专业知识和业务能力。

3.2.2　监督对象

监督对象为本行政区域内的招标投标（包括直接发包）及其管理活动，包括建设工程招标代理、担保活动、招标程序、招投标活动以及相关从业企业、从业人员的招投标行为。

3.2.3　监督实施

1. 招标备案

深圳市建设工程招标投标实行告知性备案制度，建设工程招标投标监督部门应在 2 个工作日内完成招标公告备案工作。

在备案阶段，建设行政主管部门主要对进场招标的前提条件、投标资格条件、评标定标方法和招标时限 4 项内容进行合法合规性复核，并一次性告知招标人不合法合规问题所在。

2. 过程监管

建设工程招标投标监督部门发现建设工程招标投标活动有下列情形之一的，应当制止或者责令整改，必要时可以暂停或者终止招标投标活动：

（1）违反招标投标法律、法规、规章和规范性文件等有关规定的；

（2）违反招标投标程序、规则的；

（3）严重违反公平、公正、公开或者诚实信用原则的其他情形的。

3. 标后评估

（1）目的及依据。根据《关于建设工程招标投标改革的若干规定》（深府〔2015〕73 号），深圳市建设工程实行招标投标情况后评估制度。建设工程招标投标监督部门应对其监管招标项目的招标投标活动是否符合公开、公平、公正及诚实信用原则，招标结果是否实现"择优和竞价"的招标目的进行评估。

（2）方法。标后评估每年开展一至两次，评估项目采取抽样方式确定，原则上覆盖相应阶段所有评定分离招标项目。实施方式可自行组织专家评估或委托专业机构评估。

（3）主要内容

① 招标程序的合法性、合规性；

② 招标文件是否设置不合理的排他性条件或排他性技术要求；

③ 招标人是否公平、公正处理投标人的质疑、异议；

④ 招标文件的评标、定标方法是否引导投标人合理、有序竞价；

⑤ 评标委员会是否按规定出具评审意见；

⑥ 过多投标人淘汰环节是否遵循择优或竞价原则；

⑦ 定标工作的合法性、合规性；

⑧ 中标人在所有递交文件的投标人中是否属于综合实力较强、信誉较好、价格合理的投标人；

⑨ 是否存在围标、串标情况；

⑩ 招标过程中的其他异常情况。

（4）评估报告报送。标后评估报告将报送上级监管部门及纪检监察部门。

（5）制度完善。建设工程招标投标监督部门应结合标后评估结果及时发现问题并完善相关制度。

4．投诉处理

建设工程招标投标监督部门应当确定本部门负责受理投诉的机构及其电话、传真、电子信箱和通信地址，并通过市建设部门官网和建设工程交易服务网向社会公布。

建设工程招标投标监督部门收到投诉人或者其他部门转交的投诉后，应当在 3 个工作日内进行审查，根据相关法律法规规定决定是否受理。受理后，应自受理投诉之日起 30 个工作日内作出处理决定，并以书面形式通知投诉人、被投诉人和其他与投诉处理结果有关的当事人。

5．实施方式

建设工程招标投标监督部门在监督招标投标活动中，有权查阅、复印相关文件、资料，调查相关情况，相关单位和人员应当予以配合。在查处违法行为时，除自行调查取证外，也可以向财政、审计、监察、公安等部门调取其掌握的相关证据并作为查处的依据。

对于在监督过程中发现的招标人规避招标、违反规定进行招标等违法行为，建设工程招标投标监督部门应当依法依规查处，对责任人依法处罚，涉嫌犯罪的，依法移送司法机关处理。

6．监督建档

建设工程招标投标监督部门应当及时将招标备案、过程监管、标后评估、投诉处理等监督过程中的文件、照片及影像等相关资料进行归档。

3.3 工 作 流 程

详见招标投标监督流程（图 3-1）。

3.4 相 关 文 件

1.《深圳市人民政府印发关于建设工程招标投标改革若干规定的通知》（深府〔2015〕73 号）。

2.《深圳市工程建设项目招标投标活动异议和投诉处理办法》（深建规〔2020〕16 号）。

3.《深圳市建设工程招标投标情况后评估工作规则（试行）》（深建市场〔2017〕16 号）。

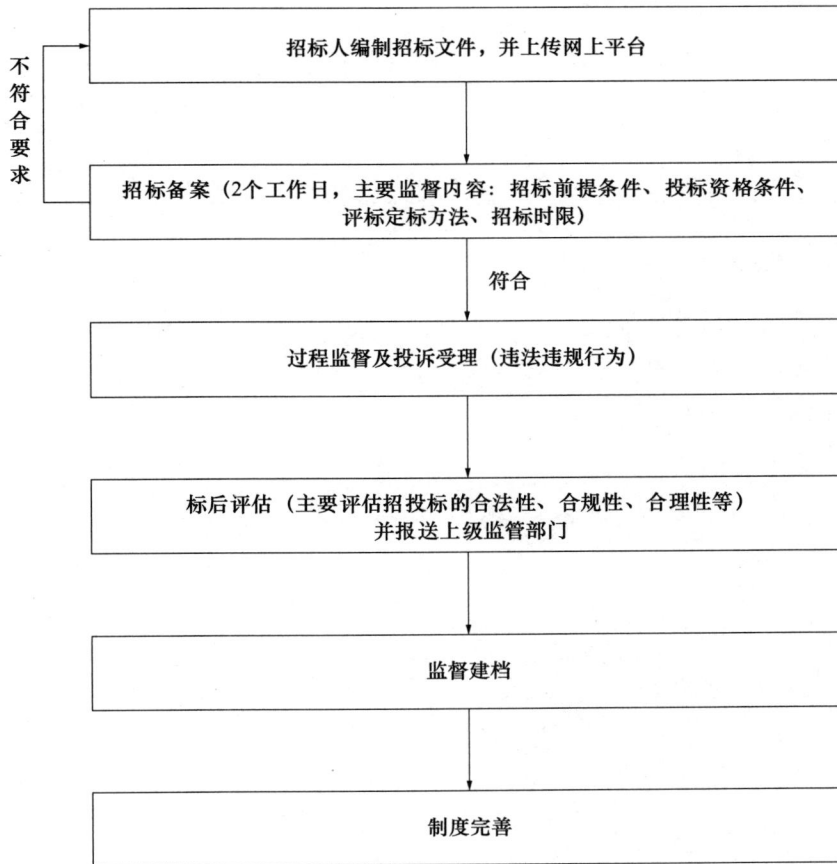

图3-1　招标投标监督流程

第4章

施工报建

4.1　概　　述

本章所述施工报建监督管理主要内容包括：施工许可证、开工批复（备案）、质安监提前介入等施工报建的适用范围及申报条件、办理程序等。

4.2　重 点 工 作

本章仅介绍施工许可证、开工批复（备案）、质安监提前介入等施工报建方法，对于小散工程、房屋拆除工程、临时建设工程的施工报建方法与其监管办法一同分别在相应章节里介绍。

4.2.1　施工许可证

1. 适用范围

（1）适用情形

① 各类房屋建筑及其附属设施的建造、装修装饰和其配套的线路、管道、设备的安装。

② 城镇市政基础设施工程的施工，如城镇道路、桥梁、隧道、地铁、供水、排水、燃气、公园、绿地、公厕、环卫等。

（2）不适用情形

① 限额以下工程（小散工程）

30 万元以下或者建筑面积在 300m² 以下的建筑工程［《建筑工程施工许可管理办法》现行（2018 年 9 月修正）规定］，可以不办理施工许可证。这类工程在深圳市称之为小散工程。

但省级住房和城乡建设主管部门可以对上述限额进行调整，并报国家住房和城乡建设主管部门备案。如广东省 2019 年 9 月 1 日起，将上述限额调整为 100 万元和建筑面积 500m²。

② 抢险救灾工程、临时性房屋建筑、农民自建低层住宅建筑。

③ 军事房屋建筑工程。

④ 按照国务院的权限和程序批准开工的建筑工程，不再领取施工许可证。

无法办理施工许可证的项目，可按照开工批复（备案）、质安监提前介入（仅限政府投资工程）、小散工程等进行报建监管。

2. 申请条件

全部符合以下条件，可申报施工许可证。

（1）依法应当办理用地批准手续的工程已取得建设工程用地批准手续。

（2）在城市、镇规划区的建筑工程已取得建设工程规划许可证（基坑、桩基等提前报建的工程除外）。

（3）施工场地已经基本具备施工条件，需要拆迁的，其拆迁进度符合施工要求。

（4）已经确定建筑施工企业。按照规定应该招标的工程没有招标，应该公开招标的工程没有公开招标，或者肢解发包工程，以及将工程发包给不具备相应资质条件的，所确定的施工企业无效。

（5）按照规定应该委托监理的工程已按程序委托给具备相应资质条件的监理单位。

（6）有满足施工需要的施工图纸及技术资料。

（7）有保证工程质量和安全的具体措施。施工企业编制的施工组织设计中有根据建筑工程特点制定的相应质量、安全技术措施，专业性较强的工程项目编制的专项质量、安全施工组织设计。

（8）建设资金已经落实。建设单位应当提供建设资金已经落实承诺书。

（9）法律法规规定的其他条件。

随着工程建设行政审批改革，以及不同城市土地规划管理体制的不同，对于公园（不含管理用房）、绿地等，有时不把用地审批手续和工程建设规划许可作为办理施工许可证的前置条件。

3. 申请资料

各种情形下，申办施工许可证所需申请资料详见"常用表格和文书"。

4. 办理程序及注意事项

（1）办理程序

深圳市办理施工许可采用全过程网上办理，用申请单位的账号在广东政务服务网深圳市登录"深圳市投资项目在线审批监管平台" http://wsbs.sz.gov.cn/investment/index，找到对应项目进行在线申报。按以下流程办理：

① 申请单位网上填写在线表单，上传申请材料，并提交。

② 发证机关进行预审（2个工作日），若资料符合要求，预审通过，否则，预审驳回，申请单位重新补充补正资料。

③ 发证机关预审通过后，申请单位将网上申报的材料准备一份纸质版在区行政服务大厅综合窗口递交。

④ 发证机关内部呈批（3个工作日内办结）。

⑤ 申请单位可在系统自行下载电子版施工许可证。

施工许可阶段申请表见表4-2-1～表4-2-5。

（2）注意事项

① 申请表应在电脑填写并打印后签章；电子版及纸质版材料应清晰、工整，不要出现缩小、字迹模糊等情况；复印件须加盖申请单位的公章，并注明复印件与原件一致。

② 地基与基础工程可分土石方、基坑支护及桩基础工程，但是应以地基与基础工程为整体发包（即合同要签订在一起），分开办理施工许可的，要附合同价及工期如何拆分的说明，各部分合同价、工期加起来应和地基与基础工程施工合同价、工期一致。

③ 在领取《建设工程规划许可证》后，因工程设计原因应重新办理《建设工程规划许可证》。

如根据《深圳市经济特区城市规划条例》第五十六条规定在领取《建设工程规划许可证》后，有关工程设计因以下情况确需修改的，应重新办理《建设工程规划许可证》：

a. 涉及建筑物位置、立面、层数、平面、使用功能、建筑结构的；

b. 市政工程中涉及规模、等级、走向、工艺设计、立面、平面、结构、功能及设备的容量、造型有较大变化的。

④ 项目经理及总监有关规定。

为保证项目主要负责人有足够的时间管理项目，对其任职数量必须进行限制。根据《深圳市住房和建设局关于进一步规范项目经理、项目总监任职锁定和解锁程序的补充通知》（深建规〔2015〕7号）第一条：

（一）对于招标投标建设工程，市、区建设主管部门自招标人提交招标投标情况报告备案之日起，锁定中标项目的项目经理、项目总监的任职资格（即依法暂停其再投标或者承接工程的资格，下同）；对于直接发包工程，自办理施工许可证之日起锁定在施工单位拟任职的项目经理、项目总监的任职资格；对于提前介入质量安全监督（以下简称"提前介入"）的直接发包工程，自批准提前介入之日起锁定在施工单位拟任职的项目经理、项目总监的任职资格。

（二）被锁定任职资格的项目经理，不得在其他项目中任职项目经理。项目总监最多可以同时兼任3个非重大或者非重点建设工程项目；项目总监可以在一个重大或者重点建设工程项目任职；已经任职非重大或者非重点建设工程项目的项目总监，不得再承接或者投标重大或者重点建设工程项目。

5. 后续监管

发证机关应当建立颁发施工许可证后的监督检查制度，对取得施工许可证后条件发生变化、延期开工、中止施工等行为进行监督检查，发现违法违规行为及时处理。

（1）按照规定应当申请办理施工许可证的项目，而未办理的，一律不得开工。

（2）施工许可证应当放置在施工现场备查，并按规定在施工现场公开。

（3）建筑工程在施工过程中，建设单位发生变更的，应当重新领取施工许可证。施工单位发生变更，办理施工许可变更手续。

（4）建设单位应当自领取施工许可证之日起3个月内开工。因故不能按期开工的，应当在期满前向发证机关申请延期，并说明理由；最多延期两次，每次不超过3个月。既不开工又不申请延期或者超过延期次数、时限的，施工许可证自行废止。

（5）在建工程因故中止施工的，建设单位应当自中止施工之日起一个月内向发证机关报告，报告内容包括中止施工的时间、原因、在施部位、维修管理措施等，并按照规定做好建筑工程的维护管理工作。发证机关应当在3个工作日内将中止施工情况通知质量安全监督机构，中止施工期间，监督机构中止工程质量安全监督。

建筑工程恢复施工时，应当向发证机关报告；中止施工满一年的工程恢复施工前，建设单位应当报发证机关核验施工许可证。

6. 市区施工许可办理（工程监管）权限划分

一个地区可根据本地建筑工程项目情况（数量及难度等）以及市、区（县）发证机关及质量安全监督机构技术及管理力量情况，划分市与区（县）各自的施工许可办理（工程监管）权限。如深圳市、区权限划分如下：

（1）深圳市住房和建设局负责范围

① 中央、省、市财政性资金投资50%以上（含本数）的建设工程。

② 项目建安工程投资额在3亿元以上（含本数）、建筑高度超过100m，建筑物最大跨度大于30m的社会投资建筑工程项目。

③ 省管大型建筑工程项目施工许可证核发下放广州市、深圳市实施[①]。

---

① 注：城市更新项目、"市投区建"的政府投资项目等审批及监管权限已下放至各区。

（2）各区住房和建设局负责范围

① 城市更新项目、区投区建的政府投资项目。

② 项目建安工程投资额在 3 亿元以下且建筑高度不超过 100m 和建筑物最大跨度不大于 30m 的所有社会投资建筑工程项目。

③ 重点片区项目（社会投资工程），如深圳湾超级总部基地、留仙洞战略性新兴产业总部基地、平湖金融与现代服务业基地、国际低碳城、华为科技城、深圳国际生物谷坝光核心启动区、大空港新城、深圳北站商务中心区、光明凤凰城、坪山中心区、宝安中心区、大运新城、笋岗一清水河片区、高新北区、福田保税区等重点区域内的所有社会投资项目。

④ 城市主干道、次干道和城市支路项目。

4.2.2 开工批复（备案）

1. 适用范围

地质灾害治理工程，基本农田设施建设项目，水务工程（含水利水电工程，下同）等采取开工批复（备案）的形式进行施工报建。

2. 申请条件

全部符合以下条件，可申报开工批复施工许可证。

（1）有关部门同意立项、下达资金计划或建设（专项治理）的函件。

如《深圳市地质灾害防治管理办法》规定，地质灾害治理工程需有规划资源部门向地质灾害治理责任单位出具专项治理函，并明确治理要点、时限等内容。

基本农田设施建设项目、水务工程等需要立项、下达资金计划等。

（2）施工场地已经基本具备施工条件，需要拆迁的，其拆迁进度符合施工要求。

（3）已经确定建筑施工企业。按照规定应该招标的工程没有招标，应该公开招标的工程没有公开招标，或者肢解发包工程，以及将工程发包给不具备相应资质条件的，所确定的施工企业无效。

（4）按照规定应该委托监理的工程已按程序委托给具备相应资质条件的监理单位。

（5）有满足施工需要的施工图纸及技术资料。

（6）有保证工程质量和安全的具体措施。施工企业编制的施工组织设计中有根据建筑工程特点制定的相应质量、安全技术措施，专业性较强的工程项目编制的专项质量、安全施工组织设计。

（7）建设资金已经落实。建设单位应当提供建设资金已经落实承诺书。

（8）法律法规规定的其他条件。

3. 地质灾害工程开工批复办理程序

（1）申请单位网上填写在线表单，上传申请材料，并提交。

（2）发证机关进行预审（2 个工作日），若资料符合要求，预审通过，否则，预审驳回，申请单位重新补充补正资料。

（3）发证机关预审通过后，进行内部呈批（1 个工作日内办结）。

（4）申请单位领取地质灾害治理工程开工批复。

（5）领证后联系质量安全监督站办理监督服务手续。

地质灾害工程开工批复申请表见施工许可阶段申请表（地质灾害及边坡治理）（表 4-2-5）。

4. 其他工程（基本农田设施建设、水务工程等）开工批复（备案）程序

（1）申请单位填写相关申报表格，连同相关申请材料递交至发证机关。

（2）发证机关进行预审（2个工作日），若资料符合要求，预审通过，否则，预审驳回，申请单位重新补充补正资料。

（3）发证机关预审通过后，发证机关内部呈批（3个工作日内办结）。

（4）申请单位到发证机关领取开工批复。

（5）领证后联系质量安全监督站办理监督服务手续。

基本农田申请表见基本农田设施开工批复办理申请表（表4-2-6）。

水务工程见水务工程开工备案表（表4-2-7）。

4.2.3　质安监提前介入（监管协议）

1. 适用范围

除可以办理施工许可证、开工批复（备案）、小零散监管、房屋拆除、临时建设工程之外的工程，可通过办理质安监提前介入（监管协议）的形式，实施工程监督管理。

包括新区范围内政府投资工程，包括：新建、改建、扩建的建筑工程、土木工程、线路管道、设备安装和装饰装修工程。

2. 类别

一类工程为建设规模较小、质量安全隐患较低且无需办理用地用林审批手续的简易项目，主要包括合同估算价在400万元及以下的无法提供产权证且未改变主体结构和使用功能的房屋二次装修、维修、加固或外立面改造（"穿衣戴帽"工程）；现有主、次干道及以下道路改造工程（含道路提升、绿化提升、道路照明、地下管线工程等）；城中村综合整治类工程（含小区道路翻新修缮、地下管线整治、绿化种植、路灯照明等）；建（构）筑物景观灯光亮化、立体绿化、现有公园或广场内等不涉及新增建筑物和构筑物的绿化提升和设施改造工程；现有文体设施修缮工程（含篮球场、足球场等室内外文体设施修缮）；生态修复和地质灾害治理工程；应急工程；合同估算价在400万元及以下的燃气入户工程。

二类工程是指除一类工程以外的其他建设工程。

涉及新增建设用地需办理用地规划许可证的建设项目，应取得建设工程用地规划许可证（或者规划设计要点）（其中市、区重点项目未涉及林地、基本农田、自然保护区和生态控制线的，可提交正在办理建设工程用地规划许可的证明材料及主动承担相关责任的承诺书）。

项目取得明确要求办理质量、安全提前介入手续的市、区、办事处会议纪要，原则上，应由项目单位的区分管领导召开会议议定；若项目单位为办事处的，可由办事处主要领导召开会议议定。

3. 申请材料

所需申请资料详见"常用表格"。

4. 质安监提前介入办理程序

（1）申请单位填写相关申报表格，连同相关申请材料递交至发证机关。

（2）发证机关进行预审（2个工作日），若资料符合要求，预审通过，否则，预审驳回，申请单位重新补充补正资料。

（3）发证机关预审通过后，发证机关内部呈批（3个工作日内办结）。

（4）申请单位领证后联系质量安全监督站办理监督服务手续。

建设工程质量、安全监督提前介入申请表（表4-2-8）

4.3 工作流程

1. 施工许可申办流程（图4-1）。

2. 开工批复申办流程（地质灾害）（图4-2-1）。

3. 开工批复申办流程（其他）（图4-2-2）。

4. 质安监提前介入申办流程（图4-3）。

4.4 常用表格和文书

1. 施工许可证申请材料清单（表4-1-1）。

2. 开工批复、质安监提前介入申请材料清单（表4-1-2）。

3. 施工许可阶段申请表（房屋建筑及配套专业）（表4-2-1）。

4. 施工许可阶段申请表（市政公用及其配套专业）（表4-2-2）。

5. 施工许可阶段申请表（装饰装修改造工程）（表4-2-3）。

6. 施工许可阶段申请表（公园绿化）（表4-2-4）。

7. 施工许可阶段申请表（地质灾害及边坡治理）（表4-2-5）。

8. 基本农田设施开工批复办理申请表（表4-2-6）。

9. 水务工程开工备案表（表4-2-7）。

10. 建设工程质量、安全监督提前介入申请表（表4-2-8）。

4.5 相关文件

1.《中华人民共和国建筑法》（中华人民共和国主席令第二十九号，2019年4月）。

2.《建设工程施工许可管理办法》（中华人民共和国住房和城乡建设部令第42号，2018年9月）。

3.《广东省住房和城乡建设厅关于调整房屋建筑和市政基础设施工程施工许可证办理限额的通知》（2019年8月）。

4.《深圳市城市规划条例》（1998年5月15日深圳市第二届人民代表大会常务委员会第二十二次会议通过，根据2001年3月22日深圳市第三届人民代表大会常务委员会第六次会议《关于修改〈深圳市城市规划条例〉的决定》第一次修正，根据2019年10月31日深圳市第六届人民代表大会常务委员会第三十六次会议《关于修改〈深圳经济特区人体器官捐献移植条例〉等四十五项法规的决定》第二次修正，根据2021年10月30日深圳市第七届人民代表大会常务委员会第五次会议《关于修改〈深圳市城市规划条例〉的决定》第三次修正）。

5.《深圳市政府投资建设项目施工许可管理规定》（深圳市人民政府令第328号，2020年

4 月）。

　　6.《深圳市社会投资建设项目报建登记实施办法》（深圳市人民政府令第 329 号，2020 年 4 月）。

　　7.《深圳市住房和建设局关于进一步规范项目经理、项目总监任职锁定和解锁程序的补充通知》（深建规〔2015〕7 号）。

　　8.《关于印发公园和绿地建设项目报建审批流程》（深城提办〔2018〕4 号）。

　　9.《深圳市地质灾害防治管理办法》（深圳市人民政府令第 241 号，2012 年 6 月）。

　　10.《深圳市基本农田设施建设操作规程》（深圳市经济贸易信息化委员会、深圳市规划和国土委员会、深圳市住房和建设局文件）（深经贸信息农业字〔2015〕272 号）。

　　11.《深圳市水务局关于进一步规范水务工程开工备案管理办法加强后续监管工作的通知》（深水建〔2019〕516 号）。

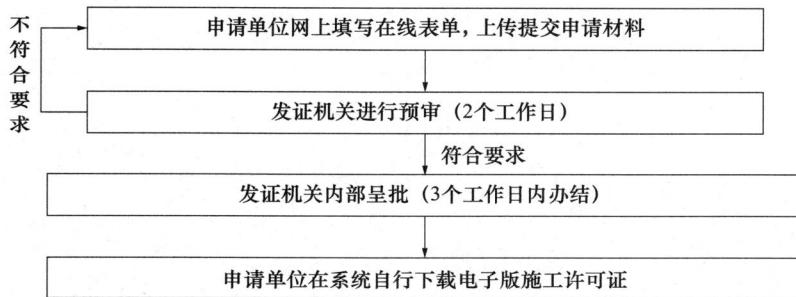

图4-1　施工许可申办流程

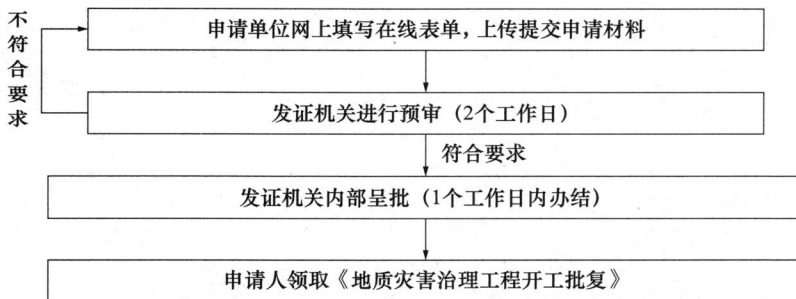

图4-2-1　开工批复申办流程（地质灾害）

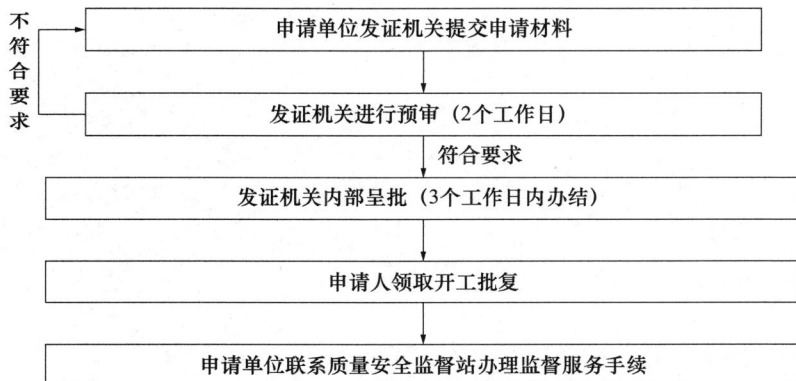

图4-2-2　开工批复申办流程（其他）

```
不          ┌──────────────────────────────────────────────┐
符 ←────┐   │         申请单位发证机关提交申请材料          │
合     │   └──────────────────────────────────────────────┘
要     │                        │
求     │                        ▼
       │   ┌──────────────────────────────────────────────┐
       └───│         发证机关进行预审（2个工作日）         │
           └──────────────────────────────────────────────┘
                                │  符合要求
                                ▼
           ┌──────────────────────────────────────────────┐
           │     发证机关内部呈批（3个工作日内办结）       │
           └──────────────────────────────────────────────┘
                                │
                                ▼
           ┌──────────────────────────────────────────────┐
           │   申请单位联系质量安全监督站办理监督服务手续  │
           └──────────────────────────────────────────────┘
```

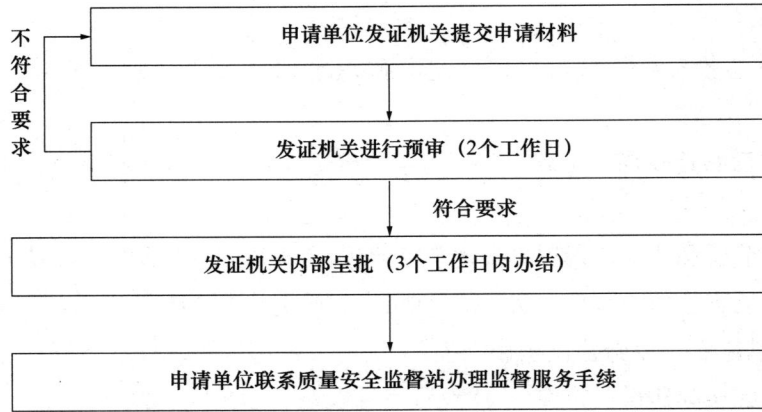

图4-3　质安监提前介入申办流程

施工许可证申请材料清单   表 4-1-1

序号	资料名称	房屋建筑			市政	装饰装修	公园绿化	社会投资小型低风险类
		土石方、基坑支护工程	桩基工程	主体工程				
1	建筑工程施工许可申请表	√	√	√	√	√	√	√
2	建设资金落实承诺书	√	√	√	√	√	√	√
3	施工合同	√	√	√	√	√	√	√
4	中标通知书（依法必须招标的工程项目提供）	√	√	√	√	√	√	√
5	建筑工程用地批准手续（其中二次装修工程提供产权文件，属租赁的，还应提供租赁合同及产权人同意二次装修的书面认可文件）	√	√	√	√	√	√	√
6	建设工程规划许可证（1.二次装修工程：属规划部门规划许可变更的，提供规划部门重新核发的工程规划许可；不属于规划部门规划许可变更的，提供建设单位书面承诺，审图机构出具二次装饰工程没有改变建筑物的使用功能和结构的认定意见。2.社会投资项目桩基础工程可用桩基础报建证明书替代）		√	√	√	√	√	√
7	建设、勘察、设计、施工、监理五方责任主体签署的《法定代表人授权书》及《工程质量终身责任承诺书》	√	√	√	√	√	√	√
8	经建设、监理、施工单位审核批准的施工组织设计	√	√	√	√	√	√	√
9	危险性较大的分部分项工程清单（危险性较大的分部分项工程提交）	√	√	√	√	√	√	√
10	施工企业主要技术负责人签署的施工场地具备施工条件的意见	√	√	√	√	√	√	√

开工批复、质安监提前介入申请材料清单 表 4-1-2

序号	资料名称	开工批复		水务工程开工备案	质安监提前介入	
		地质灾害	基本农田		一类工程	二类工程
1	开工批复申请表		√			
2	申请表	√				
3	建设工程质安监提前介入申请表				√	√
4	水务工程开工备案表			√		
5	立项文件	√	√		√	√
6	中标通知书（公开招标的项目）；直接发包文件（直接发包的项目）	√				
7	承诺书		√		√	√
8	施工合同	√	√		√	√
9	监理合同		√		√	√
10	地下燃气管道现状查询及燃气管道保护协议		√		√	√
11	用地规划许可证					√
12	地质灾害专项治理函	√				
13	施工图纸电子版				√	√
14	提前介入的会议纪要					√
15	消防设计文件审核或承诺书				√	√
16	二次装修及维修加固项目提供产权证明或产权说明文件、检测报告，若属租赁，需提供房屋产权人同意装修改造的证明文件及租赁合同				√	√
17	区农业主管部门、规划资源部门出具的审核意见		√		√	√
18	施工企业资质证书、安全生产许可证及建造师执业资格证书、安全生产考核证书		√		√	√
19	监理企业资质证书以及项目总监的资质证书				√	√
20	企业负责人、项目经理、项目总监任命书				√	√
21	建设、勘察、设计、施工、监理五方责任主体签署的《法定代表人授权书》及《工程质量终身责任承诺书》	√				
22	经建设、监理、施工单位审核批准的施工组织设计	√				
23	危险性较大的分部分项工程清单（危险性较大的分部分项工程提交）	√				
24	施工企业主要技术负责人签署的施工场地具备施工条件的意见	√				
25	应急工程应提交相关部门的认定文件				√	√
26	质量安全监督登记表				√	√

施工许可阶段申请表（房屋建筑及配套专业）　　　　　　表 4-2-1

（深圳市住房和建设局版本供参考）

施工许可阶段申请表

（房屋建筑及配套专业）

031

工程名称　　_____

建设单位　　_____

填表日期　　_____

一、项目基本内容及质量安全登记信息

项目名称 *		项目编号 *	
工程名称 *		工程主管单位	□ 市住建局　□ 各区住建局
项目立项批文	□ 项目总概算批复文号＿＿＿＿＿＿＿ □ 核准（备案）证编号＿＿＿＿＿＿＿	总投资 *＿＿＿＿万元	
项目性质	国有资本　%；集体资本　%；民营资本　%； 外商投资　%；混合经济　%；其他　%		
重大项目 *	□ 是　□ 否		
中标通知书编号或直接发包审批决定书文号（属应招标工程填写）			
申请单位（应包含所有建设单位）*		法定代表人 *	法人身份证 *
经办人 （被授权委托人）	姓名 *	身份证号码 *	移动电话 *
超限高层建筑项目	□ 是　□ 否		

以下请按阶段申请勾选所需材料：
（1）基坑支护及土石方工程阶段　□ 用地规划许可证　□ 桩基础报建证明书　□ 建设工程规划许可证
（2）桩基础工程阶段　□ 用地规划许可证　□ 桩基础报建证明书　□ 建设工程规划许可证
（3）主体工程阶段　□ 用地规划许可证　□ 桩基础报建证明书　□ 建设工程规划许可证

用地批准文件	□ 建设用地规划许可证（基坑支护及土石方工程）　证件号码＿＿＿＿＿＿ □ 桩基础报建证明（桩基础工程）　证件号码＿＿＿＿＿＿
工程规划许可证明文件	□ 建设工程规划许可证（主体工程）　证件号码＿＿＿＿＿＿
建设工程消防设计审核或备案文件	□ 建设工程消防设计审核意见书　证件号码＿＿＿＿＿＿ □ 建设工程消防监督管理方式告知单　证件号码＿＿＿＿＿＿

*为必填项。

	□ 审图制：
	备注：根据《关于做好我市建设工程施工图审查改革工作的通知》2020 年 7 月 1 日前，已经签订施工图审查合同或通过招标确定审图机构，或者虽未签订施工图审查合同，但为了加快重大项目建设，施工图审查机构已提前介入审查的，可以继续按照原施工图审查及行政许可方式执行。 注：2020 年 7 月 1 日前按照原施工图审查及行政许可方式执行的项目填写审查合格书编号。2020 年 7 月 1 日以后按照原施工图审查及行政许可方式执行的项目需在勘察设计管理系统中上传图纸，填写审查证书编号及设计编号。

施工图管理信息 *	施工图设计文件审查合格书 *	□ 基坑支护和土石方工程　　编号＿＿＿＿＿＿＿＿ □ 2020 年 7 月 1 日前　　□ 2020 年 7 月 1 日后（含 2020 年 7 月 1 日） □ 桩基础工程　　　　　　　编号＿＿＿＿＿＿＿＿ □ 2020 年 7 月 1 日前　　□ 2020 年 7 月 1 日后（含 2020 年 7 月 1 日） □ 主体工程　　　　　　　　编号＿＿＿＿＿＿＿＿ □ 2020 年 7 月 1 日前　　□ 2020 年 7 月 1 日后（含 2020 年 7 月 1 日）				
	审图机构		联系人		移动电话	
	□ 承诺制： 备注：根据《关于做好我市建设工程施工图审查改革工作的通知》2020 年 7 月 1 日起，本市行政区域范围内新建、扩建、改建房屋建筑和市政基础设施（含水务、交通）工程取消施工图审查，实行告知承诺制办理施工许可的项目，但交通、水利、能源等领域需上报省和国家审批的重大工程，油气库、油气长输管线、民爆仓库等重大危险源项目、保密工程，以及轨道交通工程除外。					
	项目立项编号（请输入发改立项编号，并选择本次报建对应的设计文件（施工图纸）信息）					
	序号	建设单位确认编号	工程名称	工程类别	工程规模	建设单位接收确认时间	选择施工图设计信息 *
	1						□ 选择
	2						□ 选择
	□ 审图制＋承诺制：					
	施工图设计文件审查合格书 *	□ 基坑支护和土石方工程　　编号＿＿＿＿＿＿＿＿ □ 2020 年 7 月 1 日前　　□ 2020 年 7 月 1 日后（含 2020 年 7 月 1 日） □ 桩基础工程　　　　　　　编号＿＿＿＿＿＿＿＿ □ 2020 年 7 月 1 日前　　□ 2020 年 7 月 1 日后（含 2020 年 7 月 1 日） □ 主体工程　　　　　　　　编号＿＿＿＿＿＿＿＿ □ 2020 年 7 月 1 日前　　□ 2020 年 7 月 1 日后（含 2020 年 7 月 1 日）				
	审图机构		联系人		移动电话	
	项目立项编号（请输入发改立项编号，并选择本次报建对应的设计文件（施工图纸）信息）					
	序号	建设单位确认编号	工程名称	工程类别	工程规模	建设单位接收确认时间	选择施工图设计信息 *
	1						□ 选择
	2						□ 选择

034

建设单位项目负责人 *	姓名		移动电话	
	身份证号			
建设单位组织机构代码				
施工单位 *	名称		组织机构代码		资质等级	
	资质证书号码		联系人		移动电话	
项目经理（注册建造师）*	姓名		身份证号码	
	执业注册号		移动电话	
监理单位 *	名称		组织机构代码		资质等级	
	资质证书号码		联系人		移动电话	
项目总监（注册监理工程师）*	姓名		身份证号码	
	执业注册号		移动电话	
勘察单位 *	名称		组织机构代码		资质等级	
	资质证书号码		联系人		移动电话	
设计单位 *	名称		组织机构代码		资质等级	
	资质证书号码		联系人		移动电话	
工程地址 *			用地红线面积		平方米
工程所在区域	□ 龙岗区　　□ 盐田区　　□ 罗湖区　　□ 福田区　　□ 南山区　　□ 宝安区 □ 光明新区　□ 坪山新区　□ 大鹏新区　□ 龙华新区　□ 前海自贸区				
合同价 *		万元	招标控制价		万元
合同签订日期 *			定额工期 *		天
安全文明施工费 *		万元	暂列金额 *		万元
材料和工程设备暂估价金额 *		万元	专业工程暂估价金额 *		万元
项目总建筑面积 *	计容积率和不计容积率建筑面积总和：_____平方米； 其中：超高层：_____平方米；高层：_____平方米；多层：_____平方米				

续表

建筑层数	超高层：____层/____栋，____层/____栋，____层/____栋，____层/____栋； 高层：____层/____栋，____层/____栋，____层/____栋，____层/____栋； 多层：____层/____栋，____层/____栋，____层/____栋，____层/____栋 （注：多层建筑为九层及以下的建筑；高层建筑为十层及以上且高度不超过 100 米的建筑；超高层建筑为高度超过 100 米的建筑。）			
最高高度_____米		最大跨度_____米	总长度_____米
基础类型		结构类型	
地下室	地下室面积	平方米　地下室层数	层
基坑参数	基坑开挖深度	米　基坑开挖面积	平方米
本次发包工程要求施工单位资质级别	□特级　　□一级　　□二级　　□三级　　□其他		
本次施工建筑面积	_____平方米	合同造价	万元
合同开工日期	年　月　日	合同竣工日期	年　月　日
房屋建筑是否为商品房	□是　　□否		

本次申请工程专业范围：（1. 电梯工程不属于本局监管工程范围内，办理报装手续向深圳市市场监督管理局申办。2. 请认真填写下列项内容，需与施工合同工程范围保持一致，将记录在施工许可证上。3. 下列选项按分部工程或子分部工程设置，若勾选分部工程视为包含所有子分部工程内容，若仅勾选子分部工程，不得勾选相应的分部工程。）

□地基与地基工程	（□基础　□基坑支护　□边坡　□土方　□其他_____）
□主体结构工程	（□钢筋混凝土　□钢结构　□网架　□索膜结构　□其他_____）
□建筑装饰装修工程	（□门窗　□幕墙：　平方米　□其他_____）
□通风与空调	（□通风　□空调　□其他_____）
□建筑给水排水及供暖	（□室内给水、排水系统　□室外给、排水管网　□其他_____）
□建筑电气工程	（□室外电气　□电气照明　□其他_____）
□智能建筑	（□综合布线系统　□信息网络系统　□其他_____）
□屋面及防水工程	□建筑节能　　　　　　　　　□消防工程
□室外工程	（□室外设施_____　□附属建筑_____　□室外环境_____）
□燃气工程	（户数：_____；　庭院管：_____米）
其他	
本工程存在未经建设行政主管部门许可擅自开工情况　　□是　　□否	

二、房建工程及市政工程施工图设计审核

（房建类表）

审查编号：

工程概况	工程类型（打√）	□ 新建　□ 改建　□ 扩建　□ 住宅 □ 公建　□ 厂房　□ 装修　□ 其他		总建筑面积：　　　　　　平方米 地上：　　　　　　　　　平方米 地下：　　　　　　　　　平方米	
	工程等级（打√）	□ 大型　　□ 中型　　□ 小型		是否超限（打√）	□ 超限　□ 非超限
	抗震设防	度		主体建筑高度	米
	结构类型			主体建筑层数	总层数：　　　层， 地上：　　　层， 地下：　　　层

送审资料（打√）	□ 1. 规划部门批准文件（□ 用地规划许可证　□ 工程规划许可证）复印件 1 份 □ 2. 设计图纸：建筑、结构、电气、给水排水、暖通等各＿＿＿＿份（相应专业可打√） □ 3. 计算书：＿＿＿份　□ 节能　□ 结构　□ 电气　□ 给水排水　□ 暖通　□ 其他 □ 4. 方案设计核查意见书复印件 1 份 □ 5. 经审查合格的勘察报告复印件 1 份 □ 6. 超限审查审批意见复印件 1 份 □ 7. 初步设计审批意见复印件 1 份 □ 8. 立项批复意见复印件 1 份 □ 9. 工程总概算批复意见复印件 1 份 □ 10. 消防审批意见复印件 1 份 □ 11. 人防审批意见复印件 1 份 □ 12. 环保审批意见复印件 1 份 □ 13. 地震审批意见复印件 1 份 □ 14. 水土保持审批意见复印件 1 份 □ 15. 卫生审批意见复印件 1 份 □ 16. 轨道交通部门审批意见复印件 1 份 □ 17. 装配式建筑初步设计技术认定书复印件 1 份 □ 18. 其他

主要设计人	姓名	专业	联系电话及邮箱	审查机构受理送审表情况： 受理时间： 受理人： 联系电话：

（市政类表）

审查编号：

工程概况	工程类型（打√）	□ 道桥隧工程　□ 给水排水工程 □ 电气工程　　□ 燃气工程 □ 风景园林工程　□ 环境卫生工程 □ 其他工程		工程等级（打√）	□ 大型　□ 中型　□ 小型
	道路等级及长度：　　　　　（公里）　　桥梁跨度：　　　　　（米） 隧道断面尺寸及长度： 给水排水主干管径、管长：　　　　　污水处理厂污水处理量：　　　　万吨／日 电气工程：　　　　　　　　　　　　燃气管网规模：　　　户，　　　米 垃圾厂垃圾处理量：　　　万吨／日　　风景园林：　　　　　　　平方米 （此栏根据工程实际情况修改及填写）				

送审资料（打√）	□ 1．规划部门批准文件（□ 用地规划许可证　□ 工程规划许可证）复印件 1 份 □ 2．设计图纸：道路、桥隧、结构、交通、给水排水、电气、燃气、景观、工艺、建筑各　　　份（提供图纸的专业打√） □ 3．计算书：　　份　□ 桥隧　□ 给水排水　□ 其他 □ 4．方案设计核查意见书 1 份 □ 5．经审查合格的勘察报告复印件 1 份 □ 6．初步设计审批意见复印件 1 份 □ 7．立项批复意见复印件 1 份 □ 8．消防审批意见复印件 1 份 □ 9．环保审批意见复印件 1 份 □ 10．地震审批意见复印件 1 份 □ 11．水土保持审批意见复印件 1 份 □ 12．轨道交通部门审批意见复印件 1 份 □ 13．其他

主要设计人	姓名	专业	联系电话及邮箱	审查机构受理送审表情况： 受理时间： 受理人： 联系电话：

三、责任主体单位意见

<table>
<tr>
<td rowspan="2">责任主体单位意见</td>
<td colspan="2">本公司申报的内容及相关资料真实、准确，如有任何虚假或存在违法违规行为，将自愿接受有关行政处罚。
此外，本次申请需要特殊说明如下情况：</td>
</tr>
<tr>
<td>建设单位法定代表人：
（签字或盖章）
建设单位（盖章）
　　年　　月　　日

监理单位法定代表人：
（签字或盖章）
监理单位（盖章）
　　年　　月　　日

设计单位法定代表人：
（签字或盖章）
设计单位（盖章）
　　年　　月　　日</td>
<td>代建单位法定代表人：
（签字或盖章）
代建单位（盖章）
　　年　　月　　日

施工单位法定代表人：
（签字或盖章）
施工单位（盖章）
　　年　　月　　日

勘察单位法定代表人：
（签字或盖章）
勘察单位（盖章）
　　年　　月　　日</td>
</tr>
</table>

四、承诺书（从事建设工程施工活动）

（温馨提示：请申请人在以下"□"处，需根据本项目申报情况，填写"√"或"×"，否则审批工作人员认为项目申报信息填写不完整而不予受理。）

××市××区住房和建设局：

本单位在申请＿＿＿＿＿＿＿＿＿（工程名称）＿＿＿＿＿＿工程的建设工程施工许可时，谨在此作出以下承诺：

一、关于拆迁工程

□ 承诺拆迁进度符合施工要求。

二、关于土石方、基坑、边坡支护工程申请施工

□ 承诺本项目未将非单独立项的土石方、基坑、边坡支护工程单独发包。

三、关于装饰装修工程的工程规划核准文件

□ 承诺在本项行政许可申请施工范围内的二次装饰装修工程，不涉及改变建筑物位置、立面、层数、使用功能、建筑结构等确需重新办理《建设工程规划许可证》的内容，无需重新取得深圳市规划部门的《建设工程规划许可证》或其他核准文件。

□ 承诺在本项行政许可申请施工范围内的装饰装修及改扩建工程不涉及其他产权单位的公用部分。

四、关于施工图审查

□ 承诺本项目在施工报建时提交的施工图设计文件符合公共利益、公众安全和工程建设强制性标准，并满足建设用地规划许可（或者规划设计要点）、建设工程规划许可等的要求。

□ 由申请人在本条郑重承诺，并按照"诚信申报"原则，视为该项目符合直接发包条件，若发现规避招标，一切责任由申请人承担。但建设主管部门工作人员初审申请资料时，对申请人承诺的直接发包情形产生质疑，申请人应提交证明资料予以佐证，经建设主管部门依法确定项目的发包方式后再办理施工许可手续。

五、关于消防设计审查

□ 承诺对于按照规定应当进行消防设计审查的特殊建设工程，在主体开工前通过消防设计审查并取得消防设计审查意见书。

六、关于缴存工资保证金及劳务工工资分账管理协议

□ 承诺根据《深圳市工程建设领域工资保证金管理办法（试行）》（深人社〔2018〕17号）相关规定缴存工资保证金。同时已按要求办理劳务工工资分账管理协议。

七、关于建设项目工伤保险参保证明

□ 承诺根据《深圳市建筑施工企业参加工伤保险管理办法》相关规定，取得建设项目工伤保险参保证明。

八、关于建设单位、施工单位提供的相关材料

□ 承诺在申请施工许可证时施工企业安全生产许可证、项目经理人员安全考核B证、安全员人员安全考核C证有效，未因违法违规被扣压证件。

□ 承诺若建设主管部门工作人员审核申请资料时对申请人提供的相关证件信息产生质疑，将配合提交证件原件予以验证，经建设主管部门审核验证后再办理施工许可手续。

九、关于放置施工现场材料

□ 承诺在申请本项行政许可的工程施工前备齐下列材料并存放施工现场备查：

（一）经审查合格的全套施工图纸。

（二）经施工企业技术负责人、项目经理、项目总监签字认可的施工组织设计文件。

（三）深基坑（高边坡）工程、矿山法地下暗挖工程的施工图纸、设计计算书、施工方案、地质勘察报告、专家审查意见（设计方案和施工方案）以及周围建筑的调查资料。

（四）项目经理任命书和项目总监任命书。

（五）建设单位项目负责人任命书。

（六）建设工程安全文明施工措施费支付计划。

（七）按工程进度编制的专项施工方案、危险性较大分部分项工程的安全专项施工方案和专家论证审查意见。

（八）承诺聘请正规土石方运输单位，备齐土石方运输合同于施工现场备查。

（九）项目第一次报建的，需有地下管线查询结果（由市城建档案馆或燃气集团出具）；施工现场有燃气管道设施的，应有《施工现场燃气管道设施保护协议》。

（十）地铁规划控制区域内的建设工程，提交地铁公司出具的同意建设的文件；

（十一）二次装修工程未改变原建筑功能结构；

（十二）承诺该工程建设资金已落实；

（十三）未经调查评估的疑似污染地块和未达到风险管控或治理修复目标的地块，不得开工建设任何与土壤风险管控、治理修复无关的项目。

十、关于法律责任

□ 承诺人不得篡改本承诺书的内容。

承诺人对上述承诺内容确认无误。如上述承诺内容不属实或承诺人未按时履行承诺，行政许可决定机关有权依法撤销已作出的行政许可决定，承诺人应当依法承担相应的法律责任。如果本承诺人在未获得行政许可决定机关核准的情况下已从事本行政许可事项下的施工活动，行政许可决定机关可按无证施工依法予以处罚。

谨此承诺。

承诺人：建设单位

年　月　日

（盖章）

施工许可阶段申请表（市政公用及其配套专业）　　　　表 4-2-2

（深圳市住房和建设局版本供参考）

施工许可阶段申请表

（市政公用及其配套专业）

041

工程名称　　_____

建设单位　　_____

填表日期　　_____

一、项目基本内容及质量安全登记信息

项目名称 *		项目编号 *	
工程名称 *		工程主管单位	□ 市住建局　□ 各区住建局
项目立项批文	□ 项目总概算批复文号＿＿＿＿＿＿＿＿ □ 核准（备案）证编号＿＿＿＿＿＿＿＿	总投资 *　＿＿＿＿万元	
项目性质	国有资本　%；集体资本　%；民营资本　%； 外商投资　%；混合经济　%；其他　%		
重大项目 *	□ 是　□ 否		
中标通知书编号或直接发包审批决定书文号（属应招标工程填写）			
申请单位（应包含所有建设单位）*		法定代表人 *	法人身份证 *
经办人 （被授权委托人）	姓名 *	身份证号码 *	移动电话 *
超限高层建筑项目	□ 是　□ 否		
以下请按阶段申请勾选所需材料： （1）基坑支护及土石方工程阶段　　　□ 用地规划许可证　□ 桩基础报建证明书　□ 建设工程规划许可证 （2）桩基础工程阶段　　　　　　　　□ 用地规划许可证　□ 桩基础报建证明书　□ 建设工程规划许可证 （3）主体工程阶段　　　　　　　　　□ 用地规划许可证　□ 桩基础报建证明书　□ 建设工程规划许可证			
用地批准文件	□ 建设用地规划许可证（基坑支护及土石方工程）　证件号码＿＿＿＿＿＿＿＿＿＿＿＿ □ 桩基础报建证明（桩基础工程）　证件号码＿＿＿＿＿＿＿＿＿＿＿＿		
工程规划许可证明文件	□ 建设工程规划许可证（主体工程）　证件号码＿＿＿＿＿＿＿＿＿＿＿＿		
建设工程消防设计审核或备案文件	□ 建设工程消防设计审核意见书　证件号码＿＿＿＿＿＿＿＿＿＿＿＿ □ 建设工程消防监督管理方式告知单　证件号码＿＿＿＿＿＿＿＿＿＿＿＿		

*为必填项。

	□ 审图制： 备注：根据《关于做好我市建设工程施工图审查改革工作的通知》2020 年 7 月 1 日前，已经签订施工图审查合同或通过招标确定审图机构，或者虽未签订施工图审查合同，但为了加快重大项目建设，施工图审查机构已提前介入审查的，可以继续按照原施工图审查及行政许可方式执行。 注：2020 年 7 月 1 日前按照原施工图审查及行政许可方式执行的项目填写审查合格书编号。2020 年 7 月 1 日以后按照原施工图审查及行政许可方式执行的项目需在勘察设计管理系统中上传图纸，填写审查证书编号及设计编号。					

<table>
<tr><td rowspan="2">施工图设计文件审查合格书 *</td><td colspan="5">□ 基坑支护和土石方工程　编号_____
□ 2020 年 7 月 1 日前　　　□ 2020 年 7 月 1 日后（含 2020 年 7 月 1 日）
□ 桩基础工程　　　　　　　编号_____
□ 2020 年 7 月 1 日前　　　□ 2020 年 7 月 1 日后（含 2020 年 7 月 1 日）
□ 主体工程　　　　　　　　编号_____
□ 2020 年 7 月 1 日前　　　□ 2020 年 7 月 1 日后（含 2020 年 7 月 1 日）</td></tr>
</table>

审图机构		联系人		移动电话	

□ 承诺制：
备注：根据《关于做好我市建设工程施工图审查改革工作的通知》2020 年 7 月 1 日起，本市行政区域范围内新建、扩建、改建房屋建筑和市政基础设施（含水务、交通）工程取消施工图审查，实行告知承诺制办理施工许可的项目，但交通、水利、能源等领域需上报省和国家审批的重大工程，油气库、油气长输管线、民爆仓库等重大危险源项目、保密工程，以及轨道交通工程除外。

施工图管理信息 *

项目立项编号（请输入发改立项编号，并选择本次报建对应的设计文件（施工图纸）信息）

序号	建设单位确认编号	工程名称	工程类别	工程规模	建设单位接收确认时间	选择施工图设计信息 *
1						□ 选择
2						□ 选择

□ 审图制＋承诺制：

<table>
<tr><td rowspan="2">施工图设计文件审查合格书 *</td><td colspan="5">□ 基坑支护和土石方工程　编号_____
□ 2020 年 7 月 1 日前　　　□ 2020 年 7 月 1 日后（含 2020 年 7 月 1 日）
□ 桩基础工程　　　　　　　编号_____
□ 2020 年 7 月 1 日前　　　□ 2020 年 7 月 1 日后（含 2020 年 7 月 1 日）
□ 主体工程　　　　　　　　编号_____
□ 2020 年 7 月 1 日前　　　□ 2020 年 7 月 1 日后（含 2020 年 7 月 1 日）</td></tr>
</table>

审图机构		联系人		移动电话	

项目立项编号（请输入发改立项编号，并选择本次报建对应的设计文件（施工图纸）信息）

序号	建设单位确认编号	工程名称	工程类别	工程规模	建设单位接收确认时间	选择施工图设计信息 *
1						□ 选择
2						□ 选择

044

建设单位项目负责人 *	姓名 *		移动电话 *	
	身份证号 *			
建设单位组织机构代码				
施工单位 *	名称		组织机构代码		资质等级 *	
	资质证书号码		联系人		移动电话	
项目经理（注册建造师）*	姓名		身份证号码	
	执业注册号		移动电话	
监理单位 *	名称		组织机构代码		资质等级 *	
	资质证书号码		联系人		移动电话	
项目总监（注册监理工程师）*	姓名		身份证号码	
	执业注册号		移动电话	
勘察单位 *	名称		组织机构代码		资质等级	
	资质证书号码		联系人		移动电话	
设计单位 *	名称		组织机构代码		资质等级	
	资质证书号码		联系人		移动电话	
工程地址 *			用地红线面积	平方米
工程所在区域	☐ 龙岗区　☐ 盐田区　☐ 罗湖区　☐ 福田区　☐ 南山区　☐ 宝安区 ☐ 光明新区　☐ 坪山新区　☐ 大鹏新区　☐ 龙华新区　☐ 前海自贸区			
合同造价 *	万元		招标控制价	万元
合同签订日期 *	天		定额工期 *	天
安全文明施工费 *	万元		暂列金额 *	万元
材料和工程设备暂估价金额 *	万元		专业工程暂估价金额 *	万元
项目总建筑面积 *	平方米（计容积率和不计容积率建筑面积总和）			

基础类型		结构类型		最大跨度	米	总长度	公里

本次发包工程要求施工单位资质级别 *	□ 特级　□ 一级　□ 二级　□ 三级　□ 其他		
本次施工建筑面积 *	平方米	合同造价 *	万元
合同开工日期 *		合同竣工日期 *	

本次申请工程专业范围：(1. 电梯工程不属于本局监管工程范围内，办理报装手续向深圳市市场监督管理局申办。2. 请认真填写下列项内容，需与施工合同工程范围保持一致，将记录在施工许可证上。3. 下列选项按分部工程或子分部工程设置，若勾选分部工程视为包含所有子分部工程内容，若仅勾选子分部工程，不得勾选相应的分部工程。)

□ 七通一平工程　　　　万平方米	□ 电信管道工程　　　　米
□ 挡墙护坡工程　长：　米；宽：　米；高：　米	□ 电力管道工程　　　　米
□ 软基处理工程　　　　万平方米	□ 污水处理厂及配套工程　　　立方米/天
□ 水厂及配套工程　　　立方米/天	□ 污泥处理厂及配套工程　　　立方米/天
□ 给水管道工程　　　　米	□ 泵站工程　　　　立方米
□ 道路工程　长：　米；宽：　米	□ 隧道工程　长：　米；宽：　米；高：　米
□ 桥梁工程　　　　座	□ 道路改造工程　长：　米；宽：　米
□ 排水箱涵工程　长：　米；宽：　米；高：　米	□ 路灯照明工程　　　　座
□ 交通监控、收费综合系统工程	□ 绿化工程　　　　米
□ 交通安全设施工程　　　　米	□ 燃气工程　　　　米
□ 其他：	
本工程存在未经建设行政主管部门许可擅自开工情况　　□ 是　　□ 否	

二、房建工程及市政工程施工图设计审核

（房建类表）

审查编号：

工程概况	工程类型（打√）	□ 新建　□ 改建　□ 扩建　□ 住宅 □ 公建　□ 厂房　□ 装修　□ 其他		总建筑面积：　　　　平方米 地上：　　　　平方米 地下：　　　　平方米	
	工程等级（打√）	□ 大型　□ 中型　□ 小型	是否超限（打√）	□ 超限　□ 非超限	
	抗震设防	度	主体建筑高度	米	
	结构类型		主体建筑层数	总层数：　　层， 地上：　　层， 地下：　　层	

| 送审资料（打√） | □ 1. 规划部门批准文件（□ 用地规划许可证　□ 工程规划许可证）复印件 1 份
□ 2. 设计图纸：建筑、结构、电气、给水排水、暖通等各_____份（相应专业可打√）
□ 3. 计算书：_____份　　□ 节能　□ 结构　□ 电气　□ 给水排水　□ 暖通　□ 其他
□ 4. 方案设计核查意见书复印件 1 份
□ 5. 经审查合格的勘察报告复印件 1 份
□ 6. 超限审查审批意见复印件 1 份
□ 7. 初步设计审批意见复印件 1 份
□ 8. 立项批复意见复印件 1 份
□ 9. 工程总概算批复意见复印件 1 份
□ 10. 消防审批意见复印件 1 份
□ 11. 人防审批意见复印件 1 份
□ 12. 环保审批意见复印件 1 份
□ 13. 地震审批意见复印件 1 份
□ 14. 水土保持审批意见复印件 1 份
□ 15. 卫生审批意见复印件 1 份
□ 16. 轨道交通部门审批意见复印件 1 份
□ 17. 装配式建筑初步设计技术认定书复印件 1 份
□ 18. 其他 |

主要设计人	姓名	专业	联系电话及邮箱	审查机构受理送审表情况： 受理时间： 受理人： 联系电话：

（市政类表）

审查编号：

工程概况	工程类型 （打√）	□ 道桥隧工程　　□ 给水排水工程 □ 电气工程　　　□ 燃气工程 □ 风景园林工程　□ 环境卫生工程 □ 其他工程		工程等级（打√）	□ 大型　□ 中型　□ 小型
	道路等级及长度：　　　　　　（公里）　　　　桥梁跨度：　　　　　　（米） 隧道断面尺寸及长度： 给水排水主干管径、管长：　　　　　　污水处理厂污水处理量：　　　　万吨／日 电气工程：　　　　　　　　　　　　　燃气管网规模：　　　户，　　　米 垃圾厂垃圾处理量：　　　万吨／日　　风景园林：　　　　平方米 （此栏根据工程实际情况修改及填写）				

送审资料 （打√）	□ 1. 规划部门批准文件（□ 用地规划许可证　□ 工程规划许可证）复印件 1 份 □ 2. 设计图纸：道路、桥隧、结构、交通、给水排水、电气、燃气、景观、工艺、建筑各　　　份（提供图纸的专业打√） □ 3. 计算书：　　份　□ 桥隧　□ 给水排水　□ 其他 □ 4. 方案设计核查意见书 1 份 □ 5. 经审查合格的勘察报告复印件 1 份 □ 6. 初步设计审批意见复印件 1 份 □ 7. 立项批复意见复印件 1 份 □ 8. 消防审批意见复印件 1 份 □ 9. 环保审批意见复印件 1 份 □ 10. 地震审批意见复印件 1 份 □ 11. 水土保持审批意见复印件 1 份 □ 12. 轨道交通部门审批意见复印件 1 份 □ 13. 其他

主要设计人	姓名	专业	联系电话及邮箱	审查机构受理送审表情况： 受理时间： 受理人： 联系电话：

三、责任主体单位意见

责任主体单位意见	本公司申报的内容及相关资料真实、准确，如有任何虚假或存在违法违规行为，将自愿接受有关行政处罚。 此外，本次申请需要特殊说明如下情况： 建设单位法定代表人： （签字或盖章） 建设单位（盖章） 　年　　月　　日 监理单位法定代表人： （签字或盖章） 监理单位（盖章） 　年　　月　　日 设计单位法定代表人： （签字或盖章） 设计单位（盖章） 　年　　月　　日　　　　　　　代建单位法定代表人： 　　　　　　（签字或盖章） 　　　　　　代建单位（盖章） 　　　　　　　年　　月　　日 施工单位法定代表人： （签字或盖章） 施工单位（盖章） 　年　　月　　日 勘察单位法定代表人： （签字或盖章） 勘察单位（盖章） 　年　　月　　日

四、承诺书（从事建设工程施工活动）

（温馨提示：请申请人在以下"□"处，需根据本项目申报情况，填写"√"或"×"，否则审批工作人员认为项目申报信息填写不完整而不予受理。）

××市××区住房和建设局：

本单位在申请_____（工程名称）_____工程的建设工程施工许可时，谨在此作出以下承诺：

一、关于拆迁工程

□ 承诺拆迁进度符合施工要求。

二、关于土石方、基坑、边坡支护工程申请施工

□ 承诺本项目未将非单独立项的土石方、基坑、边坡支护工程单独发包。

三、关于装饰装修工程的工程规划核准文件

□ 承诺在本项行政许可申请施工范围内的二次装饰装修工程，不涉及改变建筑物位置、立面、层数、使用功能、建筑结构等需重新办理《建设工程规划许可证》的内容，无需重新取得深圳市规划部门的《建设工程规划许可证》或其他核准文件。

□ 承诺在本项行政许可申请施工范围内的装饰装修及改扩建工程不涉及其他产权单位的公用部分。

四、关于施工图审查

□ 承诺本项目在施工报建时提交的施工图设计文件符合公共利益、公众安全和工程建设强制性标准，并满足建设用地规划许可（或者规划设计要点）、建设工程规划许可等的要求。

□ 由申请人在本条郑重承诺，并按照"诚信申报"原则，视为该项目符合直接发包条件，若发现规避招标，一切责任由申请人承担。但建设主管部门工作人员初审申请资料时，对申请人承诺的直接发包情形产生质疑，申请人应提交证明资料予以佐证，经建设主管部门依法确定项目的发包方式后再办理施工许可手续。

五、关于消防设计审查

□ 承诺对于按照规定应当进行消防设计审查的特殊建设工程，在主体开工前通过消防设计审查并取得消防设计审查意见书。

六、关于缴存工资保证金及劳务工工资分账管理协议

□ 承诺根据《深圳市工程建设领域工资保证金管理办法（试行）》（深人社〔2018〕17号）相关规定缴存工资保证金。同时已按要求办理劳务工工资分账管理协议。

七、关于建设项目工伤保险参保证明

□ 承诺根据《深圳市建筑施工企业参加工伤保险管理办法》相关规定，取得建设项目工伤保险参保证明。

八、关于建设单位、施工单位提供的相关材料

□ 承诺在申请施工许可证时施工企业安全生产许可证、项目经理人员安全考核B证、安全员人员安全考核C证有效，未因违法违规被扣压证件。

□ 承诺若建设主管部门工作人员审核申请资料时对申请人提供的相关证件信息产生质疑，将配合提交证件原件予以验证，经建设主管部门审核验证后再办理施工许可手续。

九、关于放置施工现场材料

□ 承诺在申请本项行政许可的工程施工前备齐下列材料并存放施工现场备查：

（一）经审查合格的全套施工图纸。

（二）经施工企业技术负责人、项目经理、项目总监签字认可的施工组织设计文件。

（三）深基坑（高边坡）工程、矿山法地下暗挖工程的施工图纸、设计计算书、施工方案、地质勘察报告、专家审查意见（设计方案和施工方案）以及周围建筑的调查资料。

（四）项目经理任命书和项目总监任命书。

（五）建设单位项目负责人任命书。

（六）建设工程安全文明施工措施费支付计划。

（七）按工程进度编制的专项施工方案、危险性较大分部分项工程的安全专项施工方案和专家论证审查意见。

（八）承诺聘请正规土石方运输单位，备齐土石方运输合同于施工现场备查。

（九）项目第一次报建的，需有地下管线查询结果（由市城建档案馆或燃气集团出具）；施工现场有燃气管道设施的，应有《施工现场燃气管道设施保护协议》。

（十）地铁规划控制区域内的建设工程，提交地铁公司出具的同意建设的文件；

（十一）二次装修工程未改变原建筑功能结构；

（十二）承诺该工程建设资金已落实；

（十三）未经调查评估的疑似污染地块和未达到风险管控或治理修复目标的地块，不得开工建设任何与土壤风险管控、治理修复无关的项目。

十、关于法律责任

□ 承诺人不得篡改本承诺书的内容。

承诺人对上述承诺内容确认无误。如上述承诺内容不属实或承诺人未按时履行承诺，行政许可决定机关有权依法撤销已作出的行政许可决定，承诺人应当依法承担相应的法律责任。如果本承诺人在未获得行政许可决定机关核准的情况下已从事本行政许可事项下的施工活动，行政许可决定机关可按无证施工依法予以处罚。

谨此承诺。

承诺人：建设单位

年　　月　　日

（盖章）

施工许可阶段申请表（装饰装修改造工程）　　　　**表 4-2-3**

（深圳市住房和建设局版本供参考）

施工许可阶段申请表

（装饰装修改造工程）

工程名称　　_____

建设单位　　_____

填表日期　　_____

一、项目基本内容及质量安全登记信息

项目名称 *		项目编号 *	
工程名称 *		工程主管单位	□ 市住建局　□ 各区住建局
项目立项批文	□ 项目总概算批复文号＿＿＿＿＿＿＿＿ □ 核准（备案）证编号＿＿＿＿＿＿＿＿	总投资 *　＿＿＿＿＿　万元	
项目性质	国有资本　%；集体资本　%；民营资本　%； 外商投资　%；混合经济　%；其他　　%		
重大项目 *	□ 是　□ 否		
中标通知书编号或直接发包审批决定书文号（属应招标工程填写）			

申请单位（应包含所有建设单位）*	法定代表人 *	法人身份证 *

经办人 （被授权委托人）	姓名 *	身份证号码 *	移动电话 *

以下请按阶段申请勾选所需材料：
（1）基坑支护及土石方工程阶段　　□ 用地规划许可证　□ 桩基础报建证明书　□ 建设工程规划许可证
（2）桩基础工程阶段　　　　　　　□ 用地规划许可证　□ 桩基础报建证明书　□ 建设工程规划许可证
（3）主体工程阶段　　　　　　　　□ 用地规划许可证　□ 桩基础报建证明书　□ 建设工程规划许可证

房地产证证号		产权单位	
是否属租赁房屋	□ 是　□ 否	房屋租赁合同备案号	
是否属于规划部门建设工程规划许可（变更）或已建房地产改变使用性质许可事项范围内	□ 是	建设工程规划许可证号	
	□ 否	需提交施工图审查机构认定意见书	
建设工程消防设计审核或备案文件	□ 建设工程消防设计审核意见书　　证件号码＿＿＿＿＿＿＿＿＿ □ 建设工程消防监督管理方式告知单　证件号码＿＿＿＿＿＿＿＿＿		

*为必填项。

施工图管理信息 *

□ 审图制：

备注：根据《关于做好我市建设工程施工图审查改革工作的通知》2020 年 7 月 1 日前，已经签订施工图审查合同或通过招标确定审图机构，或者虽未签订施工图审查合同，但为了加快重大项目建设，施工图审查机构已提前介入审查的，可以继续按照原施工图审查及行政许可方式执行。

注：2020 年 7 月 1 日前按照原施工图审查及行政许可方式执行的项目填写审查合格书编号。2020 年 7 月 1 日以后按照原施工图审查及行政许可方式执行的项目需在勘察设计管理系统中上传图纸，填写审查证书编号及设计编号。

施工图设计文件审查合格书 *	□ 基坑支护和土石方工程　编号＿＿＿＿＿＿＿＿＿ □ 2020 年 7 月 1 日前　□ 2020 年 7 月 1 日后（含 2020 年 7 月 1 日） □ 桩基础工程　　　　编号＿＿＿＿＿＿＿＿＿ □ 2020 年 7 月 1 日前　□ 2020 年 7 月 1 日后（含 2020 年 7 月 1 日） □ 主体工程　　　　　编号＿＿＿＿＿＿＿＿＿ □ 2020 年 7 月 1 日前　□ 2020 年 7 月 1 日后（含 2020 年 7 月 1 日）

审图机构		联系人		移动电话	

□ 承诺制：

备注：根据《关于做好我市建设工程施工图审查改革工作的通知》2020 年 7 月 1 日起，本市行政区域范围内新建、扩建、改建房屋建筑和市政基础设施（含水务、交通）工程取消施工图审查，实行告知承诺制办理施工许可的项目，但交通、水利、能源等领域需上报省和国家审批的重大工程，油气库、油气长输管线、民爆仓库等重大危险源项目、保密工程，以及轨道交通工程除外。

项目立项编号（请输入发改立项编号，并选择本次报建对应的设计文件（施工图纸）信息）					
序号	建设单位确认编号	工程名称	工程类别	工程规模	建设单位接收确认时间	选择施工图设计信息 *
1						□ 选择

□ 审图制＋承诺制：

施工图设计文件审查合格书 *	□ 基坑支护和土石方工程　编号＿＿＿＿＿＿＿＿＿ □ 2020 年 7 月 1 日前　□ 2020 年 7 月 1 日后（含 2020 年 7 月 1 日） □ 桩基础工程　　　　编号＿＿＿＿＿＿＿＿＿ □ 2020 年 7 月 1 日前　□ 2020 年 7 月 1 日后（含 2020 年 7 月 1 日） □ 主体工程　　　　　编号＿＿＿＿＿＿＿＿＿ □ 2020 年 7 月 1 日前　□ 2020 年 7 月 1 日后（含 2020 年 7 月 1 日）

审图机构		联系人		移动电话	

项目立项编号（请输入发改立项编号，并选择本次报建对应的设计文件（施工图纸）信息）					
序号	建设单位确认编号	工程名称	工程类别	工程规模	建设单位接收确认时间	选择施工图设计信息 *
1						□ 选择

054

建设单位项目负责人 *	姓名		移动电话		
	身份证号				
建设单位组织机构代码 *					
施工单位 *	名称		组织机构代码		资质等级 *
	资质证书号码		联系人		移动电话
项目经理（注册建造师）*	姓名		身份证号码		
	执业注册号		移动电话		
监理单位 *	名称		组织机构代码		资质等级
	资质证书号码		联系人		移动电话
项目总监（注册监理工程师）*	姓名		身份证号码		
	执业注册号		移动电话		
勘察单位	名称		组织机构代码		资质等级
	资质证书号码		联系人		移动电话
设计单位 *	名称		组织机构代码		资质等级
	资质证书号码		联系人		移动电话

工程地址 *		用地红线面积	平方米
工程所在区域	□ 龙岗区　　□ 盐田区　　□ 罗湖区　　□ 福田区　　□ 南山区　　□ 宝安区 □ 光明新区　□ 坪山新区　□ 大鹏新区　□ 龙华新区　□ 前海自贸区		
装修改造总面积	平方米	本次开工面积	内部装饰＿＿＿＿平方米 外部装饰＿＿＿＿平方米
合同价 *	万元	招标控制价	万元
合同签订日期 *		定额工期 *	天
安全文明施工费 *	万元	暂列金额 *	万元
材料和工程设备暂估价金额 *	万元	专业工程暂估价金额 *	万元
项目总建筑面积 *	平方米（计容积率和不计容积率建筑面积总和）		

基础类型		结构类型	
本次发包工程要求 施工单位资质级别 *	□ 特级　　□ 一级　　□ 二级　□ 三级　□ 其他		
本次施工建筑面积 *	平方米	合同价 *	万元
合同开工日期 *		合同竣工日期 *	

本次申请工程范围:(1. 电梯工程不属于本局监管工程范围内,办理报装手续向深圳市市场监督管理局申办。2. 请认真填写下列项内容,需与施工合同工程范围保持一致,将记录在施工许可证上。3. 下列选项按分部工程或子分部工程设置,若勾选分部工程视为包含所有子分部工程内容,若仅勾选子分部工程,不得勾选相应的分部工程。)

□ 消防工程	□ 门窗	□ 防水工程	□ 电气照明	□ 建筑节能

□ 通风与空调　　(□ 通风　□ 空调　□ 其他 _____);

□ 建筑给水排水及供暖　　(□ 室内给水、排水系统　□ 其他 _____);

□ 智能建筑　　(□ 综合布线系统　□ 信息网络系统　□ 其他 _____);

□ 装饰装修　　(□ 抹灰　□ 涂饰　□ 饰面板(砖)　□ 吊顶　□ 其他 _____);

□ 其他:

本工程存在未经建设行政主管部门许可擅自开工情况　　□ 是　　□ 否

□ 产权单位对本次装饰工程的意见:(报建单位是产权单位的可不签署本栏内容)

_____属我单位所有,现已按照法律法规与_____签订租赁合同。我单位同意由租户单位进行本次装修并办理该工程的施工报建手续。

产权单位(盖章):
年　月　日

□ 业主委员会同意。　　　　　　　　年　月　日

二、房建工程及市政工程施工图设计审核

（房建类表）

056

工程概况	工程类型（打√）	□新建　□改建　□扩建　□住宅 □公建　□厂房　□装修　□其他	总建筑面积：　　　　平方米 地上：　　　　平方米 地下：　　　　平方米	
	工程等级（打√）	□大型　□中型　□小型	是否超限（打√）	□超限　□非超限
	抗震设防	度	主体建筑高度	米
	结构类型		主体建筑层数	总层数：　　层， 地上：　　层， 地下：　　层

送审资料（打√）	□1. 规划部门批准文件（□用地规划许可证　□工程规划许可证）复印件1份 □2. 设计图纸：建筑、结构、电气、给水排水、暖通等各＿＿份（相应专业可打√） □3. 计算书：＿＿份　□节能　□结构　□电气　□给水排水　□暖通　□其他 □4. 方案设计核查意见书复印件1份 □5. 经审查合格的勘察报告复印件1份 □6. 超限审查审批意见复印件1份 □7. 初步设计审批意见复印件1份 □8. 立项批复意见复印件1份 □9. 工程总概算批复意见复印件1份 □10. 消防审批意见复印件1份 □11. 人防审批意见复印件1份 □12. 环保审批意见复印件1份 □13. 地震审批意见复印件1份 □14. 水土保持审批意见复印件1份 □15. 卫生审批意见复印件1份 □16. 轨道交通部门审批意见复印件1份 □17. 装配式建筑初步设计技术认定书复印件1份 □18. 其他

主要设计人	姓名	专业	联系电话及邮箱	审查机构受理送审表情况： 受理时间： 受理人： 联系电话：
		-		

（市政类表）

审查编号：

工程概况	工程类型（打√）	□ 道桥隧工程　□ 给水排水工程 □ 电气工程　　□ 燃气工程 □ 风景园林工程　□ 环境卫生工程 □ 其他工程	工程等级（打√）	□ 大型 □ 中型 □ 小型

<table>
<tr><td rowspan="1">工程概况</td><td colspan="4">道路等级及长度：　　　　（公里）　　　　桥梁跨度：　　　　　（米）
隧道断面尺寸及长度：
给水排水主干管径、管长：　　　　　　　污水处理厂污水处理量：　　　万吨／日
电气工程：　　　　　　　　　　　　　燃气管网规模：　　　户，　　　米
垃圾厂垃圾处理量：　　　万吨／日　　　风景园林：　　　　　平方米
（此栏根据工程实际情况修改及填写）</td></tr>
</table>

送审资料（打√）	□ 1．规划部门批准文件（□ 用地规划许可证　□ 工程规划许可证）复印件 1 份 □ 2．设计图纸：道路、桥隧、结构、交通、给水排水、电气、燃气、景观、工艺、建筑各　　　份（提供图纸的专业打√） □ 3．计算书：　　份　□ 桥隧　□ 给水排水　□ 其他 □ 4．方案设计核查意见书 1 份 □ 5．经审查合格的勘察报告复印件 1 份 □ 6．初步设计审批意见复印件 1 份 □ 7．立项批复意见复印件 1 份 □ 8．消防审批意见复印件 1 份 □ 9．环保审批意见复印件 1 份 □ 10．地震审批意见复印件 1 份 □ 11．水土保持审批意见复印件 1 份 □ 12．轨道交通部门审批意见复印件 1 份 □ 13．其他

主要设计人	姓名	专业	联系电话及邮箱	审查机构受理送审表情况： 受理时间： 受理人： 联系电话：

三、责任主体单位意见

责任主体单位意见	本公司申报的内容及相关资料真实、准确，如有任何虚假或存在违法违规行为，将自愿接受有关行政处罚。 此外，本次申请需要特殊说明如下情况：

建设单位法定代表人：   代建单位法定代表人：
（签字或盖章）   （签字或盖章）
建设单位（盖章）   代建单位（盖章）
年　　月　　日   年　　月　　日

监理单位法定代表人：   施工单位法定代表人：
（签字或盖章）   （签字或盖章）
监理单位（盖章）   施工单位（盖章）
年　　月　　日   年　　月　　日

设计单位法定代表人：   勘察单位法定代表人：
（签字或盖章）   （签字或盖章）
设计单位（盖章）   勘察单位（盖章）
年　　月　　日   年　　月　　日

四、承诺书（从事建设工程施工活动）

（温馨提示：请申请人在以下"□"处，需根据本项目申报情况，填写"√"或"×"，否则审批工作人员认为项目申报信息填写不完整而不予受理。）

××市××区住房和建设局：

本单位在申请＿＿＿＿＿＿＿＿＿＿（工程名称）＿＿＿＿＿＿＿工程的建设工程施工许可时，谨在此作出以下承诺：

一、关于拆迁工程
□ 承诺拆迁进度符合施工要求。

二、关于土石方、基坑、边坡支护工程申请施工
□ 承诺本项目未将非单独立项的土石方、基坑、边坡支护工程单独发包。

三、关于装饰装修工程的工程规划核准文件
□ 承诺在本项行政许可申请施工范围内的二次装饰装修工程，不涉及改变建筑物位置、立面、层数、使用功能、建筑结构等确需重新办理《建设工程规划许可证》的内容，无需重新取得深圳市规划部门的《建设工程规划许可证》或其他核准文件。
□ 承诺在本项行政许可申请施工范围内的装饰装修及改扩建工程不涉及其他产权单位的公用部分。

四、关于施工图审查
□ 承诺本项目在施工报建时提交的施工图设计文件符合公共利益、公众安全和工程建设强制性标准，并满足建设用地规划许可（或者规划设计要点）、建设工程规划许可等的要求。
□ 由申请人在本条郑重承诺，并按照"诚信申报"原则，视为该项目符合直接发包条件，若发现规避招标，一切责任由申请人承担。但建设主管部门工作人员初审申请资料时，对申请人承诺的直接发包情形产生质疑，申请人应提交证明资料予以佐证，经建设主管部门依法确定项目的发包方式后再办理施工许可手续。

五、关于消防设计审查
□ 承诺对于按照规定应当进行消防设计审查的特殊建设工程，在主体开工前通过消防设计审查并取得消防设计审查意见书。

六、关于缴存工资保证金及劳务工工资分账管理协议
□ 承诺根据《深圳市工程建设领域工资保证金管理办法（试行）》（深人社〔2018〕17号）相关规定缴存工资保证金。同时已按要求办理劳务工工资分账管理协议。

七、关于建设项目工伤保险参保证明
□ 承诺根据《深圳市建筑施工企业参加工伤保险管理办法》相关规定，取得建设项目工伤保险参保证明。

八、关于建设单位、施工单位提供的相关材料
□ 承诺在申请施工许可证时施工企业安全生产许可证、项目经理人员安全考核B证、安全员人员安全考核C证有效，未因违法违规被扣压证件。
□ 承诺若建设主管部门工作人员审核申请资料时对申请人提供的相关证件信息产生质疑，将配合提交证件原件予以验证，经建设主管部门审核验证后再办理施工许可手续。

九、关于放置施工现场材料
□ 承诺在申请本项行政许可的工程施工前备齐下列材料并存放施工现场备查：
（一）经审查合格的全套施工图纸。
（二）经施工企业技术负责人、项目经理、项目总监签字认可的施工组织设计文件。
（三）深基坑（高边坡）工程、矿山法地下暗挖工程的施工图纸、设计计算书、施工方案、地质勘察报告、专家审查意见（设计方案和施工方案）以及周围建筑的调查资料。
（四）项目经理任命书和项目总监任命书。
（五）建设单位项目负责人任命书。
（六）建设工程安全文明施工措施费支付计划。
（七）按工程进度编制的专项施工方案、危险性较大分部分项工程的安全专项施工方案和专家论证审查意见。
（八）承诺聘请正规土石方运输单位，备齐土石方运输合同于施工现场备查。
（九）项目第一次报建的，需有地下管线查询结果（由市城建档案馆或燃气集团出具）；施工现场有燃气管道设施的，应有

059

《施工现场燃气管道设施保护协议》。

（十）地铁规划控制区域内的建设工程，提交地铁公司出具的同意建设的文件；

（十一）二次装修工程未改变原建筑功能结构；

（十二）承诺该工程建设资金已落实；

（十三）未经调查评估的疑似污染地块和未达到风险管控或治理修复目标的地块，不得开工建设任何与土壤风险管控、治理修复无关的项目。

十、关于法律责任

□ 承诺人不得篡改本承诺书的内容。

承诺人对上述承诺内容确认无误。如上述承诺内容不属实或承诺人未按时履行承诺，行政许可决定机关有权依法撤销已作出的行政许可决定，承诺人应当依法承担相应的法律责任。如果本承诺人在未获得行政许可决定机关核准的情况下已从事本行政许可事项下的施工活动，行政许可决定机关可按无证施工依法予以处罚。

谨此承诺。

承诺人：建设单位

年　月　日

（盖章）

（深圳市住房和建设局版本供参考）

施工许可阶段申请表
（公园绿化）

工程名称　＿＿＿＿＿＿＿＿＿＿＿＿＿＿＿＿

建设单位　＿＿＿＿＿＿＿＿＿＿＿＿＿＿＿＿

填表日期　＿＿＿＿＿＿＿＿＿＿＿＿＿＿＿＿

一、项目基本内容及质量安全登记信息

项目名称 *		项目编号 *	
工程名称 *		工程主管单位	☐ 市住建局 ☐ 各区住建局
项目立项批文	☐ 项目总概算批复文号＿＿＿＿＿＿＿＿ ☐ 核准（备案）证编号＿＿＿＿＿＿＿＿	总投资 *＿＿＿＿＿＿万元	
项目性质	国有资本　%；集体资本　%；民营资本　%； 外商投资　%；混合经济　%；其他　　%		
重大项目 *	☐ 是　☐ 否		
中标通知书编号或直接发包审批决定书文号（属应招标工程填写）			

申请单位（应包含所有建设单位）*	法定代表人 *	法人身份证 *

经办人 （被授权委托人）	姓名 *	身份证号码 *	移动电话 *

超限高层建筑项目	☐ 是　☐ 否

以下请按阶段申请勾选所需材料：
（1）基坑支护及土石方工程阶段　　☐ 用地规划许可证　☐ 桩基础报建证明书　☐ 建设工程规划许可证
（2）桩基础工程阶段　　　　　　　☐ 用地规划许可证　☐ 桩基础报建证明书　☐ 建设工程规划许可证
（3）主体工程阶段　　　　　　　　☐ 用地规划许可证　☐ 桩基础报建证明书　☐ 建设工程规划许可证

用地批准文件	☐ 建设用地规划许可证（基坑支护及土石方工程）　证件号码＿＿＿＿＿＿＿＿＿＿ ☐ 桩基础报建证明（桩基础工程）　证件号码＿＿＿＿＿＿＿＿＿＿
工程规划许可证明文件	☐ 建设工程规划许可证（主体工程）　证件号码＿＿＿＿＿＿＿＿＿＿
建设工程消防设计审核或备案文件	☐ 建设工程消防设计审核意见书　证件号码＿＿＿＿＿＿＿＿＿＿ ☐ 建设工程消防监督管理方式告知单　证件号码＿＿＿＿＿＿＿＿＿＿

*为必填项。

施工图管理信息 *	□ 审图制： 备注：根据《关于做好我市建设工程施工图审查改革工作的通知》2020 年 7 月 1 日前，已经签订施工图审查合同或通过招标确定审图机构，或者虽未签订施工图审查合同，但为了加快重大项目建设，施工图审查机构已提前介入审查的，可以继续按照原施工图审查及行政许可方式执行。 注：2020 年 7 月 1 日前按照原施工图审查及行政许可方式执行的项目填写审查合格书编号。2020 年 7 月 1 日以后按照原施工图审查及行政许可方式执行的项目需在勘察设计管理系统中上传图纸，填写审查证书编号及设计编号。					
	施工图设计文件审查合格书 *	□ 基坑支护和土石方工程　编号＿＿＿＿＿＿＿＿＿＿ □ 2020 年 7 月 1 日前　□ 2020 年 7 月 1 日后（含 2020 年 7 月 1 日） □ 桩基础工程　　　　　编号＿＿＿＿＿＿＿＿＿＿ □ 2020 年 7 月 1 日前　□ 2020 年 7 月 1 日后（含 2020 年 7 月 1 日） □ 主体工程　　　　　　编号＿＿＿＿＿＿＿＿＿＿ □ 2020 年 7 月 1 日前　□ 2020 年 7 月 1 日后（含 2020 年 7 月 1 日）					
	审图机构		联系人		移动电话	
	□ 承诺制： 备注：根据《关于做好我市建设工程施工图审查改革工作的通知》2020 年 7 月 1 日起，本市行政区域范围内新建、扩建、改建房屋建筑和市政基础设施（含水务、交通）工程取消施工图审查，实行告知承诺制办理施工许可的项目，但交通、水利、能源等领域需上报省和国家审批的重大工程，油气库、油气长输管线、民爆仓库等重大危险源项目、保密工程，以及轨道交通工程除外。					
	项目立项编号（请输入发改立项编号，并选择本次报建对应的设计文件（施工图纸）信息）					
	序号	建设单位确认编号	工程名称	工程类别	工程规模	建设单位接收确认时间	选择施工图设计信息 *
	1						□ 选择
	□ 审图制＋承诺制：					
	施工图设计文件审查合格书 *	□ 基坑支护和土石方工程　编号＿＿＿＿＿＿＿＿＿＿ □ 2020 年 7 月 1 日前　□ 2020 年 7 月 1 日后（含 2020 年 7 月 1 日） □ 桩基础工程　　　　　编号＿＿＿＿＿＿＿＿＿＿ □ 2020 年 7 月 1 日前　□ 2020 年 7 月 1 日后（含 2020 年 7 月 1 日） □ 主体工程　　　　　　编号＿＿＿＿＿＿＿＿＿＿ □ 2020 年 7 月 1 日前　□ 2020 年 7 月 1 日后（含 2020 年 7 月 1 日）					
	审图机构		联系人		移动电话	
	项目立项编号（请输入发改立项编号，并选择本次报建对应的设计文件（施工图纸）信息）					
	序号	建设单位确认编号	工型名称	工程类别	工程规模	建设单位接收确认时间	选择施工图设计信息 *
	1						□ 选择
建设单位项目负责人 *	姓名		移动电话			
	身份证号					
建设单位组织机构代码						

064

施工 单位 *	名称		组织机构代码		资质等级 *	
	资质证书 号码		联系人		移动电话	
项目经理 （注册建造师）*	姓名		身份证号码			
	执业注册号		移动电话			
监理 单位 *	名称		组织机构代码		资质等级	
	资质证书 号码		联系人		移动电话	
项目总监 （注册监理工程师）*	姓名		身份证号码			
	执业注册号 *		移动电话			
勘察 单位 *	名称		组织机构代码		资质等级	
	资质证书 号码		联系人		移动电话	
设计 单位 *	名称		组织机构代码		资质等级	
	资质证书 号码		联系人		移动电话	

工程地址 *		用地红线面积	平方米
工程所在区域	□ 龙岗区　　□ 盐田区　　□ 罗湖区　　□ 福田区　　□ 南山区　　□ 宝安区 □ 光明新区　□ 坪山新区　□ 大鹏新区　□ 龙华新区　□ 前海自贸区		
合同造价 *	万元	招标控制价	万元
合同签订日期 *	天	定额工期 *	天
安全文明施工费 *	万元	暂列金额 *	万元
材料和工程设备暂估 价金额 *	万元	专业工程暂估 价金额 *	万元
项目总建筑面积 *	平方米（计容积率和不计容积率建筑面积总和）		
基础类型		结构类型	
本次发包工程要求 施工单位资质级别 *	□ 特级　　□ 一级　　□ 二级　　□ 三级　　□ 其他		
本次施工建筑面积 *	平方米	合同造价 *	万元
合同开工日期 *		合同竣工日期 *	

本次申请工程专业范围：（1. 电梯工程不属于本局监管工程范围内，办理报装手续向深圳市市场监督管理局申办。2. 请认真填写下列项内容，需与施工合同工程范围保持一致，将记录在施工许可证上。3. 下列选项按分部工程或子分部工程设置，若勾选分部工程视为包含所有子分部工程内容，若仅勾选子分部工程，不得勾选相应的分部工程。）
□ 其他：
本工程存在未经建设行政主管部门许可擅自开工情况　　□ 是　□ 否

二、房建工程及市政工程施工图设计审核

（房建类表）

审查编号：

工程概况	工程类型（打√）	□新建　□改建　□扩建　□住宅 □公建　□厂房　□装修　□其他		总建筑面积：　　　　平方米 地上：　　　　平方米 地下：　　　　平方米	
	工程等级（打√）	□大型　□中型　□小型		是否超限（打√）	□超限　□非超限
	抗震设防		度	主体建筑高度	米
	结构类型			主体建筑层数	总层数：　　层， 地上：　　层， 地下：　　层

送审资料（打√）	□1. 规划部门批准文件（□用地规划许可证　□工程规划许可证）复印件 1 份 □2. 设计图纸：建筑、结构、电气、给水排水、暖通等各＿＿＿＿份（相应专业可打√） □3. 计算书：＿＿＿＿份　□节能　□结构　□电气　□给水排水　□暖通　□其他 □4. 方案设计核查意见书复印件 1 份 □5. 经审查合格的勘察报告复印件 1 份 □6. 超限审查审批意见复印件 1 份 □7. 初步设计审批意见复印件 1 份 □8. 立项批复意见复印件 1 份 □9. 工程总概算批复意见复印件 1 份 □10. 消防审批意见复印件 1 份 □11. 人防审批意见复印件 1 份 □12. 环保审批意见复印件 1 份 □13. 地震审批意见复印件 1 份 □14. 水土保持审批意见复印件 1 份 □15. 卫生审批意见复印件 1 份 □16. 轨道交通部门审批意见复印件 1 份 □17. 装配式建筑初步设计技术认定书复印件 1 份 □18. 其他

主要设计人	姓名	专业	联系电话及邮箱	审查机构受理送审情况： 受理时间： 受理人： 联系电话：

（市政类表）

审查编号：

<table>
<tr>
<td rowspan="2">工程
概况</td>
<td rowspan="2">工程类型
（打√）</td>
<td>□ 道桥隧工程　　□ 给水排水工程
□ 电气工程　　　□ 燃气工程
□ 风景园林工程　□ 环境卫生工程
□ 其他工程</td>
<td>工程等级（打√）</td>
<td>□ 大型
□ 中型
□ 小型</td>
</tr>
<tr>
<td colspan="3">道路等级及长度：　　　　　（公里）　　　桥梁跨度：　　　　　（米）
隧道断面尺寸及长度：
给水排水主干管径、管长：　　　　　　污水处理厂污水处理量：　　　万吨／日
电气工程：　　　　　　　　　　　　　燃气管网规模：　　　　户，　　　米
垃圾厂垃圾处理量：　　　万吨／日　　　风景园林：　　　　　　平方米
（此栏根据工程实际情况修改及填写）</td>
</tr>
<tr>
<td>送审
资料
（打√）</td>
<td colspan="4">□ 1. 规划部门批准文件（□ 用地规划许可证　□ 工程规划许可证）复印件 1 份
□ 2. 设计图纸：道路、桥隧、结构、交通、给水排水、电气、燃气、景观、工艺、建筑各　　　份（提供图纸的专业打√）
□ 3. 计算书：　　份　□ 桥隧　□ 给水排水　□ 其他
□ 4. 方案设计核查意见书 1 份
□ 5. 经审查合格的勘察报告复印件 1 份
□ 6. 初步设计审批意见复印件 1 份
□ 7. 立项批复意见复印件 1 份
□ 8. 消防审批意见复印件 1 份
□ 9. 环保审批意见复印件 1 份
□ 10. 地震审批意见复印件 1 份
□ 11. 水土保持审批意见复印件 1 份
□ 12. 轨道交通部门审批意见复印件 1 份
□ 13. 其他</td>
</tr>
<tr>
<td rowspan="10">主要
设计人</td>
<td>姓名</td>
<td>专业</td>
<td>联系电话及邮箱</td>
<td rowspan="10">审查机构受理送审表情况：
受理时间：
受理人：
联系电话：</td>
</tr>
<tr><td></td><td></td><td></td></tr>
<tr><td></td><td></td><td></td></tr>
<tr><td></td><td></td><td></td></tr>
<tr><td></td><td></td><td></td></tr>
<tr><td></td><td></td><td></td></tr>
<tr><td></td><td></td><td></td></tr>
<tr><td></td><td></td><td></td></tr>
<tr><td></td><td></td><td></td></tr>
<tr><td></td><td></td><td></td></tr>
</table>

三、责任主体单位意见

责任主体单位意见	本公司申报的内容及相关资料真实、准确，如有任何虚假或存在违法违规行为，将自愿接受有关行政处罚。 此外，本次申请需要特殊说明如下情况： 建设单位法定代表人： （签字或盖章） 建设单位（盖章） 　年　　月　　日 监理单位法定代表人： （签字或盖章） 监理单位（盖章） 　年　　月　　日 设计单位法定代表人： （签字或盖章） 设计单位（盖章） 　年　　月　　日	代建单位法定代表人： （签字或盖章） 代建单位（盖章） 　年　　月　　日 施工单位法定代表人： （签字或盖章） 施工单位（盖章） 　年　　月　　日 勘察单位法定代表人： （签字或盖章） 勘察单位（盖章） 　年　　月　　日

四、承诺书（从事建设工程施工活动）

（温馨提示：请申请人在以下"□"处，需根据本项目申报情况，填写"√"或"×"，否则审批工作人员认为项目申报信息填写不完整而不予受理。）

××市××区住房和建设局：

本单位在申请＿＿＿＿＿＿＿＿＿（工程名称）＿＿＿＿＿＿＿工程的建设工程施工许可时，谨在此作出以下承诺：

一、关于拆迁工程

□ 承诺拆迁进度符合施工要求。

二、关于土石方、基坑、边坡支护工程申请施工

□ 承诺本项目未将非单独立项的土石方、基坑、边坡支护工程单独发包。

三、关于装饰装修工程的工程规划核准文件

□ 承诺在本项行政许可申请施工范围内的二次装饰装修工程，不涉及改变建筑物位置、立面、层数、使用功能、建筑结构等确需重新办理《建设工程规划许可证》的内容，无需重新取得深圳市规划部门的《建设工程规划许可证》或其他核准文件。

□ 承诺在本项行政许可申请施工范围内的装饰装修及改扩建工程不涉及其他产权单位的公用部分。

四、关于施工图审查

□ 承诺本项目在施工报建时提交的施工图设计文件符合公共利益、公众安全和工程建设强制性标准，并满足建设用地规划许可（或者规划设计要点）、建设工程规划许可等的要求。

□ 由申请人在本条郑重承诺，并按照"诚信申报"原则，视为该项目符合直接发包条件，若发现规避招标，一切责任由申请人承担。但建设主管部门工作人员初审申请资料时，对申请人承诺的直接发包情形产生质疑，申请人应提交证明资料予以佐证，经建设主管部门依法确定项目的发包方式后再办理施工许可手续。

五、关于消防设计审查

□ 承诺对于按照规定应当进行消防设计审查的特殊建设工程，在主体开工前通过消防设计审查并取得消防设计审查意见书。

六、关于缴存工资保证金及劳务工工资分账管理协议

□ 承诺根据《深圳市工程建设领域工资保证金管理办法（试行）》（深人社〔2018〕17号）相关规定缴存工资保证金。同时已按要求办理劳务工工资分账管理协议。

七、关于建设项目工伤保险参保证明

□ 承诺根据《深圳市建设施工企业参加工伤保险管理办法》相关规定，取得建设项目工伤保险参保证明。

八、关于建设单位、施工单位提供的相关材料

□ 承诺在申请施工许可证时施工企业安全生产许可证、项目经理人员安全考核B证、安全员人员安全考核C证有效，未因违法违规被扣压证件。

□ 承诺若建设主管部门工作人员审核申请资料时对申请人提供的相关证件信息产生质疑，将配合提交证件原件予以验证，经建设主管部门审核验证后再办理施工许可手续。

九、关于放置施工现场材料

□ 承诺在申请本项行政许可的工程施工前备齐下列材料并存放施工现场备查：

（一）经审查合格的全套施工图纸。

（二）经施工企业技术负责人、项目经理、项目总监签字认可的施工组织设计文件。

（三）深基坑（高边坡）工程、矿山法地下暗挖工程的施工图纸、设计计算书、施工方案、地质勘察报告、专家审查意见（设计方案和施工方案）以及周围建筑的调查资料。

（四）项目经理任命书和项目总监任命书。

（五）建设单位项目负责人任命书。

（六）建设工程安全文明施工措施费支付计划。

（七）按工程进度编制的专项施工方案、危险性较大分部分项工程的安全专项施工方案和专家论证审查意见。

（八）承诺聘请正规土石方运输单位，备齐土石方运输合同于施工现场备查。

（九）项目第一次报建的，需有地下管线查询结果（由市城建档案馆或燃气集团出具）；施工现场有燃气管道设施的，应有

《施工现场燃气管道设施保护协议》。

（十）地铁规划控制区域内的建设工程，提交地铁公司出具的同意建设的文件；

（十一）二次装修工程未改变原建筑功能结构；

（十二）承诺该工程建设资金已落实；

（十三）未经调查评估的疑似污染地块和未达到风险管控或治理修复目标的地块，不得开工建设任何与土壤风险管控、治理修复无关的项目。

十、关于法律责任

☐ 承诺人不得篡改本承诺书的内容。

承诺人对上述承诺内容确认无误。如上述承诺内容不属实或承诺人未按时履行承诺，行政许可决定机关有权依法撤销已作出的行政许可决定，承诺人应当依法承担相应的法律责任。如果本承诺人在未获得行政许可决定机关核准的情况下已从事本行政许可事项下的施工活动，行政许可决定机关可按无证施工依法予以处罚。

谨此承诺。

承诺人：建设单位

年　　月　　日

（盖章）

施工许可阶段申请表（地质灾害及边坡治理）　　　　**表 4−2−5**

（深圳市住房和建设局版本供参考）

070

施工许可阶段申请表

（地质灾害及边坡治理）

工程名称　　_____

建设单位　　_____

填表日期　　_____

一、项目基本内容及质量安全登记信息

项目名称 *		项目编号 *	
工程名称 *		工程主管单位	□ 市住建局　□ 各区住建局
项目立项批文	□ 项目总概算批复文号＿＿＿＿＿＿ □ 核准（备案）证编号＿＿＿＿＿＿	总投资 *＿＿＿＿万元	
项目性质	国有资本　%；集体资本　%；民营资本　%； 外商投资　%；混合经济　%；其他　%		
重大项目 *	□ 是　□ 否		
中标通知书编号或直接发包审批决定书文号（属应招标工程填写）			

申请单位（应包含所有建设单位）*	法定代表人 *	法人身份证 *

经办人 （被授权委托人）	姓名 *	身份证号码 *	移动电话 *

超限高层建筑项目	□ 是　□ 否

以下请按阶段申请勾选所需材料：
（1）基坑支护及土石方工程阶段　　　□ 用地规划许可证　□ 桩基础报建证明书　□ 建设工程规划许可证
（2）桩基础工程阶段　　　　　　　　□ 用地规划许可证　□ 桩基础报建证明书　□ 建设工程规划许可证
（3）主体工程阶段　　　　　　　　　□ 用地规划许可证　□ 桩基础报建证明书　□ 建设工程规划许可证

用地批准文件	□ 建设用地规划许可证（基坑支护及土石方工程）　证件号码＿＿＿＿＿＿ □ 桩基础报建证明（桩基础工程）　证件号码＿＿＿＿＿＿
工程规划许可证明文件	□ 建设工程规划许可证（主体工程）　证件号码＿＿＿＿＿＿
建设工程消防设计审核或备案文件	□ 建设工程消防设计审核意见书　证件号码＿＿＿＿＿＿ □ 建设工程消防监督管理方式告知单　证件号码＿＿＿＿＿＿

*为必填项。

续表

施工图管理信息*	☐ 审图制： 备注：根据《关于做好我市建设工程施工图审查改革工作的通知》2020 年 7 月 1 日前，已经签订施工图审查合同或通过招标确定审图机构，或者虽未签订施工图审查合同，但为了加快重大项目建设，施工图审查机构已提前介入审查的，可以继续按照原施工图审查及行政许可方式执行。 注：2020 年 7 月 1 日前按照原施工图审查及行政许可方式执行的项目填写审查合格书编号。2020 年 7 月 1 日以后按照原施工图审查及行政许可方式执行的项目需在勘察设计管理系统中上传图纸，填写审查证书编号及设计编号。	

☐ 审图制：

备注：根据《关于做好我市建设工程施工图审查改革工作的通知》2020 年 7 月 1 日前，已经签订施工图审查合同或通过招标确定审图机构，或者虽未签订施工图审查合同，但为了加快重大项目建设，施工图审查机构已提前介入审查的，可以继续按照原施工图审查及行政许可方式执行。

注：2020 年 7 月 1 日前按照原施工图审查及行政许可方式执行的项目填写审查合格书编号。2020 年 7 月 1 日以后按照原施工图审查及行政许可方式执行的项目需在勘察设计管理系统中上传图纸，填写审查证书编号及设计编号。

施工图设计文件审查合格书*	☐ 基坑支护和土石方工程　编号＿＿＿＿＿＿＿＿ ☐ 2020 年 7 月 1 日前　☐ 2020 年 7 月 1 日后（含 2020 年 7 月 1 日） ☐ 桩基础工程　编号＿＿＿＿＿＿＿＿ ☐ 2020 年 7 月 1 日前　☐ 2020 年 7 月 1 日后（含 2020 年 7 月 1 日） ☐ 主体工程　编号＿＿＿＿＿＿＿＿ ☐ 2020 年 7 月 1 日前　☐ 2020 年 7 月 1 日后（含 2020 年 7 月 1 日）

审图机构		联系人		移动电话	

☐ 承诺制：

备注：根据《关于做好我市建设工程施工图审查改革工作的通知》2020 年 7 月 1 日起，本市行政区域范围内新建、扩建、改建房屋建筑和市政基础设施（含水务、交通）工程取消施工图审查，实行告知承诺制办理施工许可的项目，但交通、水利、能源等领域需上报省和国家审批的重大工程，油气库、油气长输管线、民爆仓库等重大危险源项目、保密工程，以及轨道交通工程除外。

项目立项编号（请输入发改立项编号，并选择本次报建对应的设计文件（施工图纸）信息）

序号	建设单位确认编号	工程名称	工程类别	工程规模	建设单位接收确认时间	选择施工图设计信息*
1						☐ 选择

☐ 审图制＋承诺制：

施工图设计文件审查合格书*	☐ 基坑支护和土石方工程　编号＿＿＿＿＿＿＿＿ ☐ 2020 年 7 月 1 日前　☐ 2020 年 7 月 1 日后（含 2020 年 7 月 1 日） ☐ 桩基础工程　编号＿＿＿＿＿＿＿＿ ☐ 2020 年 7 月 1 日前　☐ 2020 年 7 月 1 日后（含 2020 年 7 月 1 日） ☐ 主体工程　编号＿＿＿＿＿＿＿＿ ☐ 2020 年 7 月 1 日前　☐ 2020 年 7 月 1 日后（含 2020 年 7 月 1 日）

审图机构		联系人		移动电话	

项目立项编号（请输入发改立项编号，并选择本次报建对应的设计文件（施工图纸）信息）

序号	建设单位确认编号	工程名称	工程类别	工程规模	建设单位接收确认时间	选择施工图设计信息*
1						☐ 选择

建设单位项目负责人*	姓名		移动电话	
	身份证号			

建设单位组织机构代码	

续表

施工单位 *	名称		组织机构代码		资质等级	
	资质证书号码		联系人		移动电话	
项目经理（注册建造师）*	姓名		身份证号码			
	执业注册号		移动电话			
监理单位 *	名称		组织机构代码		资质等级	
	资质证书号码		联系人		移动电话	
项目总监（注册监理工程师）*	姓名		身份证号码			
	执业注册号		移动电话			
勘察单位 *	名称		组织机构代码		资质等级	
	资质证书号码		联系人		移动电话	
设计单位 *	名称		组织机构代码		资质等级	
	资质证书号码		联系人		移动电话	
工程地址 *			用地红线面积			平方米
工程所在区域	□龙岗区　□盐田区　□罗湖区　□福田区　□南山区　□宝安区 □光明新区　□坪山新区　□大鹏新区　□龙华新区　□前海自贸区					
合同造价 *		万元	招标控制价			万元
合同签订日期 *		天	定额工期 *			天
安全文明施工费 *		万元	暂列金额 *			万元
材料和工程设备暂估价金额 *		万元	专业工程暂估价金额 *			万元
项目总建筑面积 *	平方米（计容积率和不计容积率建筑面积总和）					
基础类型			结构类型			
本次发包工程要求施工单位资质级别 *	□特级　□一级　□二级　□三级　□其他					
本次施工建筑面积 *		平方米	合同造价 *			万元
合同开工日期 *			合同竣工日期 *			

本次申请工程专业范围：（1. 电梯工程不属于本局监管工程范围内，办理报装手续向深圳市市场监督管理局申办。2. 请认真填写下列项内容，需与施工合同工程范围保持一致，将记录在施工许可证上。3. 下列选项按分部工程或子分部工程设置，若勾选分部工程视为包含所有子分部工程内容，若仅勾选子分部工程，不得勾选相应的分部工程。）

□ 其他：

本工程存在未经建设行政主管部门许可擅自开工情况　　□是　□否

二、房建工程及市政工程施工图设计审核

（房建类表）

审查编号：

<table>
<tr><td rowspan="4">工程概况</td><td>工程类型
（打√）</td><td colspan="2">□ 新建　□ 改建　□ 扩建　□ 住宅
□ 公建　□ 厂房　□ 装修　□ 其他</td><td colspan="2">总建筑面积：　　　　　平方米
地上：　　　　　　　　平方米
地下：　　　　　　　　平方米</td></tr>
<tr><td>工程等级
（打√）</td><td colspan="2">□ 大型　□ 中型　□ 小型</td><td>是否超限（打√）</td><td>□ 超限　　□ 非超限</td></tr>
<tr><td>抗震设防</td><td colspan="2">　　　　　　　　　度</td><td>主体建筑高度</td><td>　　　　　　米</td></tr>
<tr><td>结构类型</td><td colspan="2"></td><td>主体建筑层数</td><td>总层数：　　层，
地上：　　层，
地下：　　层</td></tr>
<tr><td rowspan="1">送审
资料
（打√）</td><td colspan="5">□ 1. 规划部门批准文件（□ 用地规划许可证　□ 工程规划许可证）复印件 1 份
□ 2. 设计图纸：建筑、结构、电气、给水排水、暖通等各_____份（相应专业可打√）
□ 3. 计算书：_____份　　□ 节能　□ 结构　□ 电气　□ 给水排水　□ 暖通　□ 其他
□ 4. 方案设计核查意见书复印件 1 份
□ 5. 经审查合格的勘察报告复印件 1 份
□ 6. 超限审查审批意见复印件 1 份
□ 7. 初步设计审批意见复印件 1 份
□ 8. 立项批复意见复印件 1 份
□ 9. 工程总概算批复意见复印件 1 份
□ 10. 消防审批意见复印件 1 份
□ 11. 人防审批意见复印件 1 份
□ 12. 环保审批意见复印件 1 份
□ 13. 地震审批意见复印件 1 份
□ 14. 水土保持审批意见复印件 1 份
□ 15. 卫生审批意见复印件 1 份
□ 16. 轨道交通部门审批意见复印件 1 份
□ 17. 装配式建筑初步设计技术认定书复印件 1 份
□ 18. 其他</td></tr>
<tr><td rowspan="8">主要
设计人</td><td>姓名</td><td>专业</td><td colspan="2">联系电话及邮箱</td><td rowspan="8">审查机构受理送审表情况：
受理时间：
受理人：
联系电话：</td></tr>
<tr><td></td><td></td><td colspan="2"></td></tr>
<tr><td></td><td></td><td colspan="2"></td></tr>
<tr><td></td><td></td><td colspan="2"></td></tr>
<tr><td></td><td></td><td colspan="2"></td></tr>
<tr><td></td><td></td><td colspan="2"></td></tr>
<tr><td></td><td></td><td colspan="2"></td></tr>
<tr><td></td><td></td><td colspan="2"></td></tr>
</table>

（**市政类表**）

审查编号：

工程概况	工程类型（打√）	□ 道桥隧工程　□ 给水排水工程 □ 电气工程　　□ 燃气工程 □ 风景园林工程　□ 环境卫生工程 □ 其他工程		工程等级（打√）	□ 大型 □ 中型 □ 小型
	道路等级及长度：　　　　　（公里）　　　桥梁跨度：　　　　　　（米） 隧道断面尺寸及长度： 给水排水主干管径、管长：　　　　　　污水处理厂污水处理量：　　　万吨／日 电气工程：　　　　　　　　　　　　燃气管网规模：　　　户，　　　米 垃圾厂垃圾处理量：　　万吨／日　　　风景园林：　　　　　　平方米 （此栏根据工程实际情况修改及填写）				

送审资料（打√）	□ 1. 规划部门批准文件（□ 用地规划许可证　□ 工程规划许可证）复印件 1 份 □ 2. 设计图纸：道路、桥隧、结构、交通、给水排水、电气、燃气、景观、工艺、建筑各　　　份（提供图纸的专业打√） □ 3. 计算书：　　　份　　□ 桥隧　□ 给水排水　□ 其他 □ 4. 方案设计核查意见书 1 份 □ 5. 经审查合格的勘察报告复印件 1 份 □ 6. 初步设计审批意见复印件 1 份 □ 7. 立项批复意见复印件 1 份 □ 8. 消防审批意见复印件 1 份 □ 9. 环保审批意见复印件 1 份 □ 10. 地震审批意见复印件 1 份 □ 11. 水土保持审批意见复印件 1 份 □ 12. 轨道交通部门审批意见复印件 1 份 □ 13. 其他

主要设计人	姓名	专业	联系电话及邮箱	审查机构受理送审表情况： 受理时间： 受理人： 联系电话：

三、责任主体单位意见

责任主体单位意见

本公司申报的内容及相关资料真实、准确，如有任何虚假或存在违法违规行为，将自愿接受有关行政处罚。

此外，本次申请需要特殊说明如下情况：

建设单位法定代表人：
（签字或盖章）
建设单位（盖章）
　　年　　月　　日

代建单位法定代表人：
（签字或盖章）
代建单位（盖章）
　　年　　月　　日

监理单位法定代表人：
（签字或盖章）
监理单位（盖章）
　　年　　月　　日

施工单位法定代表人：
（签字或盖章）
施工单位（盖章）
　　年　　月　　日

设计单位法定代表人：
（签字或盖章）
设计单位（盖章）
　　年　　月　　日

勘察单位法定代表人：
（签字或盖章）
勘察单位（盖章）
　　年　　月　　日

四、承诺书（从事建设工程施工活动）

（温馨提示：请申请人在以下"□"处，需根据本项目申报情况，填写"√"或"×"，否则审批工作人员认为项目申报信息填写不完整而不予受理。）

××市××区住房和建设局：

本单位在申请＿＿＿＿＿＿＿＿＿＿（工程名称）＿＿＿＿＿＿工程的建设工程施工许可时，谨在此作出以下承诺：

一、关于拆迁工程
□ 承诺拆迁进度符合施工要求。

二、关于土石方、基坑、边坡支护工程申请施工
□ 承诺本项目未将非单独立项的土石方、基坑、边坡支护工程单独发包。

三、关于装饰装修工程的工程规划核准文件
□ 承诺在本项行政许可申请施工范围内的二次装饰装修工程，不涉及改变建筑物位置、立面、层数、使用功能、建筑结构等确需重新办理《建设工程规划许可证》的内容，无需重新取得深圳市规划部门的《建设工程规划许可证》或其他核准文件。
□ 承诺在本项行政许可申请施工范围内的装饰装修及改扩建工程不涉及其他产权单位的公用部分。

四、关于施工图审查
□ 承诺本项目在施工报建时提交的施工图设计文件符合公共利益、公众安全和工程建设强制性标准，并满足建设用地规划许可（或者规划设计要点）、建设工程规划许可等的要求。
□ 由申请人在本条郑重承诺，并按照"诚信申报"原则，视为该项目符合直接发包条件，若发现规避招标，一切责任由申请人承担。但建设主管部门工作人员初审申请资料时，对申请人承诺的直接发包情形产生质疑，申请人应提交证明资料予以佐证，经建设主管部门依法确定项目的发包方式后再办理施工许可手续。

五、关于消防设计审查
□ 承诺对于按照规定应当进行消防设计审查的特殊建设工程，在主体开工前通过消防设计审查并取得消防设计审查意见书。

六、关于缴存工资保证金及劳务工工资分账管理协议
□ 承诺根据《深圳市工程建设领域工资保证金管理办法（试行）》（深人社〔2018〕17号）相关规定缴存工资保证金。同时已按要求办理劳务工工资分账管理协议。

七、关于建设项目工伤保险参保证明
□承诺根据《深圳市建筑施工企业参加工伤保险管理办法》相关规定，取得建设项目工伤保险参保证明。

八、关于建设单位、施工单位提供的相关材料
□ 承诺在申请施工许可证时施工企业安全生产许可证、项目经理人员安全考核B证、安全员人员安全考核C证有效，未因违法违规被扣压证件。
□ 承诺若建设主管部门工作人员审核申请资料时对申请人提供的相关证件信息产生质疑，将配合提交证件原件予以验证，经建设主管部门审核验证后再办理施工许可手续。

九、关于放置施工现场材料
□ 承诺在申请本项行政许可的工程施工前备齐下列材料并存放施工现场备查：
（一）经审查合格的全套施工图纸。
（二）经施工企业技术负责人、项目经理、项目总监签字认可的施工组织设计文件。
（三）深基坑（高边坡）工程、矿山法地下暗挖工程的施工图纸、设计计算书、施工方案、地质勘察报告、专家审查意见（设计方案和施工方案）以及周围建筑的调查资料。
（四）项目经理任命书和项目总监任命书。
（五）建设单位项目负责人任命书。
（六）建设工程安全文明施工措施费支付计划。
（七）按工程进度编制的专项施工方案、危险性较大分部分项工程的安全专项施工方案和专家论证审查意见。
（八）承诺聘请正规土石方运输单位，备齐土石方运输合同于施工现场备查。
（九）项目第一次报建的，需有地下管线查询结果（由市城建档案馆或燃气集团出具）；施工现场有燃气管道设施的，应有

《施工现场燃气管道设施保护协议》。

（十）地铁规划控制区域内的建设工程，提交地铁公司出具的同意建设的文件；

（十一）二次装修工程未改变原建筑功能结构；

（十二）承诺该工程建设资金已落实；

（十三）未经调查评估的疑似污染地块和未达到风险管控或治理修复目标的地块，不得开工建设任何与土壤风险管控、治理修复无关的项目。

十、关于法律责任

□ 承诺人不得篡改本承诺书的内容。

承诺人对上述承诺内容确认无误。如上述承诺内容不属实或承诺人未按时履行承诺，行政许可决定机关有权依法撤销已作出的行政许可决定，承诺人应当依法承担相应的法律责任。如果本承诺人在未获得行政许可决定机关核准的情况下已从事本行政许可事项下的施工活动，行政许可决定机关可按无证施工依法予以处罚。

谨此承诺。

承诺人：建设单位

年　　月　　日

（盖章）

基本农田设施开工批复办理申请表 表4-2-6

（深圳市版本供参考）

项目名称				工程名称		
项目是否第一次申办施工许可证				□是　□否		
申请单位（应包含所有建设单位）				法定代表人		身份证号码
建设单位项目负责人				联系电话及移动电话		
申请经办人	姓名			联系电话		传真
				移动电话		
用地批准文件						
资金下达立项文件						
施工图设计文件审查合格意见书						
直接发包审批决定书文号						
建设单位质量主任	姓名		建设单位安全主任	姓名		
	身份证号			身份证号		
	移动电话			移动电话		
施工单位质量主任	姓名		施工单位安全主任	姓名		
	身份证号			身份证号		
	移动电话			移动电话		
施工单位			联系人		移动电话	
建造师			执业注册号		移动电话	
监理单位			联系人		移动电话	
项目总监			执业注册号		移动电话	
勘察单位			联系人		移动电话	
设计单位			联系人		移动电话	
审图机构			联系人		移动电话	
总投资		（万元）	施工合同造价		（万元）	
资金来源	政府　%；国有　%；集体　%；私营　%；外资　%；其他　%					

工程地址			
工程所在区域	□ 龙岗区　□ 宝安区　□ 光明新区　□ 坪山新区　□ 大鹏新区　□ 龙华新区		
合同开工日期		合同竣工日期	

申请事项：□ 1. 施工许可；　　　□ 2. 开工批复

本次申请工程专业范围：（下列项内容将记入施工许可证，请认真填写，并与施工合同、施工图纸等保持一致。）

土地平整工程	□　　　　　万 m²	蓄水工程	□　　　　m³
挡墙护坡工程	□长：　m；宽：　m；高：　m	灌溉管道工程	□　　　　m
土壤改良工程	□　　　　　万 m²	排水（洪）沟道工程	□　　　　m
房建工程	□ 用地面积　　　m² □ 建筑面积　　　m²	其他	□

申请单位承诺：

　　本表填报的内容及提交的所有材料的原件或复印件及其内容是真实的。如有任何虚假，受理机关可终止审理；如因虚假材料引致法律责任，概由申请单位承担，与受理机关无关。

（所有建设单位的法定代表人均应签字并加盖单位公章）

建设单位 1（盖章）：　　法定代表人（签字）：

建设单位 2（盖章）：　　法定代表人（签字）：

建设单位 3（盖章）：　　法定代表人（签字）：

注：1. 本表一式一份，由建设行政主管部门留存。

　　2. 任何工程未取得施工许可证或《关于同意提前开工的复函》，不得擅自动工建设，否则将依法予以处罚。

附件

办理开工批复手续承诺书

×× 区住房和建设局：

申请人（承诺人，以下简称"申请人"）在申请（工程名称）工程的基本农田工程施工许可时，其他条件符合深圳市住房和建设局建设工程施工许可实施办法规定的情况下，谨在此作出以下承诺：

一、关于申请基本农田工程项目开工批复的承诺

申请人承诺本项目的建筑设计方案已通过规划部门审批，本次申请工程的施工图纸已设计完成，并已依法通过审图机构的审查。

二、关于工程施工和监理依法可选择直接发包方式

（一）申请人已对照《深圳市人民政府印发关于加强建设工程招标投标管理若干规定的通知》（深府〔2008〕86 号）和《深圳经济特区建设工程施工招标投标条例》的规定，本工程属于下列第____种情形，工程施工依法可选择直接发包方式：

1．国有资金投资控股或占主导地位的一次发包工程造价在 200 万元人民币以下且工程总造价在人民币二千万元以下的；

2．国有资金投资控股或占主导地位的一次发包工程造价在 100 万元人民币以下的；

3．全部由外商或者私人投资的；

4．外商或者私人投资控股的；

5．外商或者私人投资累计超过 50% 且国有资金投资不占主导地位的。

（二）申请人已对照《深圳市人民政府印发关于加强建设工程招标投标管理若干规定的通知》（深府〔2008〕86 号）和《深圳经济特区建设工程监理条例》的规定，本工程属于下列第____种情形，工程监理依法可选择直接发包方式：

1．监理服务单项合同估算价在人民币五十万元以下且工程总造价在人民币二千万元以下的；

2．全部由外商或者私人投资的；

3．外商或者私人投资控股的；

4．外商或者私人投资累计超过 50% 且国有资金投资不占主导地位的。

三、关于申请复工登记免于重复提交的证明材料

申请人本次申请复工登记的下列证明材料已在本工程申领施工许可时提交，申请人承诺下列证明材料未发生变化，并申请免于重复提交：

（一）

（二）

（三）

四、关于法律责任

申请人对上述承诺内容确认无误。如上述承诺内容不属实或申请人未按时履行承诺，行政许

可决定机关有权依法撤销已作出的行政许可决定，申请人应当依法承担相应的法律责任，如果本申请人在未获得行政许可决定机关核准的情况下已从事本行政许可事项下的施工活动，行政许可决定机关可按无证施工依法予以处罚。

  谨此承诺。

申请人（承诺人）：

年 月 日

水务工程开工备案表　　　　表 4-2-7

（深圳市版本供参考）

工程名称			工程地点		
合同标段名称			施工合同价 （万元）		
项目法人 （建设单位）			地址		
代建单位 （如有时填写）			地址		
项目负责人		联系电话		联系手机	
工作联系人		传真号码		联系手机	
工程规模			项目总投资 （概算金额，万元）		
实际开工日期		（以开工令确定时间为准）	合同工期（天）		

资金性质	□ 政府投资　　□ 水务发展专项资金　　□ 其他投资	投资比例	
		市级财政	区级财政
		%	%

工程概况 （工程规模和主要 建设内容）	
可行性研究、初步 设计及立项批复 文件	项目立项文号： 可研批复文号：初步设计及概算批复文号：
施工图 审查情况	说明：已委托施工图设计文件审查机构开展审查工作，并于××通过审查。编号：深水咨询审：

续表

征地拆迁工作完成情况	承诺：征地拆迁工作能够满足主体工程开工需要。
工程意外伤害保险情况	承诺：已依法办理工程意外伤害保险，保险单号是：_____。
劳务工工资保证金和"两制"落实情况	承诺：1. 已依规办理了本工程的劳务工工资支付保证金。保证金采取 □ 银行保函 / □ 保险机构保单保函 / □ 建设单位担保，保单号是：_____； 2. 已依规办理劳务工工资支付分账专户，银行专户账号是：_____； 3. 本工程建设所需劳务工全部按规定签订劳动合同（协议）； 4 其他相关情况承诺：_____
质量安全保障措施落实情况	承诺：在申请办理本工程开工备案手续时，在其他条件符合水务工程开工条件的情况下，为进一步加强本工程质量安全管理，根据《中华人民共和国建筑法》第五章"建筑安全生产管理"、第六章"建筑工程质量管理"等相关法律规定，以及《关于加强建设工程安全文明施工标准化管理的若干规定》（深建规〔2018〕5号）等有关要求，谨在此就下列材料备齐并存放于施工现场备查情况作出以下承诺： □（一）满足主体工程施工需要的施工详图； □（二）经施工企业技术负责人、项目经理、项目总监签字认可的施工组织设计文件； □（三）危大工程清单（如有时应提供，施工过程中应视实际情况及时更新）； □（四）深基坑（高边坡）工程、矿山法地下暗挖工程（如有时）的施工图纸、设计计算书、施工方案、地质勘察报告、专家审查意见（设计方案和施工方案）以及周围建筑的调查资料（如有时应提供，施工过程中应视实际情况及时更新）； □（五）按工程进度编制的专项施工方案、危险性较大分部分项工程的安全专项施工方案和专家论证审查意见（如有时应提供，施工过程中应视实际情况及时更新）； □（六）建设工程安全文明施工措施费支付计划； □（七）建设质量六方责任主体（即：建设、勘察、设计、监理、施工、质量检测单位）法定代表人按规定就本单位在本工程的项目负责人签署的授权书，以及经建设质量六方责任主体法定代表人授权的项目负责人签署的项目质量终身责任承诺书； □（八）承诺聘请正规土石方运输单位，备齐土石方运输合同于施工现场备查； □（九）地下管线查询结果（由市城建档案馆或地下管线产权单位出具），如施工现场有燃气管道设施等地下管线的，则应有《施工现场燃气管道设施保护协议》等相关协议及安全保护措施； □（十）地铁规划控制区域内的建设工程，提交地铁公司出具的同意建设的文件； □（十一）其他事项：_____。
其他应说明的情况	

相关参建单位基本信息				
勘察单位	单位名称		地址	
	资质等级		资质证书号	
	法定代表人		联系电话	
	项目负责人	姓名		联系电话	
		联系手机		传真号码	
设计单位	单位名称		地址	
	资质等级		资质证书号	
	法定代表人		联系电话	
	项目负责人	姓名		联系电话	
		联系手机		传真号码	
施工图设计文件审查机构	单位名称		地址	
	资质等级		资质证书号	
	法定代表人		联系电话	
	项目负责人	姓名		联系电话	
		联系手机		传真号码	
监理单位	单位名称		地址	
	资质等级		资质证书号	
	法定代表人		联系电话	
	总监	执业注册号			
		姓名		联系电话	
		联系手机		传真号码	

086

监理单位	现场监理机构人员基本情况					
	序号	姓名	专业	职称	岗位	证书号

施工单位		单位名称		地址		
		资质等级		资质证书号		
		法定代表人		联系电话		
			安全生产考核合格证号			
		企业技术负责人		联系电话		
	项目经理	姓名		联系电话		
		联系手机		传真号码		
		执业注册号		安全生产考核合格证号		
		项目技术负责人		联系电话		
		专职安全员		安全生产考核合格证号		
		质检员		职称证或执业资格证书号		

续表

质量检测单位 （施工方委托）	单位名称		地址	
	资质等级		资质证书号	
	法定代表人		联系电话	
	项目负责人	姓名		联系电话	
		联系手机		传真号码	
质量检测单位 （建设方委托）	单位名称		地址	
	资质等级		资质证书号	
	法定代表人		联系电话	
	项目负责人	姓名		联系电话	
		联系手机		传真号码	
第三方安全 监测单位	单位名称		地址	
	资质等级		资质证书号	
	法定代表人		联系电话	
	项目负责人	姓名		联系电话	
		联系手机		传真号码	
地下管线工程 第三方竣工测 量单位	单位名称		地址	
	资质等级		资质证书号	
	法定代表人		联系电话	
	项目负责人	姓名		联系电话	
		联系手机		传真号码	

项目法人（建设单位）承诺：	
本工程具备开工条件，我单位已同意其于_____年_____月_____日开工。本表填写内容真实、准确，现承诺如有任何虚假或审查不严引致相关责任，均由我单位承担。 法定代表人： （盖公章） 年　月　日	
以下内容由备案部门填写	
备案情况	（盖章） 年　　月　　日
备案号	

088

建设工程质量、安全监督提前介入申请表　　　　　　　　表 4-2-8

项目编号		工程名称			
项目性质	□ 重大项目（项目总监只能任职一个项目） □ 重点项目（项目总监只能任职一个项目） □ 一般项目				
申请单位（应包含所有建设单位）				法定代表人	
经办人		移动电话			
超限高层建筑项目	□ 是　　□ 否				
项目立项批文	□ 文号 _____		总投资	_____ 万元	
用地批准文件	□ 建设用地规划许可证　证件号码 _____				
提前介入的会议纪要	□ _____				
建设工程消防设计审核或备案文件	□ 建设工程消防设计审核意见书　证件号码 _____ □ 建设工程消防监督管理方式告知单　证件号码 _____				
直接发包项目确定承包商的相关文件					
建设单位项目负责人		移动电话			
建设单位组织机构代码					
施工单位名称		资质等级		企业负责人及联系电话	
项目经理（注册建造师）		执业注册号		移动电话	
监理单位名称		资质等级		联系人联系电话	
项目总监（注册监理工程师）		执业注册号		移动电话	
勘察单位名称		资质等级		项目负责人联系电话	
设计单位名称		资质等级		项目负责人联系电话	
工程地址					
合同价		万元	合同工期		天
合同开工日期			合同竣工日期		

续表

本次施工建筑面积	_____ m²	总长度（市政工程）		km
房屋建筑是否为商品房		□ 是　　□ 否		
本次施工住宅总面积		套型建筑面积超过 90 m² 的合计		m²
		套型建筑面积不足 90 m² 的合计		m²
本次装修改造总面积		□ 内部装饰		m²
		□ 外部装饰		m²
产权单位		是否属租赁房屋	□ 是　　□ 否	

本次申请工程范围（请认真填写此项内容，需与施工合同工程范围保持一致，将记录在开工文件上）：
本工程存在未经建设行政主管部门批准擅自开工情况　　□ 是　　　　□ 否

申请单位承诺： 　　本表填报的内容及提交的所有材料的原件或复印件及其内容是真实的。如有任何虚假，受理机关可终止审理；如因虚假材料引致法律责任，概由申请单位承担，与受理机关无关。 （所有申请单位的法定代表人均应签字并加盖单位公章） 建设单位（盖章）：　　　　　　　　　　　　　　　　　　　法定代表人（签字）： 　　　　　　　　　　　　　　　　　　　　　　　　　　　　　　年　　月　　日
施工单位（盖章）：　　　　　　　　　　　　　　　　　　　法定代表人（签字）： 　　　　　　　　　　　　　　　　　　　　　　　　　　　　　　年　　月　　日
监理单位（盖章）：　　　　　　　　　　　　　　　　　　　法定代表人（签字）： 　　　　　　　　　　　　　　　　　　　　　　　　　　　　　　年　　月　　日

注：1. 本表一式两份，由建设行政主管部门留存。
　　2. 任何工程未取得质量安全监督手续，不得擅自动工建设，否则将依法予以处罚。

附件1

建设工程质量安全监督登记表

工程编号：

根据《中华人民共和国建筑法》《建设工程质量管理条例》《建设工程安全生产管理条例》《深圳市建设工程质量管理条例》《深圳经济特区建设工程施工安全条例》，我站对如下建设工程实施质量和施工安全监督，现将有关事项登记如下。

工程名称		工程地址	
建筑面积（m²）		层／栋	
暂定造价（万元）	（标底／预算核准）	计划总投资（万元）	
报监日期	年 月 日	合同工期（天）	
预计开工日期		预计竣工日期	
建设单位（加盖公章）		项目负责人	
建设单位组织机构代码		手机号码	
施工单位		项目经理	
施工单位组织机构代码		手机号码	
质量主任		安全主任	
手机号码		手机号码	
监理单位		总监	
监理单位组织机构代码		手机号码	
设计单位		项目负责人	
		手机号码	
勘察单位		项目负责人	
		手机号码	
监督单位意见			

注：本表一式四份，建设单位两份、监督站两份。

附件2

关于申请建设工程质量、安全监督提前介入的承诺书

_____住房和建设局：

我单位在申请 _____（工程名称）的建设工程质量安全监督提前介入时，其申请条件及申请材料符合要求的情况下，谨在此作出以下承诺：

一、关于拆迁工程

申请人承诺在施工场地已经基本具备施工条件，需要征收房屋的，其进度符合施工要求。

二、关于装饰装修工程的工程规划核准文件

申请人已对照《深圳市规划和国土资源委员会行政许可实施办法》的规定，对本项行政许可申请施工内容进行认真自查。

申请人承诺在本项行政许可申请施工范围内的二次装饰装修工程，不涉及改变建筑物位置、立面、层数、使用功能、建筑结构等确需重新办理《建设工程规划许可证》的内容，无需重新取得深圳市规划部门的《建设工程规划许可证》或其他核准文件。

申请人承诺在本项行政许可申请施工范围内的装饰装修及改扩建工程不涉及其他产权单位的公用部分。

三、关于工程施工和监理依法可选择直接发包方式

由申请人在本条郑重承诺，并按照"诚信申报"原则，视为该项目符合直接发包条件，若发现规避招标，一切责任由申请人承担。但建设主管部门工作人员初审申请资料时，对申请人承诺的直接发包情形产生质疑，申请人应提交证明资料予以佐证，经建设主管部门依法确定项目的发包方式后再办理开工手续。

四、关于施工图设计文件的承诺

根据市府令328号文件精神，我单位已将施工图设计文件上传至市勘察设计管理系统，并对其上传的施工图的完整性、真实性和时效性负责。我单位承诺上传至管理系统的勘察、设计文件符合公共利益、公众安全和工程建设强制性标准要求，满足设备材料采购、非标准设备制作和施工的需要。涉及新建用地，需办理相关规划手续的项目，且已满足建设用地规划许可（或者规划设计要点）、建设工程规划许可等要求。

五、关于缴存工资保证金及劳务工工资分账管理协议

由申请人在本条郑重承诺根据《深圳市工程建设领域工资保证金管理办法（试行）》（深人社〔2018〕17号）第五条规定：在办理施工许可证（开工报告时）施工总承包企业已依照本办法规定缴存工资保证金，并将书面承诺书提交项目行政主管部门。同时已按要求办理劳务工工资分账管理协议。

六、关于建设项目工伤保险参保证明

由申请人在本条郑重承诺根据《深圳市建筑施工企业参加工伤保险管理办法》第八条规定：施工承包单位已在项目开工前，向建设项目所在地的社会保险经办机构办理建设项目工伤保险参保缴费手续，已取得建设项目工伤保险参保证明。

七、关于建设单位、施工单位提供的相关材料

由申请人在本条郑重承诺，在申请施工许可证时对本次提交的施工企业安全生产许可证、项

目经理人员安全考核 B 证、安全员人员安全考核 C 证真实性及有效性负责，且未因违法违规被扣压证件。

建设主管部门工作人员初审申请资料时，若对申请人提供的施工企业相关证件产生质疑，申请人应提交证件原件予以验证，经建设主管部门审核验证后再办理施工许可手续。若发现申请人存在虚假申报，一切责任由申请人承担。

八、关于放置施工现场材料

承诺人承诺在工程施工前备齐下列材料并存放施工现场备查：

（一）全套施工图纸

（二）经施工企业技术负责人、项目经理、项目总监签字认可的施工组织设计文件（该施工组织设计文件应已征求当地社区、办事处意见，存有工程信息书面告知当地社区、办事处的过程记录或证明材料）。

（三）深基坑（高边坡）工程、矿山法地下暗挖工程的施工图纸、设计计算书、施工方案、地质勘察报告、专家审查意见（设计方案和施工方案）以及周围建筑的调查资料。

（四）项目经理任命书和项目总监任命书。

（五）建设单位项目负责人任命书。

（六）建设工程安全文明施工措施费支付计划。

（七）按工程进度编制的专项施工方案、危险性较大分部分项工程的安全专项施工方案和专家论证审查意见。

（八）承诺聘请正规土石方运输单位，备齐土石方运输合同于施工现场备查。

（九）五方责任主体授权书、承诺书。

（十）建设单位、施工单位、监理单位主要负责人签名并加盖单位公章的《深圳市生产经营单位主要负责人安全生产主体责任承诺书》。

（十一）质量主任和安全主任任命书。

九、承诺人承诺质量安全监督提前介入申请表填报的信息与签订的施工（监理）合同相应内容一致。

十、承诺人承诺必须在办理完本工程质量安全监督手续之后，方可开工。如有擅自动工建设情况，建设行政主管部门可按无证施工依法予以处罚，承诺人应承担法律法规及规章制度规定的相应处罚。

十一、关于完善规划手续补办施工许可的承诺

（一）根据 _____ 文件精神，该项目属于市或区重大项目，由于《建设用地规划许可证》正在提请规划资源部门办理之中，目前暂未能提供，鉴于工期紧急，现建设单位承诺该项目未涉及占用林地、基本农田、自然保护区和生态控制线等用地规划问题，并承诺尽快完善相关手续后申请补办《建设工程施工许可证》。

（二）由于《建设工程规划许可证》正在提请规划资源部门办理之中，目前暂未能提供，建设单位承诺办理提前介入手续后，尽快完善相关手续后申请补办《建设工程施工许可证》。

十二、关于法律责任

承诺人不得篡改本承诺书的内容。

承诺人对上述承诺内容确认无误。如上述承诺内容不属实或承诺人未按时履行承诺，质量安

全监督部门可下发停工通知书，拒不停工整改的，由质量安全监督部门、建设行政主管部门依法对相关单位予以处罚，同时对承诺单位和相关人员的违法违规、不履行承诺的行为纳入信用管理体系进行扣分，承诺人应当依法承担相应的法律责任及由此造成的一切后果。

謹此承诺。

承诺人：建设单位（盖章）

法定代表人（签字）：

承诺人：施工单位（盖章）

法定代表人（签字）：

承诺人：监理单位（盖章）

法定代表人（签字）：

年　　月　　日

第 5 章

工程质量安全监督主要程序性工作

5.1　概　　述

本章所述监督管理主要内容包括：工作适用范围、机构设置、机构管理、监督依据、监督程序、主要监督内容、监督方式方法、监督措施、监督责任、监督手续办理（监督登记、延期、终止、恢复）。

5.2　重 点 工 作

5.2.1　适用范围

1. 适用行政区域内建设工程的新建、扩建、改建等活动以及对建设工程质量安全的监督管理。所称建设工程，是指土木工程、建筑工程、线路管道和设备安装工程及装修工程。抢险救灾工程、临时性建设工程、军事建设工程、农民自建低层房屋建筑工程，不适用本规定。

2. 工程质量监督，依据有关法律、法规、工程建设强制性标准，在工程项目从办理工程质量监督手续至出具《工程质量监督报告》过程中，对建设、勘察、设计、监理、施工单位（以下简称"工程质量责任主体"）和质量检测等相关单位的工程质量行为和工程实体质量进行监督抽查的活动。

3. 施工安全监督，对房屋建筑和市政基础设施工程的建设、勘察、设计、施工、监理等单位及人员（以下简称"工程建设责任主体"）履行安全生产职责，执行法律、法规、规章、制度及工程建设强制性标准等情况实施抽查并对违法违规行为进行处理的行政执法活动。

5.2.2　监督机构设置

1. 机构设置

工程质量安全监督机构应当建立健全的建设工程质量安全监督管理体系，加强建设工程质量安全教育，依据法律、法规和工程建设强制性标准，对工程实体质量、现场安全文明施工、工程质量安全行为实施监督检查，督促相关单位落实质量安全主体责任，具体设置要求如下：

（1）受建设行政主管部门委托，负责建设工程质量安全的监督管理；

（2）具有完整的组织体系，岗位职责明确；

（3）质量安全监督人员资格应当满足相关规定，人员数量满足监督工作需要且专业结构合理，其中监督人员应当占监督机构总人数的 75% 以上；

（4）具有固定的工作场所，配备满足监督执法工作需要的执法记录仪、仪器、设备、工具及安全防护用品；

（5）有健全的施工质量安全监督工作制度，具备与监督工作相适应的信息化管理平台条件。

2. 监督人员资格

监督人员应当具备下列条件：

（1）具有工程类专业大学专科以上学历或者工程类执业注册资格；

（2）具有三年以上工程质量安全管理或者设计、施工、监理等工作经历；

（3）熟悉掌握相关法律法规和工程建设强制性标准；

（4）具有一定的组织协调能力和良好职业道德；

（5）可以聘请中级职称以上的工程类专业技术人员协助监督人员实施工程质量安全监督；

（6）监督机构可采取购买服务的方式，委托具备条件的社会力量辅助检查。

5.2.3 监督机构管理

1. 各级建设行政主管部门对本行政区域内将监督检查委托给建设工程质量安全监督机构具体实施的情形，应对监督机构履行下列监管职责：

（1）制定监督机构管理规范性制度和规定，建立和完善质量安全监督管理信息化平台；

（2）市级以上建设行政主管部门应根据区域特点、经济发展水平制定安全文明施工标准化手册、图集，交通、水务等部门可结合本行业工程特点制定实施细则；

（3）对监督机构的业务工作涉及廉政、高效、专业、服务等方面进行指导、教育；

（4）对监督机构的监督人员定期进行执法培训、教育并核发相关资格证；

（5）审核监督机构查处质量安全违法行为的合法合规性，着力构建建设领域的法治政府；

（6）配合建筑工地伤亡事故查处及事故的统计上报工作；

（7）推广施工安全管理先进经验，表彰在施工安全工作中作出显著成绩的单位和个人；

（8）对监督人员未按照国家有关法律法规、工程建设强制性标准实施监督，有下列情形之一，造成严重后果的，依法给予处分：

① 发现工程质量违法违规行为不予查处或上报的；

② 在监督过程中，索取或者接受他人财物，或者谋取其他利益的；

③ 对涉及工程质量的举报、投诉不处理的。

2. 其他部门

（1）发改、财政、审计等部门在工程立项、工程款拨付、造价审计等过程中，应统筹考虑安全文明施工、标准化设置、信息化管理平台的相关费用。

（2）人力和社会保障、医疗卫生、生态环境、食品安全、安监等主管部门按照各自职能，指导建筑工地开展职业健康、实名制分账制、食品安全、环境保护、教育培训等方面的相关工作。

（3）建设、交通、水务等主管部门应当按照各自职责，依照相关标准规范对建设工程安全文明施工措施落实情况进行监督检查，并对建设单位支付及施工单位使用安全文明施工措施费情况进行监督。

5.2.4 监督依据

1. 建筑工程法律，如《中华人民共和国建筑法》《中华人民共和国合同法》《中华人民共和国土地管理法》《中华人民共和国城市规划法》《中华人民共和国城市房地产管理法》《中华人民共和国环境保护法》《中华人民共和国环境影响评价法》；

2. 行政法规，如《建设工程质量管理条例》《建设工程安全生产管理条例》《建设工程勘察设计管理条例》《中华人民共和国土地管理法实施条例》；

3. 部门规章，如《工程监理企业资质管理规定》《注册监理工程师管理规定》《建设工程监理范围和规模标准规定》《建筑工程施工许可管理办法》《实施工程建设强制性标准监督规定》《房屋建筑工程质量保修办法》《房屋建筑工程和市政基础设施工程竣工验收备案管理暂行办法》《建设工程施工现场管理规定》《建筑安全生产监督管理规定》《工程建设重大事故报告和调查程序规定》《城市建设档案管理规定》，详见"5.4　相关文件"；

　　4．有关技术标准、规范、规程；

　　5．经批准的设计文件等。

5.2.5　监督程序

　　对工程项目实施质量安全监督，可依照下列程序进行：

　　（1）接收建设单位相关报建资料，办理工程质量安全监督手续；

　　（2）召开质量安全监督告知会议，并向各方责任主体下发《质量安全监督告知书》；

　　（3）根据工程项目实际情况，编制《施工安全监督工作计划》，明确主要监督内容、抽查频次、监督措施等，同时组织实施。

　　（4）对工程实体质量、责任主体和检测单位的工程质量行为进行抽查、抽测；

　　（5）对工程重要分部（子分部）的中间验收和竣工验收进行监督；

　　（6）对工程建设责任主体的安全生产行为、施工现场的安全生产状况和安全生产标准化开展情况进行抽查，工程项目危险性较大的分部分项工程应当作为重点抽查内容；

　　（7）工程按照设计图纸以及施工合同已全部完成施工内容，开展工程项目安全生产标准化评定工作；

　　（8）经建设单位确认，终止施工安全监督手续；

　　（9）监督工程竣工验收，重点对验收的组织形式、验收程序以及执行标准等是否符合有关规定进行监督；

　　（10）出具质量监督报告；

　　（11）全面梳理、收集全过程工程质量、施工安全监督资料并立卷归档。

5.2.6　主要监督内容

　　1．质量监督主要内容

　　（1）执行工程质量有关法律法规和工程建设强制性标准的情况；

　　（2）抽查涉及工程主体结构安全和主要使用功能的工程实体质量；

　　（3）抽查工程质量责任主体和质量检测等单位的工程质量行为；

　　（4）抽查主要建筑材料、建筑构配件的质量；

　　（5）对工程竣工验收进行监督；

　　（6）组织或参与工程质量事故的调查处理；

　　（7）定期对本地区工程质量状况进行统计分析；

　　（8）依法对违法违规行为实施行政处罚。

　　2．安全监督主要内容

　　（1）抽查工程建设责任主体履行安全生产职责情况；

　　（2）抽查工程建设责任主体执行工程施工安全有关法律、法规、规章、制度及工程建设强制性标准情况；

（3）抽查建筑施工安全生产标准化开展情况；

（4）组织或参与工程项目施工安全事故的调查处理；

（5）依法对工程建设责任主体违法违规行为实施行政处罚；

（6）依法处理与工程项目施工安全相关的投诉、举报。

5.2.7　监督方式方法

1．监督告知

监督机构应按以下程序进行告知：

（1）确定告知会议时间地点：监督机构与建设单位商议监督告知开会时间地点；

（2）核查人员资格：对相关人员进行核对身份证、工作证等相关证件，核查完毕后五方责任主体人员和监督机构人员签到，见《建设工程质量安全监督站监督告知会议签到表》（表5-1）；

（3）人员介绍：由建设单位向监督机构介绍五方责任主体参会人员，由监督组组长介绍监督机构参会人员；

（4）工程概况简介：由相关参建单位介绍工程概况、工程建设中重难点以及危险性较大的分部分项工程情况；

（5）告知监督内容：监督机构向各方责任主体告知工程质量监督执法工作的主要依据、程序、内容、方法和措施以及后续需要提交的存档资料；

（6）建立联络机制：监督机构告知本工程监督组成员，分工及联系方式等内容并将参建单位纳入信息工作群，畅顺联系。

2．监督前准备和监督方式

监督人员检查前应先了解项目工程概况以及工程进度，确定抽查范围和内容，准备好所需执法设备、执法文书等。监督人员实施质量安全监督，可采用抽查、抽测现场实物、查阅施工合同、施工图纸、管理资料，询问现场有关人员以及委托检测机构抽检等方式。监督机构应当委派2名或2名以上监督人员按照监督计划对工程项目施工现场进行随机抽查，监督人员资格需满足要求。

3．监督频率

一般工程的监督抽查基本频次为不少于0.66次／月（工程监督时间从监督告知之日起算，不足整月的按当月实际天数计算）。

巡查范围为已取得施工许可证或开工许可的项目，有以下情形的为重点巡查项目：

（1）近一年发生过质量安全事故的工程项目；

（2）存在较大质量安全隐患的工程项目；

（3）存在含有超过一定规模的危险性较大的分部分项工程的工程项目。

4．日常监督

监督机构根据有关法律、法规、工程建设强制性标准，制定《建设工程质量安全监督（计划）告知书》（附件5-1），开展质量安全监督。监督组应按《建设工程质量安全监督（计划）告知书》、相关法律法规和工程技术标准，开展日常监督，对工程项目质量安全生产行为、质量行为、实体质量、现场安全生产状况，填写《建设工程质量安全监督记录手册》（附件5-2）。

5．巡查督查

巡查是指由监督机构相关统筹部门组织开展的根据建设工程相关法律、法规对工程质量安全实体、质量安全行为以及监督人员的执法行为进行巡查督查的活动。

巡查对象主要包括建设单位、施工单位、监理单位、勘察单位、设计单位的质量安全行为和现场实体情况以及监督员按照相关规定的监督执法行为。巡查内容重点包括：

（1）建设工程实体质量、现场安全文明施工状况以及标准化落实情况；

（2）参建单位质量安全行为，重点抽查工程建设、施工、监理、勘察、设计、监测和检测等参建单位按照法定职责履行质量安全管理的行为，如施工质量控制资料和安全管理资料、人员到岗履职等情况；

（3）参建各方开展承发包活动的情况，是否存在违法发包、转包、挂靠、违法分包等违法行为；

（4）劳务用工的管理情况，重点检查实名制管理、安全教育、持证上岗、劳防用品配备等情况；

（5）监督员按照法定职责履职及廉政情况。

6．专项检查

根据事故特点、季节性气候以及施工阶段视情况组织开展深基坑、高边坡、高支模、地下暗挖、脚手架、建筑起重机械、防高坠、消防安全、临时用电以及结构质量等专项执法检查。

7．质量验收监督

（1）工程重要分部（子分部）中间验收监督和单位工程预验收监督

监理单位应在工程计划竣工验收前 5 个工作日，将由监理单位审核的工程重要分部（子分部）中间验收和单位工程的预验收技术资料，提交监督机构。工程重要分部（子分部）工程的中间验收包括但不仅限于以下内容：

① 桩基础、天然地基、地基处理等工程；

② 地基与基础工程（含地下防水）；

③ 主体结构工程（包括混凝土、钢、砖、木等受力结构）；

④ 幕墙工程；

⑤ 建筑节能分部工程；

⑥ 低压配电（含发电机组）安装工程；

⑦ 建设、监理单位或监督机构根据工程特点及有关规定确认的有关分部（子分部）工程。

（2）单位工程竣工验收监督

建设单位是工程竣工验收的组织单位，应当事先与监督机构取得联系，并于竣工验收前 7 个工作日，将由监理单位审核通过的工程竣工验收技术资料和审核书面意见提交监督机构检查。监督机构重点对涉及结构安全和使用功能检验资料，以及主要功能抽查记录等资料进行抽查。

工程竣工验收时，监督机构重点对验收的组织形式、程序和依据的标准是否符合有关规定进行现场监督。如发现未达到竣工验收条件或存在工程质量问题时，应当要求相关责任单位限期整改。工程竣工验收合格后，监督机构向建设单位发放《工程现场施工质量监督任务完成告知书》。

监督机构在收到建设单位提交的《工程竣工验收报告》之日起 5 个工作日内，向备案机关提交《工程质量监督报告》。监督机构应当建立工程质量监督档案管理制度，在形成工程质量监督报告时，及时收集整理完整的监督资料，形成工程质量监督档案，存档资料见《监督告知存档资料清单》（表5-2）。同时，根据要求将相关内容推送或录入相关房屋与市政工程质量安全监管平台。

质量验收详见"第6章 工程质量监督技术要点"。

5.2.8 监督执法措施

监督人员执法后，应根据现场实体质量安全管控情况和责任主体管理行为，在当天下发相关执法文书，执法措施和适用范围如下：

1. 签发监督检查意见书：

（1）可用于检查未发现问题和隐患的情形；

（2）可记录召开的告知会议、例行会议、约谈会议以及参加的专家评审、选桩会、验收会等；

（3）可用于当日进行的原材料、半成品抽检、实体检测等监督活动，检测结果当日未能出具的情形。

2. 签发责令整改通知书：

（1）质量方面：存在涉及影响主体结构安全和主要使用功能的质量行为；

（2）安全方面：存在一般安全隐患的；

（3）管理行为：管理人员不在岗，施工组织设计、专项方案、专家论证等存在编审程序不完善、质量控制资料有漏项的管理行为；

（4）其他违反有关法律、法规、强制性条文等规定的情形。

3. 签发责令停工整改通知书：

（1）在涉及较大影响主体结构安全和主要使用功能的质量行为；

（2）存在易造成群死群伤的较大隐患；

（3）根据下发的责令整改通知书拒不整改、未按期整改或未整改到位的情形；

（4）施工现场发生质量、安全事故的情形；

（5）召开约谈会议，应到人员拒不到场且未有授权委托或请假的情形；

（6）其他违反有关法律、法规、强制性条文等规定的情形。

4. 下发省动态扣分通知书：根据《广东省房屋和市政工程质量安全动态管理办法》的相关规定对责任单位及责任人实施广东省质量安全动态记分。

5. 行政处罚：根据建设工程相关法律法规，参建单位在建设过程中违法违规，监督人员应依法实施行政处罚。

6. 红黄色警示及相关措施：根据各地建设行政主管部门相关要求进行。

详见《建设工程质量安全监督（计划）告知书》（附件5-1）。

5.2.9 监督责任

1. 责任追究

质量安全监督人员有下列玩忽职守、滥用职权、徇私舞弊情形之一，造成严重后果的，给予行政处分；构成犯罪的，依法追究刑事责任：

（1）发现施工安全违法违规行为不予查处的；

（2）在监督过程中，索取或者接受他人财物，或者谋取其他利益的；

（3）对涉及施工安全的举报、投诉不处理的。

2. 免责条款

有下列情形之一的，监督机构和施工安全监督人员不承担责任：

（1）工程项目中止施工安全监督期间或者施工安全监督终止后，发生安全事故的；

（2）对发现的施工安全违法行为和安全隐患已经依法查处，工程建设责任主体拒不执行安全监管指令发生安全事故的；

（3）现行法规标准尚无规定或工程建设责任主体弄虚作假，致使无法作出正确执法行为的；

（4）因自然灾害等不可抗力导致安全事故的；

（5）按照工程项目监督工作计划已经履行监督职责的。

5.2.10　监督服务

1. 监督登记

（1）登记条件

已取得建设行政主管部门《施工许可证》或已满足提前介入核查条件的房屋建筑和市政基础设施工程、二次装修、燃气、正本清源、小散等建设工程。

（2）登记所需资料

见《申请工程监督登记所需资料清单》（表 5-3）。

（3）登记工作流程

① 监督机构收到建设行政主管部门相关工程报建资料。

② 监督机构告知建设单位提交申请工程监督登记资料。

③ 监督机构收到工程监督登记资料后，在 5 个工作日内对工程质量监督手续申报资料进行审核。符合要求的，办理工程质量监督手续，并向建设单位发放《建设工程质量安全监督登记表》（表 5-4），建立工程质量监督台账，并将相关监督信息推送或录入相关工程质量安全监管平台。不符合要求的，应当一次性书面告知不予办理的理由。

④ 监督机构按站监督登记分配原则将监督任务和相关资料转到监督部门，工程监督登记工作完毕。

2. 监督延期、中止、恢复

详见"第 4 章　施工报建"中关于"开工、延期、中止、恢复"的内容。

5.3　常用表格和文书

1.《建设工程质量安全监督站监督告知会议签到表》（表 5-1）。

2.《监督告知存档资料清单》（表 5-2）。

3.《申请工程监督登记所需资料清单》（表 5-3）。

4.《建设工程质量安全监督登记表》（表 5-4）。

5.《建设工程质量安全监督（计划）告知书》（附件 5-1）。

6.《建设工程质量安全监督记录手册》（附件 5-2）。

5.4 相 关 文 件

（一）综合类

1.《中华人民共和国建筑法》（中华人民共和国主席令第二十九号，2019 年 4 月修正）。

2.《国家重点建设项目管理办法》（1996 年 6 月 14 日发布，2011 年 1 月 8 日修订）。

3.《国务院办公厅关于促进建筑业持续健康发展的意见》（国办发〔2017〕9 号）。

4.《国务院办公厅关于清理规范工程建设领域保证金的通知》（国办发〔2016〕49 号）。

5.《国务院办公厅关于开展工程建设项目审批制度改革试点的通知》（国办发〔2018〕33 号）。

6.《建筑工程施工发包与承包违法行为认定查处管理办法》（建市规〔2019〕1 号）。

7.《房屋建筑和市政基础设施工程施工分包管理办法》（中华人民共和国建设部令第 124 号，2019 年 3 月修改）。

8.《建筑施工项目经理质量安全责任十项规定（试行）》（建质〔2014〕123 号）。

9.《建设工程勘察设计管理条例》（中华人民共和国国务院令第 293 号公布，2017 年 10 月 7 日修订）。

10.《中华人民共和国行政处罚法》（2021 年 1 月 22 日修正）。

11.《广东省建设工程勘察设计管理条例》。

12.《广东省住房和城乡建设厅关于印发房屋建筑和市政基础设施工程施工质量安全动态管理办法的通知》（粤建规范〔2017〕2 号）。

13.《深圳经济特区建设工程监理条例》（2019 年 10 月 31 日修正）。

（二）工程质量类

1.《建设工程质量管理条例》（中华人民共和国国务院令第 279 号，2019 年 4 月修正）。

2.《房屋建筑和市政基础设施工程质量监督管理规定》（中华人民共和国住房和城乡建设部令第 5 号，2010 年 8 月）。

3.《建筑工程五方责任主体项目负责人质量终身责任追究暂行办法》（建质〔2014〕124 号）。

4.《建设工程质量检测管理办法》（2015 年 5 月 4 日修改）。

5.《房屋建筑和市政基础设施工程质量监督管理规定》。

6.《住房和城乡建设部关于进一步强化住宅工程质量管理和责任的通知》（建市〔2010〕68 号）。

7.《住房和城乡建设部关于做好房屋建筑和市政基础设施工程质量事故报告和调查处理工作的通知》（建质〔2010〕111 号）。

8.《房屋建筑和市政基础设施工程竣工验收规定》（建质〔2013〕171 号）。

9.《住房城乡建设部关于印发工程质量安全手册（试行）的通知》（建质〔2018〕95 号）。

10.《广东省建设工程质量管理条例》（广东省人民代表大会常务委员会公告第 4 号，2017 年 7 月修正）。

11.《广东省住房和建设厅关于〈房屋建筑和市政基础设施工程质量监督管理规定〉的实施办法》（粤建法〔2011〕111 号）。

12.《深圳市建设工程质量管理条例》（2021 年修正）。

13.《深圳市水务工程质量与施工安全监督办法》（深水质监〔2015〕155 号）。

（三）施工安全类

1.《中华人民共和国安全生产法》（中华人民共和国主席令第七十号）。

2.《建设工程安全生产管理条例》（中华人民共和国国务院令第 393 号）。

3.《建筑起重机械安全监督管理规定》（中华人民共和国建设部令第 166 号）。

4.《建筑施工企业主要负责人、项目负责人和专职安全生产管理人员安全生产管理规定》（中华人民共和国住房和城乡建设部令第 17 号）。

5.《危险性较大的分部分项工程安全管理规定》（中华人民共和国住房和城乡建设部令第 37 号，2019 年 3 月修改）。

6.《建筑施工企业安全生产管理机构设置及专职安全生产管理人员配备办法》（建质〔2008〕91 号）。

7.《房屋建筑和市政基础设施工程施工安全监督规定》（建质〔2014〕153 号）。

8.《房屋建筑和市政基础设施工程施工安全监督工作规程》（建质〔2014〕154 号）。

9.《建筑施工特种作业人员管理规定》（建质〔2008〕75 号）。

10.《建筑施工企业负责人及项目负责人施工现场带班暂行办法》（建质〔2011〕111 号）。

11.《广东省住房和城乡建设厅关于建筑施工安全生产标准化评定工作的实施细则》（粤建质〔2015〕130 号）。

12.《深圳经济特区建设工程施工安全条例》（2019 年 10 月 31 日修正）。

13.《关于严厉惩处建设工程安全生产违法违规行为的若干措施（试行）》（深建规〔2017〕11 号）。

14.《〈关于严厉惩处建设工程安全生产违法违规行为的若干措施（试行）〉的实施细则》（深建规〔2019〕2 号）。

建设工程质量安全监督站监督告知会议签到表 表 5-1

工程名称			
日期		会议地点	
姓名	工作单位	职务	联系电话
		监督站部门负责人	
		监督组成员	
		监督组成员	
		建设单位项目负责人	
		建设单位分管业务主要负责人	
		勘察单位项目负责人	
		勘察单位分管业务主要负责人	
		设计单位项目负责人	
		设计单位分管业务主要负责人	
		监理单位分管业务主要负责人	
		监理单位总监理工程师	
		监理单位安全监理工程师	
		监理单位专业监理工程师	
		施工单位分管业务主要负责人	
		施工单位项目经理	
		施工单位项目技术负责人	
		施工单位项目质量负责人	
		施工单位安全生产管理人员	

监督告知存档资料清单 表 5-2

序号	文件名称	是否归档	备注
1	工程规划许可证、施工许可证或施工复函		
2	施工图审查合格书		
3	施工单位中标通知书（复印件）		
4	监理单位中标通知书（复印件）		
5	管线查询记录		
6	建设工程质量安全监督登记表		

序号	文件名称	是否归档	备注
7	质量安全监督告知书签收表		
8	质量安全监督告知会议签到表		
9	质量安全监督告知会议纪要		
10	建设单位组织机构代码证（复印件）		
11	施工单位组织机构代码证及资质证书（复印件）		
12	施工单位项目经理任命文件（原件）		
13	施工单位项目经理执业资格证书（复印件）		
14	施工单位项目经理身份证（复印件）		
15	施工单位质量主任任命文件（原件）		
16	施工单位质量主任执业资格证书（复印件）		
17	施工单位质量主任身份证（复印件）		
18	施工单位安全主任任命文件（原件）		
19	施工单位安全主任执业资格证书（复印件）		
20	施工单位安全主任身份证（复印件）		
21	监理单位组织机构代码证及资质证书		
22	监理单位总监任命文件（原件）		
23	监理单位总监执业资格证书（复印件）		
24	监理单位总监身份证（复印件）		
25	五方责任主体承诺书（原件）		
26	监督告知书		
27	施工、监理组织机构设置书		
28	电子图纸（光盘）		
29	重大危险源台账（施工单位）		
30	重大危险源措施（建设单位）		
31	企业安全责任书建设、监理、施工（原件）		
32	施工、监理、勘察、设计合同（复印件）		
33	工资保证金、两制三方协议（复印件）		
34	工伤保险购买文件（复印件）		

申请工程监督登记所需资料清单   表 5–3

序号	文件名称	份数	材料形式	备注
1	经施工图审查通过的相关专业全套施工图纸（CAD 图）	1	光盘	
2	建设单位、施工单位、监理单位工程项目的负责人和机构组成及人员资格证书	1	复印件	
3	施工组织设计和监理规划（监理实施细则）	1	复印件，核原件	
4	危险性较大分部分项工程清单	1	原件	
5	五方责任主体质量授权书和承诺书	1	原件	
6	扬尘防治承诺书	1	原件	
7	分账制三方协议、工伤保险、工资保证金证明文件	1	原件	

建设工程质量安全监督登记表   表 5–4

工程编号：

108

根据《中华人民共和国建筑法》《建设工程质量管理条例》《建设工程安全生产管理条例》《深圳市建设工程质量管理条例》《深圳经济特区建设工程施工安全条例》，我站对如下建设工程实施质量和施工安全监督，现将有关事项登记如下。

工程名称		工程地址	
建筑面积	m²	层 / 栋	
暂定造价	（标底／预算核准）万元	计划总投资	万元
报监日期	年 月 日	合同工期	天
预计开工日期		预计竣工日期	
建设单位（加盖公章）		项目负责人	
建设单位组织机构代码		手机号码	
施工单位		项目经理	
施工单位组织机构代码		手机号码	
质量主任		安全主任	
手机号码		手机号码	
监理单位		总监	
监理单位组织机构代码		手机号码	
设计单位		项目负责人	
		手机号码	
勘察单位		项目负责人	
		手机号码	
监督单位意见			

备注：本表一式四份，建设单位两份、监督站两份。

附件5-1

建设工程质量安全监督（计划）告知书

××市××区建设工程质量安全

监督（计划）告知书

工程名称：_____

监督编号：_____

监督人员：_____

签 发 人：_____

签发日期：_____年_____月_____日

××市××区建设工程质量安全监督站

前　言

市（区）建设工程质量安全监督站（以下简称"监督机构"）是受市（区）建设行政主管部门委托，根据国家法律法规和建设工程强制性标准，对受监工程实体质量（含房屋建筑工程、市政基础设施重点工程）和工程建设、勘察、设计、施工、监理单位等责任主体和质量检测等单位的工程质量行为实施监督。

为进一步加强建设工程质量安全、文明施工以及标准化落实情况监督，规范监督执法行为，服务相关单位建设过程，指导建设各方责任主体在质量行为、安全生产行为、实体质量和现场安全生产管控等方面履行工程法律法规及强制性标准，特此编制了《市（区）建设工程质量安全监督（计划）告知书》。

《市（区）建设工程质量安全监督（计划）告知书》包括：一是建设工程监督执法的依据、程序、主要内容、监督方式和措施以及相关工程质量、施工安全、文明施工等监督工作重点和要求；二是工程建设责任主体规范建设的相关要求和配合工作事项。旨在督促工程建设责任主体严格按照相关法律法规、规范性文件及工程技术标准，加强工程质量安全管理，认真履行工作职责，落实工程质量安全各项保障措施，确保工程质量和施工安全。

目　　录

一、基本情况

（一）工程概况及责任主体

工程名称			
工程概况			
工程地址		工程造价	
计划开工日期		计划竣工日期	
责任主体或其他单位	单位名称	项目负责人	联系方式
建设单位			
勘察单位			
设计单位			
施工单位			
监理单位			
检测单位			
监测单位			

（二）监督机构联系方式

职务	姓名	专业分工	联系电话	微信、QQ 群号
监督部部门负责人				
监督组组长				
监督员				
监督员				

（三）监督人员工作纪律

1. 监督人员必须坚持"公正、诚信、科学、求实"的宗旨。主动积极、勤奋刻苦、虚心谨慎地全心全意为工程建设服务。

2. 监督人员应加强自身思想建设，廉洁奉公，不谋私利。严禁以任何方式收受第三方任何形式的馈赠，自觉抵制不正之风，确保自身公正地位。

3. 监督人员不得向参建单位推荐分包队伍和推销设备材料。

4. 监督人员应明确职责，摆正位置，顾全大局，实事求是。

5. 监督人员应加强业务学习，熟悉图纸规范及合同，确保监督工程质量安全可控。

6. 监督人员必须坚持科学的工作态度，严格按国家规范、标准实施监督，以检查、试验、测量的数据为监督的主要依据。

7. 严格考勤制度、严格遵守工作纪律、加强作风建设、严防"四风"问题的发生，自觉抵制各种歪风邪气，禁止接受礼品、礼金；禁止参加影响公正执法的宴请和各种消费娱乐活动；禁止向执法对象借用财物或要求报销费用。

8. 禁止不公平选择性执法，不按规定擅自行使自由裁量权。

监督投诉电话：（略）

信箱：（略）

二、主要监督依据

（一）综合类

1.《中华人民共和国建筑法》（中华人民共和国主席令第二十九号，2019 年 4 月修正）；

2.《国家重点建设项目管理办法》（1996 年 6 月 14 日发布，2011 年 1 月 8 日修订）；

3.《国务院办公厅关于促进建筑业持续健康发展的意见》（国办发〔2017〕9 号）；

4.《国务院办公厅关于清理规范工程建设领域保证金的通知》（国办发〔2016〕49 号）；

5.《国务院办公厅关于开展工程建设项目审批制度改革试点的通知》（国办发〔2018〕33 号）；

6.《建筑工程施工发包与承包违法行为认定查处管理办法》（建市规〔2019〕1 号）；

7.《房屋建筑和市政基础设施工程施工分包管理办法》（中华人民共和国建设部令第 124 号，2019 年 3 月修改）；

8.《建筑施工项目经理质量安全责任十项规定（试行）》（建质〔2014〕123 号）；

9.《建设工程勘察设计管理条例》（中华人民共和国国务院令第 293 号公布，2017 年 10 月 7 日修订）；

10.《中华人民共和国行政处罚法》（2021 年 1 月 22 日修正）；

11.《广东省建设工程勘察设计管理条例》；

12.《广东省住房和城乡建设厅关于印发房屋建筑和市政基础设施工程施工质量安全动态管理办法的通知》（粤建规范〔2017〕2 号）；

13.《深圳经济特区建设工程监理条例》（2019 年 10 月 31 日修正）；

14. 其他现行法律、法规、规范性文件及工程技术标准。

（二）工程质量类

1.《建设工程质量管理条例》（中华人民共和国国务院令第 279 号，2019 年 4 月修正）；

2.《房屋建筑和市政基础设施工程质量监督管理规定》（中华人民共和国住房和城乡建设部令第 5 号，2010 年 8 月）；

3.《建筑工程五方责任主体项目负责人质量终身责任追究暂行办法》（建质〔2014〕124 号）；

4.《建设工程质量检测管理办法》（2015 年 5 月 4 日修改）；

5.《房屋建筑和市政基础设施工程质量监督管理规定》；

6.《住房和城乡建设部关于进一步强化住宅工程质量管理和责任的通知》（建市〔2010〕68 号）；

7.《住房和城乡建设部关于做好房屋建筑和市政基础设施工程质量事故报告和调查处理工作的通知》（建质〔2010〕111 号）；

8.《房屋建筑和市政基础设施工程竣工验收规定》（建质〔2013〕171 号）；

9.《住房城乡建设部关于印发工程质量安全手册（试行）的通知》（建质〔2018〕95 号）；

10.《广东省建设工程质量管理条例》（广东省人民代表大会常务委员会公告第 4 号，2017 年

7月修正）；

11.《广东省住房和建设厅关于〈房屋建筑和市政基础设施工程质量监督管理规定〉的实施办法》（粤建法〔2011〕111号）；

12.《深圳市建设工程质量管理条例》（2019年10月31日修正）；

13.《深圳市水务工程质量与施工安全监督办法》（深水质监〔2015〕155号）；

14.其他现行法律、法规、规范性文件及工程技术标准。

（三）施工安全类

1.《中华人民共和国安全生产法》（中华人民共和国主席令第七十号）；

2.《建设工程安全生产管理条例》（中华人民共和国国务院令第393号）；

3.《建筑起重机械安全监督管理规定》（中华人民共和国建设部令第166号）；

4.《建筑施工企业主要负责人、项目负责人和专职安全生产管理人员安全生产管理规定》（中华人民共和国住房和城乡建设部令第17号）；

5.《危险性较大的分部分项工程安全管理规定》（中华人民共和国住房和城乡建设部令第37号，2019年3月修改）；

6.《建筑施工企业安全生产管理机构设置及专职安全生产管理人员配备办法》（建质〔2008〕91号）；

7.《房屋建筑和市政基础设施工程施工安全监督规定》（建质〔2014〕153号）；

8.《房屋建筑和市政基础设施工程施工安全监督工作规程》（建质〔2014〕154号）；

9.《建筑施工特种作业人员管理规定》（建质〔2008〕75号）；

10.《建筑施工企业负责人及项目负责人施工现场带班暂行办法》（建质〔2011〕111号）；

11.《广东省住房和城乡建设厅关于建筑施工安全生产标准化评定工作的实施细则》（粤建质〔2015〕130号）；

12.《深圳经济特区建设工程施工安全条例》（2019年10月31日修正）；

13.《关于严厉惩处建设工程安全生产违法违规行为的若干措施（试行）》（深建规〔2017〕11号）；

14.《〈关于严厉惩处建设工程安全生产违法违规行为的若干措施（试行）〉的实施细则》（深建规〔2019〕2号）；

15.其他现行法律、法规、规范性文件及工程技术标准。

三、监督程序

（一）接收建设单位相关报建资料，办理工程质量安全监督手续。

（二）召开质量安全监督告知会议，并向各方责任主体下发《质量安全监督告知书》。

（三）根据工程项目实际情况，编制《施工安全监督工作计划》，明确主要监督内容、抽查频次、监督措施等，同时组织实施。

（四）对工程实体质量、工程质量责任主体和质量检测等单位的工程质量行为进行抽查、抽测。

（五）对工程重要分部（子分部）的中间验收和竣工验收进行监督。

（六）监督人员应当依据法律法规和工程建设强制性标准，对工程建设责任主体的安全生产行为、施工现场的安全生产状况和安全生产标准化开展情况进行抽查。工程项目危险性较大的分部分项工程应当作为重点抽查内容。

（七）工程按照设计图纸以及施工合同已全部完成施工内容，开展工程项目安全生产标准化评定工作。

（八）经建设单位确认，终止施工安全监督手续。

（九）监督工程竣工验收，重点对验收的组织形式、验收程序等是否符合有关规定进行监督。

（十）出具质量监督报告。

（十一）整理工程质量、施工安全监督资料并立卷归档。

四、主要监督内容

（一）质量监督主要内容

1. 执行工程质量有关法律法规和工程建设强制性标准的情况；

2. 抽查涉及工程主体结构安全和主要使用功能的工程实体质量；

3. 抽查工程质量责任主体和质量检测等单位的工程质量行为；

4. 抽查主要建筑材料、建筑构配件的质量；

5. 对工程竣工验收进行监督；

6. 组织或者参与工程质量事故的调查处理；

7. 定期对本地区工程质量状况进行统计分析；

8. 依法对违法违规行为实施行政处罚。

（二）安全监督主要内容

1. 抽查工程建设责任主体履行安全生产职责情况；

2. 抽查工程建设责任主体执行工程施工安全有关法律、法规、规章、制度及工程建设强制性标准情况；

3. 抽查建筑施工安全生产标准化开展情况；

4. 组织或参与工程项目施工安全事故的调查处理；

5. 依法对工程建设责任主体违法违规行为实施行政处罚；

6. 依法处理与工程项目施工安全相关的投诉、举报。

五、监督方式

监督人员检查前应先了解项目工程概况以及工程进度，确定抽查范围和内容，准备好所需执法设备、执法文书等。监督人员实施质量安全监督，可采用抽查、抽测现场实物，查阅施工合同、施工图纸、管理资料，询问现场有关人员以及委托检测机构抽检等方式。监督机构应当委派2名或2名以上监督人员按照监督计划对工程项目施工现场进行随机抽查，监督人员资格需满足要求。

（一）监督频率

一般工程的监督抽查基本频次为不少于0.66次／月（工程监督时间从监督告知之日起算，不足整月的按当月实际天数计算）。

巡查范围为已取得施工许可证或开工许可的项目，有以下情形的为重点巡查项目：

1. 近一年发生过质量安全事故的工程项目；

2. 存在较大质量安全隐患的工程项目；

3. 存在含有超过一定规模的危险性较大的分部分项工程的工程项目。

（二）监督告知

监督机构可按以下步骤开展监督告知会议：

（1）确定告知会议时间地点：监督机构与建设单位商议监督告知开会时间地点；

（2）核查人员资格：对相关人员进行核对身份证、工作证等相关证件，核查完毕后五方责任主体人员和监督机构人员签到；

（3）人员介绍：由建设单位向监督机构介绍五方责任主体参会人员，由监督组组长介绍监督机构参会人员；

（4）工程概况简介：由相关参建单位介绍工程概况、工程建设中重难点以及危险性较大的分部分项工程情况；

（5）告知监督内容：监督机构向各方责任主体告知工程质量监督执法工作的主要依据、程序、内容、方法和措施以及后续需要提交的存档资料；

（6）建立联络机制：监督机构告知本工程监督组成员，分工及联系方式等内容并将参建单位纳入信息工作群，畅顺联系。

（三）日常监督

工程质量安全监督机构应当建立健全建设工程质量安全监督管理体系，加强建设工程质量安全管理，依据法律、法规和工程建设强制性标准，制定《建设工程质量安全监督（计划）告知书》，开展质量安全监督。主要对工程实体质量、现场安全文明施工状况、标准化落实情况及工程质量安全行为等实施监督检查，督促相关单位落实质量安全主体责任，并及时填写《建设工程质量安全监督记录手册》，建立监督档案。

（四）"双随机一公开"监督检查

依据有关法律、法规和工程技术标准，随机抽取检查对象、随机选派执法检查人员、及时公开检查结果的活动。

（五）专项检查

根据事故特点、季节性气候以及施工阶段视情况组织开展深基坑、高边坡、高支模、地下暗挖、脚手架、建筑起重机械、防高坠、消防安全、临时用电以及结构质量等专项执法检查。

（六）质量验收监督

1. 工程重要分部（子分部）中间验收监督和单位工程预验收监督

工程重要分部（子分部）中间验收和单位工程的预验收，监理单位应在工程计划竣工验收前5个工作日，将由监理单位审核的验收技术资料，提交监督机构。工程重要分部（子分部）工程的中间验收包括但不仅限于以下内容：

（1）桩基础、天然地基、地基处理等工程；

（2）地基与基础工程（含地下防水）；

（3）主体结构工程（包括混凝土、钢、砖、木等受力结构）；

（4）幕墙工程；

（5）建筑节能分部工程；

（6）低压配电（含发电机组）安装工程；

（7）建设、监理单位或监督机构根据工程特点及有关规定确认的有关分部（子分部）工程。

2．单位工程竣工验收监督

建设单位是工程竣工验收的组织单位，应当事先与监督机构取得联系，并于竣工验收前 7 个工作日，将由监理单位审核通过的工程竣工验收技术资料和审核书面意见提交监督机构检查。监督机构重点对涉及结构安全和使用功能检验资料，以及主要功能抽查记录等资料进行抽查。

工程竣工验收时，监督机构重点对验收的组织形式、程序和依据的标准是否符合有关规定进行现场监督。如发现未达到竣工验收条件或存在工程质量问题时，应当要求相关责任单位限期整改。工程竣工验收合格后，监督机构向建设单位发放《工程现场施工质量监督任务完成告知书》。

六、监督措施

监督人员执法后，应根据现场实体质量安全管控情况和责任主体管理行为，在当天下发相关执法文书，执法措施和适用范围如下：

（一）签发监督检查意见书

1．可用于检查未发现问题和隐患的情形；

2．可记录召开的告知会议、例行会议、约谈会议以及参加的专家评审、选桩会、验收会等；

3．可用于当日进行的原材料、半成品抽检、实体检测等监督活动，检测结果当日未能出具的情形。

（二）签发责令整改通知书

1．质量方面：存在涉及影响主体结构安全和主要使用功能的质量行为；

2．安全方面：存在一般安全隐患的；

3．管理行为：管理人员不在岗，施工组织设计、专项方案等存在编审不完善、质量控制资料不完善的管理行为；

4．其他违反有关法律、法规、强制性条文等规定的情形。

（三）签发责令停工整改通知书

1．在涉及较大影响主体结构安全和主要使用功能的质量行为；

2．存在易造成群死群伤的较大隐患；

3．根据下发的责令整改通知书拒不整改、未按期整改或未整改到位的情形；

4．施工现场发生质量、安全事故的情形；

5．召开约谈会议，应到人员拒不到场且未有授权委托或请假的情形；

6．其他违反有关法律、法规、强制性条文等规定的情形。

（四）下发省动态扣分通知书

根据《广东省房屋和市政工程质量安全动态管理办法》的相关规定对责任单位及责任人实施广东省质量安全动态记分。

（五）行政处罚

根据建设工程相关法律法规，参建单位在建设过程中违法违规，监督人员应依法实施行政处罚。

（六）红黄色警示及相关措施

根据各地建设行政主管部门相关要求进行。

七、工程责任主体配合事项

（一）规范质量主体行为

落实五方主体项目负责人质量终身责任。严格执行建设、勘察、设计、施工、监理等五方主体项目负责人质量安全责任规定，强化项目负责人质量安全责任。全面推行工程质量终身责任"法定代表人授权书""承诺书"、永久性标牌、质量信息档案等制度，增强相关人员的质量终身责任意识。

五方责任主体项目负责人应当在办理报建手续时提交工程质量终身责任承诺书和法人代表人授权书，如有更换的，应当按规定办理变更程序。

（二）中止质量安全监督

因客观原因，工程项目中止施工的或经监督组核实已经处于停工状态的，应由建设、施工、监理单位申请办理中止施工安全监督工作。对实际处于停工状态，各参建单位不提出中止监督申请的，监督组应签发《拟中止施工安全监督通知书》，5个工作日内相关单位未提出异议，监督组签发《中止施工安全监督告知书》。监督组在收到中止监督申请5个工作日应进行查验，经查验符合要求的，向相关单位发放《中止施工安全监督告知书》。监督机构对工程中止施工期间不实施质量安全监督。

（三）恢复质量安全监督

符合中止监督的工程项目，如需恢复安全监督，应由建设单位提交由建设、施工、监理单位项目负责人共同签字并加盖各单位公章确认的《恢复施工安全监督申请书》，申请恢复施工安全监督手续。监督组在收到恢复监督申请5个工作日应进行查验，经查验符合要求的，按照复工程序逐次向分管站长、站长递交恢复施工安全监督审批。经审批通过，监督组应在2日内向建设单位下发《恢复施工安全监督告知书》；若不符合要求，应向建设单位充分说明原因以及进行指导。

（四）终止施工安全监督

工程项目完工办理竣工验收前，建设单位应当向监督机构申请办理终止施工安全监督手续，并提交经建设、监理、施工单位确认的施工结束证明。监督组收到终止施工安全监督手续及施工结束证明后，应在3个工作日内向相关单位下发《终止施工安全监督告知书》，监督组不再对该工程进行安全监督。经监督组确认工程项目已经按照施工图纸和合同规定完成全部内容，相关单位逾期未办理相关手续，可向相关单位下发《责令整改通知书》，如在规定时间内未回复，监督组可向建设单位下发《终止施工安全监督告知书》。

（五）建筑起重机械

按照《建筑起重机械安全监督管理规定》办理相关手续。

（六）突发性事件处置

施工现场发生险情、事故等突发性事件时，相关责任单位应按有关规定及时报告并采取相应措施。

八、监督责任

（一）监督人员有下列玩忽职守、滥用职权、徇私舞弊情形之一，造成严重后果的，给予行政处分；构成犯罪的，依法追究刑事责任：

1. 发现施工质量安全违法违规行为不予查处的；

2. 在监督过程中，索取或者接受他人财物，或者谋取其他利益的；

3. 对涉及施工质量安全的举报、投诉不处理的。

（二）有下列情形之一的，监督机构和监督人员不承担责任。

1. 工程中止质量安全监督期间或者终止施工安全监督之后，发生质量安全事故的；

2. 对发现的工程质量安全违法行为和质量安全隐患已经依法查处，工程建设责任主体拒不执行质量安全监管指令发生质量安全事故的；

3. 现行法律、法规和工程建设强制性标准尚无规定或工程建设责任主体弄虚作假、隐瞒事实，致使无法作出正确执法行为的；

4. 按照工程监督工作计划已经履行监督职责的；

5. 因自然灾害等不可抗力导致质量安全事故的。

九、其他

1. 其他未尽事项以有关法律、法规和工程技术标准为准；

2. 本监督（计划）告知书一式两份，监督机构和责任主体各执一份（建设单位留存原件，其他责任主体留存复印件）。

监督（计划）告知书签字表

责任主体	单位名称	项目负责人（签名）	联系电话
建设单位			
勘察单位			
设计单位			
施工单位			
监理单位			
监督人员			

附录1

责任主体及其他单位质量行为监督抽查事项

1. 对建设单位的质量行为实施监督抽查时，重点抽查以下内容：

（1）办理工程施工许可或其他开工手续的情况；

（2）组织图纸会审、设计交底、设计变更的情况；

（3）对原设计有重大修改、变动的，或者涉及建筑主体和承重结构变动的装修工程，是否组织重新设计、重新报审；

（4）对拟采用的无现行工程建设强制性标准的新技术、新工艺、新材料是否组织技术论证；

（5）组织制定工程质量检测方案，委托检测单位进行工程质量检测的情况；

（6）组织工程质量竣工验收的情况。

2. 对勘察单位质量行为实施监督抽查时，重点抽查以下内容：

（1）参加勘察设计交底和文件图纸会审，对勘察文件作出书面说明的情况；

（2）对与勘察工作相关的质量问题、质量事故提出相应技术处理方案，参加处理地基基础工程质量问题的情况；

（3）参加地基验槽、桩基础终孔、地基基础分部验收、工程质量竣工验收的情况。

3. 对设计单位质量行为实施监督抽查时，重点抽查以下内容：

（1）是否参加设计交底和施工图会审，对设计文件作出书面说明；

（2）签发设计修改变更、履行设计变更程序、技术洽谈通知的情况；

（3）参加工程质量问题处理和质量事故处理，并提出相应技术处理方案的情况；

（4）参加地基验槽、地基与基础、主体结构和节能分部等重要分部验收以及工程质量竣工验收的情况。

4. 对监理单位质量行为实施监督抽查时，重点抽查以下内容：

（1）项目监理部人员配置，总监、专业监理工程师的资格及到位情况；

（2）建立监理质量责任制，按规定编制、审批监理规划、监理实施细则情况；

（3）对施工单位的施工组织设计、专项施工方案进行审查，对施工分包单位资质进行审核的情况；

（4）对建筑材料以及构配件的采购、使用、进场复检进行审查的情况；

（5）见证取样制度的实施情况；

（6）检查施工单位按图施工的情况；

（7）实施巡视、旁站、平行检验等工作的情况；

（8）签发质量问题通知单、工程联系单，并及时跟进处理结果的情况；

（9）对现场监理文件资料及时收集整理的情况；

（10）组织检验批、分项、分部（子分部）工程的质量验收与审查并参与工程质量竣工验收的情况；

（11）按月向建设行政主管部门或者其委托的工程质量监督机构提交工程质量监理报告的情况。

5. 对施工单位质量行为实施监督抽查时，重点抽查以下内容：

（1）企业是否建立了对所承建的工程项目质量检查制度；是否每季度至少组织对项目的质量进行一次检查；检查发现的质量问题是否跟踪督促整改；

（2）建立工程项目质量管理体系、施工质量责任制度，项目负责人、项目技术负责人、质量检查人员等项目部管理人员是否具备相应资格；项目部管理人员是否到位，是否履行岗位责任；

（3）是否编制施工组织设计、专项施工方案并按程序审批；

（4）是否存在转包、违法分包和挂靠行为；符合规定可以分包的工程项目是否按规定签订分包合同以及对分包单位加强管理；

（5）对建筑材料以及构配件的采购、使用、进场复检是否严格执行有关规定；

（6）是否严格执行工程技术标准规范和按施工图纸施工；

（7）是否结合工程特点制定工程质量常见问题防治方案、节能施工专项方案和落实样板引路制度；

（8）是否及时将工程施工技术资料进行收集和整理；

（9）对工程质量问题是否认真整改，对工程质量事故隐患是否整改和处理到位；

（10）按工程施工进度，对工程质量进行自检，报请建设单位或监理单位组织各分部、分项工程验收和工程质量竣工验收的情况。

6. 对其他相关单位的质量行为实施监督抽查时，重点抽查以下内容：

（1）检测单位资质，以及检测单位是否按照工程各方确认的检测方案进行检测；

（2）抽查商品混凝土、商品砂浆、预制构件生产单位产品质量合格证明文件及第三方检测单位的原材料及拌合物检验报告；

（3）监测单位是否编制施工监测方案，是否按照经审批的方案进行监测。

附录2

工程实体质量监督抽查事项

1. 监督机构对工程实体质量的监督依据以下规定，并结合工程实际情况，在《质量监督重点抽查节点和关键部位》中予以明确：

（1）对工程实体质量的监督采取抽查施工作业面的施工质量与对关键部位重点监督相结合的方式；

（2）重点抽查工程地基基础、主体结构和其他涉及结构安全的关键部位；

（3）抽查涉及有关安全、节能、环境保护和主要使用功能的主要材料、构配件和设备的出厂合格证、试验报告、见证取样送检资料及结构实体检验、检测报告；

（4）实体质量检查可辅以必要的检测手段，委托或要求建设单位委托检测机构对重要部位进行抽测。

2. 对工程实体质量实施监督抽查时，重点抽查以下内容：

（1）地基基础工程的相关检测报告、验收记录等；

（2）主体结构的外观质量、相关检测报告、验收记录等；

（3）主要受力钢筋保护层厚度、钢筋间距等安装情况；

（4）砌体工程的砌筑质量，构造柱、圈梁的施工质量；

（5）幕墙工程、外墙粘（挂）饰面工程、屋面工程等部位的相关检测报告、验收记录等；

（6）安装工程主要使用功能的检测报告及试运行记录等；

（7）有环保要求材料的检测资料、室内环境质量检测报告等；

（8）建筑节能的相关检测报告、验收记录等；

（9）地下室、屋面、卫生间、外墙等部位防水工程的相关检测报告、防水效果试验记录等。

3. 对工程实体质量实施监督抽测时，监督机构根据工程特点、结构形式、施工进度、质量管理状况，参照下述项目范围确定，也可委托或要求建设单位委托有资质的检测单位实施抽测：

（1）承重结构混凝土强度；

（2）主要受力钢筋的分布和保护层厚度；

（3）承重结构尺寸；

（4）钢结构制作安装情况；

（5）安装工程中涉及安全及重要使用功能的项目；

（6）需要抽测的其他项目。

4. 对主要建筑原材料、建筑构配件和设备进行监督抽检：

（1）钢材；

（2）砌体材料；

（3）防水材料；

（4）给水排水塑料管材、管件；

（5）电线、电缆。

附录3

施工安全监督重点检查 20 项内容

对施工现场施工安全实施监督抽查时，重点抽查以下内容：

1. 是否提供危险性较大的分部分项工程清单，是否制定针对性措施并有效落实；

2. 建设项目施工组织设计、危险性较大的分部分项工程专项施工方案、专家论证、施工现场临时用电方案、安全生产事故应急救援预案等是否编审、论证程序完善；

3. 项目经理、总监、安全生产管理人员、专监、纠察队和巡查队等是否按规定配备并持相关有效证件在岗；

4. 施工单位是否落实实名制和分账制情况，是否对管理人员和作业人员进行安全生产教育培训，是否进行班前教育和交底；

5. 施工单位是否按规定办理工伤保险；

6. 建筑施工特种作业人员是否取得建设行政主管部门颁发的特种作业操作资格证；

7. 建设、施工、监理单位是否按照规定开展"三层三级"检查和"一线三排"检查，是否按照"五定"措施进行整改闭合；

8. 安全防护用品是否送检，现场工人是否正确系戴安全防护用品，"四口五临边"等危险部位是否按标准化要求设置定型化、工具式的防护设施；

9. 相关单位对危险性较大的分部分项工程是否按照设计图纸及强制性标准进行方案编制、专家论证、规范施工、旁站巡视、检查验收；

10. 建筑起重机械是否按规定安装（拆卸）告知和使用登记，是否安装安全监控系统，是否定期进行维护保养；

11. 现场临时用电是否采用 TN–S 接零保护系统及三级配电两级漏电保护系统，宿舍用电是否有 220V 电压及大功率电器设备使用；

12. 施工现场的办公、生活区与作业区是否分开设置；尚未竣工的建筑物内是否违规设置员工集体宿舍；抽查现场是否按要求设置封闭围挡；

13. 是否按规定定期开展安全生产标准化自评工作；

14. 抽查现场是否对因市政工程施工可能造成损害的毗邻建筑物、构筑物和地下管线等制定专项防护措施；

15. 是否按照工地管理信息化标准要求，设置覆盖施工现场的视频监控；

16. 是否按照自动化监测标准要求，设置自动化监测设备并接入相关系统，实行自动监测；

17. 监理单位是否将安全生产管理内容纳入监理规划并按要求编制专项监理实施细则；

18. 监理单位是否定期巡视检查施工现场安全生产情况；是否对危险性较大的分部分项工程作业进行旁站监理并做好安全监理（旁站）记录；

19. 勘察单位勘察作业时，是否执行操作规程，采取措施保证各类管线、设施和周边建筑物、构筑物的安全的；

20. 设计单位是否对新结构、新材料、新工艺的建设工程和特殊结构的建设工程，在设计中提出保障施工作业人员安全和预防生产安全事故的措施建议的。

附录4

监督控制点（重点抽查节点和关键部位）

下列标示的重要部位、关键工序是该工程监督工作的重要节点（控制点），监理单位必须按照规定时间提前报告该项目的日常抽查监督人员，日常抽查监督人员根据工程实际情况进行监督执法检查（打勾项目适用于本工程）。

专业	序号	项目	提前通知时间
土建工程	☐ 1	施工图纸会审	24 小时
	☐ 2	重要施工方案审查会（含深基坑设计、施工方案审查会）	
	☐ 3	工艺试打桩或第一批验孔	
	☐ 4	审查桩基检测方案和确定检测桩位	
	☐ 5	基础承台底板钢筋隐蔽验收	
	☐ 6	转换层梁板钢筋隐蔽验收	
	☐ 7	标准层梁板钢筋隐蔽验收	
	☐ 8	屋面梁板钢筋隐蔽验收	
	☐ 9	质量事故处理会议	
	☐ 10	桩基工程验收	3 天
	☐ 11	地基与基础工程中间验收	
	☐ 12	主体结构中间验收	
	☐ 13	建筑节能工程中间验收	
	☐ 14	防水工程中间验收	
	☐ 15	钢结构工程中间验收	
	☐ 16	幕墙工程中间验收	
	☐ 17	单位工程初验	
	☐ 18	单位工程竣工验收	
节能工程	☐ 1	建筑节能工程施工图文件审、查备案情况	24 小时
	☐ 2	涉及建筑节能效果的设计变更重新报审和建设、监理单位确认情况	
	☐ 3	建筑节能工程施工专项方案及建筑节能监理规划和实施细则编制、审批情况	
	☐ 4	建筑节能工程主要材料、设备的型式检验报告、进场验收记录及复验报告	
	☐ 5	建筑节能工程中关键工序的示范样板工程验收	
	☐ 6	建筑节能工程中重要部位隐蔽验收记录和相关图像资料	
	☐ 7	建筑节能工程现场检验	
	☐ 8	建筑节能分项、分部工程验收	3 天
矿山法隧道	☐ 1	施工图纸会审、重要设计、施工方案审查会	24 小时
	☐ 2	隧道、竖井、斜井、联络通道开挖条件验收	
	☐ 3	隧道穿越复杂环境条件验收	
	☐ 4	防水层首段验收	
	☐ 5	隧道二衬施工首段仰拱、拱墙	
	☐ 6	隧道及附属工程分部（子分部）验收	
	☐ 7	隧道单位工程验收	
盾构法隧道	☐ 1	施工图纸会审、重要设计、施工方案审查会	24 小时
	☐ 2	盾构始发／到达前条件验收	
	☐ 3	隧道穿越复杂环境条件验收	
	☐ 4	盾构首推 100 环，到达接受井前 100 环验收	
	☐ 5	联络通道等开挖条件验收	
	☐ 6	隧道单位工程验收	

专业	序号	项目	提前通知时间
桥梁	□ 1 □ 2 □ 3 □ 4 □ 5 □ 6 □ 7	施工图纸会审、重要设计、施工方案审查会 第一根（批）桩的终孔或试打桩的隐蔽验收或检查 第一次承台、墩柱的钢筋隐蔽验收检查 现浇混凝土主体第一次钢筋（预应力筋）隐蔽检查 预制梁第一次钢筋检查 预制梁首件吊装前的验收或检查 审查桩基检测方案和确定检测桩位	24 小时
	□ 8 □ 9	桩基验收 主体验收	3 天
余泥受纳场	□ 1	施工图纸会审、重要设计、施工方案评审	24 小时
	□ 2 □ 3 □ 4	坝体、边坡支护工程验收 填埋施工前条件验收 单位工程验收	3 天
市政道路及 配套管道	□ 1 □ 2 □ 3 □ 4 □ 5 □ 6 □ 7 □ 8 □ 9	施工图纸会审、重要设计、施工方案审查会 道路路基隐蔽验收 道路基层隐蔽验收 沥青路面试验段验收 道路面层验收 管道首段施工验收 给水管道压力试验 污水管道闭水试验 管道防腐检查	24 小时
	□ 10	单位工程验收	3 天
设备安装	□ 1 □ 2 □ 3 □ 4 □ 5 □ 6 □ 7	施工图纸会审、重要设计、施工方案审查会 基础底板接地装置焊接隐蔽 防水套管隐蔽 安装阶段（样板） 给水、消防、空调系统试压 接地电阻测试 风管严密性（漏光、漏风量）检测	24 小时
	□ 8 □ 9	单位工程初验 单位工程竣工验收	3 天
燃气	□ 1 □ 2 □ 3	图纸会审与技术交底 抽查隐蔽工程验收 设备材料或成品的检测	24 小时
	□ 4 □ 5	单位工程初验 单位工程竣工验收	3 天
园林绿化	□ 1 □ 2 □ 3 □ 4 □ 5	施工图纸会审、施工组织设计和施工方案审查 种植土回填和地形处理验收 苗木进场核验 管道试压 蓄水、淋水试验	24 小时
	□ 6 □ 7	初验 竣工验收	3 天

专业	序号	项目	提前通知时间
其他事项			
监督小组		签名： 年 月 日	
审核意见		站领导： 年 月 日	
备注		1. 边坡、明挖监督要点参照土建工程执行。 2. 所有工程质量事故处理会议需提前 24 小时通知监督组。 3. 所有工程竣工验收需提前 3 天通知监督组。 4. 若本工程监督控制要点的实施时间与监督人员的其他工程监督或各类大检查的时间相冲突时，监督人员可及时调整本工程监督控制要点	

附录5

竣工验收监督程序指引

一、工程竣工验收须具备的条件

（一）完成工程设计和合同约定的各项内容。

（二）施工单位在工程完工后对工程质量进行了检查，确认工程质量符合有关法律、法规和工程建设强制性标准，符合设计文件及合同要求，并提交工程竣工报告。工程竣工报告应经项目经理和施工单位有关负责人审核签字。

（三）对于委托监理的工程项目，监理单位对工程进行质量评估，具有完整的监理资料，并提出工程质量评估报告，工程质量评估报告应经总监理工程师和监理单位有关负责人审核签字。

（四）勘察、设计单位对勘察、设计文件及施工过程中由设计单位签署的设计变更通知书进行检查，并提出质量检查报告。质量检查报告应经该项目勘察、设计负责人和勘察、设计单位有关负责人审核签字。

（五）有完整的技术档案和施工管理资料。

（六）有工程使用的主要建筑材料、建筑构配件和设备的进场实验报告，以及工程质量检测和功能性使用资料。

（七）建设单位已按合同支付工程款。

（八）有施工单位签署的工程质量保修书。

（九）建设各方责任主体项目负责人已提交法定代表人授权书和工程质量终身责任承诺书。

（十）工程竣工图应加盖由监理单位签字确认的竣工图章和设计院确认的设计出图专用章。

（十一）验收资料应附上《广东省建筑工程竣工验收技术资料统一用表》目录或《深圳市建筑工程 A、B 类工程档案卷内目录》。

（十二）提交工程验收资料需由建设单位提交。

（十三）建设主管部门及监督机构责令整改的问题已全部整改完毕。

（十四）法律、法规规定的其他条件。

二、工程竣工验收组织形式、参与验收单位和人员

建设单位（项目）负责人组织施工（含分包单位）、勘察、设计、监理等单位（项目）负责人及专业人员进行单位（子单位）工程验收。

三、工程竣工验收按下列程序进行

127

工程竣工验收程序框图

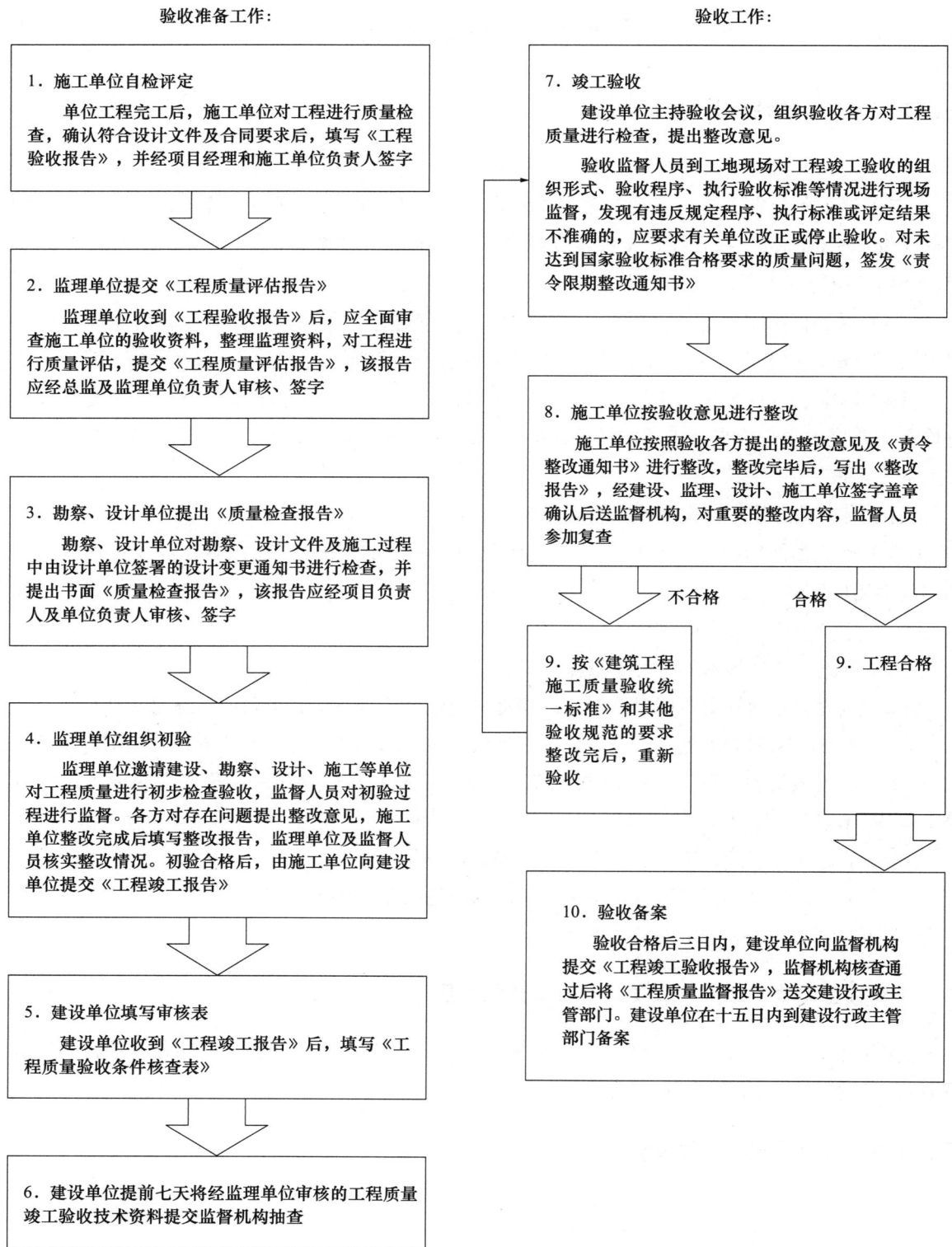

验收准备工作：

1．施工单位自检评定

单位工程完工后，施工单位对工程进行质量检查，确认符合设计文件及合同要求后，填写《工程验收报告》，并经项目经理和施工单位负责人签字

2．监理单位提交《工程质量评估报告》

监理单位收到《工程验收报告》后，应全面审查施工单位的验收资料，整理监理资料，对工程进行质量评估，提交《工程质量评估报告》，该报告应经总监及监理单位负责人审核、签字

3．勘察、设计单位提出《质量检查报告》

勘察、设计单位对勘察、设计文件及施工过程中由设计单位签署的设计变更通知书进行检查，并提出书面《质量检查报告》，该报告应经项目负责人及单位负责人审核、签字

4．监理单位组织初验

监理单位邀请建设、勘察、设计、施工等单位对工程质量进行初步检查验收，监督人员对初验过程进行监督。各方对存在问题提出整改意见，施工单位整改完成后填写整改报告，监理单位及监督人员核实整改情况。初验合格后，由施工单位向建设单位提交《工程竣工报告》

5．建设单位填写审核表

建设单位收到《工程竣工报告》后，填写《工程质量验收条件核查表》

6．建设单位提前七天将经监理单位审核的工程质量竣工验收技术资料提交监督机构抽查

验收工作：

7．竣工验收

建设单位主持验收会议，组织验收各方对工程质量进行检查，提出整改意见。

验收监督人员到工地现场对工程竣工验收的组织形式、验收程序、执行验收标准等情况进行现场监督，发现有违反规定程序、执行标准或评定结果不准确的，应要求有关单位改正或停止验收。对未达到国家验收标准合格要求的质量问题，签发《责令限期整改通知书》

8．施工单位按验收意见进行整改

施工单位按照验收各方提出的整改意见及《责令整改通知书》进行整改，整改完毕后，写出《整改报告》，经建设、监理、设计、施工单位签字盖章确认后送监督机构，对重要的整改内容，监督人员参加复查

不合格 / 合格

9．按《建筑工程施工质量验收统一标准》和其他验收规范的要求整改完后，重新验收

9．工程合格

10．验收备案

验收合格后三日内，建设单位向监督机构提交《工程竣工验收报告》，监督机构核查通过后将《工程质量监督报告》送交建设行政主管部门。建设单位在十五日内到建设行政主管部门备案

四、工程竣工验收会议基本程序

（一）由建设单位组织验收，验收主持人宣布会议开始、介绍竣工验收组织机构及成员并由监督人员核查各质量责任主体单位（项目）负责人资格。

（二）各质量责任主体单位介绍相关情况：

1. 施工单位介绍完成设计和施工合同的情况；

2. 监理单位介绍工程检查和验收情况；

3. 勘察、设计单位介绍设计图纸的实施情况。

（三）建设单位竣工验收主持人宣布专业验收人员、各小组长和成员，各人员可参照如下组成：

1. 质量控制资料（安全和功能检测）核查；

2. 建筑与结构专业；

3. 给水排水与空调专业；

4. 电气专业；

5. 燃气专业。

验收过程

（四）验收人员进行实物抽查和资料核查，监督人员到现场进行监督。

（五）各检查组由组长汇报抽查情况，提出需要整改的问题。

（六）竣工验收人员确定单位工程是否通过验收。

（七）监督人员对工程竣工验收的组织形式、验收程序、执行验收标准等情况进行现场监督，提出意见，对现场发现有违反建设工程质量管理规定行为的下发整改。

（八）会议结束

附件5-2

建设工程质量安全监督记录手册

130

建设工程质量安全监督记录手册

监督编号：＿＿＿＿＿＿＿＿＿＿＿＿＿＿＿

工程名称：＿＿＿＿＿＿＿＿＿＿＿＿＿＿＿

监督部门：＿＿＿＿＿＿＿＿＿＿＿＿＿＿＿

监督小组：＿＿＿＿＿＿＿＿＿＿＿＿＿＿＿

××市××区建设工程质量安全监督站

目　　录

一、工程概况及责任主体单位情况

（一）工程概况

工程名称				工程造价	
建筑面积	m²	结构形式		基础类型	
工程地址					
专业名称		工程规模			
1	房建工程				
2	市政及配套管道工程				
3	水务、正本清源工程				
4	园林绿化工程				
5	二次装修工程				
6	轨道交通工程				
重要分部（子分部）工程	□深基坑 □桩基 □地基基础 □主体结构 □建筑装饰装修 □幕墙 □人防 □建筑节能 □钢结构 □网架 □劲钢混凝土 □索膜结构 □建筑屋面 □其他工程：□ □ □				
建设性质	□新建 □扩建 □改建 □装修 □复工 □其他				
序号	施工许可证号		施工许可范围		施工许可日期
1					
2					
许可开工日期			竣工验收日期		
备注					

132

（二）责任主体单位及责任人检查情况

责任主体单位名称		项目责任人及电话	授权书／承诺书
建设单位			
监理单位			
勘察单位			
设计单位			
审图单位			
施工单位 （含主要分包单位）			
检测单位			
监测单位			
变更情况及 相应资料			

133

二、日常、重要分部（子分部）工程验收及初步验收监督

（一）日常监督检查

序号	监督时间	监督检查内容	监督文书编号	整改情况及相应资料
1				
2				
3				
4				
5				
6				
7				
8				
9				
10				
11				
12				
13				
14				
15				
16				
17				
18				
19				
20				
21				
22				
23				
24				
25				

本工程共发出责令停工通知书____份；复工通知书____份；责令整改通知书____份；不良行为认定书____份；监督检查意见书____份。
本工程共进行不良行为记录____次；行政处罚____次。
提出问题已按规定处理，并存档备查。

监督人员		日期	
部门主要负责人		日期	

（二）违法违规行为处理情况

序号	责任单位（责任人）	违法违规行为描述	违法的法律法规	行政处罚日期	行政处罚决定书编号
1					
2					
3					
4					
5					
6					
7					
本工程共查处违法违规案件____宗；处罚建设单位____次；处罚监理单位____次；处罚施工单位____次；处罚相关人员____人次；罚款总金额____万元。					
监督人员				日期	
部室主要负责人				日期	

（三）质量安全事故或重大险情

序号	事实描述	事故调查结论、处理情况及相应资料	
1			
2			
3			
4			
5			
监督人员		日期	
部室主要负责人		日期	

（四）建筑材料监督抽检记录

序号	日期	抽检项目	结论及不合格处理情况
1			
2			
3			
4			
5			
6			
7			
8			
9			
10			
11			
12			
13			
14			
15			
16			
是否按抽检计划抽检： 是□ 否□			
监督人员		日期	
部门主要负责人		日期	

136

（五）重要分部（子分部）工程验收监督

分部（子分部） 工程基本情况			
分部（子分部） 工程监督记录	存在的问题		整改情况
验收日期		验收组织及程序	符合要求 □　不符合要求 □
监督意见	发现的问题已整改，抽查未见异常 □　整改未完成 □		
监督人员			
部门主要负责人		日期	年　　月　　日

注：本表按分部（子分部）工程填写。

（六）竣工预验收监督

初验监督记录	存在的问题		整改情况
验收日期		验收组织及程序	符合要求 □　不符合要求 □
监督意见	发现的问题已整改，抽查未见异常 □　整改未完成 □		
监督人员			
部室主要负责人		日期	年　　月　　日

三、日常监督意见

监督小组已完成该工程日常监督、重要分部（子分部）中间验收监督及竣工预验收监督等工作。		
监督小组成员：	年　月　日	
监督部门主要负责人：	年　月　日	
技术管理部门主要负责人：	年　月　日	
分管站领导：	年　月　日	

四、竣工验收监督

（一）竣工验收监督条件

竣工验收 监督条件	施工许可证（复印盖甲方公章）	☐
	五方责任主体项目负责人工程质量授权书、承诺书	☐
	初步验收已通过并完成整改内容（会议纪要和问题整改回复）	☐
	已提交竣工验收条件核查表并完成竣工条件核查工作	☐
	勘察单位质量检查报告（原件）	☐
	设计单位质量检查报告（原件）	☐
	监理单位质量评估报告（原件）	☐
	施工单位竣工报告或施工总结（原件）	☐
日常监督小组签字：		
监督部门主要负责人签字：		
建设单位拟于　　年　月　日上、下午组织该工程的竣工验收，根据申报工程实际情况，综合业务部拟安排_____同志实施该工程的竣工验收监督工作。 　　　　　　　　　　　　　　　　　　技术管理部门主要负责人签字： 　　　　　　　　　　　　　　　　　　日期：　　年　月　日		

138

（二）竣工验收监督记录

竣工验收监督记录	存在的问题		整改情况
监督执法文书		文书编号	
验收组织及程序	符合要求□　　不符合要求□		
监督意见	发现的问题已整改，抽查未见异常□　　整改未完成□		
验收监督人员			

五、工程质量监督报告条件

项次	项目内容	监督员签名	备注
1	日常监督小组已完成对该项目的日常监督工作，日常监督抽查发现的问题已整改完毕		
2	竣工验收监督组已完成该项目的竣工验收监督工作，竣工验收监督抽查发现的问题已整改完毕		

该工程以上工作内容进行完毕，已按规定完成验收监督程序，已出具工程质量监督报告。

技术管理部门主要负责人：

日期：　　　年　　月　　日

我站监督小组已完成了该工程的监督工作，根据《房屋建筑和市政基础设施工程竣工验收备案管理办法》（住房和城乡建设部令第2号）的规定，可向市建设行政主管部门提交工程质量监督报告。

分管站领导：

日期：　　　年　　月　　日

六、监督资料归档目录

序号	资料名称			数量	备注
1	监督（计划）告知书				
2	工程质量终身责任制法人代表授权书、承诺书				
3	图纸会审纪要				
4	监督文书	监督检查意见书			
		责令整改通知书			
		不良行为认定书			
		责令停工通知书			
		恢复施工通知书			
		广东省动态扣分通知书			
		中止质量安全监督通知书			
		恢复质量安全监督通知书			
		终止施工安全监督通知书			
		其他			
5	整改回复资料	监督检查意见书			
		责令整改通知书			
		责令停工通知书			
6	行政处罚决定书				
7	工程质量安全事故及重大险情处理材料				
8	重要问题会议纪要				
9	建筑材料及构配件监督抽检报告	钢筋（钢材）			
		钢筋接头	机械		
			焊接		
		混凝土强度	回弹		
			抽芯		
		防水材料			
		节能材料			
		给水管材			
		电器导管			
		其他			
10	竣工验收监督	竣工条件核查表			
11		设计、勘察质量检查报告			
12		监理单位质量评估报告			
13		施工单位竣工自评报告或施工总结			
14		监督文书及整改回复资料			
15	工程质量监督报告				
16	其他归档资料				
监督小组成员				日期	
部门主要负责人				日期	
资料室签收人				日期	

140

第 6 章
工程质量监督技术要点

6.1　概　　述

工程质量监督主要包括施工过程监督和竣工验收监督两个阶段。

施工过程中质量监督包括质量监督的方式方法、质量控制点、质量行为监督和工程实体质量监督。行为监督和实体监督主要采用抽查（抽测、抽检）的方式进行。以上内容应纳入《工程质量监督计划》中。

竣工验收监督包括竣工验收监督和验收备案。

监督管理主要内容包括：质量监督程序、质量监督方式方法、行为监督、实体监督、质保资料核查、中间验收〔分部（子分部）验收〕监督、监督竣工预验收监督、竣工验收监督要点、竣工验收备案管理、保修监督。

6.2　重　点　工　作

6.2.1　质量监督程序

详见"第 5 章　5.2.5　监督程序"。

6.2.2　质量监督方式方法

详见"第 5 章　5.2.7　监督方式方法"。

6.2.3　质量行为监督

施工过程中的质量行为监督抽查按照工程建设参与各方分为建设单位、勘察单位、设计单位、施工单位、监理单位、其他单位等 6 个部分。

工程质量行为监督抽查要点详见表 6-1。

6.2.4　工程实体质量监督

1．实体质量监督重点

（1）实体质量抽查主要包括资料抽查和实体抽查两个方面；

（2）对工程实体质量的监督采取抽查施工作业面的施工质量与关键部分重点监督相结合的方式；

（3）重点抽查工程地基基础、主体结构和其他涉及结构安全的关键部位；

（4）抽查涉及有关安全、节能、环境保护和主要使用功能的主要材料、构配件和设备的出厂合格证、试验报告、见证取样送检资料及结构实体检验、检测报告；

（5）实体质量检查可辅以必要的检测手段，委托或要求建设单位委托检测机构对重要部位进行抽测、抽检。

2．实体质量抽查要点

房屋建筑工程实体质量监督抽查要点，详见表6-2-1～表6-2-12。

市政（轨道交通）工程实体质量监督抽查要点，详见表6-3-1～表6-3-13。

3．实体质量抽测要点

工程实体质量监督抽测重点是以下方面，可委托或要求建设单位委托有资质的检测单位实施抽测：（1）承重结构混凝土强度；（2）主要受力钢筋的分布和保护层厚度；（3）承重结构尺寸；（4）钢结构制作安装情况；（5）安装工程中涉及安全及重要使用功能的项目；（6）需要抽测的其他项目。

经抽测对工程质量确有怀疑的，监督机构应责令建设单位委托有资质的检测单位按有关规定进行检测，并出具检测报告，对检测不合格项目，责令施工单位整改。

房屋建筑工程监督抽测项目一览表见表6-4。

4．工程实体质量监督抽检要点

监督抽检重点是主要原材料、建筑构配件和设备等，可委托或要求建设单位委托有资质的检测单位实施抽检，主要包括：（1）钢材（钢筋连接）、水泥、砂；（2）商品混凝土、商品砂浆；（3）砌体材料；（4）防水材料；（5）给水排水塑料管材、管件、PVC粘合剂；（6）电线、电缆、母线、开关；（7）节能材料；（8）需要抽检的其他项目。

市政（轨道交通）工程质量监督抽检项目一览表见表6-5。

6.2.5　质保资料核查

（1）工程质保资料抽查作为重要手段贯穿于各监督阶段。

（2）在日常监督、专项检查、中间验收监督、预验收监督、竣工验收监督中抽查工程质保资料。在监督过程中发现的质保资料问题，监督执法人员应向责任主体提出并下发相应的执法文书。

（3）中间验收监督由监督组负责质保资料的抽查工作，质安站技术管理部门负责重要中间验收资料抽查的审核工作，其他中间验收监督由监督部负责资料抽查的审核工作。资料核查完毕应将问题记录于监督记录手册，并由核查人员签字。

（4）工程（预）验收监督由监督组负责质保资料的抽查工作，监督部主要负责人负责抽查工作的审核。资料核查完毕应将问题记录于监督记录手册，并由核查人员签字。

（5）工程竣工验收监督由技术管理部门牵头，竣工验收监督组负责竣工验收工程质保资料的抽查工作。竣工验收监督结束后应将质保资料核查问题记录在监督手册上。

（6）建筑节能分部验收由技术管理部门负责组织验收资料审查，各监督组配合，资料核查完毕将问题书面反馈建设单位，并由核查人员签字。

建设工程质保资料核查流程见图6-1。

6.2.6　中间验收〔分部（子分部）验收〕

1．范围

进行中间验收监督的分部（子分部）工程包括：

（1）地基与基础工程（基坑支护、桩基础、地基处理工程）；

（2）主体结构工程；

（3）其他涉及结构安全和使用功能的分部（子分部）工程。

2．中间验收流程

（1）在分部（子分部）工程完工后，施工单位依据国家有关工程质量验收标准，全面检查工程质量，整理技术资料，自评为工程质量合格后提交监理工程师审查。

（2）监理工程师应审查验收资料，同时依据有关工程质量验收标准对实物进行检查，符合验收条件后，编写《监理质量评估报告》经总监理工程师审核签字后，报送监督组。

（3）日常抽查监督组在5个工作日内对工程技术资料进行审查，符合验收条件的，监督组将审查意见连同《建设工程质量监督记录手册》报送监督部主要负责人核查；如监督组认为验收需要技术管理部门技术支持，应把相关资料一并报送技术管理部门。

（4）监督部主要负责人对工程技术资料进行核查，并把核查意见反馈给监督组，由监督组通知总监理工程师确定验收日期。

（5）分部（子分部）工程中间验收监督由监督部主要负责人、监督组完成，如中间验收需技术部参与的，由技术管理部门和监督部一并完成。

3．问题处理

（1）对未按规范要求进行分部分项工程验收即进入下一道工序施工的，监督组必须签发责令整改等相应的监督文书。

（2）对中间验收中发现的质量问题，监督组应当签发相应的监督文书，并对整改情况进行跟踪，将处理情况上报监督部主要负责人。

6.2.7　消防专项验收（备案）监督检查

1．验收范围

主要适用于新建、扩建、改建（含室内外装修、建筑保温、用途变更）等建设工程竣工后实施的消防验收和竣工验收消防备案检查。

2．一般原则

建设工程消防验收（备案）按照资料审查、现场抽样检查及功能测试、综合评定的程序进行。

现场抽样检查及功能测试按照先子项、后单项评定的程序进行。子项是指组成防火设施、灭火系统或使用性能、功能单一并涉及消防安全的项目；单项是指由若干使用性质或功能相近的子项组成并涉及消防安全的项目。

3．验收内容

消防竣工验收（验收备案）内容包括资料审查、现场抽样检查以及功能测试。

4．综合评定

建设工程消防验收（备案）的综合评定分为合格和不合格。建设工程符合下列条件的，应综合评定为建设工程消防验收（备案）合格；不符合其中任意一项的，综合评定为建设工程消防验收不合格。

（1）建设工程消防验收（备案）的资料审查为合格；

（2）建设工程的所有单项均评定为合格。

6.2.8　竣工验收监督

1.竣工验收条件

建设工程竣工验收应具备以下条件：

（1）完成工程设计和合同约定的各项内容。

（2）施工单位在工程完工后对工程质量进行了检查，确认工程质量符合有关法律、法规和工程建设强制性标准，符合设计文件及合同要求，并提交工程竣工报告。工程竣工报告应经项目经理和施工单位有关负责人审核签字。

（3）对于委托监理的工程项目，监理单位对工程进行了质量评估，具有完整的监理资料，并提出工程质量评估报告，工程质量评估报告应经总监理工程师和监理单位有关负责人审核签字。

（4）勘察、设计单位对勘察、设计文件及施工过程中由设计单位签署的设计变更通知书进行了检查，并提出质量检查报告。质量检查报告应经该项目勘察、设计负责人和勘察、设计单位有关负责人审核签字。

（5）有完整的技术档案和施工管理资料。

（6）有工程使用的主要建筑材料、建筑构配件和设备的进场试验报告，以及工程质量检测和功能性试验资料。

（7）建设单位已按合同约定支付工程款。

（8）有施工单位签署的工程质量保修书。

（9）对于住宅工程，进行分户验收并验收合格，建设单位按户出具《住宅工程质量分户验收表》。

（10）建设主管部门及工程质量监督机构责令整改的问题全部整改完毕。

（11）法律、法规规定的其他条件。

2.竣工验收监督申报

工程竣工验收监督申报需提供以下资料：

（1）施工许可证（复印件）；

（2）五方责任主体项目负责人工程质量授权书、承诺书；

（3）建设工程质量竣工验收条件自查表（详见表6-6）；

（4）各方责任主体质量报告；

（5）项目安全生产标准化评定结果告知书（复印件）。

3.竣工验收监督要点

竣工验收阶段的监督仅对质量行为进行监督，重点对验收的组织形式、程序和依据的标准是否符合有关规定进行现场监督。

监督机构收到建设单位的工程质量竣工验收通知后，应当与建设单位约定竣工验收日期，并派监督人员参加质量竣工验收监督。监督重点：

（1）竣工验收的组织形式、参加验收的单位和人员是否符合相关要求；

（2）竣工验收过程是否履行必要的程序，是否执行相关工程建设验收标准。

4.竣工验收监督报告

负责监督该工程的工程质量监督机构应当将对工程竣工验收的监督情况作为工程质量监督报

告的重要内容。质监机构应在工程竣工验收通过后 3 个工作日内向建设主管部门提交建设工程质量监督报告（表 6-7）。

6.2.9　竣工验收备案管理

1. 备案期限及备案机关

建设单位应当自工程竣工验收合格之日起 15 日内，向工程所在地的县级以上地方人民政府建设主管部门备案。

2. 建设单位

按规定组织竣工验收并验收合格，并提供以下材料：

（1）工程竣工验收备案表；

（2）工程竣工验收报告、配套的燃气工程竣工验收报告或验收证书；竣工验收报告应当包括工程报建日期，施工许可证号，施工图设计文件审查意见，勘察、设计、施工、工程监理等单位分别签署的质量合格文件及验收人员签署的竣工验收原始文件，市政基础设施的有关质量检测和功能性试验资料以及备案机关认为需要提供的有关资料；

（3）建筑工程规划验收合格证；

（4）公安消防部门出具的消防专项验收合格文件；

（5）防雷装置验收意见书；

（6）深圳市电梯（自动扶梯）安装监督检验结果通知单；

（7）法规、规章规定必须提供的其他文件。

具体材料清单详见表 6-8。

3. 备案机关

收到建设单位报送的竣工验收备案文件和监督机构提交的《建设工程竣工验收监督报告》后，验证文件齐全后，应当出具竣工验收备案收文回执。

6.2.10　保修监督

（1）工程质量监督机构应督促检查建设单位制定完善的保修制度，如质量回访制度，与承包商签订《工程质量保修书》等。

（2）定期回访或接受，工程使用单位质量投诉。

6.3　工 作 流 程

1. 建设工程质保资料核查流程（图 6-1）。

2. 中间验收流程（图 6-2）。

6.4　工 作 表 格

（一）工程质量行为监督抽查要点

工程质量行为监督抽查要点（表 6-1）。

147

（二）房屋建筑工程实体质量监督抽查要点

1. 桩基工程监督抽查要点，详见表6-2-1。

2. 混凝土结构工程监督抽查要点，详见表6-2-2。

3. 装饰装修工程监督抽查要点，详见表6-2-3。

4. 砌体结构工程监督抽查要点，详见表6-2-4。

5. 防水工程监督抽查要点，详见表6-2-5。

6. 装配式工程监督抽查要点，详见表6-2-6。

7. 建筑幕墙工程监督抽查要点，详见表6-2-7。

8. 钢结构工程监督抽查要点，详见表6-2-8。

9. 给水排水及采暖工程监督抽查要点，详见表6-2-9。

10. 建筑节能工程监督抽查要点，详见表6-2-10。

11. 通风与空调工程监督抽查要点，详见表6-2-11。

12. 建筑电气工程监督抽查要点，详见表6-2-12。

（三）市政（轨道交通）工程实体质量监督抽查要点

1. 道路工程监督抽查要点，详见表6-3-1～6-3-5。

2. 地下工程监督抽查要点，详见表6-3-6～6-3-8。

3. 桥梁工程监督抽查要点，详见表6-3-9～6-3-11。

4. 轨道交通工程监督抽查要点，详见表6-3-12。

5. 燃气管道工程监督抽查要点，详见表6-3-13。

（四）工程质量监督抽测项目

1. 房屋建筑工程监督抽测项目一览表（表6-4）。

2. 市政（轨道交通）工程质量监督抽检项目一览表（表6-5）。

（五）竣工验收

1. 建设工程质量竣工验收条件自查表（表6-6）。

2. 建设工程质量监督报告（表6-7）。

3. 建设工程竣工验收备案材料清单（表6-8）。

6.5　相　关　文　件

（一）法律法规

1.《中华人民共和国建筑法》（2019年修正）。

2.《建设工程质量管理条例》（国务院令第279号，2019年4月修正）。

3.《深圳市建设工程质量管理条例》（2021年修正）。

4.《注册监理工程师管理规定》（建设部令第147号，2006年1月）。

5.《工程监理企业资质管理规定》（建设部令第158号，2018年12月修改）。

6.《建设工程质量检测管理办法》（建设部令第141号，2015年5月修改）。

7.《房屋建筑和市政基础设施工程竣工验收规定》（建质〔2013〕171号）。

8.《房屋建筑和市政基础设施工程竣工验收备案管理办法》（建设部令第78号，2009年10

月修改）。

9.《深圳市建设工程竣工验收及备案管理办法》（深建施〔2000〕25 号）。

（二）技术规范、标准

1.《建筑地基基础工程施工质量验收标准》GB 50202—2018。

2.《混凝土结构工程施工质量验收规范》GB 50204—2015。

3.《钢筋焊接及验收规程》JGJ 18—2012。

4.《建筑地基处理技术规范》JGJ 79—2012。

5.《建筑桩基技术规范》JGJ 94—2008。

6.《建筑基桩检测技术规范》JGJ 106—2014。

7.《建筑边坡工程技术规范》GB 50330—2013。

8.《建筑基坑工程监测技术标准》GB 50497—2019。

9.《高层建筑筏形与箱形基础技术规范》JGJ 6—2011。

10.《建筑基坑支护技术规程》JGJ 120—2012。

11.《钢结构工程施工质量验收标准》GB 50205—2020。

12.《钢结构焊接规范》GB 50661—2011。

13.《轻型钢结构住宅技术规程》JGJ 209—2010。

14.《砌体结构工程施工质量验收规范》GB 50203—2011。

15.《屋面工程质量验收规范》GB 50207—2012。

16.《屋面工程技术规范》GB 50345—2012。

17.《建筑节能工程施工质量验收标准》GB 50411—2019。

18.《种植屋面工程技术规程》JGJ 155—2013。

19.《倒置式屋面工程技术规程》JGJ 230—2010。

20.《地下工程防水技术规范》GB 50108—2008。

21.《地下防水工程质量验收规范》GB 50208—2011。

22.《建筑装饰装修工程质量验收标准》GB 50210—2018。

23.《建筑内部装修设计防火规范》GB 50222—2017。

24.《民用建筑工程室内环境污染控制标准》GB 50325—2020。

25.《住宅装饰装修工程施工规范》GB 50327—2001。

26.《建筑内部装修防火施工及验收规范》GB 50354—2005。

27.《塑料门窗工程技术规程》JGJ 103—2008。

28.《建筑工程饰面砖粘结强度检验标准》JGJ/T 110—2017。

29.《建筑玻璃应用技术规程》JGJ 113—2015。

30.《铝合金门窗工程技术规范》JGJ 214—2010。

31.《金属与石材幕墙工程技术规范》JGJ 133—2001。

32.《玻璃幕墙工程技术规范》JGJ 102—2003。

33.《建筑给水排水及采暖工程施工质量验收规范》GB 50242—2002。

34.《自动喷水灭火系统施工及验收规范》GB 50261—2017。

35.《民用建筑太阳能热水系统应用技术标准》GB 50364—2018。

36.《太阳能供热采暖工程技术标准》GB 50495—2019。

37.《电气装置安装工程母线装置施工及验收规范》GB 50149—2010。

38.《火灾自动报警系统施工及验收标准》GB 50166—2019。

39.《电气装置安装工程电缆线路施工及验收标准》GB 50168—2018。

40.《电气装置安装工程接地装置施工及验收规范》GB 50169—2016。

41.《建筑电气工程施工质量验收规范》GB 50303—2015。

42.《智能建筑工程质量验收规范》GB 50339—2013。

43.《建筑物防雷工程施工与质量验收规范》GB 50601—2010。

44.《智能建筑工程施工规范》GB 50606—2010。

45.《建筑电气照明装置施工与验收规范》GB 50617—2010。

46.《通风与空调工程施工质量验收规范》GB 50243—2016。

47.《通风与空调工程施工规范》GB 50738—2011。

48.《通风管道技术规程》JGJ 141—2017。

49.《多联机空调系统工程技术规程》JGJ 174—2010。

50.《硬泡聚氨酯保温防水工程技术规范》GB 50404—2017。

51.《外墙外保温工程技术标准》JGJ 144—2019。

52.《给水排水管道工程施工及验收规范》GB 50268—2008。

53.《城镇道路工程施工与质量验收规范》CJJ 1—2008。

54.《城市桥梁工程施工与质量验收规范》CJJ 2—2008。

55.《预应力筋用锚具、夹具和连接器应用技术规程》JGJ 85—2010。

56.《工程测量规范》GB 50026—2007。

57.《混凝土结构工程施工规范》GB 50666—2011。

58.《城镇地道桥顶进施工及验收规程》CJJ 74—1999。

59.《建筑地基基础设计规范》GB 50007—2011。

60.《深圳市基坑支护技术规范》SJG 05—2011。

61.《油气长输管道工程施工及验收规范》GB 50369—2014。

62.《石油天然气建设工程施工质量验收规范　管道穿越工程》SY 4207—2017。

63.《电气装置安装工程电气设备交接试验标准》GB 50150—2016。

64.《火灾自动报警系统施工及验收标准》GB 50166—2019。

65.《电气装置安装工程电缆线路施工及验收标准》GB 50168—2018。

66.《地下铁道工程施工及验收标准》GB/T 50299—2018。

67.《智能建筑工程质量验收规范》GB 50339—2013。

68.《城市轨道交通自动售检票系统工程施工验收标准》GB/T 50381—2018。

69.《城市轨道交通通信工程施工验收规范》GB 50382—2016。

70.《城市轨道交通信号工程施工质量验收标准》GB/T 50578—2018。

71.《建设工程消防验收评定规则》GA 836—2016。

日常监督、专项检查、中间验收监督、预验收监督、竣工验收监督中抽查工程质保资料

过程中发现的质保资料问题，监督执法人员应向责任主体提出并下发相应的执法文书

监督组负责中间验收监督质保资料的抽查工作

造价管理部门（技术管理部门）负责重要中间验收资料抽查的审核工作

监督部负责其他中间验收监督资料抽查的审核工作

资料核查完毕应将问题记录于监督记录手册，并由核查人员签字

监督组负责工程预验收监督质保资料的抽查工作

监督部主要负责人负责抽查工作的审核

资料核查完毕应将问题记录于监督记录手册，并由核查人员签字

造价管理部门（技术管理部门）牵头工程竣工验收监督

竣工验收监督组负责竣工验收工程质保料的抽查工作

造价管理部门（技术管理部门）负责组织建筑节能分部验收资料审查，各监督组配合

竣工验收监督结束后将质保资料核查问题记录在监督手册上

资料核查完毕将问题书面反馈建设单位，并由核查人员签字

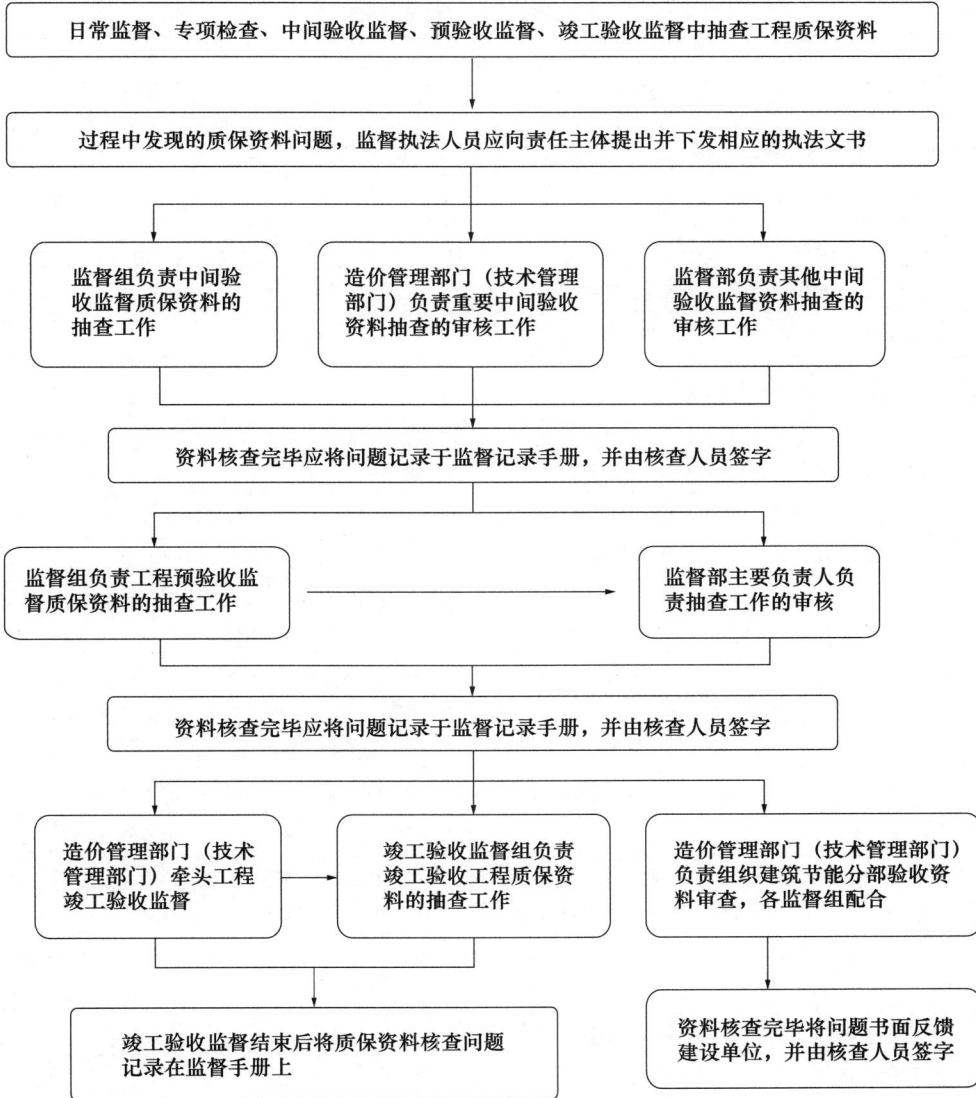

图 6-1　建设工程质保资料核查流程

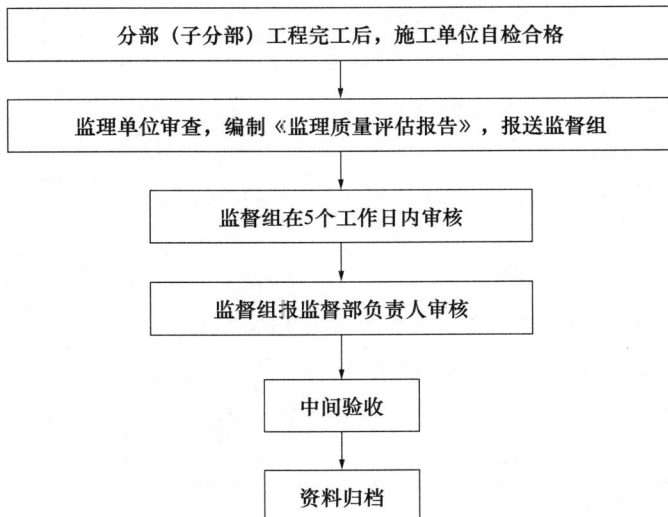

分部（子分部）工程完工后，施工单位自检合格

监理单位审查，编制《监理质量评估报告》，报送监督组

监督组在 5 个工作日内审核

监督组报监督部负责人审核

中间验收

资料归档

图 6-2　中间验收流程

工程质量行为监督抽查要点　　　　　　　　　　　　　　　表 6-1

序号	监 督 要 点
一	**建设单位**
1	办理工程施工许可或其他开工手续情况
2	组织图纸会审、设计交底、设计变更的情况
3	对原设计有重大修改、变动的，或者涉及建筑主体和承重结构变动的装修工程，是否组织重新设计、重新报审
4	对拟采用的无现行工程建设强制性标准的新技术、新工艺、新材料是否组织技术论证
5	组织制定工程质量检测方案，委托检测单位进行工程质量检测的情况
6	组织工程质量竣工验收的情况
二	**勘察单位**
1	参加勘察设计交底和文件图纸会审，对勘察文件作出书面说明的情况
2	对与勘察工作相关的质量问题、质量事故提出相应技术处理方案，参加处理地基基础工程质量问题的情况
3	参加地基验槽、桩基础终孔、地基基础分部验收、工程质量竣工验收的情况
三	**设计单位**
1	是否参加设计交底和施工图会审，对设计文件作出书面说明
2	签发设计修改变更、履行设计变更程序、技术洽谈通知的情况
3	参加工程质量问题处理和质量事故处理，并提出相应技术处理方案的情况
4	参加地基验槽、地基与基础、主体结构和节能分部等重要分部验收以及工程质量竣工验收的情况
四	**施工单位**
1	是否建立工程项目质量管理体系、施工质量责任制度，项目负责人、项目技术负责人、质量检查人员等项目部管理人员是否具备相应资格；项目部管理人员是否到位，是否履行岗位责任
2	企业是否建立了对所承建的工程项目质量检查制度；是否每季度至少组织对项目的质量进行一次检查；检查发现的质量问题是否跟踪督促整改
3	是否编制施工组织设计、专项施工方案并按程序审批
4	是否存在转包、违法分包和挂靠行为；符合规定可以分包的工程项目是否按规定签订分包合同以及对分包单位加强管理
5	对建筑材料以及构配件的采购、使用、进场复检的是否严格执行有关规定
6	是否严格执行工程技术标准规范和按施工图纸施工
7	是否结合工程特点制定工程质量常见问题防治方案、节能施工专项方案和落实样板引路制度
8	是否及时对建筑工程施工技术资料进行收集整理
9	对工程质量问题是否认真整改，对工程质量事故隐患是否整改和处理到位
10	按工程施工进度，对工程质量进行自检，报请建设单位或监理单位组织各分项、分部工程验收和工程质量竣工验收的情况
五	**监理单位**
1	项目监理部人员配置，总监、专业监理工程师的资格及到位情况
2	是否建立监理质量责任制，按规定编制、审批监理规划和监理实施细则
3	是否对施工单位的施工组织设计、专项施工方案进行审查，对施工分包单位资质进行审核
4	是否对建筑材料以及构配件的采购、使用、进场复检进行审查
5	见证取样制度的实施情况
6	检查施工单位按图施工的情况

序号	监督要点
7	是否实施巡视、旁站、平行检验等工作
8	是否按规定签发质量问题通知单、工程联系单，并及时跟进处理结果
9	对现场监理文件资料及时收集整理的情况
10	组织检验批、分项、分部（子分部）工程的质量验收，审查并参与工程质量竣工验收的情况
11	按月（周）向有关行政主管部门或者其委托的工程质量监督机构提交工程质量监理月（周）报告的情况
六	**其他单位**
1	检测单位资质，以及检测单位是否按照工程各方确认的检测方案进行检测
2	抽查商品混凝土、商品砂浆、预制构件生产单位产品质量合格证明文件及第三方检测单位的原材料及拌合物检验报告
3	监测单位是否编制施工监测方案，是否按照经审批的方案进行监测

桩基工程监督抽查要点　　　　　　　　表 6-2-1

153

类别	抽查内容
一、资料抽查	
（一）工程桩成品、原材料、构配件质量保证资料	钢筋、水泥、沙、石、外加剂成品桩、接桩材料等原材料品种、规格、级别和数量
	原材料检测（含商品混凝土原材料抽查）报告、钢筋接头工艺及现场试验资料
	混凝土（桩基）试块报告及强度评定报告
（二）工程桩检测资料	选桩（检测）会议纪要
	桩基定位、复核测试，打压施工记录
	灌注桩浇筑记录、进场检验记录（含塌落度现场实测）
	成孔、钢筋笼隐蔽验收记录
	工程桩检测报告（成孔质量、桩身质量、承载力等）
（三）桩基验收资料	桩位竣工图、验收方案
	灌注桩应按规定进行终孔验收，预应力管桩应按设计进行工艺试桩。
	桩位水平位移和标高偏差处理情况
	桩基分项工程质量检验评定资料、各参建方验收意见
二、实物抽查	
（一）锚固筋质量	灌注桩锚固钢筋完整情况，锚固长度
	管桩接头焊缝饱满性
（二）桩基施工过程	灌注桩钢筋笼加工质量、桩头平整性、灌注桩嵌固深度
	管桩完整性
	标准养护室配备情况
（三）桩位偏差情况（结合桩位竣工图）	桩位竣工图，抽查桩位水平位移
	桩顶标高偏差

混凝土结构工程监督抽查要点　　　　　　　表 6-2-2

类别	抽查内容
一、资料抽查	
（一）钢筋原材料及加工	钢筋进场合格证、进场批次及使用报审（品种、级别或规格）
	钢筋送验报告、接头工艺检验报告、现场检验
（二）预应力张拉记录	应力张拉记录
	对断裂、滑脱超标情况的处理资料
（三）商品混凝土	商品混凝土进场验收资料（品种、标号、配合比、坍落度）
	原材料检验报告（含氯离子检验报告）
	试块检验报告、统计汇总、强度评定
	混凝土检验批验收记录及隐蔽验收记录
（四）缺陷处置	混凝土质量缺陷处理方案、处理程序、处理台账
（五）预制构件的结构性能检验	预制构件的结构性能检验资料（检验承载力、挠度和裂缝宽度等）
（六）结构实体检验	结构实体检验方案、检验方法、实体强度、钢筋保护层厚度检测报告
二、实物抽查	
（一）钢筋加工、安装质量	钢筋安装实测实量情况（钢筋规格、牌号、数量、位置、间距、搭接长度、锚固长度、箍筋弯勾角度及平直段长度、保护层厚度、漏绑情况、污染情况等）
	钢筋连接方式、接头位置、接头外观质量、接头面积百分率检查情况
	悬挑部位上排受力主筋的设置情况
（二）混凝土构件	梁、柱、墙、板等位置和尺寸偏差实测实量情况，外观质量缺陷抽查情况（漏浆、蜂窝、孔洞、夹渣、烂根、表面掉皮、疏松等）
（三）后浇带、施工缝	后浇带、施工缝留设位置及处理方式
（四）同条件试块的位置、养护与保护	同条件试块放置位置及防护措施

装饰装修工程监督抽查要点　　　　　　　表 6-2-3

类别	抽查内容
一、资料抽查	
（一）抹灰、外墙防水工程	材料进场台账、质量证明文件、复试报告
	砂浆拉伸粘结强度、聚合物砂浆保水率
	外墙防水材料性能检验、保温隔热材料节能检验
	空气质量检测报告
（二）门窗工程	材料进场台账、质量证明文件、复试报告
	门窗三性试验
	型材检验报告及节能性能检验报告
（三）吊顶、隔墙、饰面板、饰面砖工程	材料进场台账、后埋置件拉拔强度、饰面砖粘结强度、放射性限量等检测报告
	膨胀螺栓拉拔试验
	试块强度检测
	后置埋件拉拔强度检测
	水泥基粘结料、满粘法外墙饰面板粘结强度检测

续表

类别	抽查内容
二、实物抽查	
（一）抹灰及外墙防水工程	砂浆观感质量、抹灰层表面垂直平整度情况
	不同材料基体交接处、厚度大于 35mm 抹灰层应有加强措施
	保温砂浆抹灰厚度，外墙防水层厚度
	变形缝、门窗洞口、穿外墙管道和预埋件、外墙螺杆洞做法
（二）门窗工程	门窗型材、内衬型钢和玻璃规格
	门窗的开启、锁闭畅，开启角度；推拉门窗、悬窗扇玻璃防脱落装置
	低窗台防护措施
（三）吊顶、隔墙、饰面板、饰面砖工程	吊杆的规格、间距
	吊杆距主龙骨端部距离
	吊杆长度大于 1.5m 时应按规定作反向支撑
	重型设备和有振动荷载的设备严禁违规安装在吊顶龙骨上
	伸缩缝、沉降缝、防震缝等部位使用功能
（四）地面工程	砂浆地面、地砖、石材表面应平整，无起砂、空鼓、开裂、错缝等问题
	卫生间、阳台地面排水坡度应满足要求，内外地面高差
	卫生间地面砖、门槛石应采用湿铺工艺
	楼梯踏步宽度、高度

砌体结构工程监督抽查要点　　　　　表 6-2-4

类别	抽查内容
一、资料抽查	
（一）砌块	砌块及板材的合格证、出厂检验报告、有效期内的型式检验报告（含放射性检测结果）、进场验收记录、复验报告
（二）砂浆	砌筑砂浆合格证、出厂检验报告、进场验收记录、抗压强度报告和评定报告等资料
（三）钢筋	钢筋产品质量证明文件及复试报告
	植筋（化学）、拉结筋进行抗拔力检测
（四）混凝土	构造柱、芯柱、组合砌体构件、配筋砌体剪力墙构件的混凝土试块报告
二、实物抽查	
（一）砌块	墙体拉结筋设置位置、间距、选材及长度、弯勾角度
	砌体圈梁、构造柱、过梁、压顶梁、加强带的设置，截面尺寸、钢筋的设置
	防水要求部位墙根部素混凝土反坎设置
	砌筑墙体砂浆饱满度、灰缝平直度及厚度、砌块破损率、顶砖、错缝、沟槽等构造质量
（二）轻质条板	轻质条板的预埋件、连接件（定位钢卡、抗震钢卡）的规格、数量和连接方法
	轻质条板之间、轻质条板与建筑主体结构的结合牢固、稳定
	轻质条板安装所用接缝材料的品种及接缝方法
	轻质条板门、窗洞口部位的构造和安装

155

防水工程监督抽查要点　　　　　　　　　　　表 6-2-5

类别	抽查内容
一、资料抽查	
防水材料	防水材料进场台账、质量证明文件、复试报告
二、实物抽查	
（一）屋面防水	天沟、檐沟、檐口、水落口、变形缝和伸出屋面管道等细部构造措施
	屋面渗漏水痕迹、积水情况
	平瓦屋面的瓦片安装固定措施以及瓦片牢固程度
（二）厨房、卫生间、墙面	厨房、卫生间墙面防水高度，地面防水层上翻高度，门槛部位外翻宽度和处理
	装配式建筑外墙板接缝防水施工时，板缝空腔清理、密封胶嵌缝情况
（三）地下防水	变形缝、施工缝、后浇带、穿墙管道、埋设件等细部构造措施
	中埋式止水带埋设情况
	隧道坑道排水系统通畅情况

装配式工程监督抽查要点　　　　　　　　　　表 6-2-6

类别	抽查内容
一、资料抽查	
（一）构件进场验收记录及复试报告	预制构件的结构性能检验报告（梁板类简支预制构件或设计有专门要求）；其他构件应有实体检验报告或监理驻厂监督资料
（二）钢筋、后浇混凝土、灌浆料、坐浆、接缝密封	灌浆施工前对不同厂家、不同规格进场钢筋进行接头工艺检验
	后浇混凝土、灌浆料、坐浆材料的强度检测报告
	外墙接缝密封材料的检验报告
	钢筋采用焊接、机械连接时，预制构件采用焊接、螺栓连接等方式时，应有平行加工试件的检验报告
	预制构件连接节点、后浇混凝土等隐蔽验收记录
	首批预制构件、首个装配式标准层施工前的下部结构验收记录
二、实物抽查	
（一）预制构件	预制构件的外观质量
（二）安装施工工艺	钢筋连接、接缝施工质量、防水性能及施工工艺
	预制墙板安装时底部应设置限位或调整等临时固定措施
	支撑拆除时间（后浇混凝土连接节点处混凝土强度需达到设计要求）

建筑幕墙工程监督抽查要点　　　　　　　　　表 6-2-7

类别	抽查内容
一、资料抽查	
（一）点支承幕墙	材料的力学性能、化学成分分析检验
	拉杆、拉锁拉断试验，拉索张拉记录
（二）石材幕墙	石材胶粘接强度或背栓材质及拉拔、吸水率和弯曲强度检验报告
（三）玻璃幕墙	玻璃幕墙性能检测报告
（四）金属幕墙	铝板、金属板材表面涂层的厚度、性能试验

类别	抽查内容
二、实物抽查	
（一）幕墙构架	幕墙龙骨、面板固定及幕墙体系与主体结构连接、锚固节点应与设计、规范相符，防火、防腐满足设计要求
	立柱间搭接缝隙长度、芯柱连接长度、不同金属材料间绝缘垫片
	骨架焊缝质量和防腐处理情况
（二）幕墙玻璃	幕墙玻璃的镀膜面朝向
	全玻璃幕墙板面与其他刚性材料间空隙
	玻璃幕墙临边应有防护栏杆或防冲撞措施
（三）幕墙打胶	泡沫棒嵌填、建筑密封胶的宽度、长度等情况

钢结构工程监督抽查要点　　　　　　　　　　　　　表 6-2-8

类别	抽查内容
一、资料抽查	
（一）原材料、构配件进场验收记录及复试报告	原材料进场应报审，有相应的产品合格证及质保资料，并见证复检；构配件进场应有焊缝探伤报告；结构复杂或者异型的钢结构应有工厂试拼装记录
（二）连接用紧固标准件进场验收及复试报告	紧固标准件及螺母、垫圈等标准配件的质量证明文件及检验报告
	高强度螺栓连接摩擦面抗滑移系数试验和复试报告
（三）焊缝、涂层	焊接工艺评定报告、焊缝无损检测报告、涂层（防腐、防火）厚度检测报告
（四）钢结构安装质量	钢结构整体垂直度和整体平面弯曲检查记录
（五）钢网架安装质量	钢网架总拼与屋面工程完成后分别测量挠度
二、实物抽查	
（一）焊接、螺栓连接质量	焊缝外观质量、高强螺栓拧紧情况
（二）钢结构材料	尺寸允许偏差（制作、拼装、安装）
（三）钢结构涂装工程质量	涂层厚度及涂层质量

给水排水及采暖工程监督抽查要点　　　　　　　　表 6-2-9

类别	抽查内容
一、资料抽查	
（一）原材料、构配件场验收记录、质量证明文件及相关报审资料	材料进场台账、质量证明文件、相关报审资料
（二）设备试验记录、调试记录、试运行记录	排水管道通球（通水、灌水）、非承压设备灌水试验记录
	生活给水试压记录、水质化验报告
	消防给水系统试压、试射记录
	管道系统调试记录
	设备试运转记录
二、实物抽查	
外观及实体抽测	管埋设位置、尺寸大小、坡度、走向、连接方式、水封深度等情况
	管道穿越楼板、墙体时的处理

续表

类别	抽查内容
外观及实体抽测	水泵、仪表、生活水箱安装牢固性，平整度、垂直度
	气压给水或稳压系统安全阀设置
	支架型式、支架间距、支架位置等情况
	设备的选型、就位、减震、与管道的连接
	管道及支架的防腐处理
	保温的材质、厚度及保护层等情况

建筑节能工程监督抽查要点

表 6-2-10

类别	抽查内容
一、资料抽查	
（一）施工图纸、设计变更手续	现场经审图的施工图纸、设计变更手续
	重大设计变更后办理重新审图情况
（二）材料、设备进场验收及检测报告	材料、设备进场台账、质量证明文件
	保温材料导热系数、密度、抗压强度、燃烧性能复验指标
	保温板材与基层及各构造层之间的粘结或连接及与基层的粘结强度拉拔试验
	玻璃的传热系数、遮阳系数、可见光透射比、中空玻璃的密封性能复验指标
	外门窗、幕墙气密性指标
	屋面、外立面材料的太阳辐射吸收系数复验指标
	设备系统运转调试记录
	系统节能性能检测
（三）验收记录	检验批、分项、分部工程施工质量验收记录
	隐蔽验收记录及监理平行检验资料，工序质量评定验收记录，软基处理验收记录
二、实物抽查	
（一）墙体	保温隔热材料的厚度、构造节点做法、后置锚固件设置
（二）幕墙、门窗	保温材料厚度及安装质量，主框或副框与洞口之间的间隙填充，密封条、单元幕墙板块之间的密封情况
	遮阳设施的安装位置和遮阳构造尺寸
	热桥部位的隔断热桥措施
（三）屋面	保温隔热层的敷设及热桥部位的保温隔热构造措施等
（四）地面	基层处理，地面保温层、隔离层、保护层等各层设置和构造措施
	保温层厚度
	穿楼板金属管道隔断热桥措施等
（五）通风与空调	采暖与空调系统的制式与设计相符性
	各种设备、自控阀门与仪表的安装质量
	室内温度调控装置、热计量装置、热力入口装置
	水系统各分支管路水力平衡装置、温控装置与仪表的安装位置、方向
	采暖与空调系统中冷热源侧的电动两通调节阀、冷（热）量计量装置
	风机盘管机组回水管上的电动两通（调节）阀等自控阀门与仪表安装质量

通风与空调工程监督抽查要点　　　　　　　　　表 6-2-11

类别	抽查内容
一、资料抽查	
（一）材料、设备进场验收记录、质量证明文件、相关报审资料	绝热材料、风机盘管等进场台账、质量证明文件、相关报审资料、检测报告
（二）试压报告、试验记录、调试记录及试运转记录	试压报告（冷冻、冷却水等）
	冷凝水管道通水试验记录
	室内温度、系统总风量、风口风量，冷热水、冷却水总流量，防排烟、中压风管系统漏风量
	设备试运转记录
二、实物抽查	
外观检查、实体抽测	套管埋设位置、尺寸大小、封堵等情况
	风管材质、尺寸偏差、加固及法兰选型等
	支架形式、支架间距、支架位置等情况
	风管系统的走向、密封垫料、阀门等部件安装位置
	管道的材质、坡度、走向、连接方式等
	管道及支架的防腐处理
	保温的材质、厚度及保护层等情况
	设备的选型、就位、减震、与管道的连接

建筑电气工程监督抽查要点　　　　　　　　　表 6-2-12

类别	抽查内容
一、资料抽查	
（一）材料、设备进场验收记录、质量证明文件及复试报告	管材、电线电缆、灯具进场台账、质量证明文件、复试报告
（二）测试记录、试验记录、运行记录、过载试验记录	漏电保护器模拟漏电测试记录
	大型灯具（大于 10kg）牢靠性试验
	建筑物照明通电试运行记录
	防雷第三方检测报告
	纤到户第三方检测报告
二、实物抽查	
（一）电气导管和线槽敷设	导管、线槽的敷设、连接质量
	导管在砌体结构中的保护层厚度
	金属线槽、金属导管的接地及跨接
（二）电线、电缆的敷设	电线、电缆的连接，相位的色标
（三）成套配电柜、控制柜和动力、照明配电箱安装	抽查箱、柜等的金属框架及基础型钢接地或接零
	依据设计图纸，抽查箱、柜内导线的型号、规格及连接质量
（四）插座、开关、灯具等电气设备安装	灯具的固定方式
	一类灯具的接地
	依据设计图纸检查应急电源
	插座的相位和漏电保护
（五）接地装置	接地线路的连接质量
	建筑物外露金属物的接地情况

道路工程（路基）监督抽查要点 表 6-3-1

类别	抽查内容
一、资料抽查	
（一）材料检验	土、石灰土、粉煤灰处理土等填料的质量证明文件、检验报告
（二）施工记录	路基轴线、标高、横坡、纵坡放样复核记录
	路基土开挖、回填或换填及分层碾压等施工记录
（三）实测记录	基层压实度、弯沉值等检测报告
	中线高程、中线平面位移
	宽度、平整度、横坡
（四）验收记录	检验批、分项、分部工程施工质量验收记录
	隐蔽验收记录及监理平行检验资料，工序质量评定验收记录，软基处理验收记录
二、实物抽查	
（一）外观检查	分层压实工序及压实度、厚度、平整度
	软土地基处理情况（沉降、固结、工艺）
	路基基地处理质量，抽查石灰土、粉煤灰土用量
（二）实体抽测	路基纵断面高程、中线偏位、宽度、横坡等指标
	填料质量，路基压实度、弯沉

道路工程（基层，包含垫层）监督抽查要点 表 6-3-2

类别	抽查内容
一、资料抽查	
（一）材料检验	石灰、粉煤灰、钢渣、水泥、碎石等原材料质量证明文件、检验报告
	基层混合料、水泥混凝土等混合料的设计配合比及施工配合比
（二）实测记录	基层压实度、厚度、弯沉值等检测报告
	平整度、宽度、横坡、纵断高程、中线偏位等指标测量记录
（三）验收记录	验批、分项、分部工程质量验收记录
	隐蔽验收记录及监理平行检验资料，工序质量评定验收记录
二、实物抽查	
（一）外观检查	基层混合料拌合均匀度、基层（垫层）表面平整度、横坡平顺度、摊铺骨料有无离析现象
（二）实体抽测	基层中线偏位、纵断面高程、宽度、横坡、基层平整度、压实度、弯沉值

道路工程（面层）监督抽查要点 表 6-3-3

类别	抽查内容
一、资料抽查	
（一）材料检验	水泥、外加剂、粗细集料、沥青、钢筋、钢纤维等原材料的质量证明文件及复试报告
	沥青混合料设计配合比、施工配合比及技术性能指标检验报告，水泥混凝土、钢纤维混凝土抗弯拉强度检验报告
（二）实测记录	面层压实度、弯沉值、厚度、平整度、渗水系数、抗滑检测报告
	面层宽度、横坡、纵断高程、中线偏位、井框与路面高差测量记录

类别	抽查内容
（三）验收记录	检验批、分项、分部工程质量验收记录
	隐蔽验收记录及监理平行检验资料，工序质量评定验收记录
二、实物抽查	
（一）外观检查	水泥混凝土面层平整度、边角、伸缩缝、横坡、表面处理、拉杆、传力杆设置情况
	沥青混凝土混合料拌合均匀性、面层表面平整度、密实度、摊铺质量
	细部处理观感质量
（二）实体抽测	面层中线偏位、纵断面高程、宽度、横坡，抽测压实度
	厚度、强度、抗滑性、渗水系数、平整度

道路工程（人行道及附属构筑物）监督抽查要点　　　　表 6-3-4

类别	抽查内容
一、资料抽查	
（一）材料检验	沙、石、水泥、砌体等等材料质量证明文件及检测资料
（二）实测记录	人行道土基压实度、基层垫层厚度、干密度、宽度、横坡、铺面平整度等指标的测量记录
（三）验收记录	抽查检验批、分项、分部工程质量验收记录
	隐蔽验收记录及监理平行检验资料，工序质量评定验收记录
二、实物抽查	
外观检查、实体抽测	人行道路基填土土质、基层碎石级配、预制铺面板质量、铺面的平整度、铺面横坡及排水、铺面接缝均匀性、铺面边角、铺面与井框高差等部位的质量情况
	隔离栏拼装质量、安装牢固性及防腐性能
	道牙、砖、隔离墩混凝土构件外观质量、安装牢固性及线形

道路工程（排水管道）监督抽查要点　　　　表 6-3-5

类别	抽查内容
一、资料抽查	
（一）材料、实测记录	管材及配件的质量证明文件、检测报告
	管道沟槽地基承载力
	管道基础混凝土强度、回填压实度
	道路恢复路面的各项性能检测
	管道通球试验记录、CCTV 和 QV 镜检测报告
（二）验收记录	检验批、分项、分部工程质量验收记录
	隐蔽验收记录及监理平行检验资料，工序质量评定验收记录
二、实物抽查	
外观检查、实体抽测	雨污水管及配件的质量，抽查窨井砌筑及井盖安装质量
	雨污水管与支连管的铺设顺直度、渗漏情况

地下工程（沉井）监督抽查要点　　　　　　　　　　　　表 6-3-6

类别		抽查内容
一、资料抽查		
（一）材料检验		钢筋进场合格证、进场批次及使用报审（品种、级别或规格）、钢筋送验报告、接头工艺检验报告、现场检验报告、接头检验台账
		商品混凝土进场验收资料（品种、标号、配合比、坍落度）、原材料检验报告（含氯离子检验报告）、试块检验报告、统计汇总、强度评定
		预制构件的结构性能检验资料（检验承载力、挠度和裂缝宽度等）
（二）施工、实测记录		工程测量放样复核记录
		工作坑的地基处理及施工记录、下沉监测记录
		沉井预制结构尺寸、混凝土强度、钢筋保护层厚度检测记录、终沉后沉井偏差记录、封底混凝土强度和厚度检测记录
（三）验收记录		检验批、分项、分部工程质量验收记录
		隐蔽验收记录及监理平行检验资料，工序质量评定验收记录
二、实物抽查		
外观检查、实体抽测		沉井混凝土强度、外观质量、钢筋保护层厚度、施工缝防水
		垫层厚度、排水沟和集水井设置及排水效果
		沉井下沉及终沉后结构渗漏水情况
		沉井垂直度、平整度及截面尺寸

地下工程（顶管工程）监督抽查要点　　　　　　　　　　表 6-3-7

类别		抽查内容
一、资料抽查		
（一）材料检验		钢筋混凝土原材料、焊接材料、防水材料等质量证明文件和复试报告，混凝土强度和抗渗等级检测报告、焊缝检测报告
		管节进场验收记录
（二）施工、实测记录		后靠背混凝土以及土体强度复核
		顶管施工设备的顶力及顶进所需力量复核、顶管施工轴线测量记录
		工作坑结构尺寸、钢管节或混凝土管节结构尺寸、顶管管节接口偏差测量记录
		洞口外土体加固强度和止水效果检测报告
（三）验收记录		顶管机调试及验收记录
		检验批、分项、分部工程质量验收记录
		隐蔽验收记录及监理平行检验资料，工序质量评定验收记录
二、实物抽查		
外观检查、实体抽测		管节外观质量、管节间连接与止水、顶管管节与井壁连接、钢管现场焊缝质量
		工作坑护壁外观质量、后背结构稳定性、始发及接收口的防护措施
		管节制作偏差、顶管施工接口偏差
		钢管节焊缝质量、钢管材质、混凝土管节强度

地下工程（盾构工程）监督抽查要点 表 6-3-8

类别	抽查内容
一、资料抽查	
（一）材料检验	钢筋、混凝土、管片、钢材、防水材料等材料的质量证明文件及复试报告
	混凝土抗压强度及抗渗等级检测报告，连接件和防水材料检测报告
（二）施工记录	盾构机（若为泥水平衡盾构，应包括泥浆处理系统）的调试验收记录
	技术方案中对所穿越的重要管线和建（构）筑物所制定的保护措施
	盾构进出洞、旁通道开挖施工方案的专家评审意见
（三）实测记录	洞口地基加固强度报告、旁通道结构的实测实量记录、防迷流测试记录（地铁隧道）、推进轴线偏差汇总记录
	盾构出洞前对洞圈和基座的复测记录、融沉注浆记录及隧道监测记录、监测报表
（四）验收记录	检验批、分项、分部工程质量验收记录
	基坑开挖、盾构进出洞条件验收记录
	盾构贯通、铺轨条件验收记录
二、实物抽查	
（一）外观检查	管片质量、橡胶止水带布置、洞口外土体止水效果、洞口密封装置、盾构基座和后靠装置稳定性、管片破损及隧道渗漏水情况、螺栓紧固、旁通道结构外观质量
	隧道纵环向连接件和预留孔管封堵、现浇结构的外观质量
	混凝土构筑物与隧道连接严密性
（二）实体抽测	管片制作偏差、混凝土管片拼装偏差、现浇结构尺寸
	现浇混凝土强度、钢筋保护层厚度、防水材料

桥梁工程（桩基础）监督抽查要点 表 6-3-9

类别	抽查内容
一、资料抽查	
（一）工程桩成品、原材料、构配件质量保证资料	成品桩、接桩材料、钢筋、水泥、沙、石、外加剂等原材料品种、规格、级别和数量
	原材料检测（见证）报告、钢筋接头工艺及现场试验资料、商品混凝土原材料抽查检测资料
	混凝土（桩基）试块报告及强度评定报告
（二）工程桩检测资料	选桩（检测）会议纪要
	工程桩检测报告（桩身质量、承载力、成孔质量等）
（三）桩基施工记录	桩基定位、复核测试记录
	打压桩施工记录
	灌注桩浇筑记录、进场检验记录（含塌落度现场实测）
	成孔、钢筋笼隐蔽验收记录
（四）桩基验收资料	桩位竣工图、验收方案
	灌注桩应按规定进行终孔验收，预应力管桩应按设计进行工艺试桩
	桩位水平位移和标高偏差处理情况
	桩基分项工程质量检验评定资料、各参建方验收意见

类别	抽查内容
二、实物抽查	
（一）桩基施工过程	灌注桩钢筋笼加工质量、桩头应平整完好、灌注桩嵌固深度
	管桩完整性
	标准养护室配备情况
（二）桩位偏差情况（结合桩位竣工图）	桩位竣工图，抽查桩位水平位移
	桩顶标高偏差
（三）锚固筋质量	灌注桩锚固钢筋完整情况，锚固长度
	管桩接头焊缝饱满性

桥梁工程（桥墩与承台、上部结构）监督抽查要点　　　　表 6-3-10

类别	抽查内容
一、资料抽查	
（一）材料检验	钢筋（钢绞线）、水泥、骨料、外加剂、预埋件等材料质量证明文件和检测报告
	箱梁、板等预制件质量证明文件和进场验收记录
	混凝土抗压强度检测及等级评定报告、钢箱梁焊缝探伤检测报告、钢结构紧固件检测报告
（二）施工、检测记录	钢筋笼绑扎验收记录，商品混凝土进场记录（品种、批次、配合比等）及坍落度试验记录
	桥墩（承台）、箱梁、板定位，模板尺寸、标高放样复核记录
	结构尺寸偏差、高程、垂直度、平整度等测量记录
	混凝土结构强度等级、钢筋保护层厚度、钢筋间距等检测记录
	预应力张拉、孔道压浆、钢绞线锚固施工记录
	桥梁架设吊装施工方案及架桥机安装调试记录
	结构预埋件安装记录
（三）验收记录	检验批、分项、分部工程质量验收记录
	隐蔽验收记录及监理平行检验资料，工序质量评定验收记录
二、实物抽查	
外观检查、实体抽测	钢筋安装、模板拼接、模板缝隙处理情况
	混凝土观感质量（蜂窝、麻面、露筋、平整度等）、结构尺寸、位置偏差
	湿接缝、横隔梁、封锚等后浇混凝土结构部位的凿毛处理
	钢箱梁拼装及安装偏差，抽测钢梁焊缝质量、高强度螺栓连接扭矩、防腐层质量、混凝土梁混凝土强度、钢筋保护层厚度、钢筋间距、结构几何尺寸

桥梁工程（桥面系及附属构筑物）监督抽查要点　　　　表 6-3-11

类别	抽查内容
一、资料抽查	
（一）材料检验	沥青混合料、混凝土、钢筋等原材料或成品的质量证明文件及复试报告
	预制件的进场验收记录

续表

类别	抽查内容
（二）施工实测记录	防水层、保护层检验记录
	缘石稳固性、平整性检测记录
	桥面铺装平整度检测记录、防撞墙混凝土强度回弹记录、钢筋保护层厚度检测记录
	灯柱、护栏安装尺寸、位置等检验记录
	桥梁荷载试验报告
（三）验收记录	桥梁整体验收记录
	隐蔽验收记录及监理平行检验资料，工序质量评定验收记录
二、实物抽查	
外观检查、实体抽测	水泥混凝土面层平整度、厚度、边角、伸缩缝、横坡、表面处理、拉杆、传力杆设置情况
	沥青混凝土混合料拌合均匀性、面层表面平整度、厚度、密实度、横坡、纵坡、摊铺质量
	桥梁内外轮廓线型、栏杆、护栏直顺度
	防撞墙线形及混凝土外观质量
	灯柱、护栏材质、规格、尺寸
	步行板、电缆支架规格、尺寸
	泄水口及泄水管道材料、数量及通畅性

轨道交通工程监督抽查要点

表 6-3-12

类别	抽查内容
一、资料抽查	
（一）设备材料	基础混凝土、钢筋、钢轨、轨枕、支承块、扣件、变压器、组合电器、电容器、成套配电柜、母线、电缆、光缆电缆、通信设备、支架、线槽、门体等材料质量证明文件和复试报告
（二）施工记录	隧道、桥面结构净空和线路中心线及水平贯通测量记录
	变压器、开关柜设备基础隐蔽施工记录和安装记录
	信号机、转辙装置、轨道设备基础及预埋件
（三）实测记录	轨道钢轨整理偏差测量记录、钢轨接头焊缝探伤检测报告
	变压器、高低压开关柜、母线、断路器等高压电气装置交接试验报告
	变压器绝缘测试及绝缘油取样检测记录、组合电器传动试验记录，抽查检查变压器、高低压开关柜、母线接地电阻测试记录
	开关柜、母线、电缆绝缘电阻测试记录，抽查高低压开关装置继电保护整定试验记录
	钢结构涂层厚度测试报告，屏蔽门体之间、门体与站台之间绝缘电阻测试记录
	光电缆线路、光线数字传输系统、电话系统、无线通信系统、广播系统、导乘系统时钟系统、电源系统
	信号机亮灯试验、转辙机安装和插片试验、轨旁设备和轨道电路性能试验报告
（四）验收记录	检验批、分项、分部工程质量验收记录
	隐蔽验收记录及监理平行检验资料，工序质量评定验收记录
二、实物抽查	
（一）线路基桩	CPⅢ基础控制网或控制基标测量复核
	（控制、加密、道岔辅轨）基标测设位置和精度
	基桩标志设置牢固，标识齐全、清晰、完整

165

类别	抽查内容
（二）道床及轨道铺设	道床基底清理
	浮置板道床基底外形尺寸、标高、平整度、排水横坡
	矿山法隧道地段道床基底与结构底之间的连接螺栓设置
	钢筋材质、品种、规格
	防迷流钢筋焊接、埋入式端子或铜排与钢筋网连接
	钢筋网的防迷流测试
	钢筋保护层厚度
	混凝土配合比、强度等级
	伸缩缝的设置及填充、施工缝的位置及处理
	混凝土外形尺寸、养护
	隔振元件材质、规格、品种、外观，安装位置或标高
	钢轨、轨枕、扣件及连接配件
	扣件的扣压力和疲劳强度
	轨道中心线、几何尺寸（轨面高程、轨道正矢、轨距等）
	轨缝设置、接头处轨面高差、错牙
	轨枕间距、偏斜、轨距块离缝
（三）无缝线路	钢轨焊接接头的型式检验或周期性生产检验、探伤检查、平直度、外观质量
	无缝线路应力放散、线路锁定，位移观测桩设置或位移量
	缓冲区钢轨接头的钢轨面高低、错牙、轨缝预留
（四）道岔	道岔钢轨、岔枕及扣配件的类型、规格、级配
	道岔滑床板、尖轨密贴、尖轨动程、尖轨尖端相错量
	道岔护轨安装及轮缘槽宽度
	钢轨绝缘接头轨缝设置
	岔枕间距、偏斜、轨距块离缝
（五）线路附属	防脱护轨安装"K"值
	护轨扣件的规格、型号、绝缘设置
	车挡材质、规格、型号、安装
	标志的材质、规格、图案、安装位置

燃气管道工程监督抽查要点　　　　　　　　　　　　　表 6-3-13

类别	抽查内容
一、资料抽查	
（一）沟槽敷设管道	防腐成品管及管配件、焊接材料质量证明文件及复试报告，焊缝无损检验、钢管接口检验记录
	绝缘装置的绝缘测试记录、跨接线的连接检测记录
	管道绝缘防腐层的检漏、测厚记录，抽查阴极保护系统参数检测记录
（二）穿／跨越管道敷设工程	管材、连接件、防腐材料、泥浆等原材料质量证明文件及复试报告
	接口连接、绝缘防腐层分项工程检验批验收记录
	管道预压力试验报告和清通记录、管道全线的导向测量记录
	导向孔钻进、回拖记录

续表

类别	抽查内容
（三）管道清通和压力试验	管道清通和压力试验方案编制及审批情况
	管道清通和压力试验报告
二、实物抽查	
外观检查、实体抽测	沟槽尺寸、高程、管道基础密实度，抽查管材外观质量、管道连接及焊接质量
	管道安装位置、管道防腐、管道绝缘
	管道附件及设备外观质量，抽查阀门、法兰、补偿器、调压器、支架安装位置及牢固性
	管道附件及设备防腐质量及绝缘性能
	管道清通、冲洗情况
	压力试验压力值
	沟槽尺寸及高程、焊缝余高和咬边、焊缝超声波探伤、射线探伤
	防腐层厚度、防腐层剥离强度，钢管及焊接件拉伸、弯曲和抗冲击性能

167

房屋建筑工程监督抽测项目一览表　　　　　　　　表 6-4

序号	类别	检查项目
1	建筑结构工程	建筑钢筋力学性能、重量、直径
2		水泥土的立方体抗压强度
3		混凝土试块
4		砂浆的抗压强度
5		砌块的抗压强度
6		单桩桩身完整性的低应变测试
7		化学膨胀螺栓的抗拉拔试验
8		土锚钉的拉拔试验
9		钢筋保护层厚度检测
10		主要构件混凝土强度
11		焊缝超声波探伤
12		楼板厚度
13	建筑防水	三元乙丙橡胶防水卷材的扯断强度、扯断伸长率、300% 定伸强度、撕裂强度
14		聚氨酯涂膜防水材料的抗拉强度、伸长率、撕裂强度、柔度、粘结强度
15		水泥基渗透结晶型防水材料的抗渗性能
16		丁基橡胶腻子止水带的硬度、扯断强度、扯断伸长率
17		嵌缝止水密封膏的稠度、指触干时间、操作时间、拉伸强度、延伸率
18		氯丁橡胶建筑密封膏的出厂指标
19		橡胶腻子止水条的膨胀倍率、高温流淌性、低温试验、剪切强度、针入度
20	装饰装修	大理石板材的抗压、抗折、抗剪、放射性，花岗石板材的抗压、抗折、抗剪、放射性、吸水率和弯曲强度，人造石板材放射性，
21		饰面板后置埋件的现场拉拔试验报告

续表

序号	类别	检查项目
22	装饰装修	吊顶轻钢龙骨的均布荷载承载力、集中荷载承载力、挠度、跨度比
23		风管强度及严密性、管道系统强度及严密性
24		空调水流量、水温、室内环境温度、湿度、噪声检测
25		室内环境污染物浓度检测报告
26	建筑节能	保温材料的导热系数、密度、抗压强度或压缩强度、尺寸稳定性、压剪粘结强度
27		增强网的力学性能、抗腐蚀性能
28		粘结材料（包括抗裂砂浆）的粘结强度
29		"双组分"保温浆料（胶粉聚苯颗粒）同条件养护试块的导热系数、干密度、抗压强度、线性收缩率
30		门窗气密性、水密性、抗风压性、传热系数、中空玻璃露点、玻璃遮阳系数、可见光透射比
31		保温板材与基层的粘结强度（抗拔试验）
32		固定墙体保温层的后置锚固件的锚固为抗拔试验
33		薄抹面层的抹面层与保温层粘结强度现场拉拔试验
34		外墙外保温饰面砖的粘结强度
35		外墙节能构造——保温材料种类、保温层厚度及构造做法

市政（轨道交通）工程质量监督抽检项目一览表　　　　表 6—5

序号	类别	检测项目
1	道路工程	路基原材料（石灰、粉煤灰、土）检测，基层原材料（石灰、粉煤灰、水泥、粗细集料、水泥稳定碎石混合料、石灰粉煤灰稳定碎石混合料）检测，面层原材料（水泥、钢筋、黄沙、粗细集料、沥青、水泥混凝土、沥青混合料等）检测，人行道（路面砖、侧平石等）检测
2		路基压实度，基层压实度及弯沉，面层厚度、压实度、弯沉、标高、平整度
3	桥梁工程	钢筋、混凝土、支座、波纹管、预应力钢绞线、锚固件、高强度螺栓、预制箱梁等材料、成品、构配件检测
4		混凝土强度、钢筋保护层、钢筋间距及连接、结构尺寸
5		桩基完整性、承载力等检测
6		钢梁焊缝、连接件及连接、防腐、拼装及安装偏差
7		桥面铺装层平整度、厚度
8	地下结构	钢筋、钢管、连接器、防水材料及连接器、混凝土、防水材料检测
9		凝土强度、钢筋保护层厚度、结构尺寸
10		钢管节焊缝、混凝土管节强度
11	燃气管道工程	管道材质、强度、严密性试验
12		焊缝超声波探伤、射线探伤抽检，防腐层厚度、防腐层剥离强度，钢管及焊接件拉伸试、弯曲和冲击试验
13		钢管节焊缝、混凝土管节强
14		燃气浓度检测报警、自动切断阀和通风（室内）
15		桥管（参见桥梁桩基础及桥墩承台）
16		附属构筑物（参见房建相关内容）

建设工程质量竣工验收条件自查表　　　　　　　表 6-6

监督编号		建设单位	
工程名称		监理单位	
专业内容		设计单位	
工程造价		勘察单位	
施工许可证号		施工单位	

依据及说明	1. 根据《建设工程质量管理条例》（国务院令第 279 号）第十六条、《房屋建筑和市政基础设施工程竣工验收规定》（建质〔2013〕171 号）第五条的要求，工程满足竣工条件后，方可进行竣工验收。建设单位（监理单位）审查竣工验收条件，本表 1～9 条必须具备，10、11 条根据具体工程性质核查。2. 根据具体工程实际情况选择专业名称或增加专业名称

专业工程	房建工程	道路工程	给水排水工程	绿化工程	交通工程	垃圾填埋处理工程	正本清源	电气工程
自查结果								

竣 工 验 收 条 件 核 查

内容	是否具备	不具备条件的情况说明
1. 完成工程设计和合同约定的各项内容		
2. 有施工单位工程竣工报告（经项目经理和单位负责人签字）		
3. 有完备的监理资料和工程质量评估报告（总监理工程师和单位负责人签字）		
4. 有勘察、设计单位的质量检查报告（勘察、设计项目负责人和单位负责人签字）		
5. 有完整的技术档案和施工管理资料		
6. 有工程使用的主要建筑材料、建筑构配件和设备的进场试验报告，以及工程质量检测和功能性试验资料		
7. 建设单位已按合同约定支付工程款		
8. 有施工单位签署的工程质量保修书		
9. 建设主管部门及工程质量监督机构责令整改的问题全部整改完毕		
10. 规划、环保部门出具的认可文件或准许使用文件		
11. 消防主管部门出具的工程验收合格证明文件		

施工单位 项目经理： 单位负责人： （公章） 年 月 日	监理单位 项目总监： 单位负责人： （公章） 年 月 日	设计单位 项目负责人： 单位负责人： （公章） 年 月 日	建设单位 项目负责人： 单位负责人： （公章） 年 月 日

169

建设工程质量监督报告   **表 6-7**

编号：

工程质量监督报告

工程项目名称：

监督机构（公章）：

××市××区建设工程质量安全监督站
年   月   日

注：本报告一式两份，一份由建设工程质量监督机构存档，一份报送竣工验收备案机关。

工程基本情况				
工程项目名称		工程类别		
工程地址		结构类型		
工程规模				
工程施工许可证号或开工报告				
收到建设单位工程竣工验收报告时间				
	单位名称	法定代表人	项目负责人	联系电话
建设单位				
勘察单位				
设计单位				
监理单位				
施工单位				

工程质量监督执法情况表	
日常监督检查及处罚情况	
监管部门提出的工程质量问题整改及反馈情况	工程质量监督抽查抽测过程中发现的影响主体结构安全和主要使用功能质量隐患，均已整改反馈。
工程竣工验收监督情况	1. 该工程建设各方责任主体已出具质量合格文件； 2. 该工程建设单位已组织了竣工验收，工程竣工质量验收的组织形式、验收程序符合要求，建设单位的竣工验收结论为：质量合格，同意验收。
实施质量监督起止时间：　　　　年　　月　　日至　　年　　月　　日	

工程质量监督结论
工程质量监督机构（盖章）   出具报告时间：　　年　　月　　日

备注	

建设工程竣工验收备案材料清单 表 6-8

序号	材料名称	房屋建筑工程	市政公用工程	二次装饰装修工程
1	《深圳市房屋建筑工程竣工验收备案表》	√		
2	《深圳市市政公用工程竣工验收备案表》		√	
3	《深圳市二次装饰装修工程竣工验收备案表》			√
4	竣工验收报告或核验证书	√	√	√
5	配套的燃气工程竣工验收报告或验收证书	√	√	√
6	深圳市电梯（自动扶梯）安装监督检验结果通知单	√	√	√
7	消防部门出具的消防专项验收合格文件	√	√	√
8	防雷装置验收意见书	√	√	√
9	建筑工程规划验收合格证	√	√	√

第 7 章

安全文明施工监督
技术要点

7.1 概　　述

本章所述安全文明施工监督管理主要内容包括：适用范围、安全生产管理行为监督、施工现场实体监督、危大工程监督重点。

7.2 重 点 工 作

7.2.1 适用范围

安全文明施工标准化是指为进一步提升安全文明施工标准，打造与现代化城市相匹配的建设工地，以文明施工促进安全生产，强化执行工程法律法规和标准规范为出发点，建立企业和项目安全生产责任制，制定安全管理制度和操作规程，监控危险性较大分部分项工程，排查治理安全生产隐患，使人、机、物、环始终处于安全状态，形成过程控制、持续改进的安全管理机制。同时建筑工程施工领域应坚定不移贯彻"创新、协调、绿色、开放、共享"的安全环保发展理念，遵循"安全、绿色、美观、实用"的原则，贯彻落实"安全第一、预防为主、综合治理"的方针。

安全文明施工监督主要包括安全生产管理和现场安全文明施工状况及标准化落实情况。

7.2.2 安全生产管理行为监督

1. 责任主体安全文明施工标准化管理主要职责

（1）建设单位职责

① 建设单位在建设工程安全文明施工标准化管理中负总体责任。

② 建设单位应当按照建设主管部门和相关行业主管部门制定的安全文明施工管理和技术标准，合理确定工程安全文明施工措施费。安全文明施工措施费在工程施工招标中应当单列，不得将其作为招标投标竞价条件。

③ 建设单位应当根据工程特点、规模和技术要求，选择符合安全资质要求的施工企业。

④ 建设单位应当为施工企业提供准确的水文地质、地下管线设施等资料和其他必要条件。

⑤ 建设单位在工程开工前，应当对相邻建筑物、构筑物、地下管线、市政公用设施等进行安全防护。

（2）施工单位职责

① 施工单位在安全文明施工标准化管理中负主要责任。

② 施工单位应当按照相关法律、法规、规章以及标准规范，结合工程特点和作业环境要求，编制文明施工专项方案及安全施工专项方案，落实安全文明施工标准化措施。

③ 施工单位应对安全文明施工措施费专款专用，在财务管理中单独列出安全文明施工措施项目费用清单备查。总承包单位不按本规定和合同约定支付费用而造成分包单位不能及时落实安全防护措施导致发生事故的，由总承包单位负主要责任。

（3）监理单位职责

① 监理单位对安全文明施工标准化管理负监理责任。

② 监理单位应对施工单位落实安全文明施工措施情况进行监理，应将安全文明施工专项方案是否符合标准要求纳入开工条件审查内容，应组织建设、施工单位对应在开工前实施的临时设施、安全文明措施进行开工条件验收。

③ 专项方案不符合标准要求或开工条件验收不合格的，不得签发开工令；发现施工单位未落实施工组织设计及专项施工方案中安全防护和文明施工措施的，有权责令其立即整改，拒不整改或未按期限要求完成整改的，及时向建设单位和建设行政主管部门报告，必要时责令其暂停施工。

2．安全生产管理行为监督检查内容

工程建设责任主体安全管理行为检查要点详见表7-1。

7.2.3　施工现场实体监督

1．基坑施工

主要检查基坑支护及开挖、地下水控制、基坑监测项、周边建（构）筑物和地下管线保护是否符合规范及专项施工方案的要求。

深基坑安全监督检查技术要点详见表7-2。

2．脚手架

主要检查作业脚手架纵向、横向扫地杆、连墙件、步距跨距、剪刀撑及架体基础是否符合规范及专项施工方案要求。

脚手架安全监督检查技术要点详见表7-3。

3．模板支架

主要检查模板支撑体系的搭设、使用、拆除是否符合规范及专项施工方案要求、支撑体系的材料构配件是否抽样复试等。

支模架安全监督检查技术要点详见表7-4。

4．建筑起重设备

主要检查起重机械的备案租赁、安装拆卸、验收是否符合相关规定；起重机械的基础、附着是否符合使用说明书及专项施工方案要求、安全装置是否灵敏、可靠。

建筑起重设备安全监督检查技术要点详见表7-5。

5．临时用电

主要检查是否按规定编制临时用电施工组织设计，并履行审核、验收手续；临时用电管理、配电系统、线路防护、漏报参数符合相关要求。

临时用电安全监督检查技术要点详见表7-6。

6．钢结构、网架、索膜结构

主要检查钢结构、网架、索安装作业符合规范及专项施工方案的要求；特种作业人员是否持证上岗；

钢结构、网架、索膜结构工程安全监督检查技术要点详见表7-7。

7．施工机具

主要检查安装后是否履行验收程序、是否设置保护接零及漏电保护器、是否设置安全防护棚等。

施工机具安全监督检查技术要点详见表 7-8。

8. 安全防护用品

主要检查施工现场管理人员、工人是否正确佩戴安全帽；外架、钢结构、屋面安装设安全网、高处作业是否应系安全带、临边洞口是否按要求设置防护措施等。

安全防护用品安全监督检查技术要点详见表 7-9。

9. 扬尘污染防治和建筑废弃物

主要检查工地建筑废弃物排放备案情况、泥头车运输企业资质及土方外运是否符合要求、扬尘污染防治措施是否满足 7 个 100% 的要求。

扬尘污染防治和建筑废弃物监督检查技术要点详见表 7-10。

10. 文明施工

主要检查施工围挡、封闭管理、施工场地、办公与住宿文明施工等是否符合相关要求。

文明施工监督检查技术要点详见表 7-11。

7.2.4　危大工程检查重点

危险性较大的分部分项工程（以下简称"危大工程"），是指房屋建筑和市政基础设施工程在施工过程中，容易导致人员群死群伤或者造成重大经济损失的分部分项工程，对此因在施工过程中进行重点检查。

1. 危险性较大分部分项工程实施前，监督机构应督促相关单位做好以下工作：

（1）建设单位应当依法提供真实、准确、完整的工程地质、水文地质和工程周边环境等资料。

（2）勘察单位应当根据工程实际及工程周边环境资料，在勘察文件中说明地质条件可能造成的工程风险。

（3）设计单位应当在设计文件中注明涉及危大工程的重点部位和环节，提出保障工程周边环境安全和工程施工安全的意见，必要时进行专项设计。

（4）建设单位应当组织勘察、设计等单位在施工招标文件中列出危大工程清单，要求施工单位在投标时补充完善危大工程清单并明确相应的安全管理措施。

（5）建设单位应当按照施工合同约定及时支付危大工程施工技术措施费以及相应的安全防护文明施工措施费，保障危大工程施工安全。

（6）建设单位在申请办理安全监督手续时，应当提交危大工程清单及其安全管理措施等资料。

2. 对危险性较大工程，监督人员应督促施工单位做好以下主要工作：

（1）建立危险性较大工程公示制度，危险性较大工程公示内容包括：危险性较大工程出现的时段、部位、管理责任部门和责任人。在施工现场入口显著位置和有危险性较大工程的作业点附近挂牌公告。

（2）在工程施工前，应根据承接工程施工范围和特点，对施工现场可能出现的危险因素进行辨识、评价。

（3）制定危险性较大工程管理制度，明确具体的责任管理部门、责任人与工作职责，制定相应的施工方案，并按专项方案组织施工。

（4）从事危险性较大工程的施工作业时，按相应的专项施工方案，向所有作业人员进行安全技术交底，并有书面记录和签字。

（5）建立危险性较大工程的管理台账，定期组织相应的分包、专业承包单位按照专项施工方案对危险性较大工程进行检查、验收，公司每月不少于一次，项目部每周不少于一次。并做好施工安全检查记录。

（6）编制危险性较大工程的应急预案，按规定配备相应的人员与设施，并组织演练。

3．对危险性较大分部分项工程，各相关监督人员应督促监理单位做好以下主要工作：

（1）对危险性较大分部分项工程的专项施工方案和应急预案进行认真审查。

（2）对危险性较大分部分项工程的施工作业进行旁站监理及巡查、平行检查。

（3）对监理过程中发现的问题，应即时下达整改通知书。对整改不力的可责令暂时停止施工作业，以书面形式及时将有关情况报告质量安全监督机构。

178

4．监督机构应对各自监管的危险性较大分部分项工程进行差异化监管，按照风险等级进行分类，分别从检查频率、检查深度以及检查范围等方面重点把控危险性较大分部分项工程的重要环节和重点部位，确保安全。

7.3　常用表格和文书

1．工程建设责任主体安全管理行为检查要点（表7-1）。

2．深基坑安全监督检查技术要点（表7-2）。

3．脚手架安全监督检查技术要点（表7-3）。

4．支模架安全监督检查技术要点（表7-4）。

5．建筑起重设备安全监督检查技术要点（表7-5）。

6．临时用电安全监督检查技术要点（表7-6）。

7．钢结构、网架、索膜结构工程安全监督检查技术要点（表7-7）。

8．施工机具安全监督检查技术要点（表7-8）。

9．安全防护用品安全监督检查技术要点（表7-9）。

10．扬尘污染防治和建筑废弃物监督检查技术要点（表7-10）。

11．文明施工监督检查技术要点（表7-11）。

7.4　相　关　文　件

（一）政策法规

1．《建设工程安全生产管理条例》。

2．《深圳经济特区建设工程施工安全条例》（2019年10月31日修正）。

3．《深圳市建筑废弃物减排与利用条例》（2020年6月23日修正）。

4．《深圳市住房和建设局关于加强建设工程安全文明施工标准化管理的若干规定》（深建规

〔2018〕5 号）。

（二）技术规范标准

1．《建筑施工安全检查标准》JGJ 59—2011。

2．《施工现场临时用电安全技术规范》JGJ 46—2005。

3．《建筑施工高处作业安全技术规范》JGJ 80—2016。

4．《建筑施工工具式脚手架安全技术规范》JGJ 202—2010。

5．《建筑施工模板安全技术规范》JGJ 162—2008。

6．《建筑施工碗扣式脚手架安全技术规范》JGJ 166—2016。

7．《建筑基坑支护技术规程》JGJ 120—2012。

8．《建筑机械使用安全技术规程》JGJ 33—2012。

9．《施工现场机械设备检查技术规程》JGJ 160—2016。

10．《建筑施工扣件式钢管脚手架安全技术规范》JGJ 130—2011。

11．《建筑施工门式钢管脚手架安全技术标准》JGJ/T 128—2018。

12．《建设工程施工现场环境与卫生标准》JGJ 146—2013。

179

13．《建筑起重机械安全监督管理规定》（建设部令第 166 号）。

14．《建筑施工承插型盘扣式钢管支架安全技术规程》JGJ 231—2010。

15．《液压升降整体脚手架安全技术标准》JGJ/T 183—2019。

16．《液压爬升模板工程技术标准》JGJ/T 195—2018。

17．《龙门架及井架物料提升机安全技术规范》JGJ 88—2010。

18．《建筑起重机械安全评估技术规程》JGJ/T 189—2009。

19．《货用施工升降机　第 1 部分：运载装置可进人的升降机》GB 10054.1—2014。

20．《货用施工升降机　第 2 部分：运载不可进人的倾斜式升降机》GB 10054.2—2014。

21．《吊笼有垂直导向的人货两用施工升降机》GB 26557—2011。

22．《建筑施工升降机安装、使用、拆卸安全技术规程》JGJ 215—2010。

23．《塔式起重机安全规程》GB 5144—2006。

24．《塔式起重机混凝土基础工程技术标准》JGJ/T 187—2019。

25．《建筑施工塔式起重机安装、使用、拆卸安全技术规程》JGJ 196—2010。

26．《深圳市安全文明施工标准》SJG 46—2018。

工程建设责任主体安全管理行为检查要点 表 7-1

各方主体	序号	安全管理行为
建设单位	1	按规定办理施工安全监督手续
	2	与参建各方签订的合同中应当明确安全责任，并加强履约管理
	3	按规定将委托的监理单位、监理的内容及监理权限书面通知被监理的建筑施工企业
	4	在组织编制工程概算时，按规定单独列支安全生产措施费用，并按规定及时向施工单位支付
	5	在开工前按规定向施工单位提供施工现场及毗邻区域内相关资料，并保证资料的真实、准确、完整
	6	在申请领取施工许可证时，应当提供建设工程有关安全施工措施的资料
	7	依法批准开工报告的建设工程，建设单位应当将保证安全施工的措施报送建设行政主管部门备案
	8	应当组织勘察、设计等单位在施工招标文件中列出危大工程清单，要求施工单位在投标时补充完善危大工程清单并明确相应的安全管理措施
勘察单位	1	应当按照法律、法规和工程建设强制性标准进行勘察，提供的勘察文件应当真实、准确，满足建设工程安全生产的需要
	2	在勘察作业时，应当严格执行操作规程，采取措施保证各类管线、设施和周边建筑物、构筑物的安全
	3	应当根据工程实际及工程周边环境资料，在勘察文件中说明地质条件可能造成的工程风险
设计单位	1	应当按照法律、法规和工程建设强制性标准进行设计，防止因设计不合理导致生产安全事故的发生
	2	应当考虑施工安全操作和防护的需要，对涉及施工安全的重点部位和环节在设计文件中注明，并对防范生产安全事故提出指导意见
	3	采用新结构、新材料、新工艺的建设工程和特殊结构的建设工程，设计单位应当在设计中提出保障施工作业人员安全和预防生产安全事故的措施建议
	4	应当在设计文件中注明涉及危大工程的重点部位和环节，提出保障工程周边环境安全和工程施工安全的意见，必要时进行专项设计
施工单位	1	设立安全生产管理机构，按规定配备专职安全生产管理人员
	2	项目负责人、专职安全生产管理人员与办理施工安全监督手续资料一致
	3	建立健全安全生产责任制度，并按要求进行考核
	4	按规定对从业人员进行安全生产教育和培训
	5	实施施工总承包的，总承包单位应当与分包单位签订安全生产协议书，明确各自的安全生产职责并加强履约管理
	6	按规定为作业人员提供劳动防护用品
	7	在有较大危险因素的场所和有关设施、设备上，设置明显的安全警示标志
	8	按规定提取和使用安全生产费用
	9	按规定建立健全生产安全事故隐患排查治理制度
	10	按规定执行建筑施工企业负责人及项目负责人施工现场带班制度
	11	按规定制定生产安全事故应急救援预案，并定期组织演练
	12	按规定及时、如实报告生产安全事故
监理单位	1	按规定编制监理规划和监理实施细则
	2	按规定审查施工组织设计中的安全技术措施或者专项施工方案
	3	按规定审核各相关单位资质、安全生产许可证、"安管人员"安全生产考核合格证书和特种作业人员操作资格证书并做好记录
	4	按规定对现场实施安全监理。发现安全事故隐患严重且施工单位拒不整改或者不停止施工的，应及时向政府主管部门报告
监测单位	1	按规定编制监测方案并进行审核
	2	按照监测方案开展监测

180

深基坑安全监督检查技术要点　　　　　　　　　　　　　表 7-2

检查项目	检查内容
管理行为	应按要求签订第三方监测合同并组织进行
	应按要求组织开挖条件验收
	应按要求组织对基坑及周边环境进行巡视
	基坑、边坡及土方开挖设备应进行进场验收并满足相关要求
	监测数值超标应及时按照相关要求进行处理
	应急处置应及时、有效
实体安全	应将相关监测数据实时上传
	应及时对支护桩、锚索等主要受力构件进行检验
	锚索张拉锁定应按方案要求执行
	土方开挖应满足分层分段开挖及随挖随支护要求
	基坑支护防护栏杆、上下基坑通道应及时按照标准要求设置
	基坑内临时坡道应进行硬底化处理并采取相应的人车分流措施
	坡顶、坡脚排水沟应按要求设置并及时清理
	基坑支护及开挖符合规范、设计及专项施工方案的要求
	基坑周围地面排水措施符合规范及专项施工方案的要求
	基坑周边荷载符合规范及专项施工方案的要求
	基坑监测项目、监测方法、测点布置、监测频率、监测报警及日常检查符合规范、设计及专项施工方案的要求
	基坑内作业人员上下专用梯道符合规范及专项施工方案的要求
	基坑坡顶地面无明显裂缝，基坑周边建筑物无明显变形

脚手架安全监督检查技术要点　　　　　　　　　　　　　表 7-3

检查项目		检查内容
管理行为		架体搭设使用钢管、扣件、安全网、高强螺栓等主要材料应见证送检并符合要求
		架体搭设（拆除）前应规范书面交底
		架体搭设、架体与建筑结构拉结应与施工方案一致且满足规范要求
		架体搭设完成后应及时规范验收（分段验收）
		架体拆除作业应自上而下逐层进行，分段拆除不应大于两层，连墙杆应随架体逐层拆除，拆除时应设置警戒区并派专人监护
技术资料		应按规定编审脚手架专项施工方案
		高度超 20m 的悬挑式脚手架、超过 50m 的落地式脚手架及附着式升降脚手架专项施工方案应经专家论证通过
		架子工应持有符合要求的特种作业人员操作证
实体安全	一般规定	作业脚手架底部立杆上设置的纵向、横向扫地杆符合规范及专项施工方案要求
		连墙件的设置符合规范及专项施工方案要求
		步距、跨距搭设符合规范及专项施工方案要求
		剪刀撑的设置符合规范及专项施工方案要求
		架体基础符合规范及专项施工方案要求
		架体材料和构配件符合规范及专项施工方案要求，扣件按规定进行抽样复试
		脚手架上严禁集中荷载
		架体的封闭符合规范及专项施工方案要求
		脚手架上脚手板的设置符合规范及专项施工方案要求

检查项目		检查内容
实体安全	附着式升降脚手架	附着支座设置符合规范及专项施工方案要求
		防坠落、防倾覆安全装置符合规范及专项施工方案要求
		同步升降控制装置符合规范及专项施工方案要求
		构造尺寸符合规范及专项施工方案要求
	悬挑式脚手架	型钢锚固段长度及锚固型钢的主体结构混凝土强度符合规范及专项施工方案要求
		悬挑钢梁卸荷钢丝绳设置方式符合规范及专项施工方案要求
		悬挑钢梁的固定方式符合规范及专项施工方案要求
		底层封闭符合规范及专项施工方案要求
		悬挑钢梁端立杆定位点符合规范及专项施工方案要求
	高处作业吊篮	各限位装置齐全有效
		吊篮内作业人员不应超过2人
		安全绳的设置和使用符合规范及专项施工方案要求
		吊篮安全锁应在标定有效期内
		吊篮钢丝绳、坠重、配重块、冲顶限位等安全构配件安装不应存在违规情况
		前支架不应违规支撑在女儿墙上或建筑物挑檐边缘
		吊篮安装后应及时检测，移位后应重新组织验收
		雷雨、大风等恶劣天气下，应停用吊篮并降落至地面
		天面位置吊篮（环轨）应设置检查维护平台（通道）
		吊篮中作业人员不能超过2人，工人不能从高空穿越吊篮；安全自锁器、安全绳配置及使用无违规情况
	操作平台	移动式操作平台的设置符合规范及专项施工方案要求
		落地式操作平台的设置符合规范及专项施工方案要求
		悬挑式操作平台的设置符合规范及专项施工方案要求

支模架安全监督检查技术要点　　　　　表7-4

检查项目		检查内容
管理行为		模板支架搭设（拆除）前应规范书面交底，混凝土浇筑前必须规范验收，严禁滞后
		立杆、扣件、斜杆、可调托座和可调底座等脚手架构配件应在搭设前见证送检
技术资料		模板施工方案应按要求编审；超过一定规模的模板支架应专家论证通过
		液压爬模（顶模）产品合格证、产品检验报告等资料应齐全
		液压爬模（顶模）安装、操作人员应持省级建设行政主管部门颁发的特种作业人员操作证或培训证上岗
实体安全	一般规定	按规定对搭设模板支撑体系的材料、构配件进行现场检验，扣件抽样复试
		模板支撑体系的搭设和使用符合规范及专项施工方案要求
		混凝土浇筑时，必须按照专项施工方案规定的顺序进行，并指定专人对模板支撑体系进行监测
		模板支撑体系的拆除符合规范及专项施工方案要求
		支撑体系搭设应与方案一致
		模板支架杆件严禁弯曲、变形、锈蚀超标；严禁违规使用门字架、套扣式或轮扣式快速架、锈蚀的碗扣架
		盘扣架高度超过8m的模板支架，竖向斜杆应满布设置，沿高度每隔4~6个标准步距应设置剪刀撑
		搭设高度超过3.6m架体应按要求搭设安全水平兜网
		铝合金模板当层高大于3.3m时，应采取增加水平杆或增加支撑的管径等措施保证稳定性

续表

检查项目		检查内容
实体安全	一般规定	叠合板起吊应采用专用吊具，吊具应检查合格，各吊点应受力均匀
		叠合板支撑体系拆除时，现浇混凝土强度应满足规范要求
		材料严禁堆积在脚手架上，应及时转运
	爬模	模架安装应与施工方案一致，液压系统工作正常，控制系统应灵敏可靠
		整体模架设备的尺寸符合要求，架体螺栓应全部拧紧，所有构件无塑性变形和严重腐蚀，构配件焊缝应满焊无开裂
		悬挂架应有三层或者三层以上的操作平台，应满铺脚手板，安全防护措施完好
		模板悬挂应与方案一致，葫芦链条应完好，承重梁严禁存在形变，应设置防坠钢丝绳等
		水平走道板应严密，拼缝应小于10mm，严禁存在翘曲变形情况；平台防护栏杆应完整、牢固，护栏杆安装高度应≥1.2m踢脚板高度≥180mm；立面防护网严禁存在变形、破坏等情况；翻板应稳固完好，转动灵活，安全可靠
		监测系统图像应清晰、记录准确，数据反馈应及时、预警系统应精确，风力仪记录应准确无损毁
		附着装置安装、爬升（顶升）时混凝土的强度应满足设计要求

建筑起重设备安全监督检查技术要点

表 7-5

检查项目		检查内容
管理行为		设备出租建筑起重机械应建立安全技术档案
		安拆单位安装建筑起重机械应告知建设主管部门
		安拆单位应具备相应资质，安拆（顶升加节）应编制专项施工方案，超高等非常规安拆方案应经过专家论证
		应配置专职机械管理员
		设备整机出厂时间应满足深圳相关规定
		设备使用登记证应在有效期限内
		操作司机及信号司索工持证在有效期内
实体安全	一般规定	起重机械的备案、租赁符合要求
		起重机械安装、拆卸符合要求
		起重机械验收符合要求
		按规定办理使用登记
		起重机械的基础、附着符合使用说明书及专项施工方案要求
		起重机械的安全装置灵敏、可靠；主要承载结构件完好；结构件的连接螺栓、销轴有效；机构、零部件、电气设备线路和元件符合相关要求
		起重机械与架空线路安全距离符合规范要求
		按规定在起重机械安装、拆卸、顶升和使用前向相关作业人员进行安全技术交底
		定期检查和维护保养符合相关要求
	塔式起重机	作业环境符合规范要求。多塔交叉作业防碰撞安全措施符合规范及专项方案要求
		塔式起重机的起重力矩限制器、起重量限制器、行程限位装置等安全装置符合规范要求
		吊索具的使用及吊装方法符合规范要求
		按规定在顶升（降节）作业前对相关机构、结构进行专项安全检查
	施工升降机	防坠安全装置在标定期限内，安装符合规范要求
		按规定制定各种载荷情况下齿条和驱动齿轮、安全齿轮的正确啮合保证措施
		附墙架的使用和安装符合使用说明书及专项施工方案要求
		层门的设置符合规范要求

续表

检查项目		检查内容
实体安全	物料提升机	安全停层装置齐全、有效
		钢丝绳的规格、使用符合规范要求
		附墙符合要求，缆风绳、地锚的设置符合规范及专项施工方案要求
	门式起重机	基坑边安装龙门吊应进行基坑结构安全验算
		安装、拆卸现场地锚、缆风绳等重要保护措施符合方案
		起升高度限位器、行走限位器、起重量限制器或限制（限位）器有效
		吊钩有保险装置，上人爬梯应设置护笼、安全门
		轨道两侧应设置缓冲器和端部止挡
		高强螺栓、销轴、紧固件等主要受力构件的紧固、连接符合规范要求

临时用电安全监督检查技术要点　　　　　　　　　表 7-6

检查项目	检查内容	备注
管理行为	施工用电投入使用前应办理验收	
	分包队伍应与总包单位签署用电安全管理协议	
技术资料	施工现场临时用电组织设计应履行"编制、审核、审批"程序	
实体安全	PE 线应进出齐全，应设置重复接地	总开关箱
	电箱开关设置应满足规范，实验漏电开关应灵敏可靠	
	备用发电机应设置四极双头开关，发电机中性点工作接地应独立	
	施工现场的消火栓泵应采用专用消防配电线路	
	应设置总隔离开关，PE 线应进出齐全	分配箱
	应为"一机一闸一漏一箱"，PE 线应进出齐全，实验漏电开关应灵敏可靠	开关箱
	设置有防雷保护的设备开关箱，PE 端应有重复接地	
	配电设备、线路防护设施设置符合规范要求	
	漏电保护器参数符合规范要求	
	用电机具、设备 PE 线接点应明显可靠	
	交流电焊机二次空载降压保护装置应完善	
	外电、现场非临电系统的电气线路应设置标识和警示；外电架空线路与在建工程（含脚手架）、机动车道、起重机以及防护设施的安全距离应符合规定	
	临电系统的线路敷设应符合规范要求，应杜绝拖地、接头泡水现象	
	高空设备应有防雷保护	
	应杜绝直接取用正式用电施工作业	
	正式用电灯具、开关插座等的维修应由项目统一管理，不允许擅自带电作业	

钢结构、网架、索膜结构工程安全监督检查技术要点　　　　　　　　　表 7-7

检查项目	检查内容
管理行为	专项施工方案应按规定编审；超过一定规模的钢结构、网架、索膜结构安装工程施工方案应专家论证通过
	施工单位应按照专项施工方案组织施工
	钢结构、网架、索膜结构的吊装、整体提升前应对钢丝绳、吊索具、提升机构等进行验收，吊装时相关人员应旁站，作业区域应设置警戒

检查项目	检查内容
技术资料	进场流动式起重设备应有报审记录、验收，支护腿应符合要求，应有吊装作业令，起重吊装信号指挥工应持省级建设行政主管部门颁发的特种作业人员操作证上岗
	三宝用品应送检合格方能使用，作业人员正确使用安全防护用品
实体安全	高处作业超过 $10m^2$ 的洞口或平面应设置水平兜网，有压型钢板或者屋面板施工工艺宜采用梁下安全网，网眼不得大于 30mm
	钢结构主梁应设置双道安全绳，绳径不小于 9mm
	登高作业应设置临时通道或登高钢爬梯设有钢爬梯的钢柱应按要求设置防坠器（防坠器宜设置牵引绳）
	钢结构作业面宜按照方案要求搭设通畅的水平作业通道
	钢结构安装、焊接操作平台应按要求搭设，平台周围防护不得低于 1.2m
	外侧结构施工高度超过 10m 应设置外挑网防护（外挑网宜采用双层网）
	构件吊装就位至焊接安装牢固前，必须确保临时连接措施的螺栓满穿，校正过程中严禁拆除临时连接螺栓

施工机具安全监督检查技术要点　　　　　　　　　　　表 7-8

185

检查项目	检查内容
平刨	平刨安装后应履行验收程序
	设置护手安全装置
	传动部位设置防护罩
	已设置保护接零及设置漏电保护器
	应设置安全防护棚
圆盘电锯	圆盘锯安装履行验收程序
	设置锯盘护罩、分料器、防护挡板安全装置和传动部位设置防护罩
	已设置保护接零及设置漏电保护器
	应设置安全防护棚
手持	I 类工具应采取保护接零及设置漏电保护器
	使用 I 类手持电动工具应按规定穿戴绝缘用品
	应使用手持电动工具不应随意接长电源线
钢筋机械	机械安装后应履行验收程序
	保护接零及设置漏电保护器
	钢筋加工区设置作业棚，钢筋对焊作业区采取防止火花飞溅措施及冷拉作业区设置防护栏板
	传动部分设置防护罩
电焊机	电焊机进场后应履行验收程序
	作保护接零及设置漏电保护器
	应设置二次空载降压保护器
	一次线长度不应超过规定及应进行穿管保护
	二次线应采用防水橡皮护套铜芯软电缆
	电焊机设置防雨罩及接线柱设置防护罩
搅拌机	搅拌机安装后履行验收程序
	作保护接零及设置漏电保护器
	离合器、制动器、钢丝绳达到规定要求
	上料斗设置安全挂钩及止挡装置
	传动部位已设置防护罩，已设置安全作业棚

检查项目	检查内容
气瓶	气瓶应安装减压器
	乙炔瓶应安装回火防止器
	气瓶应设置防震圈或防护帽
	气瓶已设置防晒措施，与明火等安全距离符合规范要求
	气瓶分类存放，或氧气瓶与乙炔瓶的工作间距符合规范要求
场内运输车辆	制动、转向装置灵敏
	照明不足，超速行驶
潜水泵	作保护接零及未设置漏电保护器
	负荷线使用专用防水橡皮电缆
振捣器	作保护接零及设置漏电保护器
	操作人员应穿戴好绝缘防护用品
桩工机械	机械安装后履行验收程序
	作业前应按规定编制专项施工方案
	机械作业区域地面承载力符合规定要求及未采取有效硬化措施
	机械与输电线路安全距离符合规范要求
预应力张拉机械	预应力张拉机械设备应定期标定校验
	施工作业人员应佩戴安全防护用具
	切割后钢绞线外露锚具长度满足规范要求
	钢绞线切割应使用砂轮机切割
其他施工机具、设备	现场安装后应履行验收手续
	未使用国家明令淘汰或超期服役的机具设备
	安全保护装置有效
	应按规定进行维护保养
	应在明显位置悬挂张贴机具、设备安全技术规程
	测量仪器、设备应定期标定及进行现场校验复核
	压力容器、管道的安全阀应按照要求进行检验标定

安全防护用品安全监督检查技术要点　　　　　　　　　　表 7-9

检查项目	检查内容
安全帽	安全帽符合标准
	施工现场管理人员、工人正确佩戴安全帽
安全网	在建工程外侧用密目式安全网封闭
	高架桥面边等临未使用安全网
	钢结构、屋面安装设安全平网
	安全网规格、材质符合要求
	安全网取得安全标志
安全带	高处作业应系安全带
	安全带系挂符合要求
	安全带符合标准
	按规定设置安全绳

检查项目	检查内容
电气作业 防护用品	电焊人员、设备调试人员按要求穿戴安全防护用品（绝缘手套、绝缘鞋等）
	电焊人员按要求佩戴护目镜等
	绝缘手套、绝缘鞋符合标准
防尘防毒用品	钻孔、注浆、喷混凝土、切割、打磨及其他扬尘作业应戴防尘口罩
	密闭 / 有限空间作业配备防中毒 / 窒息等个体防护装备
临边防护	（工作面、上下通道、基坑、沟、槽、竖井、高架桥、屋面、建筑阳台、楼板、站台等部位）临边已设置防护栏杆
	高于 2.0m 的爬梯设置防护笼等措施
	临边防护措施符合要求
	防护设施形成定型化、工具化
洞口防护	在建工程的预留孔洞口、楼梯口、电梯井口、风井口，采取防护措施
	防护措施、设施符合要求或严密
	按规定在电梯井内每隔两层（不大于 10m）设置安全平网
通道口防护	已搭设防护棚，防护牢固
	防护棚两侧已进行防护
	防护棚宽度大于通道口宽度
	防护棚长度符合要求
	建筑物高度超过 24m，防护棚顶采用双层防护
	防护棚的材质符合要求
攀登作业	移动式梯子的梯脚底部未垫高使用
	一字梯的倾斜度、上部挂靠伸出长度符合要求
	折梯（人字梯）使用有可靠拉撑装置
	梯子的制作质量或材质符合要求
	杆上作业攀登脚扣质量符合标准
悬空作业	悬空作业处设置防护栏杆或其他可靠的安全设施
	悬空作业所用的索具、吊具、料具等设备，经过技术鉴定或验收
移动式操作 平台	编制、审批平台专项施工方案
	操作平台的面积或高度未超过规定值
	移动式操作平台，轮子与平台的连接牢固可靠
	操作平台的组装符合要求
	平台台面铺板严密
	操作平台四周按规定设置防护栏杆或设置登高扶梯
	悬挂验收合格牌
物料平台	物料平台经设计计算及编制专项施工方案
	物料平台搭设符合专项施工方案
	平台台面铺板严实，下方按要求设置安全平网
	物料平台应在明显处设置限定荷载标牌

扬尘污染防治和建筑废弃物监督检查技术要点　　　　　表 7–10

检查项目	检查内容
管理行为	工地应取得建筑废弃物管理系统账号，应完善电子围栏等相关基础信息
	工地应进行排放申报，现场（或视频）抽查 3 台泥头车应已在系统内备案申报
	使用符合要求的泥头车进行土方外运
	车辆无超载情况
技术资料	泥头车运输企业应具备相应资质
实体安全	施工围挡应已全封闭且宣传喷画应按照深圳市住建局公布的最新标准进行设置
	出入口及车行道（含出土坡道）应按要求进行硬底化，出入口及车行道地面应冲洗干净
	出入口应按要求安装自动冲洗装置，且自动冲洗装置长度不少于 5m
	出入口应安装 TSP 在线监测设备并联网，现场 TSP 监测值应不超标
	裸露土及易起尘物料应已覆盖，未作业区域覆盖范围不少于 80%
	应按安装喷淋及洒水设施，工地主要作业面及车行道路应已采取降尘措施，移动雾炮数量应满足要求，应可覆盖全部作业面
	工地出入口应安装视频监控设备且视频数据留存不少于 1 个月
	泥头车密闭化，车体整洁、车轮不带泥、车厢无外挂泥的车辆驶离工地
	近一个月联单签认率应高于 85%，未申报率应低于 30%

文明施工监督检查技术要点　　　　　表 7–11

检查项目	检查内容
管理行为	应编制文明施工专项方案
	文明施工管理目标或措施应明确
	文明施工专项方案基本内容完善（节地、节能、节水、节材、环保、水土保持和场地封闭、临时设施、公共安全与职业健康卫生等）
	实行用水计量或用电计量管理
	生产、生活用水采用节水型生活用水器具
	建立可回收再利用物质清单
	现场定期检查文明施工实施情况
施工围挡	主城区内工地周围按规定设置封闭围挡
	其他区域工地周围按规定设置封闭围挡
	围挡坚固、稳定
	围挡高度满足要求并沿施工现场四周连续设置
	围挡整洁、美观
封闭管理	施工现场进出口设置大门
	按规定设置门卫或出入人员、起重机械已登记
	进入施工现场的人员实行实名制登记
施工场地	施工现场按规定安装视频监控装置
	出入口和主要道路已硬化处理
	道路畅通
	设置排水设施或排水通畅
	应采取防止泥浆、污水、废水外流或堵塞下水（河）道的措施
	施工现场土方作业、裸露场地等有防止扬尘措施
	现场设置车辆冲洗装置、未有车辆带泥上路现象

检查项目	检查内容
材料管理	建筑材料、构件、料具按总平面布置图堆放
	料堆挂名称、品种、规格等标牌
	堆放整齐
	工完场地清
	建筑垃圾及时清理、有序堆放
	易燃易爆物品分类储藏在专用库房
	水泥和其他易飞扬的细颗粒建筑材料密闭存放或采取覆盖等措施
	施工现场按规定使用预拌混凝土或预拌砂浆
办公与住宿	现场搭建宿舍等临时设施符合结构安全要求
	施工现场使用的装配式活动房屋有产品合格证
	尚未竣工的建筑物内未设置员工集体宿舍
	办公、生活区与施工作业区可靠分隔
	项目部设置民工业余学校
	宿舍净高、宽度、居住人数满足规定要求
	采取保暖隔热、消暑、防煤气中毒、定期消毒、防蚊虫叮咬等措施
	宿舍设置可开启窗户，通风、采光差，整洁卫生
	宿舍、办公室禁止私拉乱接电源，使用电炉、热得快等大功率电热器具、高热灯具
	周围环境卫生、整洁、绿化、美观
	明确卫生责任人并设置标牌
现场防火	施工现场制定消防安全管理制度，内容完善
	施工现场建筑构件（金属夹芯板材）燃烧性能等级达 A 级
	施工现场消防通道、消防水源、消防设施与器材的设置符合防火规范要求
	宿舍区消防疏散通道应畅通
	施工现场灭火器材布局、配置合理
	按规定办理动火审批手续或未指定动火监护人员
	现场重点防火部位设置防火警示标识
	对从事有火灾危险的作业人员在作业前进行技术交底
	已落实消防安全检查
生活设施	食堂与厕所、垃圾站、有毒有害场所距离符合规范要求
	炊事员持健康证
	食堂已建立责任制和卫生管理制度
	食堂燃气瓶（罐）单独设置存放间，通风条件良好
	食堂有排烟、隔油设施
	食堂生熟食分开，有防蝇、蚊、鼠、蟑螂等措施
	食堂食物留样 48 小时或做好留样记录
	保证供应卫生饮水且饮水安全管理到位
	厕所符合卫生要求
	淋浴室或淋浴室符合要求
	生活垃圾及时清理并装入容器
	食堂的炊具、餐具或公用饮水器清洗消毒及时

第 8 章

房屋拆除工程及建废综合
利用监管

8.1　概　　述

房屋拆除工程是指对全部或部分建成的房屋及其附属设施进行整体拆除的工程。

本章主要内容包括：适用范围、监管职责分工、监管程序、监管方法。

8.2　重 点 工 作

8.2.1　适用范围

本章适用辖区范围内房屋拆除工程的监管（含其建筑废弃处置）。不适用涉及保密、军用、抢险救灾、临时建筑，以及建筑面积 500m² 以下的小型房屋拆除工程。

8.2.2　监管职责分工

1. 市建设行政主管部门（市住建局）职责

市建设行政主管部门对各区（含新区，下同）房屋拆除工程施工、建筑废弃物处置监督管理活动进行指导。

2. 区建设行政主管部门（区住建局）、质安站、办事处职责

（1）区建设行政主管部门负责辖区房屋拆除工程备案和施工管理、建筑废弃物综合利用管理。督促房屋拆除实施主体安全文明施工，防治扬尘污染。各区建设行政主管部门可委托区质量安全监督机构、街道办事处具体实施。

（2）区建设行政主管部门应建立房屋拆除工程信息统计报告制度，每月向市建设行政主管部门上报房屋拆除工程备案项目数量、拆除面积、建筑废弃物处理数量等信息。

3. 区安全生产监督管理部门职责

区安全生产监督管理部门负责指导协调、监督检查各区房屋拆除工程的安全施工，牵头对拆除过程中发生的安全事故进行调查处理。

4. 区其他管理部门职责

规划资源、城管、环保、交通运输、水务、公安等部门按照各自职责对房屋拆除工程实施监督管理。

8.2.3　监管主要内容及程序

1. 备案管理

（1）取得拆除文件或决定等文件。建设单位应取得相关主管部门出具的有关房屋拆除文件或拆除决定。

（2）申请。建设单位根据指南书（表 8-1）填写《备案申请表》（表 8-2），按材料目录（表 8-3）备齐申请资料向区建设主管部门申请拆除备案。

（3）受理。工作人员当场对申请资料进行形式性审查。资料完备的，予以受理；资料不完备

的，现场退文。

（4）审查。审查人员在规定时限内对申请资料及项目进行实质性审查。

（5）决定。审查核对资料无误后，对于符合办理条件的，3个工作日内，经领导审批后出具《房屋拆除工程安全施工开工备案登记回执》（表8-4）及《拆除工程监督登记表》（表8-5），转质安站进行监管；对于不符合办理条件的，予以退文，并应一次性告知建设单位需要补正的内容，重新提交备案。

（6）其他。未在规定期限备案的，由区建设主管部门责令改正；拒不改正的，区建设主管部门可将其行为纳入建筑市场不良行为记录。

土地整备、城市更新、违法建筑查处以及规划资源部门应督促建设单位办理房屋拆除备案手续。

2. 拆除作业管理

（1）建设单位

① 建设单位应按照规定委托具有相应资质的施工单位和监理单位实施房屋拆除工程。

② 建设单位应向施工单位提供施工现场及毗邻区域的地上地下管线资料、燃气管道等地下工程资料、相邻建筑物或构筑物资料，并保证所提供资料的真实、准确、完整。

③ 房屋拆除工程的建设单位是房屋拆除工程安全生产第一责任人，依法承担相应的责任和义务。

④ 建设单位应督促施工单位安全文明施工，做好建筑废弃物运输与综合利用工作；协助施工单位做好相关管线的迁移和保护工作。

（2）施工单位

① 施工单位应依法施工，承担房屋拆除工程安全生产主体责任。

② 施工单位应按规定编制、报审安全专项方案，并落实各项安全技术措施。超过一定规模的、危险性较大的分部分项工程安全专项方案，应组织专家进行论证，并取得认可意见。

③ 施工单位应设立安全生产管理机构，并配备安全生产专职管理人员。

安全生产专职管理人员负责现场安全生产管理，按规定对作业人员进行安全教育培训及安全技术交底，及时组织排除事故隐患，制止违章指挥和违章操作行为，报告重大事故隐患。

④ 施工单位应按规定编制应急救援预案，在房屋拆除工程施工中发生重大险情或安全事故时，及时启动应急救援预案，排除险情、组织抢救、保护事故现场，并向有关部门报告。

⑤ 房屋拆除施工现场应按照规定进行围挡，对毗邻建筑物、构筑物、地下管线等设施采取专项防护措施。房屋拆除施工危及周边安全的，应立即停工；采取相应整改措施并确认安全后，方可恢复施工。

⑥ 施工单位应按规定编制环境污染防治实施方案，切实做好房屋拆除作业现场扬尘、噪声等污染的防控，并接受建设行政主管部门及环保部门的监督管理。

（3）监理单位

① 监理单位应依法实施监理，并对房屋拆除工程安全生产承担监理责任。

② 监理单位应对《房屋拆除施工组织方案》及《房屋拆除工程建筑废弃物减排及综合利用方案》（表8-7）进行审查，并督促施工单位按照方案实施。

③ 监理应制定监理方案，对房屋拆除工程实施旁站监理。

④ 监理过程中发现存在安全隐患的，监理单位应要求施工单位整改或停止施工，施工单位拒不整改或停止施工的，监理单位应及时向区建设行政主管部门报告。

（4）质安站监督主要内容及程序

详见《建设拆除工程安全、文明施工监督告知书》（表 8-6）。

3．建筑废弃物综合利用管理

（1）应实行房屋拆除、建筑废弃物综合利用及清运一体化管理。房屋拆除工程承包单位应具有相应施工资质及建筑废弃物综合利用能力。不具备建筑废弃物综合利用能力的施工企业，应与具备该能力的企业联合承包房屋拆除工程。

（2）建设单位应对承包单位的建筑废弃物综合利用业绩、设备和人员等情况进行核实。

（3）拆除工程开工前施工单位应编制《房屋拆除工程建筑废弃物减排及综合利用方案》（表 8-7），监理单位应对该方案进行审查，并监督按方案实施。

（4）鼓励建筑废弃物现场处理利用。现场无法处理利用的，应运至建筑废弃物综合利用厂进行集中处理利用。

无法再利用或再生利用的生活垃圾、工业垃圾、危险废弃物、有毒有害废弃物等，应按照相关法律的规定妥善处置。

（5）建筑废弃物的处理利用，应采取安全防护措施和环境污染防护措施。

现场处理利用的，移动式现场处理设备应具有分拣、破碎、筛分、除尘等功能。处理能力应不小于 1000t/d，资源化利用率不小于 95%。

固定厂处理利用的，处理能力应不小于 100 万 t/a，资源化利用率不小于 95%。

（6）建筑废弃物的运输应遵守相关运输法律规定。

8.3　工作流程

房屋拆除工程及建废综合利用监督流程（图 8-1）。

8.4　常用表格和文书

1．房屋拆除工程备案指南（表 8-1）。

2．房屋建筑拆除工程备案申请表（表 8-2）。

3．房屋拆除工程备案申请材料目录（表 8-3）。

4．房屋拆除工程安全施工开工备案登记回执（表 8-4）。

5．拆除工程监督登记表（表 8-5）。

6．建设拆除工程安全、文明施工监督告知书（表 8-6）。

7．房屋拆除工程建筑废弃物减排及综合利用方案表（表 8-7）。

8.5　相关文件

1.《深圳市房屋拆除工程管理办法》（深建规〔2017〕6 号）。

2.《深圳市住房和建设局关于进一步强化拆除工程安全管理的紧急通知》（深建质安〔2019〕121号）。

3.《深圳市建筑废弃物管理办法》（深圳市人民政府令第330号）。

```
┌─────────────────────────────────────────────┐
│ 建设单位到区住房和建设局办理拆除工程备案手续，建设管  │
│ 理科将拆除工程有关文件转至区建设工程质量安全监督站办  │
│ 理监督登记手续                                 │
└─────────────────────────────────────────────┘
                      │
                      ▼
┌─────────────────────────────────────────────┐
│ 监督组查阅备案资料，与项目各方责任主体取得          │
│ 联系，了解工程相关信息                          │
└─────────────────────────────────────────────┘
                      │
                      ▼
┌─────────────────────────────────────────────┐
│ 监督组进行监督交底，并当场送达《监督告知书》，核查    │
│ 各方责任主体安全保证体系和相关责任人资格           │
└─────────────────────────────────────────────┘
          │                              │
          ▼                              ▼
┌──────────────────────┐      ┌──────────────────────┐
│ 监督组进行日常监督巡查，抽查工程│      │ 站领导组织巡查组不定期随机巡 │
│ 各责任主体的质量安全行为和扬尘污│      │ 查，抽查工程各责任主体安全行 │
│ 染防治、建废综合利用情况。对施工│      │ 为、扬尘污染防治、建废综合利 │
│ 现场的违章行为或安全措施不符合标│      │ 用情况               │
│ 准要求，存在事故隐患的，先进行现│      └──────────────────────┘
│ 场拍照取证，然后下达整改通知，责│
│ 令定人、定期、定措施落实整改。对│
│ 存在重大安全隐患的，下达停工整改│
│ 通知书，责令立即停工，限期改正 │
└──────────────────────┘
          │                              │
          └──────────────┬───────────────┘
                         ▼
┌─────────────────────────────────────────────┐
│ 整改的跟踪和复查：带队检查人员负责组织对隐患的整改情况进│
│ 行跟踪监督。施工企业对存在的事故隐患，应在期限内进行整改，并│
│ 将整改情况报区质安站，带队检查人员应及时对现场的隐患整改情│
│ 况进行复查。如仍存在事故隐患进行现场拍照取证，应再次下达停│
│ 工整改通知书，责令停工继续整改，直到消除隐患为止。若仍未整│
│ 改，则依法依规提请区住建局对施工企业依法予以行政处罚 │
└─────────────────────────────────────────────┘
```

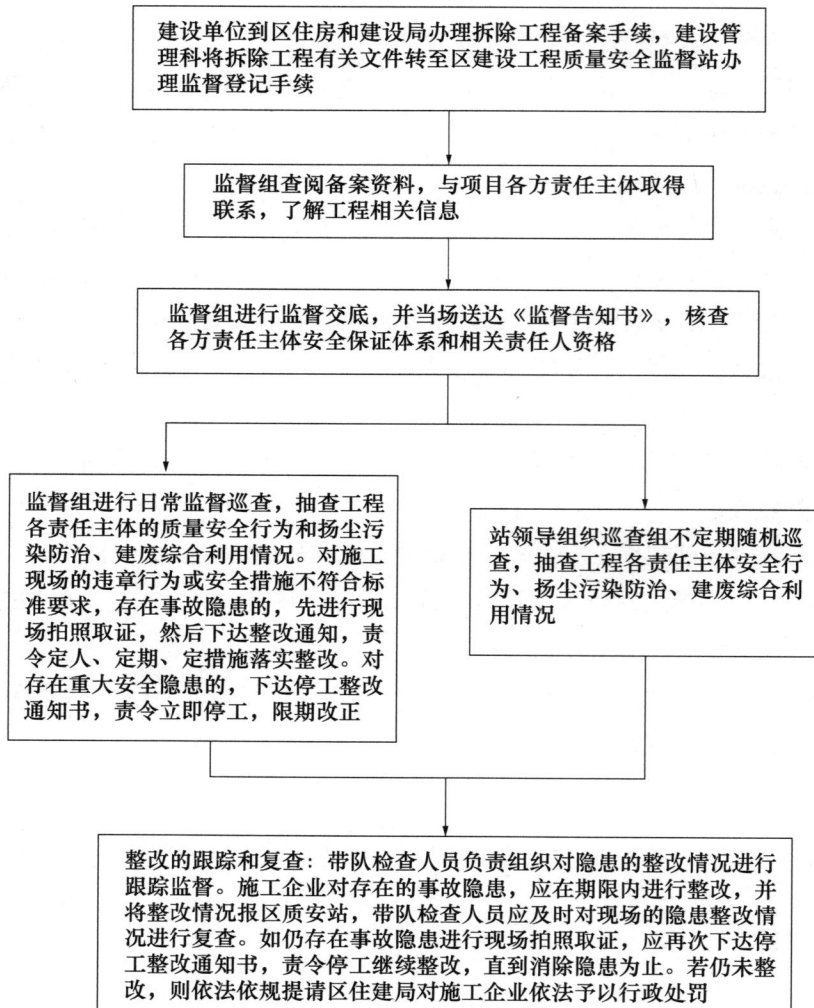

图8-1 房屋拆除工程及建废综合利用监督流程

房屋拆除工程备案指南　　　　　　　　　　　　　　　　表 8-1

一、设立依据

（一）《建设工程安全生产管理条例》第十一条；

（二）《深圳市房屋拆除工程管理办法》。

二、受理范围

（一）申请人：建设单位。

（二）申请内容：房屋拆除工程备案。

（三）申请条件：行政区域内 500m² 以上房屋拆除工程。涉及保密、军用、抢险救灾、临时建筑，以及建筑面积 500m² 以下小型房屋工程的拆除，不适用本指南。

三、实施机关

本事项办理机关为大鹏新区住房和建设局。

四、申请材料

纸质申请材料采用 A4 纸，手写材料应当字迹工整、清晰，复印件申请人均应签名、复印清晰、大小与原件相符（申请材料目录详见附件）。

五、备案流程

（一）申请：申请人按材料目录备齐申请资料，前往相关行政管理机构办公室申办。

（二）受理：工作人员当场对申请资料进行形式性审查。资料完备的，予以受理；资料不完备的，现场退文。

（三）审查：审查人员在规定时限内对申请资料及项目进行实质性审查。

（四）决定：审查核对资料无误后，对于符合办理条件的经领导审批后出具《备案收文回执》及《监督通知书》，转质安站进行监管；对于不符合办理条件的予以退文。

六、办理时限

申请时限	周一至周五上午 9：00—12：00，下午 14：00—17：30（法定节假日不受理）		
受理时限	无	受理时限说明	申请材料齐全有效的当场受理
法定办理时限	无	法定办理时限说明	
承诺办理时限	3 个工作日	承诺办理时限说明	对于符合办理条件的，3 个工作日内出具《备案收文回执》及《监督通知书》

七、办理收费

本事项不收取任何费用。

197

房屋建筑拆除工程备案申请表　　　　　　　　　　表 8-2

项目名称		发包方式	□公开招标　□直接发包
项目类型	□土地整备项目　□城市更新项目　□棚户区改造项目　□违法查处建筑 □规划资源部门规划拆除项目　□其他		

申请单位	法定代表人	身份证号码

经办人		联系电话		身份证号码	

相关主管部门出具的同意房屋拆除文件	□同意拆除文件证号 ＿＿＿＿＿＿＿＿＿

本次工程是否包含爆破作业	□否；□是，公安部门核发《爆破作业单位许可证》号 ＿＿＿＿＿＿＿＿

施工单位（盖章）		组织机构代码	
项目经理		身份证号		执业注册号		联系电话	
监理单位（盖章）					组织机构代码		
项目总监		身份证号		执业注册号		联系电话	
综合利用单位（盖章）					组织机构代码		
项目负责人		身份证号码		联系电话	

工程地址	深圳市 *** 区＿＿＿＿街道＿＿＿＿社区＿＿＿＿路
工程所在街道	□葵涌　　□大鹏　　□南澳
资金主要来源	政府　　%；国有　　%；集体　　%；私营　　%；外资　　%；其他　　%

拆除规模	建筑总面积：＿＿＿＿ m²	建筑层数地上＿＿＿＿层，地下＿＿＿＿层
	总栋数：＿＿＿栋	预计建筑废弃物处理量＿＿＿＿（t）
拆除项目建筑类型	□住宅建筑　□商业建筑 □公共建筑　□工业建筑	结构类型　□框架　□框剪　□筒体　□其他
拆除方法	□人工拆除　□机械拆除　□爆破拆除　□其他＿＿＿＿＿；	
废弃物处理方式	□移动式设备现场处理　□外运至建筑废弃物综合利用厂处理	

合同造价：＿＿＿＿万元	合同开工日期：	合同竣工日期：	合同工期：

申请单位承诺：
　　本表填报的内容及提交的所有材料的原件或复印件及其内容是真实的。如有任何虚假，受理机关可终止审理；如因虚假材料引致法律责任，概由申请单位承担，与受理机关无关。（所有建设单位的法定代表人均应签字并加盖单位公章）
　　建设单位（盖章）：　　　　　　　　　　　　法定代表人（签字）：

　　年　　月　　日

注：1. 本表一式两份，由建设行政主管部门留存；
　　2. 建筑废弃物数量估算，按照《建筑废弃物减排技术规范》SJG 21—2011有关计算方式及实际情况执行；
　　3. 任何工程未进行房屋建筑拆除备案，不得擅自动工拆除，否则将依法予以处罚。

房屋拆除工程备案申请材料目录 表8-3

材料名称	要求	原件份数	复印件份数	纸质/电子版
房屋拆除文件或拆除决定	资料完整。城市更新所涉房屋拆除工程，应提供与新区城市更新部门签署项目实施监管协议；违法建筑、危险房屋及其他房屋拆除工程，应提供由违法建筑查处部门、规划资源等部门按规定作出的拆除决定		2	纸质
施工合同及建筑废弃物利用合同	资料完整	1	1	纸质
监理合同	资料完整	1	1	纸质
施工单位资质证书	施工单位有效的建筑物企业资质证书（房屋建筑工程施工总承包企业资质），复印件加盖公章		2	纸质
施工单位安全生产许可证	施工单位有效的安全生产许可证，复印件加盖公章		2	纸质
项目经理、注册监理工程师资格证明文件	项目经理的建造师注册证书（建筑工程专业）、注册监理工程师注册证书（建筑工程专业），复印件加盖公章		2	纸质
安全生产考核合格证	项目经理、专业安全员有效的安全生产考核合格证，复印件加盖公章		2	纸质
《房屋拆除施工组织方案》	经施工单位技术负责人、项目经理和项目总监签字认可后，还需经监理单位审核确认	1	1	纸质
现场施工人员意外伤害保险凭证	现场施工人员意外伤害保险凭证（由社保局出具的按项目参加工伤保险的凭证），复印件加盖公章		2	纸质
《建筑废弃物减排及综合利用方案》	由建设单位牵头组织编制，并加盖建设单位、监理单位、施工单位和综合利用企业公章	1	1	纸质
论证报告（可选）（安全专项施工方案）	资料完整。依据《危险性较大的分部分项工程安全管理办法》（建质〔2009〕87号），对于超过一定规模且危险性较大的分部分项工程，施工单位组织专家对专项方案进行论证	1	1	纸质
《爆破作业单位许可证》和《爆破作业项目行政许可决定书》（可选）	资料完整。需实施爆破作业的，提交公安部门核发的《爆破作业单位许可证》及《爆破作业项目行政许可决定书》，复印件加盖公章		2	纸质
燃气或其他管线的三方监管协议	资料完整。建设单位应当向施工单位提供施工现场及毗邻区域内供水、排水、供电、供气、供热、通信、广播电视等地下管线资料，并保证资料的真实、准确、完整（出具查询结果），协调施工、管线权属单位做管线保护工作，签订保护协议。无相关管线的，需提交书面证明材料。燃气的按燃气集团公布的办事指南办理	1	1	纸质
申请表	盖章	2		纸质

注：纸质申请材料采用A4纸，手写材料应当字迹工整、清晰，复印件申请人均应签名、复印清晰、大小与原件相符。

房屋拆除工程安全施工
开工备案登记回执

200

_____：

　　你单位（或个人）于___年___月___日提交的开工备案登记编号为_____的《房屋拆除工程安全施工开工备案登记表》已收悉。该回执证明你单位（或个人）提交开工申请的房屋拆除工程已完成安全生产备案，并自即日起已纳入房屋拆除工程安全生产纳管范围。

备案单位:（公章）

日期：　　年　月　日

　　备注：此开工备案回执仅作为房屋拆除工程已完成安全生产备案的依据，不作为确认相关房屋拆除工程建设活动合法性的依据，不视为对违法建设施工的许可。

拆除工程监督登记表 表 8-5

工程编号：

根据《中华人民共和国建筑法》《建设工程安全生产管理条例》《深圳经济特区建设工程质量条例》《深圳经济特区建设工程施工安全条例》《深圳市房屋拆除工程管理办法》，我站对如下建设工程实施安全监督，现将有关事项登记如下。

工程名称		工程地址	
建筑面积	平方米	层 / 栋	
暂定造价	（标底 / 预算核准）万元	计划总投资	万元
报监日期	年 月 日	合同工期	天
预计开工日期		预计竣工日期	
建设单位（加盖公章）		项目负责人	
建设单位组织机构代码		手机号码	
施工单位		项目经理	
施工单位组织机构代码		手机号码	
质量主任		安全主任	
手机号码		手机号码	
监理单位		总监	
监理单位组织机构代码		手机号码	
设计单位		项目负责人	
		手机号码	
勘察单位		项目负责人	
		手机号码	
监督单位意见			

备注：本表一式四份，建设单位两份、监督站两份。

建设拆除工程安全、文明施工
监 督 告 知 书

202

监督编号：_____

工程名称：_____

监 督 员：_____

签 发 人：_____

签发日期：_____ 年 月 日

××市 ××区建设工程质量安全监督站

目　　录

一、前言

区建设工程质量安全监督站是受区建设行政主管部门委托，对建设工程质量、安全实施政府监督管理的执法机构。我站监督人员在工作中认真贯彻执行国家、省、市建设工程相关法律、法规和技术标准，着力贯彻"安全第一、预防为主"的方针、建立健全质量管理体系及各项规章制度，以施工安全为中心，以质量为重点，以随机巡查、抽查和抽检为手段，严格执法，热情服务，不断完善创新监督工作模式、监管方式，提高质量、安全监督工作效能及监督工作管理水平，切实加强建筑施工安全生产的监督管理，最大限度地减少安全事故的发生，确保施工安全生产，为工程建设提供"公开、公正、科学、法制、专业、规范、廉洁、高效"的监督服务。监督告知书就是这一工作方针的具体体现。

告知书中列明了监督程序、形式、方法、措施等内容，旨在规范监督工作及建设活动各方主体安全行为和责任，预防安全问题、事故的发生，进一步提高工程安全管理水平，同时使我区建筑拆除施工安全工作迈上一个新台阶。希望各责任主体及从业人员严格按照本告知书的要求配合我站监督工作，认真履行安全生产职责，完善各项安全管理制度，加大对安全生产的投入，认真开展建筑工人的三级教育，抓好各类从业人员的岗位培训，强化一线作业人员的安全意识，安全操作技能和自我防护能力，对发现的安全隐患，按"三定"原则落实整改。质量方面，现场监理工程师要与我站监督组保持密切联系，重要工序、重要会议要通知我站有关监督人员参加，本工程的总包单位负责在分包单位进场施工时将本告知书分发至各分包单位。

告知书中若有不详之处或有改进意见，请与我站联系，欢迎对我们的工作提出意见或建议。

本站地址：　　　　　　　　　邮编：

投诉电话：

我站派出以下人员组成本工程的质量安全监督组

姓名	职务	职称	专业	办公电话	手机

二、监督依据

（一）《中华人民共和国建筑法》；

（二）《安全生产许可证条例》；

（三）《建设工程安全生产管理条例》；

（四）《建筑施工安全检查标准》JGJ 59—2011；

（五）《深圳市建设工程现场文明施工管理办法》；

（六）《深圳经济特区建设工程监理条例》；

（七）《深圳经济特区建设工程施工安全条例》；

（八）《深圳市建设工程安全行为检查评分标准（试行）》；

（九）《深圳市建设工程专项安全检查评分标准（试行）》；

（十）《深圳市建筑废弃物管理办法》；

（十一）《深圳市建筑废弃物减排与利用条例》；

（十二）《深圳市房屋拆除工程管理办法》；

（十三）《深圳市扬尘污染防治管理办法》；

（十四）相关技术规范（JGJ 46—2005、JGJ 130—2011、JGJ 80—2016、JGJ 33—2012、JGJ 88—2010、SZDB/Z 248—2017、JGJ 147—2016）。

三、监督程序

（一）建设单位到市（区）住建部门办理拆除工程备案手续，将拆除工程有关文件送至市（区）建设工程质量安全监督站办理监督登记手续，并按规定提交有关资料。

（二）站领导将监督任务指派到监督组。

（三）监督组查阅备案资料，与项目各方责任主体取得联系，了解工程相关信息。

（四）监督组落实监督交底工作，并当场送达《监督告知书》，核查各方责任主体质量保证体系和相关责任人资格。

（五）监督组进行日常监督巡查，抽查工程各责任主体的质量安全行为和工程实物质量，对重要部位的隐蔽验收进行监督。参加与质量相关的重要技术会议。跟踪各类监督文书中提出的问题处理程序和处理结果，查收监理报告；对施工现场的违章行为或安全措施不符合标准要求，存在事故隐患的，先进行现场拍照取证，然后组长和专业监督员下达整改通知，责令定人、定期、定措施落实整改。一般整改期限为三天，最长为七天。对存在重大安全隐患的，下达停工整改通知书，责令立即停工，限期改正。

（六）整改的跟踪和复查：带队检查人员负责组织对隐患的整改情况进行跟踪监督。施工企业对存在的事故隐患，应在期限内进行整改，并将整改情况报区质安站，带队检查人员应及时对现场的隐患整改情况进行复查。如仍存在事故隐患，进行现场拍照取证，应再次下达停工整改通知书，责令停工继续整改，直到消除隐患为止。若仍未整改，则依法依规提请新区城建局对施工企业依法予以行政处罚。

（七）站领导组织相关人员对重要分部（子分部）的拆除过程进行监督。

（八）站领导组织巡查组不定期随机巡查，抽查工程各责任主体安全行为。

（九）站组织有关专项检查，监督拆除工程整体施工安全。

四、安全监督内容

（一）安全行为监督。

（1）安全生产、文明施工责任制。

（2）各级安全管理机构网络图及现场文明施工组织机构。

（3）安全生产、文明施工管理制度及目标管理要求。

（4）安全生产、文明施工检查制度。

（5）施工组织设计、拆除工程专项施工方案。

（6）施工临时用电设计方案及施工平面布置图。

（7）安全教育制度。

（8）安全操作规程。

（9）特种作业安全技术措施。

（10）企业相应的资质：企业安全生产许可证。审查标准：企业有安全生产许可证者为合格；无安全生产许可证、安全生产许可证过期未申请办理或被暂扣安全生产许可证者为不合格。

（11）三类人员持证上岗情况。

①项目经理安全生产考核合格证

审查标准：项目经理持有省级建设行政主管部门颁发的安全生产考核合格证者（B证）为合格；无安全生产考核合格证、过期未申请延期的或被暂扣证者为不合格。

②项目专职安全员数量配置及安全生产考核合格证

审查标准：

① 总承包单位配备项目专职安全生产管理人员应当满足下列要求：A. 建筑工程、装修工程按照建筑面积配备：1万平方米以下的工程不少于1人；1万～5万平方米的工程不少于2人；5万平方米及以上的工程不少于3人，且按专业配备专职安全生产管理人员。B. 土木工程、线路管道、设备安装工程按照工程合同价配备：5000万元以下的工程不少于1人；5000万～1亿元的工程不少于2人；1亿元及以上的工程不少于3人，且按专业配备专职安全生产管理人员。

② 专业承包单位应当配置至少1人，并根据所承担的分部分项工程的工程量和施工危险程度增加。

③ 劳务分包单位施工人员在50人以下的，应当配备1名专职安全生产管理人员；50～200人的，应当配备2名专职安全生产管理人员；200人及以上的，应当配备3名及以上专职安全生产管理人员，并根据所承担的分部分项工程施工危险实际情况增加，不得少于工程施工人员总人数的5‰。

④ 项目部专职安全员持有省级建设行政主管部门颁发的安全生产考核合格证者（C证）为合格；无安全生产考核合格证、过期未申请延期的、被暂扣证者和配备专职安全员数量不够为不合格。

（12）特种作业人员数量及持证情况。

（13）主要安全防护设施情况。

（14）工程分包情况。

（15）文明施工设计。

（16）治安、卫生管理制度。

（17）消防管理制度及措施。

（18）其他有关文件。

（二）现场安全文明施工监督：

（1）文明施工；

（2）拆除降尘措施；

（3）三宝、四口及临边防护；

（4）施工用电；

（5）脚手架；

（6）起重吊装；

（7）施工机具；

（8）其他危险作业。

（三）组织或参与对工程安全事故的调查，并对处理过程进行监督。

五、监督形式

（一）实行集体监督制度

在工地进行执法检查时，必须有至少二名监督人员。监督机构签发的各种文书必须经两人以上同时签署才有效。

（二）监督频率

本工程的监督抽查基本频次为不少于 0.66 次／月（工程监督时间从监督交底之日起算，不足整月的按当月实际天数计算）。

当有以下情况时应结合工程施工及监督工作实际增加抽查次数：

1. 具有超过一定规模的危险性较大分部分项工程施工作业的；

2. 发生生产安全事故的；

3. 实施挂牌督办的；

4. 工地管理状况较差的；

5. 涉及工程质量安全投诉较多的。

（三）实行以随机监督抽查的监督方法

除日常监督外，实行两级巡查监督方式，即监督组巡查和站级巡查，均为随机监督抽查。

（四）实行施工安全大检查制度

根据省、市、区有关上级部门的指示要求，组织开展施工安全大检查。对检查情况按优劣进行排序；对优良工地进行通报表扬，对不合格的以及发出处罚文书的工地进行通报批评，并实行网上公示。对整改后经复查仍不合格者，将依照国家、广东省及深圳市的有关规定，对相关企业及相关安全责任人员进行安全警示约谈，并作进一步处罚。同时建议施工企业、监理公司对该项目有关人员进行处罚。

六、监督方法

（一）下列工作由监督组负责完成

1. 与建设各方负责人建立工作联系，收集工程开工相关信息。

2. 查阅拆除工程备案资料，召开监督告知会，送达《监督告知书》。

3. 与建设、施工、监理单位现场管理人员保持经常联系，采集工程信息。了解工程进度、安全状况，尤其要了解工程重要部位、关键工序的施工进度和安全管理工作。随机监督抽查拆除过程的安全管理、扬尘防控、临时用电及消防安全，签发监督文书。查收监理报告，并对报告信息分类处理。

4. 跟踪各类监督文书中提出的问题处理程序和处理结果，并将相关资料归档。

5. 参与安全事故的调查，监督安全事故的处理。

6. 要求被检查单位提供有关建设工程安全生产的文件和资料。

7. 进入被检查单位施工现场进行安全检查。

8. 纠正施工中违反安全生产规定的行为。

9. 对检查中发现的安全隐患，责令立即排除；重大事故隐患排除前或者排除过程中无法保证安全的，责令从危险区域内撤出作业人员或者暂时停止施工。

10. 对违法违规和违反施工安全强制性标准的行为提请区建设主管部门进行行政处罚。

（二）站领导组织监督告知和随机巡查

1. 站领导组织相关监督人员召开监督告知会，同时送达《建设工程质量安全监督告知书》；

2. 站领导根据情况对工程进行随机抽查，了解工程情况，听取各建设主体的意见。

七、监督措施

1. 在施工安全监督检查过程中，施工现场存在安全隐患的工地，监督组下发《整改通知书》，整改期限 3 ～ 7 天。对存在重大安全隐患的，下达停工整改通知书，责令立即停工，限期改正。施工单位应在整改的期限内进行整改，并把整改情况报区质安站，由带队检查的分管站长或组长负责组织跟踪复查。

2. 施工安全违章处罚

（1）处罚种类

① 停工；

② 罚款。

施工企业违反《建设工程安全生产管理条例》有关规定，由区质安站责令停工整改，罚款等种类处罚由区质安站负责调查、取证，提交区建设主管部门处理。

（2）处罚程序

① 立案；

② 调查、取证；

③ 移送处罚材料：根据调查结果，组长填写《处罚申报》报站长审批，站长签发《责令停工整改通知书》或签署《关于查处违章施工的函》报区建设局；

④ 处罚实施：由区质安站向违章施工单位发出《责令停工整改通知书》或由区建设主管部门向违章施工企业实施罚款等处罚；

⑤ 停工期届满，组长组织对施工现场安全复查后，认为整改合格，符合开工条件，填写《复工申报》报站长审批。《复工申请》获批准后，由组长下发复工通知。

八、特别提示

（一）工程发生安全事故，有关单位应立即报告监督机构及区建设主管部门，欢迎单位和个人对拆除工程的安全问题、安全事故进行举报和投诉，我们将保护举报人、投诉人的合法权益，并为举报人和投诉人保密。

（二）为加强廉政建设，监督人员将按《廉政承诺》（附件三）的要求约束自己的行为，请各有关单位予以监督。对于徇私舞弊、滥用职权的工作人员，欢迎社会各界给予监督、举报，由监督机构或有关部门追究其行政责任，依照刑法构成犯罪的，由司法机关追究其刑事责任。

附件一

法定代表人授权书（式样）

兹授权我单位_____担任_____工程项目的（建设、勘察、设计、监理、施工）单位项目负责人，对该工程项目的（建设、勘察、设计、监理、施工）工作实施组织管理，依据国家有关法律法规及标准规范履行职责，并依法对设计使用年限内的工程质量承担相应终身责任。本授权书自授权之日起生效。

被授权人基本情况			
姓　　名		身份证号	
注册执业资格		注册执业证号	
被授权人签字：			

授权单位（盖章）：

法定代表人（签字）：

授权日期：　　年　　月　　日

附件二

工程质量终身责任承诺书（式样）

本人受_____单位（法定代表人_____）授权，担任_____工程项目的（建设、勘察、设计、施工、监理）项目负责人，对该工程项目的（建设、勘察、设计、施工、监理）工作实施组织管理。本人承诺严格依据国家有关法律法规及标准规范履行职责，并对设计使用年限内的工程质量承担相应终身责任。

承　诺　人签字：_____

身　份　证　号：_____

注册执业资格：_____

注册执业证号：_____

签　字　日　期：___年___月___日

附件三

廉 政 承 诺

为规范监督机构监督人员的职业道德行为，保证质监工作公正、科学、规范、廉洁，根据国家有关法规和反腐倡廉的有关规定，特制订本承诺，望建设各方工作人员监督监督机构监督员的行为。

一、要坚持"质量第一、预防为主"的方针，立足岗位，做好本职工作，保证各项工作公平、公开、公正地进行。

二、不准在建设、监理或施工企业中兼职；不准利用工作之便向建设单位介绍施工单位承包工程；不准向施工单位介绍分包单位；不准向施工单位推销建筑材料、构配件及设备；不准向建设单位、施工单位推荐检验检测单位；不准对受监工程进行有偿咨询活动。

三、不准在公务活动或业务交往中接受礼金、各种有价证券和贵重物品。

四、不准参加与业务有关的各种宴请；不准利用职权或工作之便向相关单位"吃、拿、卡、要"。

房屋拆除工程建筑废弃物减排及综合利用方案表　　　　表 8–7

（参考模板）

一、项目基本信息					
项目名称					
项目地点					
建设单位		项目负责人		联系电话	
监理单位		项目负责人		联系电话	
施工拆除单位		项目负责人		联系电话	
综合利用企业		项目负责人		联系电话	
项目类型（括号内打√）	（　）土地整备项目　　　　（　）违法查处建筑 （　）城市更新项目　　　　（　）规划资源部门规划拆除项目 （　）其他类型：＿＿＿＿＿＿				
拆除建筑类型 （括号内打√）	（　）住宅建筑 （　）商业建筑 （　）公共建筑 （　）工业建筑 （　）其他：＿＿ ＿＿＿＿＿＿	建筑结构类型 （括号内打√）	（　）混凝土结构 （　）钢结构 （　）砌体结构 （　）木结构 （　）其他：＿＿＿＿	拆除建筑物 数量及最高层 数及高度	建筑物拆除量： ＿＿栋 拆除最高层数： ＿＿层 拆除最高高度： ＿＿米
综合利用方式 （括号内打√）	（　）现场移动式处理　　　　　（　）运至固定综合厂处理 （　）现场移动式处理＋运至固定综合厂处理				
拆除建筑总面积		项目占地面积		可用于综合利 用作业面积	
综合利用工期 （日历天）		计划开工日期		计划竣工日期	
工程任务情况（简述工程 承包的主要工作内容）					
编制依据	（1）《中华人民共和国固体废物污染环境防治法》 （2）《中华人民共和国循环经济促进法》 （3）《建设工程安全生产管理条例》 （4）《城市建筑垃圾管理规定》（建设部第 139 号令） （5）《深圳市建筑废弃物减排与利用条例》 （6）《深圳市建筑废弃物管理办法》 （7）《深圳市房屋拆除工程管理办法》 （8）《再生骨料应用技术规程》JGJ/T 240—2011 （9）《深圳市建筑废弃物减排技术规范》SJG 21—2011 （10）《深圳市再生骨料混凝土制品技术规范》SJG 25—2014 （11）《深圳市建筑废弃物再生产品应用工程技术规程》SJG 37—2017 （12）《道路工程建筑废弃物再生产品应用技术规程》SJG 48—2018 （13）其他现行的相关标准规范文件				

二、建筑废弃物产生种类和数量			
预计建筑废弃物产生量 （单位：吨或万吨）		其中	惰性废弃物产生量（混凝土、砖、砌块和石材、砂浆、陶瓷和瓦片、玻璃等）	
			非惰性废弃物产生量（金属、木材、塑料、纸等）	
			易污染类废弃物产生量（废弃的油漆、涂料、胶黏剂、密封胶水、沥青、石棉、机油、柴油等）	

备注：预计建筑废弃物产生量的计算，可参考《建筑废弃物减排技术规范》SJG 21—2011，不同类型建筑系数取值：住宅建筑取值 $1.45t/m^2$；商业建筑取值 $1.38t/m^2$；公共建筑取值 $1.48t/m^2$；工业建筑取值 $1.13t/m^2$。其中，惰性废弃物产生量占比约95%，非惰性废弃物产生量占比约4.9%，易污染类废弃物少于0.1%，需根据项目具体情况进行测算。

三、建筑废弃物综合利用工艺及安全环保措施	
分类拆除方法 （括号内打√）	（　）人工拆除；　　（　）机械拆除；　　（　）爆破拆除； （　）其他：
综合利用工艺流程（主要填写现场建筑废弃物的回收利用途径及生产工艺，如哪些可用于制造再生材料，哪些可以直接或间接将废弃物用于项目的建设）	
安全生产措施（主要填写如何保证建筑废弃物综合利用现场的安全，如施工前要对全体施工作业人员进行安全技术交底、特种设备由专人管理等）	
环境保护措施（主要填写防止扬尘及噪声污染，如怎样处理易污染类废弃物，如何避免综合利用过程中产生扬尘污染等）	
不能综合利用的建筑废弃物处理措施（若对外排放需满足相关规范要求，若外运至填埋场填埋，需说明外运的数量及处置地点）	

四、现场专职管理人员及工作职责 （需附上相关人员的有效职业资格证书复印件）			
任务分工	姓名	联系方式	工作职责
现场负责人			
安全员			
施工员			
材料员			

质检员			
资料员			
特种作业人员			
特种作业人员			
备注：填报现场专职管理人员及工作职责时，若以上表格不够填写，可自行添加表格栏目。			
五、现场移动式综合利用再生产品种类、数量及用途去向			
移动式生产设备型号、设备日处理能力			
再生产品种类及数量	再生粗骨料（吨）		再生细骨料（吨）	
	其他再生产品（吨）			
再生粗骨料计划用途去向	直接销售（吨）		本项目回填（吨）	
	生产再生骨料混凝土（吨）		生产再生板材（吨）	
	生产再生块材（吨）		其他用途（吨）	
再生细骨料计划用途去向	直接销售（吨）		本项目回填（吨）	
	生产再生骨料混凝土（吨）		生产再生骨料砂浆（吨）	
	生产再生板材（吨）		生产再生块材（吨）	
	其他用途（吨）			
其他再生产品用途去向			
六、固定厂综合利用再生产品种类、数量及用途去向			
固定厂名称			
固定厂地址			
固定厂占地面积		固定厂年处理能力	
运输路线规划			
再生产品种类及数量	再生粗骨料（吨）		再生细骨料（吨）	
	其他再生产品（吨）			
再生粗骨料计划用途去向	直接销售（吨）		本项目回填（吨）	
	生产再生骨料混凝土（吨）		生产再生板材（吨）	
	生产再生块材（吨）		其他用途（吨）	
再生细骨料计划用途去向	直接销售（吨）		本项目回填（吨）	
	生产再生骨料混凝土（吨）		生产再生骨料砂浆（吨）	
	生产再生板材（吨）		生产再生块材（吨）	
	其他用途（吨）			
其他再生产品用途去向			

续表

七、其他补充内容 （根据项目的特点及具体情况，可作出其他有必要的情况说明）

八、方案审批情况
综合利用企业：   综合利用企业（盖章）： 方案编制人（签名）：＿＿＿＿＿＿＿＿ 项目负责人（签名）：＿＿＿＿＿＿＿＿ 日期：＿＿＿＿＿＿＿＿
施工企业意见：   施工企业（盖章）： 项目负责人（签名）：＿＿＿＿＿＿＿＿ 日期：＿＿＿＿＿＿＿＿
监理单位审查意见：   项目监理单位（盖章）： 总监理工程师（签名）：＿＿＿＿＿＿＿＿ 日期：＿＿＿＿＿＿＿＿
建设单位审查意见：   建设单位（盖章）： 项目负责人（签名）：＿＿＿＿＿＿＿＿ 日期：＿＿＿＿＿＿＿＿

备注：有关单位在编制建筑废弃物减排及综合利用方案时，需包括但不仅限于上述方案表里的内容。本方案表仅供参考，建设单位可用本表作为项目的建筑废弃物减排及综合利用方案向区建设主管部门申请房屋拆除工程备案。

第 9 章

临时建设工程监管

9.1　概　　述

临时建设工程是指单位和个人因生产、生活需要搭建的结构简易并在规定期限内必须拆除的建筑物、构筑物或其他设施。

本章适用于辖区范围内通过审批的临时建设工程。监督管理主要内容包括：监管职责分工、监管主要内容、监管工作流程。

9.2　重 点 工 作

1. 监管职责分工

区政府（管委会）负责辖区临时建筑的审批管理，审定和批准符合相关规定的单位、个人的建设申请，研究解决重大问题。临建审批管理的具体工作由区规划土地监察局承担。具体程序见"相关文件"《深圳市临时用地和临时建筑管理规定》《深圳市大鹏新区临时用地与临时建筑管理细则》。

区住房和建设局负责对通过审批的临时建筑工程质量安全实施监督管理。消防主管部门负责对通过审批的临时建筑的消防安全进行监管。

2. 监管主要内容

（1）工程质量监管

临时建筑工程质量监督管理基本与一般建筑工程质量监管相同，详见《建设工程质量安全监督（计划）告知书》。

（2）安全文明施工监管

临时建筑工程安全文明施工监督管理基本与一般建筑工程质量监管相同，具体监督内容参见"第7章　安全文明施工监督技术要点"。

9.3　工 作 流 程

临时建设工程监督工作流程（图9-1）。

9.4　常用表格和文书

《临时建设工程质量监督登记表》（表9-1）。

9.5　相 关 文 件

1.《深圳市临时用地和临时建筑管理规定》（深圳市人民政府令第149号，2006年4月）。

2.《深圳市大鹏新区临时用地与临时建筑管理细则》（深鹏综执规〔2018〕1号）。

3.《大鹏新区临时建筑后续监督管理办法》(深鹏查违〔2018〕7号)。

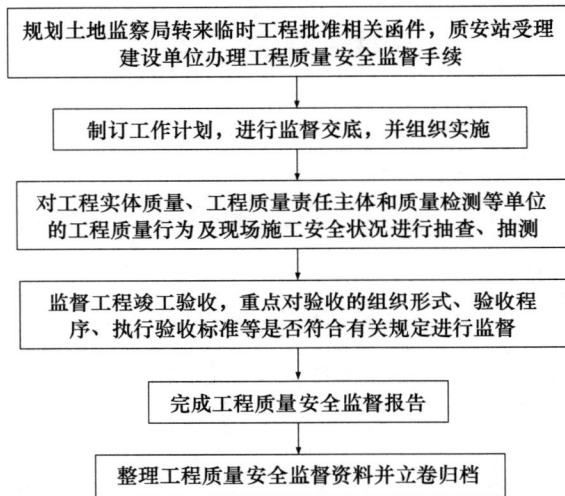

```
┌─────────────────────────────────────────┐
│ 规划土地监察局转来临时工程批准相关函件，质安站受理 │
│ 建设单位办理工程质量安全监督手续            │
└─────────────────────────────────────────┘
                    ↓
┌─────────────────────────────────────────┐
│ 制订工作计划，进行监督交底，并组织实施        │
└─────────────────────────────────────────┘
                    ↓
┌─────────────────────────────────────────┐
│ 对工程实体质量、工程质量责任主体和质量检测等单位 │
│ 的工程质量行为及现场施工安全状况进行抽查、抽测   │
└─────────────────────────────────────────┘
                    ↓
┌─────────────────────────────────────────┐
│ 监督工程竣工验收，重点对验收的组织形式、验收程   │
│ 序、执行验收标准等是否符合有关规定进行监督       │
└─────────────────────────────────────────┘
                    ↓
┌─────────────────────────────────────────┐
│ 完成工程质量安全监督报告                   │
└─────────────────────────────────────────┘
                    ↓
┌─────────────────────────────────────────┐
│ 整理工程质量安全监督资料并立卷归档           │
└─────────────────────────────────────────┘
```

图 9-1 临时建设工程监督工作流程

临时建设工程质量监督登记表 表 9-1

工程编号：

根据《中华人民共和国建筑法》《建设工程质量管理条例》《建设工程安全生产管理条例》《深圳市建设工程质量管理条例》《深圳经济特区建设工程施工安全条例》，我站对如下建设工程实施质量安全监督，现将有关事项登记如下。

工程名称			工程地址	
建筑面积		平方米	层／栋	
暂定造价	（标底／预算核准） 万元		计划总投资	万元
报监日期	年 月 日		合同工期	天
预计开工日期			预计竣工日期	
建设单位（加盖公章）			项目负责人	
建设单位组织机构代码			手机号码	
施工单位			项目经理	
施工单位组织机构代码			手机号码	
质量主任			安全主任	
手机号码			手机号码	
监理单位			总监	
监理单位织机构代码			手机号码	
设计单位			项目负责人	
			手机号码	
勘察单位			项目负责人	
			手机号码	
监督单位意见				

注：本表一式四份，建设单位两份、监督站两份。

第 10 章

小散工程安全监管

10.1　概　　述

小散工程是指按规定无需办理或无法办理施工许可证的小型建设工程（含土木工程、建筑工程、线路管道和设备安装工程及装修工程）。

本章所述小散工程安全监管主要内容包括：适用范围、监管职责及分工、纳管程序及方法、惩处与考核。

10.2　重　点　工　作

10.2.1　适用范围

1. 限额以下的小型工程（根据《广东省住房和城乡建设厅关于调整房屋建筑和市政基础设施工程施工许可证办理限额的通知》，此处的"限额以下"指工程投资额在 100 万元及以下或建筑面积在 500 平方米及以下）。这类小型工程包括：（1）限额以下的小型房屋建筑工程（包括房屋建筑及其附属设施的建造和与其配套的线路、管道、设备的安装）；（2）限额以下的公共建筑、商铺、办公楼、厂房等非住宅类房屋装饰装修；（3）限额以下的历史遗留违法建筑二次装修工程（不含加建、改建、扩建）；（4）限额以下的水务、道路交通、各类地下管线、城市管理等市政基础设施工程。

2. 竣工验收合格后的住宅室内装饰装修。

3. 建筑面积在 500 平方米以下的房屋拆除工程。

4. 因城市建设需要对外接受工程弃土，消纳量在 20 万立方米以下的零星受纳工程。

5. 其他由市政府决定纳入小散工程予以安全生产监管的建设活动。

以下工程不适用按照小散工程进行监管，应按相关规定予以管理（详见其他章节）：

（1）临时建设工程。

（2）违法用地和违法建设工程。包括对违法占有、使用、转让土地使用权等土地违法行为，以及未取得建设工程规划许可证或未按建设工程规划许可证的规定进行建设的规划违法行为。

（3）零星作业。包括在公共区域进行的存在高处坠落、触电、物体打击、坍塌等特定安全风险且依法无需许可审批的小规模非工程建设类生产作业经营活动等。

（4）深圳市相关国家机关、事业单位作为建设单位的小散工程。

（5）依法应纳入施工许可等相关许可管理范围的建设工程。

特别地，对于限额以上的历史遗留违法建筑二次装修工程（不含加建、改建、扩建）以及限额以上但暂未纳入深圳市施工许可范围的建设工程安全生产，可参照小散工程进行纳管。依法依规应予禁止或应当控停的违法建设活动除外。

10.2.2　监管职责及分工

小散工程安全生产纳管应遵循"全面纳管与分类纳管相结合"、"社区网格化巡查为主、物业服务企业巡查为辅"和"属地管理和行业督导相结合"的原则。

1. 区政府及相关职能部门管理职责

区政府及相关职能部门对小散工程管理负责牵头、统筹、组织、资源保障等。

（1）住建部门：统筹负责、组织协调、宣传教育培训与指导辖区小散工程的安全生产全面纳管、监管工作；负责制定小散工程纳管实施细则（以下简称"细则"，见"相关文件"），明确安全管理职责分工，建立健全安全管理体制机制，实现全面纳管、常态化监管；负责牵头建立小散工程智慧监管系统，提高信息流转和处理效率。

（2）住建、交通、水务、供电等建设工程主管部门：按照各自职责分工，负责协调指导本行业、本部门监管范围内的小散工程安全监管工作。

（3）其他行业主管部门：根据"管行业必须管安全、管业务必须管安全、管生产经营必须管安全"的要求，负责各自行业领域小散工程安全生产监管职责。

（4）人事及财政部门：分别负责提供小散工程管理所需的人员、经费保障。

2. 各街道办事处职责

（1）负责具体组织实施辖区小散工程安全生产管理工作和落实常态化监管。

（2）根据市区相关规定，细化完善辖区小散工程安全生产管理机制，建立"安全生产备案、日常安全巡查、组织执法查处"等链条清晰、分工明确的工作流程。

（3）将小散工程安全管理经费纳入年度预算，确保备案、巡查、执法、宣传培训等管理经费和人员经费。

（4）细化完善辖区小散工程安全生产备案服务制度，可根据具体情况委托辖区社区工作站或物业服务企业（以下统称"备案受理单位"）代为受理备案；组织和指导备案受理单位设立一站式备案服务窗口，受理小散工程安全生产备案申请，建立辖区小散工程管理台账，并定期上报办事处城建办大力宣传并推广使用安全防护工具及用品。

（5）建立健全以"网格员＋物业企业＋购买服务"三方共同协作的巡查及隐患整改机制。

（6）组织相关单位对小散工程安全隐患及时进行整治。

（7）组织有权执法机构依法查处小散工程中存在的安全生产违法行为和其他违法行为；对超出执法权限的执法事项，及时报送相关部门查处。

（8）组织开展辖区小散工程安全生产宣传教育培训工作，督促指导建设各方依法严格履行安全生产主体责任。

（9）受理有关小散工程违法行为和安全隐患的投诉，及时组织核查处理。

（10）办事处城建办每月定期将本辖区小散工程备案数据、宣传教育培训开展情况、日常巡查检查情况、发现隐患及整改结果等相关信息汇总后报送至区住建部门。

3. 社区职责

（1）按照办事处统一部署，具体负责社区范围小散工程备案服务，即设立社区备案服务窗口，指定专人负责备案申请受理，落实小散工程安全生产备案服务制度。

（2）配合办事处组织开展的日常安全巡查。

（3）负责收集汇总本社区工作站受理备案信息和本社区范围的日常安全巡查信息，建立社区小散工程台账。

（4）组织开展社区小散工程安全生产宣传教育培训工作，指导建设单位按照有关规定和技术

222

指引开展小散工程活动。

4. 接受办事处委托受理小散工程备案的物业服务公司职责

（1）根据所在办事处委托，负责物业管理区域内小散工程的安全生产备案服务，将小散工程的有关注意事项、禁止行为、安全生产指引等内容提前告知备案申请人。

（2）建立健全日常安全巡查制度，自行或配合办事处等有关部门开展日常安全巡查工作，并定期将小散工程备案信息、日常安全巡查信息等上报所在办事处城建办、抄送社区工作站。

（3）配合区有关部门、办事处开展物业管理区域内小散工程安全生产宣传教育。

5. 建设单位等主体责任

（1）建设单位应在小散工程开工前，按照市区小散工程管理相关规定办理安全生产备案手续，依法接受安全生产监督管理及相关安全指导。

（2）小散工程的建设单位应依法履行以下安全生产主体责任：

① 应当依法将小散工程委托给具备相应资质的生产经营单位进行施工，并与其签订书面合同，明确双方关于安全生产方面的权利义务。

② 应依法履行安全生产统一协调、管理职责，督促承包小散工程的生产经营单位严格落实小散工程安全生产法律法规和相关技术标准。发现存在安全隐患或安全生产违法违规行为的，应当立即制止。

③ 应将小散工程备案回执、安全生产责任承诺书、风险告知书等内容张贴在小散工程施工现场醒目位置，依法自觉接受、配合有关部门的监督管理，不得拒绝、阻碍有关部门依法依规对施工活动进行监督检查。支持和鼓励建设单位委托监理单位对小散工程进行工程监理。

（3）承接小散工程的施工单位对小散工程负安全生产主体责任，应当严格按照国家法律、法规及相关技术标准、规范开展小散工程活动，加强施工管理，确保施工安全，自觉接受、积极配合监管单位的监督管理，并依法落实以下要求：

① 施工作业前，应对施工作业人员进行安全生产交底，保证施工作业人员充分了解施工中的安全风险、注意事项、禁止行为和应急措施；制定安全可靠的小散工程施工作业方案，严格落实各项安全生产措施。

② 涉及特种作业的，应安排依法取得特种作业操作证人员从事相关特种作业。

③ 保障安全生产经费的投入，使用合格的工具、器材和设备设施。配备符合规范标准的安全防护用品和防护装置，督促进入现场及现场作业的人员正确穿戴和坚持使用安全防护用品、工具。

④ 依法严格落实对地铁隧道、油气管线等影响公共安全的公共设施设备的安全保护措施。

⑤ 加强施工现场安全管理，配备专人负责施工现场安全管理工作，及时排查整改事故隐患，纠正施工作业人员的违法违规行为。

⑥ 依法为从业人员缴纳工伤保险费，鼓励为涉危施工作业人员购买意外伤害保险。

⑦ 小散工程施工现场应按有关规定设置消防通道、消防水源、配备消防设施和灭火器材等。

⑧ 其他法律法规规定的要求。

（4）任何单位和个人不得从事小散工程违法建设与施工活动。

10.2.3　纳管流程及方法

小散工程具体纳管工作流程主要包括：开工登记备案申请及受理、现场核查、安全巡查、完工核销等环节。

1. 开工登记备案申请及受理

（1）建设单位在开工前，应到办事处或办理备案手续。

（2）小散工程备案时，备案申请人应如实填写《小散工程安全施工开工备案登记表》（表10-1-1），并提供备案申请人身份证复印件、施工单位营业执照、资质证书、安全生产许可证、施工合同等复印件等材料，详见表10-1-2。

（3）备案受理单位应于当日对备案申请人提交的材料进行形式审查。对符合备案规定的，予以备案；对不符合备案规定的，应当一次性告知并予以修改完善，经修改完善后符合规定的予以备案。

（4）备案时，备案受理单位应向申请人发放《小散工程施工安全风险告知书》和《小散工程安全生产指引》，申请人在当场认真阅读后，签署《履行小散工程安全施工责任承诺书》，以此督促引导备案申请人按照规定落实安全生产主体责任。

（5）备案完成后，备案受理单位应向备案申请人发放《小散工程安全施工开工备案登记回执》。

（6）鼓励各办事处加大对安全生产备案服务制度的配套政策支持力度，在办理备案手续时，一并为备案申请人免费或优惠提供相关安全生产防护用品或工具。

（7）备案受理单位在备案过程中发现有以下几种不属于小散工程纳管情形的，应分别作相应处理：

① 属于依法应申请施工许可或其他许可的，立即告知备案申请人依法向主管部门申请取得相关许可后方可开工，并在当日内上报办事处城建办转区住房建设、水务、交通部门组织人员跟进检查，防止未经许可擅自开工。

② 属于依法依规应予禁止或应当控停的违法建设活动的，立即告知备案申请人不得开工建设，并在当日内上报办事处城建办转办事处执法队跟进处理。

③ 属于其他不符合备案规定情形的，应在当日内依法上报办事处城建办进行后续处理。

2. 现场核查

（1）各办事处城建办应在收到社区工作站或物业服务企业上报的备案信息之日起1个工作日内组织属地网格员、办事处委托的第三方机构或物业服务企业巡查人员（以下统称"巡查人员"）对新办理备案登记的小散工程进行现场核查。如发现有违规以小散工程名义完成备案的，应当场予以制止并立即告知备案受理单位，同时按照前述纳管流程及方法中相关要求进行处理。

（2）备案受理单位在收到通知后应立即核销其备案登记，同时做好记录；巡查人员在后续日常安全巡查工作中应重点加强对此类工程的监督巡查。

3. 日常安全巡查

日常安全巡查工作按以下分工进行。

（1）办事处负责受理备案的小散工程，由办事处城建办组织属地网格员或委托的专业机构开展日常安全巡查工作。

（2）社区工作站代为受理备案的小散工程，应当自备案通过之日起1个工作日内上报所辖办事处城建办，由办事处城建办组织属地网格员或委托的专业机构开展日常安全巡查工作。

（3）物业服务企业代为受理备案的小散工程，应当自备案通过之日起1个工作日内上报所辖办事处城建办，由办事处城建办委托其组织开展日常安全巡查工作。

（4）巡查人员应按照《小散工程安全生产巡查工作指引》和《小散工程安全生产核查工作指引》相关规定，对巡查发现的问题及时进行处理：

① 发现未办理安全生产备案手续、擅自进行小散工程建设的，应立即制止，督促指导其补办备案手续，并在当日内上报所辖办事处城建办；对拒不执行的，按照（5）依法进行处理。

② 发现已备案小散工程未按照相关安全技术标准施工的，未配备、使用必要安全防护用品工具的，未采取必要安全防护措施的，应立即制止，督促整改，并在当日内上报所辖办事处城建办；对拒不执行的，按照（5）依法进行查处。

③ 发现存在《深圳市小散工程和零星作业安全生产纳管暂行办法》所述及其他违法违规行为的，应在当日内上报办事处城建办，并由后者按职责分工转区相关责任部门依据建设工程方面的法律、法规、规章进行处理。

（5）对拒不执行整改要求的，由巡查人员上报办事处城建办，并由办事处城建办转办事处执法队依据建设工程安全生产管理方面的法律、法规、规章进行查处；超出办事处执法队执法权限或安全隐患突出的，由办事处城建办按执法事权上报新区相关部门依法依规查处。

4．完工核销

（1）小散工程竣工验收完工后，备案申请人应及时告知备案受理单位，由备案受理单位办理完工备案核销；

（2）巡查人员发现已完工但未办理完工核销的小散工程，应及时告知备案受理单位予以核销。

10.2.4　惩处与考核

1．小散工程发生死亡 1 人以上或重伤 3 人以上安全事故，或施工现场存在重大安全隐患未按期整改，或被责令停工后拒不停工的，由所辖办事处执法队依法查处，并报送区建设工程主管部门依据市、新区有关规定采取公开曝光、约谈、限制或禁止市场准入等惩戒措施。

2．小散工程发生安全事故的，应依法调查处理，依法严肃追究相关责任单位或人员的责任；涉嫌犯罪的，移送司法机关依法追究刑事责任。

3．存在下列失信行为的，按照《深圳市贯彻落实守信联合激励和失信联合惩戒制度实施方案》（深府〔2017〕57 号）等有关规定，纳入全市失信联合惩戒体系，对相关责任单位或个人实施联合惩戒：

（1）未按照相关安全技术标准施工、作业，对较大以上生产安全事故以及造成人员死亡的一般生产安全事故负有责任的；

（2）被责令停止施工或作业，但拒不执行的；

（3）施工活动存在严重安全生产违法行为，危及公共安全的；

（4）其他法律法规规定的失信行为。

4．区有关部门、办事处及其工作人员违反相关法律、法规及本规定，不履行或不正确履行小散工程安全生产管理职责的，依法依规予以问责处理。

5．鼓励群众通过 12350 热线等渠道监督、举报小散工程安全事故隐患和违法违规行为。任何单位或个人都有权检举、控告、投诉小散工程中存在的安全事故隐患和相关安全生产违法违规行为。

10.3 工作流程

小散工程纳管流程（图 10-1）。

10.4 常用表格和文书

1. 小散工程安全施工开工备案登记表（表 10-1-1）。
2. 小散工程开工备案资料清单（表 10-1-2）。
3. 小散工程施工安全监督检查意见书（表 10-2）。
4. 小散工程施工安全责令整改通知书（表 10-3）。
5. 小散工程施工安全责令停工整改通知书（表 10-4）。
6. 小散工程复工申请及复工批复（表 10-5）。
7. 履行小散工程安全施工责任承诺书（附件 10-1）。
8. 小散工程施工安全风险告知书（附件 10-2）。
9. 小散工程安全生产指引（附件 10-3）。
10. 小散工程安全施工开工备案登记回执（附件 10-4）。
11. 小散工程安全生产巡查工作指引（附件 10-5）。
12. 小散工程安全生产核查工作指引（附件 10-6）。
13. 小散工程安全生产执法工作指引（附件 10-7）。

10.5 相关文件

1.《深圳市小散工程和零星作业安全生产纳管暂行办法》（深府办规〔2018〕10 号）。
2.《大鹏新区小散工程安全生产纳管实施细则》（深鹏办规〔2019〕2 号）。
3.《大鹏新区住房和建设局关于印发小散工程安全生产纳管相关指导文件的通知》（深鹏住建〔2019〕7 号）。

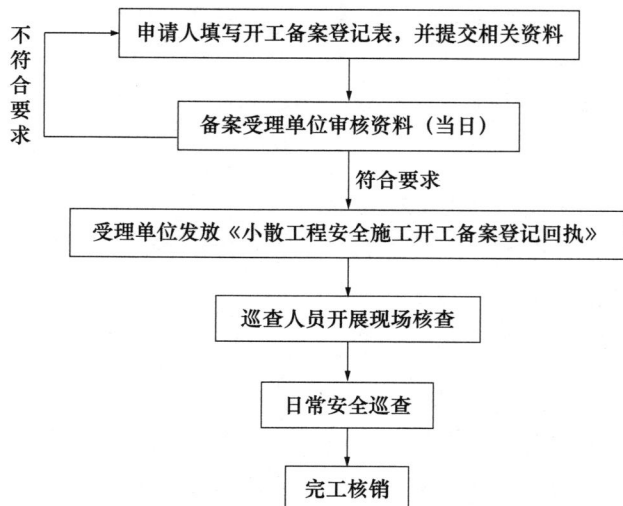

图 10-1 小散工程纳管流程

小散工程安全施工开工备案登记表

表 10-1-1

备案编号：（示例：葵涌 – 小散备案 –2019–001 号）

项目名称		施工地点	
业主姓名		业主电话	
施工单位		联系人电话	
小散工程类别 （在对应项打√）	□ 限额以下的小型房屋建筑工程 □ 限额以下的市政基础设施工程 □ 限额以下的各类地下管线施工工程 □ 限额以下的非住宅类房屋装饰装修 □ 限额以下的历史遗留违法建筑二次装修工程（不含加建、改建、扩建） □ 竣工验收合格后的住宅室内装饰装修 □ 建筑面积在 500 平方米以下的房屋拆除工程 □ 消纳量在 20 万立方米以下的零星弃土受纳工程 □ 其他参照本纳管细则予以纳管的工程		
合同价格	万元	建筑面积	平方米
开工日期	年　月　日	预计竣工日期	年　月　日
		实际竣工日期	年　月　日
业主签名：		申请日期：　年　月　日	
经办人：		备案单位：（公章） 备案日期：　年　月　日	

备注：小散工程安全生产开工登记备案属于告知性备案，仅作为安全生产纳管的依据，不作为确认相关小散工程建设活动合法性的依据，不视为对违法建设施工的许可。

小散工程开工备案资料清单

表 10-1-2

序号	文件名称	份数	材料形式	备注
一	人员证件			
1	备案申请人身份证	1	复印件	
2	施工单位法人证明	1	原件	
3	施工单位法定代表人身份证	1	复印件	
4	施工负责人身份证	1	复印件	
5	所有参与小散工程的施工人员身份证	1	复印件	
6	施工人员职业技能证书	1	复印件	
7	涉及特种作业的，需提供特种作业操作人员的特种作业操作证	1	复印件	
二	单位证件及资料			
8	施工单位营业执照	1	复印件	
9	资质证书（需有符合施工内容的资质类别）	1	复印件	
10	安全生产许可证	1	复印件	
11	与施工单位签订的书面合同（非合同双方法定代表人签订时，需提供法定代表人的授权委托证明、被委托人身份证明）。合同中需包含小散工程项目名称、地点、施工内容、施工期限、合同金额、建筑面积、签订合同双方信息、联系方式以及合同双方应负的安全生产职责等必要内容	1	验原件，留复印件	
三	其他应提交的材料（具体需根据备案受理单位要求提供）			

小散工程施工安全监督检查意见书　　　　　　　表 10-2

××（小散）_____办事处［年份］（办事处名称首位大写 –XSJC–_____号）

工程名称		现场负责人	（姓名＋电话）
责任单位		统一社会 信用代码	
详细地址			
检查情况 及 监督意见	说明：（1）本次检查为针对所记录部位的随机抽查，上述问题不代表本小散工程存在的所有问题； 　　　　（2）各责任主体单位应针对以上问题举一反三，全面自查并整改本工程存在的问题； 　　　　（3）各责任主体单位应健全质量安全保证体系，切实履行工程质量安全责任。		

以上问题中：

□ 第_____条，限期___日内进行整改，整改完毕并经相关责任单位确认后，填写《整改情况报告书》报所辖办事处存档，必要时所辖办事处将予以核查。

□ 第_____条，请相关责任单位或个人确认，并将处理结果记录在案。

签 收 人		联系电话	
检查人员			所辖办事处 （盖章） 签发日期：　年　月　日
备　注	本通知书一式三联：所辖办事处、责任主体、检查人员各执一份。		

228

小散工程施工安全责令整改通知书　　　　　　　表 10-3

××（小散）_____办事处［年份］（办事处名称首位大写 -XSZG-_____号）

工程名称		现场负责人	（姓名＋电话）
责任单位		统一社会 信用代码	
详细地址			
存在问题描述 （整改原因）	说明：（1）本次检查为针对所记录部位的随机抽查，上述问题不代表本小散工程存在的所有问题； （2）各责任主体单位应针对以上问题举一反三，全面自查并整改本工程存在的问题； （3）各责任主体单位应健全质量安全保证体系，切实履行工程质量安全责任。		
违反的法律、法规、技术标准或相关规定	□《深圳市小散工程和零星作业安全生产纳管暂行办法》 □《深圳市人民政府关于全面推进办事处综合执法工作的决定》 □《大鹏新区小散工程安全生产纳管实施细则》		
现责令你单位对存在问题限期____日内进行整改，并将经相关责任主体确认后的《整改情况报告书》报送所辖办事处，所辖办事处将予以核查。			
签收人		所辖办事处 （盖章） 签发日期：　年 月 日	
签收日期			
签收人电话			
检查人员			
备　　注	本通知书一式三联：所辖办事处、责任主体、检查人员各执一份。		

229

小散工程施工安全责令停工整改通知书 表 10—4

××（小散）_____办事处［年份］（办事处名称首位大写 –XSTG-_____号）

工程名称		现场负责人	（姓名＋电话）
责任单位		统一社会信用代码	
详细地址			
存在问题描述（停工原因）	说明：（1）本次检查为针对所记录部位的随机抽查，上述问题不代表本小散工程存在的所有问题； （2）各责任主体单位应针对以上问题举一反三，全面自查并整改本工程存在的问题； （3）各责任主体单位应健全质量安全保证体系，切实履行工程质量安全责任。		
违反的法律、法规、技术标准或相关规定	□《深圳市小散工程和零星作业安全生产纳管暂行办法》 □《深圳市人民政府关于全面推进办事处综合执法工作的决定》 □《大鹏新区小散工程安全生产纳管实施细则》		
停工范围			
复工条件	整改完成后应将相关责任主体确认后的《复工申请》及《整改情况报告书》报送所辖办事处。该办事处将安排相关人员予以复查，复查符合要求后，经所辖办事处加盖同意复工章后方可复工；复查不符合要求的，所辖办事处将驳回复工申请		
签收人		所辖办事处（盖章） 签发日期： 年 月 日	
签收日期			
签收人电话			
检查人员			
备　注	本通知书一式三联：所辖办事处、责任主体、检查人员各执一份。		

小散工程复工申请及复工批复　　　　　　表 10–5

××（小散）_____办事处［年份］– FG – 停工通知书编号

工程名称：　　　　　　　　　　　　　　　　施工单位：

整改单位 （部门）		联系电话	

停工 整改 反馈	1. 关于_____年____月____日_____办事处对我小散工程施工现场监督执法检查中提出的问题，现回复如下： 2. 小散工程安全现场措施满足"四个一律"原则情况（请如实勾选，整改责任人负总责）： □ 已完成备案 □ 施工单位具备工程要求相应资质 □ 已具备安全生产条件 □ 作业人员已经过安全培训 我方已按停工通知书要求完成整改，现申请复工。 整改负责人： 年　月　日
项目 责任 单位 意见	 责任单位负责人： 年　月　日
复查 意见	 复工检查人： 年　月　日
街道 批复 意见	□ 同意复工（涂改无效）　　　　　　　　　□ 驳回复工申请（涂改无效） 所辖办事处 （盖章有效） 年　月　日

注：1. 需附停工整改通知书复印件一份；
　　2. 请复工申请单位对责令停工整改书中提及的问题，逐条问题附整改前后对比图。

附件 10-1

履行小散工程安全施工责任承诺书

本单位（或个人）_____，因需对_____进行小散工程施工作业，现就施工现场安全生产等法律责任承诺如下：

本单位（或个人）已详细阅读《小散工程施工安全风险告知书》和××区小散工程安全生产相关指引等内容，已完全知悉并理解上述规定和规范标准的安全注意事项和禁止行为，愿意严格遵守、认真落实各项安全管理措施，妥善处理小散工程施工作业过程中产生的垃圾，保持施工作业现场整洁干净。小散工程完工后，本单位（或个人）将及时通知备案申请单位予以核销备案。如因违反相关法律、法规、规定，本公司（或个人）愿意承担由此引起的一切经济责任和法律责任。

承诺人：

日　期：　年　月　日

附件 10-2

小散工程施工安全风险告知书

各备案申请人：

作为小散工程施工安全生产第一责任人，依照《安全生产法》等有关法律法规规定，您需履行如下安全管理义务：

一、聘请有资质的单位和个人进行施工；

二、不能层层转包、分包给无资质的单位和个人；

三、现场作业人员应佩戴劳保用品；高处作业应正确佩戴安全帽、安全绳，涉电作业应使用绝缘鞋、绝缘手套等；

四、配电箱应安装漏电保护装置和接地保护装置，电动工具类使用前应检查有无漏电安全隐患，作业梯地面应平稳、梯子牢靠、脚底防滑；

五、在"五临边"（沟、坑、槽和深基础周边，楼层周边，楼梯侧边，平台或阳台边，屋面周边）和"四口"区域（楼梯口、电梯口、预留洞口、出入口）设置安全警示标志和安全防护装置；

六、作业时应安排专人进行现场管理，制止违章、冒险作业，及时处置现场状况；

七、严格按照安全操作技术规程作业；

八、进入密闭空间作业先通风、后检测、再作业。

如未履行上述管理义务，您将面临以下的法律风险：

一、违反上述一、二项规定的，按照《安全生产法》第一百条予以相应处罚（《安全生产法》第一百条第一款规定："生产经营单位将生产经营项目、场所、设备发包或者出租给不具备安全生产条件或者相应资质的单位或者个人的，责令限期改正，没收违法所得；违法所得十万元以上的，并处违法所得二倍以上五倍以下的罚款；没有违法所得或者违法所得不足十万元的，单处或者并处十万元以上二十万元以下的罚款；对其直接负责的主管人员和其他直接责任人员处一万元以上二万元以下的罚款；导致发生生产安全事故给他人造成损害的，与承包方、承租方承担连带赔偿责任。"）。

二、违反上述第三、四、五、六、七、八项规定的，按照《安全生产法》第 96 条、《安全生产行政处罚办法》第 45 条的规定，给予罚款处罚；情节严重的，对作业现场进行查封和停业整顿。

三、导致发生安全事故的，依事故等级对责任单位处以罚款并由公安机关追究直接责任人的刑事责任。

告知单位：

告知日期：　　年　月　日

附件 10-3

小散工程安全生产指引

1　总　　则

1.0.1　为有效指引区小散工程的安全生产，制定本指引。

1.0.2　本指引供小散工程的建设单位、施工单位、监理单位，及相关从业人员参考使用。各方责任主体应按照有关法律法规、规范标准及规章制度认真做好安全生产工作。

2　各责任主体施工安全管理

2.1　建设单位的安全管理

2.1.1　应按照有关规定办理安全生产备案手续，并依法依规将小散工程委托给具备相应资质、具备安全生产条件的生产经营单位。鼓励建设单位聘请监理单位参与小散工程施工安全管理。

2.1.2　应与施工单位签订正式书面合同，并明确双方关于安全生产方面的权利义务。

2.1.3　应按要求向施工单位拨付安全、文明施工措施费用。

2.1.4　应在开工前查清附近地下管线、设施的分布情况，对地下管线、设施，周边建（构）筑物采取相应的保护措施。

2.1.5　应督促承包小散工程的生产经营单位严格落实建设工程有关安全生产法律法规和相关技术标准。

2.1.6　应对发现存在的安全隐患或安全生产违法违规行为立即予以制止。

2.1.7　应依法自觉接受、配合有关部门的监督管理。

2.2　施工单位的安全管理

2.2.1　应当严格按照国家法律、法规及相关技术标准、规范开展小散工程活动，建立并落实各项安全生产管理制度。

2.2.2　施工作业方案、安全专项施工方案等技术文件应当按规定完成编、审手续，超过一定规模的危险性较大的分部分项工程应按规定进行专家论证。

2.2.3　施工或作业前，应当对施工作业人员进行安全生产作业交底，保证施工作业人员充分了解施工、作业中的安全风险、注意事项、禁止行为和应急措施。

2.2.4　应按规定配备安全管理人员，安全管理人员应到岗履职；专职安全生产管理人员应每天在现场检查，并建立检查和处理情况台账；特种作业人员应取得特种作业操作证后上岗。

2.2.5 安全防护用品应符合规范标准，并配置、发放到位；应督促进入现场及现场作业人员正确穿戴。

2.2.6 施工机具、临时用电、临边及洞口防护、作业平台、登高设施、吊具、索具等应经验收合格；消防设施应按要求配置并按规定验收。

2.2.7 危险性较大的分部分项工程应按规定进行验收。

2.2.8 地铁隧道、油气管线等公共设施设备的安全保护措施应落实到位。

2.2.9 保障安全生产经费投入，依法为职工缴纳工伤保险费。

2.2.10 工人三级教育、安全技术交底、安全检查等档案应齐全；大型设备的相关证书、档案资料应齐全有效。

2.3 监理单位的安全管理

2.3.1 监理单位应建立并落实各项监理制度。

2.3.2 监理人员应到岗履职。

2.3.3 应对施工组织设计、安全专项施工方案、施工企业资质、施工管理人员资格、特种作业人员资格等进行审查。

2.3.4 应对施工单位的各项验收工作进行监督。

2.3.5 应对重要施工环节和事故易发工序实施旁站监理。

2.3.6 应对安全隐患的整改情况跟踪落实，情况严重的要求施工单位暂时停止施工；施工单位对安全隐患拒不整改或者不停止施工的，应及时向有关主管部门报告。

3 施工作业安全基本技术要求

3.1 高处作业

3.1.1 高处作业应有专人进行现场监管，杜绝单人现场作业。

3.1.2 施工作业人员应通过正规医院体检，并经培训考核合格。

3.1.3 施工作业人员应正确穿戴安全帽、安全带、安全绳、防滑鞋等安全防护用品，扬尘、噪声等作业环境应佩戴护目镜和耳塞，使用的工具应有防坠落措施，用完的工具应随手放入工具袋。

3.1.4 作业平台、作业梯应平稳固定，四脚梯、人字梯应有防滑动的措施。

3.1.5 高处作业移动式操作平台高度不宜大于5m，高宽比不应大于2：1。落地式操作平台高度不应大于15m，高宽比不应大于3：1。操作平台应设防护栏杆。

3.1.6 悬空作业应有牢靠的立足点，应有可靠的防坠落安全绳悬挂点。

3.1.7 高处吊绳作业，必须采用操作绳、安全绳双绳作业，且操作绳、安全绳必须分开生根并扎紧系牢，绳子下端必须接触地面。

3.1.8 高处作业的设备设施及其安全防护设施，需经安全管理人员、使用班组人员逐一检查、验收合格，每次作业前应再次检查确认。

3.1.9 高处作业不得在夜间进行，地面危险区域应设置警戒，并安排专人监护，同一垂直作业面内不得交叉作业。

3.1.10 六级以上大风、大雨、大雾等恶劣天气应停止室外高处作业。

3.1.11 高处作业还应满足：同一梯子不得两人同时作业；梯子不得垫高使用，梯子踏步不得缺失；脚手架操作层严禁架设梯子作业；在轻质型材屋面上作业，应搭设临时走道板，不得在轻质型材上行走；严禁在未固定、无防护设施的构件及管道上进行作业或通行。

3.2　安全网、安全帽、安全带

3.2.1　安全网应符合以下规定：

（1）安全网材质、规格、物理性能、耐火性、阻燃性应满足现行国家标准《安全网》（GB 5725）的规定。安全网应有产品合格证明。

（2）密目式安全立网的网目密度应为 10cm×10cm 面积上大于或等于 2000 目。

（3）采用平网防护时，严禁密目式安全立网代替平网使用。

3.2.2　安全帽应符合以下规定：

（1）施工单位应统一采购并及时发放合格的安全帽。超过使用期限的安全帽应及时更换。

（2）进入施工现场作业区者必须戴好安全帽，扣好帽带。施工现场安全帽宜有企业标志，分色佩戴。

（3）安全帽应正确使用，不准使用缺衬、缺带及破损的安全帽。

3.2.3　安全带应符合以下规定：

（1）施工现场高处作业应系安全带。安全带应符合《安全带》（GB 6095）标准，并有产品检验合格证明。安全带寿命一般为 3～5 年，使用 2 年后应做批量抽验。

（2）安全带应做到高挂低用，挂在牢固可靠处，不准将绳打结使用。

（3）安全带使用后有专人负责，存放在干燥、通风的仓库内。

（4）班前应仔细检查安全带有无破损。

3.3　临边、洞口防护

3.3.1　临边作业时，临空一侧应设置不小于 1.2m 高的防护栏杆，并应采用密目式安全立网或工具式栏板封闭。

3.3.2　施工的楼梯口、楼梯平台和梯段边，应安装防护栏杆；外设楼梯口、楼梯平台和梯段边还应采用密目式安全立网封闭。

3.3.3　建筑物外围边沿处，对没有设置外脚手架的工程，应设置防护栏杆；对有外脚手架的工程，应采用密目式安全立网全封闭。密目式安全立网应设置在脚手架外侧立杆上，并应与脚手杆紧密连接。

3.3.4　洞口作业时，应采取防坠落措施，并应符合下列规定

（1）当竖向洞口短边边长小于 500mm 时，应采取封堵措施；当垂直洞口短边边长大于或等于 500mm 时，应在临空一侧设置高度不小于 1.2m 的防护栏杆，并应采用密目式安全立网或工具式栏板封闭，设置挡脚板。

（2）当非竖向洞口短边边长为 25～500mm 时，应采用承载力满足使用要求的盖板覆盖，盖板四周搁置应均衡，且应防止盖板移位。

（3）当非竖向洞口短边边长为 500～1500mm 时，应采用盖板覆盖或防护栏杆等措施，并应固定牢固。

（4）当非竖向洞口短边边长大于或等于 1500mm 时，应在洞口作业侧设置高度不小于 1.2m 的防护栏杆，洞口应采用安全平网封闭。

3.3.5　防护栏杆底端应固定牢固，立杆间距不应大于 2m。

235

3.4 施工临时用电

3.4.1 施工现场临时用电设备在 5 台及以上或设备总容量在 50kW 及以上者，应编制用电组织设计。

3.4.2 临时用电组织设计及变更时，必须履行"编制、审核、批准"程序，由电气工程技术人员组织编制，经相关部门审核及具有法人资格企业的技术负责人批准后实施。变更用电组织设计时应补充有关图纸资料。

3.4.3 临时用电工程必须经编制、审核、批准部门和使用单位共同验收，合格后方可投入使用。

3.4.4 施工现场临时用电设备在 5 台以下和设备总容量在 50kW 以下者，应制定安全用电和电气防火措施，并应符合第 3.4.2、3.4.3 条规定。

3.4.5 施工临时用电必须电工完成，并有人监护。电工必须经过按国家现行标准考核合格后，持证上岗工作。

3.4.6 使用手持式电动工具时，必须按规定穿、戴绝缘防护用品。

3.4.7 施工临时用电设施必须经验收合格后方可投入使用。临时用电设施应定期检查。

3.4.8 施工临时用电应采用 TN-S 接零保护系统，二级以上漏电保护。电气设备、手持电动工具、照明器具、配电装置等的金属箱体的外露可导电部分应做保护接零。

3.4.9 保护零线（PE 线）上严禁装设开关或熔断器，严禁断线，严禁通过工作电流。

3.4.10 电缆中必须包含全部工作芯线和用作保护零线的芯线。需要三相四线制配电的电缆线路必须采用五芯电缆。五芯电缆必须包含淡蓝、绿 / 黄二种颜色绝缘芯线。淡蓝色芯线必须用作 N 线，绿 / 黄双色芯线必须用作 PE 线，严禁混用。

3.4.11 开关箱中漏电保护器的额定漏电动作电流不应大于 30mA，额定漏电动作时间不应大于 0.1s。使用于潮湿或有腐蚀介质场所的漏电保护器应采用防溅型产品，其额定漏电动作电流不应大于 15mA，额定漏电动作时间不应大于 0.1s。

3.4.12 总配电箱中漏电保护器的额定漏电动作电流应大于 30mA，额定漏电动作时间应大于 0.1s，但其额定漏电动作电流与额定漏电动作时间的乘积不应大于 30mA·s。

3.4.13 隧道、人防工程、高温、有导电灰尘、比较潮湿或灯具离地面高度低于 2.5m 等场所的照明，电源电压不应大于 36V；潮湿和易触及带电体场所的照明，电源电压不得大于 24V；特别潮湿场所、导电良好的地面、锅炉或金属容器内的照明，电源电压不得大于 12V。

3.4.14 照明变压器必须使用双绕组型安全隔离变压器，严禁使用自耦变压器。

3.4.15 电线无乱拉乱接、无重物压迫、摩擦。

3.4.16 电气设备、电源插头必须使用"三相或三线"插头，插座必须有接地线。

3.5 基坑、沟槽工程施工

3.5.1 基坑、沟槽工程必须按照规定编制、审核专项施工方案。

3.5.2 基坑、沟槽施工前，必须采取有效措施，保护基坑、沟槽主要影响区范围内的建（构）筑物和地下管线安全。

3.5.3 基坑、沟槽施工要严格按照专项施工方案组织实施，必须做到先支护后开挖，严禁超挖，及时回填。采取支撑的支护结构未达到拆除条件时严禁拆除支撑。

3.5.4 基坑、沟槽周边施工材料、设施或车辆荷载严禁超过设计要求的地面荷载限值。

3.5.5　基坑、沟槽周边应按要求采取临边防护措施，设置作业人员上下专用通道。

3.5.6　基坑、沟槽施工必须采取内外地表水和地下水控制措施，防止出现积水和漏沙。汛期施工，应当对施工现场排水系统进行检查和维护，保证排水畅通。

3.5.7　基坑、沟槽工程必须按照规定实施施工监测和第三方监测，指定专人对基坑、沟槽周边进行巡视，出现危险征兆时应当立即报警。

3.5.8　开挖过程应由专人监护，出现紧急情况时，应及时处理。

3.6　脚手架施工

3.6.1　禁止使用竹、木脚手架。

3.6.2　脚手架必须按规定编制、审核专项施工方案。

3.6.3　搭设前，地基与基础应经过验收合格。

3.6.4　架子工应持省住房建设厅颁发的特种作业证上岗。作业人员必须戴安全帽、系安全带、穿防滑鞋。

3.6.5　连墙件的设置应符合规范要求，并随脚手架搭设同步安装，不得滞后安装。

3.6.6　脚手架剪刀撑与双排脚手架横向斜撑应随立杆、纵向和横向水平杆等同步搭设，不得滞后安装。

237

3.6.7　钢管材料应符合以下要求：

（1）搭设钢管脚手架的钢管材料必须符合相关规范的要求，严禁混用。

（2）钢管应无裂纹、弯曲、压扁、锈蚀、壁厚锈蚀不得大于 0.5mm。

（3）钢管上严禁打孔。

3.6.8　作业层上的施工荷载应符合设计要求，不得超载。不得将模板支架、缆风绳、泵送混凝土和砂浆的输送管等固定在架体上；严禁悬挂起重设备，严禁拆除或移动架体上安全防护设施。

3.6.9　当有六级以上强风、大雨、浓雾等恶劣天气时应停止脚手架搭设与拆除作业。

3.6.10　夜间不宜进行脚手架搭设与拆除作业。

3.6.11　作业层脚手板应铺设牢靠、严实，并应用安全平网兜底。作业层以下每隔 10m 应用安全网封闭。

3.6.12　单、双排脚手架，悬挑式脚手架沿架体外围应用密目式安全网全封闭，密目式安全网宜设置在脚手架外立杆的内侧，并应与架体绑扎牢固。

3.6.13　在脚手架使用期间，严禁拆除主节点处的纵、横向水平杆，纵、横向扫地杆，连墙件。

3.6.14　临街搭设脚手架时，外侧应有防止坠物伤人的防护措施。

3.6.15　搭拆脚手架时，地面应设围栏和警戒标志，并应派专人看守，严禁非操作人员进入。

3.6.16　脚手架应在下列阶段进行检查与验收：

（1）作业层上施加荷载前；

（2）每搭设完 6～8m 高度后；

（3）达到设计高度后；

（4）遇有六级及以上强风或大雨后；

（5）停用超过一个月后恢复使用前。

3.6.17　脚手架拆除作业必须由上而下逐层进行，严禁上下同时作业；连墙件必须随脚手架逐层拆除，严禁先将连墙件整层或数层拆除后再拆脚手架。

3.7 模板支架施工

3.7.1 模板支架工程必须按照规定编制、审核专项施工方案。超过一定规模的模板支架工程施工方案应按规定进行专家论证：

（1）各类工具式模板工程：包括滑模、爬模、飞模、隧道模等工程。

（2）混凝土模板支撑工程：搭设高度 8m 及以上，或搭设跨度 18m 及以上，或施工总荷载（设计值）15kN/m² 及以上，或集中线荷载（设计值）20kN/m 及以上。

（3）承重支撑体系：用于钢结构安装等满堂支撑体系，承受单点集中荷载 7kN 及以上。

3.7.2 高支模搭设、拆除人员必须取得建筑施工特种作业人员操作资格证书。

3.7.3 模板支架材料进场验收前，必须按规定进行验收，未经验收或验收不合格的严禁使用。

3.7.4 模板支架搭设、拆除要严格按照专项施工方案组织实施。

3.7.5 模板支架搭设必须按专项施工方案设置纵横向水平杆、扫地杆和剪刀撑；立杆顶部自由端高度、顶托螺杆伸出长度严禁超出专项施工方案及规范要求；搭设场地必须平整坚实。

3.7.6 模板支架搭设完毕后应当组织验收，验收合格的，方可铺设模板。

3.7.7 混凝土浇筑时，必须按照专项施工方案规定的顺序进行，应当指定专人对模板支架进行监测，发现架体存在坍塌风险时应当立即组织作业人员撤离现场。

3.7.8 满堂支撑架顶部不能集中超负荷堆载，实际荷载不得超过设计规定。

3.7.9 混凝土强度必须达到规范要求，并经施工负责人确认后方可拆除模板支架。模板支架拆除应从上而下逐步进行。

3.8 有限空间作业

3.8.1 有限空间施工作业危险性较大，有限空间包括密闭设备（如各类容器、管道、封闭式大型工业设备等）、地下有限空间（如地下建、构筑物，下水道，地下坑、洞等）、地上有限空间（如仓储室、库、酒酵池、垃圾站等）等封闭或者部分封闭，与外界相对隔离，出入口较为狭窄，作业人员不能长时间在内工作，自然通风不良，易造成有毒有害、易燃易爆物质积聚或者氧含量不足的空间。

3.8.2 有限空间安全作业必须执行以下五条规定：

（1）必须严格实行作业审批制度，严禁擅自进入有限空间作业。

（2）必须对作业人员进行安全培训，严禁教育培训不合格上岗作业。

（3）必须做到"先通风、再检测、后作业"，严禁通风、检测不合格作业。

（4）必须配备个人防中毒窒息等防护装备，设置安全警示标识，严禁无防护监护措施作业。监护人员严禁进入有限空间。

（5）必须制定应急措施，现场配备应急装备，严禁盲目施救。

3.8.3 进入有限空间作业，还应按相关安全技术规程执行。

3.9 电、气焊（割）作业

3.9.1 电、气焊（割）作业应履行动火申请审批手续。

3.9.2 电焊机械应放置在防雨、干燥和通风良好的地方。

3.9.3 交流弧焊机变压器的一次侧电源线长度不应大于 5m，其电源进线处必须设置防护罩。发电机式直流电焊机的换向器应经常检查和维护，应消除可能产生的异常电火花。

3.9.4 电焊机械开关箱中的漏电保护器必须符合要求。交流电焊机械应配装防二次侧触电保护器。

3.9.5　电焊机械的二次线应采用防水橡皮护套铜芯软电缆，电缆长度不应大于 30m，不得采用金属构件或结构钢筋代替二次线的地线。

3.9.6　电、气焊（切割）现场 10m 范围内，不准堆放氧气瓶、乙炔气瓶及其他易燃物品。氧气瓶与乙炔气瓶的存放间距不得小于 5m。

3.9.7　乙炔气瓶不得平放；所有气瓶应防止曝晒。

3.9.8　气焊严禁使用未安装减压器的氧气瓶进行作业，使用乙炔瓶时必须安装回火防止器。

3.9.9　焊工应持证上岗，必须按规定穿戴绝缘手套、护目镜等劳动及安全防护用品。

3.9.10　严禁露天冒雨从事电焊作业。严禁在运行中的压力管道，装有易燃易爆物品的容器和承载受力构件上进行焊接。

3.9.11　在容器内施焊时，应按有限空间作业进行安全防护。

3.9.12　高处动火作业时，应清除地面易燃易爆物品，作业部位下方设置接火盆，作业部位及地面配备灭火器材，地面有专人监护。

3.10　起重吊装作业

3.10.1　各类建筑机械的使用与管理应符合《建筑机械使用安全技术规程》（JGJ 33–2012）的规定要求。

3.10.2　起重吊装特种设备操作人员应经过安全技术交底后，持特种作业证上岗。

3.10.3　机械必须按出厂使用说明书规定的技术性能、承载能力和使用条件，正确操作，合理使用，严禁超载、超速作业或任意扩大使用范围。

3.10.4　机械上的各种安全防护和保险装置及各种安全信息装置必须齐全有效。

3.10.5　起重吊装应按规定编制、审批安全专项施工方案。

3.10.6　起重机械应取得检验报告，并在有效期内。

3.10.7　起重司机（质量技术监督局、国家安全生产管理局颁发的证件）及信号司索工（省建设行政主管部门、质量技术监督局、国家安全生产管理局颁发的证件）应持特种作业证上岗。

3.10.8　吊具、索具应符合安全要求。

3.10.9　作业处地面承载力应符合要求，全部支腿应完全展开，枕木或钢板应垫实。

3.10.10　吊装区域存在变压器、架空线路、地下管线的应采取防护措施，起重机与架空线路安全距离应符合规范要求。

3.10.11　当吊运易散落物件时应使用专用吊笼。

3.10.12　进行起重吊装作业时应有专人负责现场监护，起重臂覆盖范围应设置警戒区域。

3.11　人工拆除施工

3.11.1　拆除作业应按规定编制、审批安全专项施工方案。

3.11.2　拆除作业范围应设置隔离警戒区域，并有警示标识。

3.11.3　拆除作业过程应有专人监护。

3.11.4　人工拆除施工应从上至下逐层拆除，并应分段进行，不得垂直交叉作业。当框架结构采用人工拆除施工时，应按楼板、次梁、主梁、结构柱的顺序依次进行。

3.11.5　当进行人工拆除作业时，水平构件上严禁人员聚集或集中堆放物料，作业人员应在稳定的结构或脚手架上操作。

3.11.6　简易工棚、铁皮棚的人工拆除施工，不得以工棚、铁皮棚的屋面作为拆除人员的立足点，应在被拆除结构的下方搭设操作平台，作业人员要做好防坠措施。

3.11.7　当人工拆除建筑墙体时，严禁采用底部掏掘或推倒的方法。

3.11.8　当拆除建筑的栏杆、楼梯、楼板等构件时，应与建筑结构整体拆除进度相配合，不得先行拆除。建筑的承重梁柱，应在其所承载的全部构件拆除后，再进行拆除。

3.11.9　当拆除梁或悬挑构件时，应采取有效的控制下落措施。

3.11.10　当采用牵引方式拆除结构柱时，应沿结构柱底部剔凿出钢筋，定向牵引后，保留牵引方向同侧的钢筋，切断结构柱其他钢筋后再进行后续作业。

3.11.11　当拆除管道或容器时，必须查清残留物的性质，并应采取相应措施，方可进行拆除施工。

3.11.12　拆除现场使用的小型机具，严禁超负荷或带故障运转。

3.11.13　对人工拆除施工作业面的孔洞，应采取防护措施。

4　常用的安全技术标准、规范

4.0.1　施工现场的安全管理，应执行《建筑施工安全检查标准》（JGJ 59）、《施工企业安全生产管理规范》（GB 50656）、《施工企业安全生产评价标准》（JGJ/T 77）及其他相关文件。

4.0.2　小散工程中存在危险性较大的分部分项工程时，施工、监理单位应按《危险性较大的分部分项工程安全管理规定》（住房和城乡建设部令第 37 号）要求，组织编、审《安全专项施工方案》；超过一定规模的危险性较大的分部分项工程，《安全专项施工方案》还须专家论证。现场应按《安全专项施工方案》组织施工及按规定组织验收。

4.0.3　小散工程中所使用的建筑起重机械，应按《建筑起重机械安全监督管理规定》（建设部令第 166 号）对建筑起重机械进行监督管理。起重机械安装、拆卸和使用，应按相关规范、规程执行。常用建筑机械的相关规范、规程有《龙门架及井架物料提升机安全技术规范》（JGJ 88）、《建筑机械使用安全技术规程》（JGJ 33）、《吊笼有垂直导向的人货两用施工升降机》（GB 76357）、《货用施工升降机　第 1 部分　运载装置可进人的升降机》（GB 10054.1）、《货用施工升降机　第 2 部分　运载装置不可进人的倾斜式升降机》（GB 10054.2）、《建筑施工升降机安装、使用、拆卸安全技术规程》（JGJ 215）、《塔式起重机安全规程》（GB 5144）、《起重机械安全规程》（GB 6067）、《建筑施工塔式起重机安装使用、拆卸安全技术规程》（JGJ 196）、《施工现场机械设备检查技术规范》（JGJ 160）、《建筑施工起重吊装工程安全技术规范》（JGJ 276）等。其他施工机械应参照相关安全操作规范、规程执行。

4.0.4　小散工程高处作业应按《建筑施工高处作业安全技术规范》（JGJ 80）及其他相关安全操作规程，落实安全防护措施。

4.0.5　小散工程临时用电应按《施工现场临时用电安全技术规范》（JGJ 46）落实安全防护措施。

4.0.6　小散工程使用脚手架作为安全防护措施的，脚手架的搭设应按相关规范要求执行。常用的脚手架相关规范有《建筑施工工具式脚手架安全技术规范》（JGJ 202）、《建筑施工门式钢管脚手架安全技术标准》（JGJ 128）、《建筑施工扣件式钢管脚手架安全技术规范》（JGJ 130）、《建筑施工碗扣式钢管脚手架安全技术规范》（JGJ 166）、《建筑施工承插型盘扣式钢管支架安全技术规程》（JGJ 231）、《轮扣式钢管脚手架安全技术规范》（DB44/T 1876—2016）等。禁止使用竹、木脚手架。

4.0.7　小散工程使用施工模板的，应按《建筑施工模板安全技术规范》（JGJ 162）、《铝合金模板技术规范》（DBJ 15—96—2013）等规范要求执行。模板支撑体系的搭设，应按上一条所列的相关规范执行。

4.0.8　拆除工程应按《建筑拆除工程安全技术规范》（JGJ 147）要求执行。

4.0.9　施工现场的消防应按《建设工程施工现场消防安全技术规范》（GB 50720）的要求执行。

4.0.10　基坑开挖工程、土石方工程等，应按《建筑基坑支护技术规程》（JGJ 120）、《建筑施工土石方工程安全技术规范》（JGJ 180）、《建筑深基坑工程施工安全技术规范》（JGJ 311）、《建筑基坑工程监测技术标准》（GB 50497）的要求执行。

4.0.11　常用安全防护用品安全网、安全帽、安全带应分别按《安全网》（GB 5725）、《头部防护　安全帽》（GB 2811）、《安全带》（GB 6095）标准执行。其他安全防护用品应按标准、规范执行。

4.0.12　小散工程临时建筑物的搭设和使用，应按《施工现场临时建筑物技术规范》（JGJ/T 188）执行。临时板房不得超过两层。

4.0.13　文明施工管理应按《建设工程施工现场环境与卫生标准》（JGJ 146）、《深圳市建筑施工安全防护实体标准化指南图集》、《深圳市建设工程安全文明施工十项标准》、《深圳市建设工程安全文明施工标准提升工作方案》（2018 年）及相关文件要求执行。文明施工管理还应按各级政府部门的最新管理要求及时落实相关措施。

4.0.14　建筑施工特种作业人员的管理，应按住房和城乡建设部《建筑施工特种作业人员管理规定》（建质〔2008〕75 号）、广东省建设厅《广东省建筑施工特种作业人员管理实施细则》（粤建安字〔2008〕85 号）执行。以上文件未涵盖的特殊工种，应参照其他行业安全管理文件要求执行。

4.0.15　其他安全防护设施、施工工艺、危险性较大分部分项工程等的安全监督管理技术要求，请按相关安全技术规程、规范等执行。

241

附件 10-4

小散工程安全施工开工备案登记回执

_____:

　　贵单位（或个人）于_____年___月___日提交的开工备案登记编号为_____的《小散工程安全施工开工备案登记表》已收悉。该回执证明贵单位（或个人）提交开工申请的小散工程已完成安全生产备案，并自即日起已纳入小散工程安全生产纳管范围。

备案单位：（公章）

日　　期：　年 月 日

　　备注：此开工备案回执仅作为小散工程已完成安全生产备案的依据，不作为确认相关小散工程建设活动合法性的依据，不视为对违法建设施工的许可。

附件 10-5

小散工程安全生产巡查工作指引

一、为有效指引区小散工程安全生产巡查工作，制定本工作指引。

二、本指引供巡查人员开展小散工程安全生产日常巡查工作时参考使用。

三、为保证巡查工作的可行性与实效性，巡查人员仅需承担力所能及的巡查任务，如施工现场是否落实有关纳管要求、是否符合基本的安全生产条件等，具体巡查内容见附表。对于专业性较强的一些安全检查事项，各办事处应组织开展安全生产条件核查或第三方巡查。巡查人员日常巡查与安全生产条件核查、第三方巡查相互补充。

附表：小散工程安全生产巡查表

附表　小散工程安全生产巡查表

巡查部位：　　　　　巡查人员：　　　　　巡查时间：

序号	巡查内容	是／否	备注
1	是否有施工作业方案或安全专项施工方案		为否时，立即制止，督促整改，并按规定上报
2	施工单位是否对作业人员先培训后上岗；是否有工人安全教育、安全技术交底等档案记录，是否有签字		为否时，立即制止，督促整改，并按规定上报
3	现场专职安全管理人员是否到岗履职，是否有每天安全检查情况台账		为否时，立即制止，督促整改，并按规定上报，后续持续跟进检查并上报情况
4	高处作业工人是否佩戴安全帽、安全绳，穿防滑鞋等；高处作业是否有专人监护；作业梯子未垫高使用		为否时，立即制止，并按规定上报
5	临街通道或人行通道有无搭设安全防护棚		为否时，立即制止，督促整改，并按规定上报
6	临边、洞口等易坠落的地方是否设有防护栏杆、警示标志		为否时，立即制止，督促整改，并按规定上报
7	电工是否持证上岗，用电作业人员是否穿戴绝缘手套、绝缘鞋，用电作业的环境是否无积水，电线是否与水隔绝		为否时，立即制止，督促整改，并按规定上报

附件 10-6

小散工程安全生产核查工作指引

一、为加强新区小散工程安全生产管理，督促各方责任主体落实安全生产责任和安全防护措施，制定本工作指引。

二、本指引供新区开展小散工程安全生产条件核查或第三方巡查时参考使用。附表 1 所列为小散工程安全生产可予以控停相关情形，附表 2 至附表 8 为安全生产条件检查用表。

　　　　附表 1：小散工程安全生产控停清单
　　　　附表 2：预防高坠安全专项检查表
　　　　附表 3：预防触电安全专项检查表
　　　　附表 4：预防物体打击安全专项检查表
　　　　附表 5：预防脚手架坍塌安全专项检查表

附表 6：预防模板支架坍塌安全专项检查表

附表 7：有限空间作业安全专项检查表

附表 8：起重吊装作业安全专项检查表

附表 1　小散工程安全生产控停清单

序号	类型	具体情形	处罚措施
1	施工方案	未编制安全技术措施、施工现场临时用电方案或者专项施工方案；有危险性较大分部分项工程，未制定安全专项施工方案	存在有关情形的，一律控停，并按有关规定进行处置
2	地下管线、周边设施保护	工程开工前，未落实对相邻建筑物、构筑物、（地铁、燃气等）地下管线、市政公用设施等安全防护措施	
3		在燃气管道安全保护范围内依法从事顶进等可能危害燃气管道安全的活动；或者在燃气管道安全控制范围内施工，建设单位未会同施工单位，与管道燃气企业签订安全保护协议	
4	人员配备	施工单位未设立安全生产管理机构、配备专职安全生产管理人员对施工或作业现场进行安全管理；施工现场无专职安全生产管理人员进行现场监管	
5	培训及合格证书	施工单位的主要负责人、项目负责人、专职安全生产管理人员、作业人员或者特种作业人员，未经安全教育培训或者经考核不合格（无安全资格证、无特种作业操作证等）即从事相关工作	
6	技术交底	施工前未对有关安全施工的技术要求作出详细说明，未进行安全技术交底（没有安全技术交底记录）	
7	防护用具	施工单位未向作业人员提供安全防护用具和安全防护服装	
8	验收情况	起重机械、施工机具、临时用电、临边及洞口防护、作业平台、登高设施、吊具、索具、安全防护用具等未经验收合格	
9	警示标志、消防	施工单位未在施工现场的危险部位设置明显的安全警示标志；或者未按照国家有关规定在施工现场设置消防通道、消防水源、配备消防设施和灭火器材	
10	自查自纠	未全面开展安全隐患自查自纠，及时排查处理施工现场安全隐患，未记录每天安全生产检查和隐患处理情况、建立检查台账	
11	安全生产条件	在预防高坠、预防触电、预防物体打击、预防坍塌、预防起重机械伤害、预防中毒窒息等方面，安全生产条件不符合要求（具体检查表格见附表 2～附表 8）	

附表 2　预防高坠安全专项检查表

检查部位：　　　　　检查人员：　　　　　检查时间：

序号	检查内容	检查情况	需要采取的措施
1	高处作业相关特种作业人员是否持证上岗		
2	施工作业人员是否通过体检，是否经培训考核合格		
3	是否按要求组织作业前安全教育、安全技术交底		
4	高处作业是否有专人进行现场监管，是否违规单人现场作业		
5	高处作业人员是否配备必要安全防护用品，安全防护用品是否正确穿戴使用		
6	高处作业工具是否有防坠落措施，用完的工具是否随手放入工具袋		
7	高处作业平台、作业梯是否平稳固定，四脚梯、人字梯是否有防滑动措施；同一梯子是否违规两人同时作业；作业梯是否违规垫高使用，作业梯踏步是否缺失；脚手架操作层是否违规架设梯子作业		
8	高处作业移动操作平台高度是否不大于 5m，高宽比是否不大于 2：1；落地式操作平台高度是否不大于 15m，高宽比是否不大于 3：1		
9	操作平台是否设有防护栏杆，防护栏杆防护高度是否符合要求		
10	悬空作业是否有固定立足点，立足处的设置是否牢靠，是否配置登高和防坠落装置和设施		

序号	检查内容	检查情况	需要采取的措施
11	是否违规在未固定、无防护设施的构件及管道上进行作业或通行		
12	在轻质型材屋面上作业，是否搭设临时走道板，是否违规在轻质型材上行走		
13	危险作业范围是否设置警示区，是否安排有专人监护；是否违规在同一垂直作业面内交叉作业		
14	临边洞口防护是否符合要求；安全绳、完全兜网设置是否符合要求		
15	是否违规在夜间高处作业；是否违规在六级以上大风、大雨、大雾等恶劣天气进行室外高处作业		

附表 3　预防触电安全专项检查表

检查部位：　　　　　　检查人员：　　　　　检查时间：

序号	检查内容	检查情况	需要采取的措施
1	是否设置双色线（PE 线）		
2	不得使用双色线替代任何相线和工作零线		
3	每台机具是否有单独的开关箱		
4	开关箱是否有漏电保护器，保护器是否有效		
5	开关箱与用电设备的距离应不大于 3m		
6	电缆电线是否破旧		
7	电缆电线接头是否裸露		
8	电缆电线是否拖地浸水		
9	室内 220V 灯具距离地面不得低于 2.5m		
10	离地面高度低于 2.5m 的照明电源电压是否为安全电压		
11	金属照明灯具外壳是否连接双色线		
12	是否备有"禁止合闸，有人工作"的停电标识牌		
13	交流焊机是否有二次空载降压保护器		
14	电工是否持证上岗		

附表 4　预防物体打击安全专项检查表

检查部位：　　　　　　检查人员：　　　　　检查时间：

序号	检查内容	检查情况	需要采取的措施
1	作业人员是否配备必要安全防护用品		
2	高空、吊装、拆除等作业时是否有围栏、安全警示和专人监护		
3	高处作业人员是否有工具袋，是否有随手乱放现象		
4	是否有高空抛物现象		
5	是否存在上下违章交叉作业、水平隔离措施是否到位		
6	洞口、临边部位等水平防护设施是否到位		
7	是否有安全通道，安全通道是否防护到位		
8	物料是否堆放平稳、有无超高堆放、远离洞口和临边		
9	拆除作业时建筑垃圾、物料等是否及时清运		
10	物体吊运时是否安全可靠		
11	吊运易散落物件是否采用专用吊笼		

附表 5　预防脚手架坍塌安全专项检查表

检查部位：　　　　　检查人员：　　　　　检查时间：

序号	检查内容	检查情况	需要采取的措施
1	架体搭拆是否编制专项施工方案，是否按规定审核、审批，需专家论证的方案是否组织专家论证		
2	立杆基础是否平整压实，是否采取排水措施，底部是否设置垫板，纵横向扫地杆是否按规范要求设置固定		
3	立杆、纵向水平杆、横向水平杆间距是否按方案搭设，是否按规定设置纵向剪刀撑或横向斜撑，剪刀撑是否沿脚手架高度连续设置或角度是否在 45°～60° 之间，斜杆的接长或剪刀撑斜杆与架体杆件的固定是否符合规范要求		
4	作业层脚手板是否满铺及铺设牢固，并应用安全平网兜底，脚手板材质是否符合规范要求；作业层以下每隔 10m 应用安全网封闭，作业层防护栏杆是否符合规范要求，架体外侧是否用安全网封闭		
5	架体与建筑结构是否按照两步三跨间距采用刚性连墙件可靠拉结；临街搭设脚手架时外侧是否有防止坠物伤人的防护措施		
6	脚手架使用期间，是否存在提前拆除主节点处的纵、横向水平杆，纵、横向扫地杆，连墙件等情况		
7	脚手架搭拆作业是否设置安全警戒区有专人监督看护，是否设置人员上下专用通道		
8	钢管、扣件是否有生产许可证、产品质量合格证明；钢管、扣件是否存在严重锈蚀、变形、断裂、穿孔、脱焊、螺栓松动等不良情况		
9	作业前是否按要求组织安全教育、安全技术交底，交底内容是否具有针对性，是否留有文字记录		
10	特种作业人员是否持有特种作业资格证书，证书是否真实有效人证相符；现场作业人员是否配备安全防护用品，是否正确佩戴和使用		

附表 6　预防模板支架坍塌安全专项检查表

检查部位：　　　　　检查人员：　　　　　检查时间：

序号	检查内容	检查情况	需要采取的措施
1	模板支架是否编制专项施工方案，是否按规定审核、审批，需专家论证的方案是否组织专家论证		
2	模板支架基础是否坚实平整，支架底部是否设置垫板，是否设置排水措施，是否按专项施工方案设置扫地杆		
3	立杆纵、横间距，水平杆步距是否符合施工方案要求，是否按方案要求设置竖向剪刀撑及水平剪刀撑		
4	立杆顶部自由端高度、顶托螺杆伸出长度是否符合施工方案的要求，支架的基础沉降、架体变形是否采取监测措施		
5	支架高宽比超过施工方案要求时，是否采取与建筑结构刚性连接或增加架体宽度等安全保障措施		
6	浇筑混凝土时是否对混凝土堆积高度进行控制		
7	模板支架材料进场前是否按规定进行验收，是否查验生产许可证、产品质量合格证明，是否存在严重锈蚀、弯曲、变形、断裂、脱焊、螺栓松动等不良情况		
8	模板支架拆除时混凝土强度是否达到规范要求，并经监理单位确认后方可拆除		
9	是否按要求组织作业前安全教育、安全培训、安全技术交底，交底内容是否具有针对性，相关人员签字确认手续是否完善		
10	高支模搭设、拆除人员必须取得建筑施工特种作业人员操作资格证书，持证上岗真实有效人证相符		
11	现场作业人员是否配备安全防护用品，是否正确佩戴和使用		

附表7 有限空间作业安全专项检查表

检查部位： 　　　检查人员： 　　　检查时间：

序号	检查内容	检查情况	需要采取的措施
1	作业行为是否经过批准，必须在作业现场张挂作业审批表		
2	作业人员是否已通过安全教育和安全技术交底		
3	是否已穿戴好绝缘鞋、绝缘手套等个人安全防护用品		
4	是否做好通风工作		
5	作业空间内的空气质量是否已通过检测		
6	作业空间内所使用的照明电压是否为8V（或12V）安全电压		
7	作业空间内所使用的临电线缆绝缘效果是否良好		
8	作业空间内所使用的用电设备是否已有开关箱，开关箱应设置在方便操作的临近位置；开关箱内是否安设了漏电保护器，漏电保护器动作是否灵敏、有效		
9	是否已安排专人进行监护，监护人员是否已配备相应的通讯器材		
10	作业现场附近是否已配备相应的应急救援器材		
11	作业现场是否已经张挂了安全警示标志		
12	作业人员是否超时		

附表8 起重吊装作业安全专项检查表

检查部位： 　　　检查人员： 　　　检查时间：

序号	检查内容	检查情况	需要采取的措施
1	起重司机、信号司索工等相关特种作业人员是否持证上岗		
2	是否按要求组织作业前安全教育、安全技术交底		
3	起重吊装是否按规定编制、审批安全专项施工方案		
4	进行起重吊装作业时是否有专人负责现场监护		
5	起重机械是否取得检验报告，并处于有效期		
6	机械是否按出厂使用说明书规定的技术性能、承载能力和使用条件，正确操作，合理使用，严禁超载、超速作业或任意扩大使用范围		
7	吊具、索具是否符合安全要求		
8	机械上的各种安全防护和保险装置及各种安全信息装置是否齐全有效		
9	起重臂覆盖范围是否设置警戒区域		
10	吊装区域存在变压器、架空线路、地下管线的是否采取防护措施		
11	吊运易散落物件时是否使用专用吊笼		
12	起重机与架空线路安全距离是否符合规范要求		
13	作业处地面承载力是否符合要求，全部支腿应完全展开，枕木或钢板应垫实		

附件 10-7

小散工程安全生产执法工作指引

一、为有效指引区小散工程安全生产执法工作，制定本指引。

二、本指引供区开展小散工程安全生产执法时参考使用。附表中"执法措施"一列为执法机构对相应违法违规行为应采取的执法行动。

附表：小散工程常见安全生产违法违规行为执法表

附表　小散工程常见安全生产违法违规行为执法表

责任主体	类别	序号	违法违规行为	违反条款	处罚依据	执法措施
建设单位（业主）	综合方面	1	未将小散工程委托具有相应资质条件的施工单位进行施工	《中华人民共和国建筑法》第六十五条　发包单位将工程发包给不具有相应资质条件的承包单位的，责令改正，处以罚款。《建设工程安全生产管理条例》第五十五条　违反本条例的规定，建设单位有下列行为之一的，责令限期改正，处 20 万元以上 50 万元以下的罚款；造成重大安全事故，构成犯罪的，对直接责任人员，依照刑法有关规定追究刑事责任；造成损失的，依法承担赔偿责任；将拆除工程发包给不具有相应资质等级的施工单位的。《建设工程质量管理条例》第五十四条　违反本条例规定，建设单位将建设工程发包给不具有相应资质等级的施工单位的，责令改正，处 50 万元以上 100 万元以下的罚款	《中华人民共和国建筑法》第六十五条；《建设工程安全生产管理条例》第五十五条；《建设工程质量管理条例》第五十四条	1. 责令停工整改；2. 罚款
		2	工程开工前，未对相邻建筑物、构筑物、地下管线、市政公用设施等进行安全防护的	《深圳经济特区建设工程施工安全条例》第四十八条　建设单位违反本条例第十四条规定，未采取有效防护措施的，责令其限期整改。逾期未整改或者整改不合格的，可责令该工程项目停工直至整改合格，并处以三万元以上五万元以下的罚款；造成相邻建筑物和设施损毁的，应当赔偿损失	《深圳经济特区建设工程施工安全条例》第四十八条	1. 责令整改；2. 逾期未整改或者整改不合格的，罚款
		3	对施工单位提出不符合安全生产法律、法规和强制性标准规定的要求的	《建设工程安全生产管理条例》第五十五条　违反本条例的规定，建设单位有下列行为之一的，责令限期改正，处 20 万元以上 50 万元以下的罚款；造成重大安全事故，构成犯罪的，对直接责任人员，依照刑法有关规定追究刑事责任；造成损失的，依法承担赔偿责任：（一）对施工单位提出不符合安全生产法律、法规和强制性标准规定的要求的	《建设工程安全生产管理条例》第五十五条	1. 责令改正；2. 罚款
	燃气管道保护	4	在燃气管道安全保护范围内依法从事顶进等可能危害燃气管道安全的活动，或者在燃气管道安全控制范围内施工的，未会同施工单位与管道燃气企业签订安全保护协议	《深圳市燃气管道安全保护办法》第四十六条　建设单位和施工单位违反本办法第二十六条规定，未与管道燃气企业签订安全保护协议擅自施工的，责令停止作业，各处 3 万元罚款；造成燃气管道损毁的，各处 10 万元罚款；造成损失的，依法承担赔偿责任；涉嫌犯罪的，移送司法机关依法处理	《深圳市燃气管道安全保护办法》第四十六条	1. 责令停止作业；2. 罚款
		5	在燃气管道安全保护范围内依法从事顶进等可能危害燃气管道安全的活动，或者在燃气管道安全控制范围内施工，造成燃气管道损毁			

责任主体	类别	序号	违法违规行为	违反条款	处罚依据	执法措施
施工单位	业务承揽	6	施工单位超越本单位资质等级或未取得资质证书承揽小散工程	《中华人民共和国建筑法》第六十五条　超越本单位资质等级承揽工程的，责令停止违法行为，处以罚款，可以责令停业整顿，降低资质等级；情节严重的，吊销资质证书；有违法所得的，予以没收。未取得资质证书承揽工程的，予以取缔，并处罚款；有违法所得的，予以没收。《建设工程质量管理条例》第六十条　违反本条例规定，施工单位超越本单位资质等级承揽工程的，责令停止违法行为，对施工单位处工程合同价款百分之二以上百分之四以下的罚款，可以责令停业整顿，降低资质等级；情节严重的，吊销资质证书；有违法所得的，予以没收。未取得资质证书承揽工程的，予以取缔，依照前款规定处以罚款；有违法所得的，予以没收	《中华人民共和国建筑法》第六十五条；《建设工程质量管理条例》第六十条	1.责令停止违法行为；2.罚款
		7	施工单位存在出借资质证书等违法行为承揽小散工程	《中华人民共和国建筑法》第六十六条　建筑施工企业转让、出借资质证书或者以其他方式允许他人以本企业的名义承揽工程的，责令改正，没收违法所得，并处罚款，可以责令停业整顿，降低资质等级；情节严重的，吊销资质证书。《建设工程质量管理条例》第六十一条　违反本条例规定，施工单位允许其他单位或者个人以本单位名义承揽工程的，责令改正，没收违法所得，对施工单位处工程合同价款百分之二以上百分之四以下的罚款；可以责令停业整顿，降低资质等级；情节严重的，吊销资质证书	《中华人民共和国建筑法》第六十六条；《建设工程质量管理条例》第六十一条	1.责令改正；2.罚款
		8	转包或违法分包小散工程	《中华人民共和国建筑法》第六十七条　承包单位将承包的工程转包的，或者违反本法规定进行分包的，责令改正，没收违法所得，并处罚款，可以责令停业整顿，降低资质等级；情节严重的，吊销资质证书。《建设工程质量管理条例》第六十二条　违反本条例规定，承包单位将承包的工程转包或者违法分包的，责令改正，没收违法所得，对施工单位处工程合同价款百分之零点五以上百分之一以下的罚款；可以责令停业整顿，降低资质等级；情节严重的，吊销资质证书	《中华人民共和国建筑法》第六十七条；《建设工程质量管理条例》第六十二条	1.责令改正；2.罚款
		9	安全生产许可证有效期满未办理延期手续，继续从事建筑施工活动	《建筑施工企业安全生产许可证管理规定》第二十五条　违反本规定，安全生产许可证有效期满未办理延期手续，继续从事建筑施工活动的，责令其在建项目停止施工，限期补办延期手续，没收违法所得，并处5万元以上10万元以下的罚款；逾期仍不办理延期手续，继续从事建筑施工活动的，依照本规定第二十四条的规定处罚	《建筑施工企业安全生产许可证管理规定》第二十五条	1.责令停止施工；2.罚款

责任主体	类别	序号	违法违规行为	违反条款	处罚依据	执法措施
施工单位	业务承揽	10	未取得安全生产许可证擅自从事建筑施工活动	《建筑施工企业安全生产许可证管理规定》第二十四条　违反本规定，建筑施工企业未取得安全生产许可证擅自从事建筑施工活动的，责令其在建项目停止施工，没收违法所得，并处 10 万元以上 50 万元以下的罚款；造成重大安全事故或者其他严重后果，构成犯罪的，依法追究刑事责任	《建筑施工企业安全生产许可证管理规定》第二十四条	1. 责令停止施工；2. 罚款
	安全管理	11	未设立安全生产管理机构、配备专职安全生产管理人员对施工或作业现场进行安全管理	《建设工程安全生产管理条例》第六十二条　违反本条例的规定，施工单位有下列行为之一的，责令限期改正；逾期未改正的，责令停业整顿，依照《中华人民共和国安全生产法》的有关规定处以罚款；造成重大安全事故，构成犯罪的，对直接责任人员，依照刑法有关规定追究刑事责任：（一）未设立安全生产管理机构、配备专职安全生产管理人员或者分部分项工程施工时无专职安全生产管理人员现场监督的 《中华人民共和国安全生产法》第九十四条　生产经营单位有下列行为之一的，责令限期改正，可以处五万元以下的罚款；逾期未改正的，责令停产停业整顿，并处五万元以上十万元以下的罚款，对其直接负责的主管人员和其他直接责任人员处一万元以上二万元以下的罚款：（一）未按照规定设置安全生产管理机构或者配备安全生产管理人员的	《建设工程安全生产管理条例》第六十二条；《中华人民共和国安全生产法》第九十四条	
		12	施工单位的主要负责人、项目负责人、专职安全生产管理人员、作业人员或者特种作业人员，未经安全教育培训或者经考核不合格即从事相关工作	《建设工程安全生产管理条例》第六十二条　违反本条例的规定，施工单位有下列行为之一的，责令限期改正；逾期未改正的，责令停业整顿，依照《中华人民共和国安全生产法》的有关规定处以罚款；造成重大安全事故，构成犯罪的，对直接责任人员，依照刑法有关规定追究刑事责任：（二）施工单位的主要负责人、项目负责人、专职安全生产管理人员、作业人员或者特种作业人员，未经安全教育培训或者经考核不合格即从事相关工作的 《中华人民共和国安全生产法》第九十四条　生产经营单位有下列行为之一的，责令限期改正，可以处五万元以下的罚款；逾期未改正的，责令停产停业整顿，并处五万元以上十万元以下的罚款，对其直接负责的主管人员和其他直接责任人员处一万元以上二万元以下的罚款：（二）危险物品的生产、经营、储存单位以及矿山、金属冶炼、建筑施工、道路运输单位的主要负责人和安全生产管理人员未按照规定经考核合格的；（七）特种作业人员未按照规定经专门的安全作业培训并取得相应资格，上岗作业	《建设工程安全生产管理条例》第六十二条；《中华人民共和国安全生产法》第九十四条	1. 责令改正；2. 罚款

责任主体	类别	序号	违法违规行为	违反条款	处罚依据	执法措施
施工单位	安全管理	13	未在施工现场的危险部位设置明显的安全警示标志，或者未按照国家有关规定在施工现场设置消防通道、消防水源、配备消防设施和灭火器材	《建设工程安全生产管理条例》第六十二条 违反本条例的规定，施工单位有下列行为之一的，责令限期改正；逾期未改正的，责令停业整顿，依照《中华人民共和国安全生产法》的有关规定处以罚款；造成重大安全事故，构成犯罪的，对直接责任人员，依照刑法有关规定追究刑事责任：（三）未在施工现场的危险部位设置明显的安全警示标志，或者未按照国家有关规定在施工现场设置消防通道、消防水源、配备消防设施和灭火器材的；《中华人民共和国安全生产法》第九十六条 生产经营单位有下列行为之一的，责令限期改正，可以处五万元以下的罚款；逾期未改正的，处五万元以上二十万元以下的罚款，对其直接负责的主管人员和其他直接责任人员处一万元以上二万元以下的罚款；情节严重的，责令停产停业整顿；构成犯罪的，依照刑法有关规定追究刑事责任：（一）未在有较大危险因素的生产经营场所和有关设施、设备上设置明显的安全警示标志的	《建设工程安全生产管理条例》第六十二条；《中华人民共和国安全生产法》第九十六条	1. 责令改正；2. 罚款
		14	未向作业人员提供安全防护用具和安全防护服装	《建设工程安全生产管理条例》第六十二条 违反本条例的规定，施工单位有下列行为之一的，责令限期改正；逾期未改正的，责令停业整顿，依照《中华人民共和国安全生产法》的有关规定处以罚款；造成重大安全事故，构成犯罪的，对直接责任人员，依照刑法有关规定追究刑事责任：（四）未向作业人员提供安全防护用具和安全防护服装的；《中华人民共和国安全生产法》第九十六条 生产经营单位有下列行为之一的，责令限期改正，可以处五万元以下的罚款；逾期未改正的，处五万元以上二十万元以下的罚款，对其直接负责的主管人员和其他直接责任人员处一万元以上二万元以下的罚款；情节严重的，责令停产停业整顿；构成犯罪的，依照刑法有关规定追究刑事责任：（四）未为从业人员提供符合国家标准或者行业标准的劳动防护用品的	《建设工程安全生产管理条例》第六十二条；《中华人民共和国安全生产法》第九十六条	
		15	使用国家明令淘汰、禁止使用的危及施工安全的工艺、设备	《建设工程安全生产管理条例》第六十二条 违反本条例的规定，施工单位有下列行为之一的，责令限期改正；逾期未改正的，责令停业整顿，依照《中华人民共和国安全生产法》的有关规定处以罚款；造成重大安全事故，构成犯罪的，对直接责任人员，依照刑法有关规定追究刑事责任：（六）使用国家明令淘汰、禁止使用的危及施工安全的工艺、设备、材料的	《建设工程安全生产管理条例》第六十二条；《中华人民共和国安全生产法》第九十六条	

责任主体	类别	序号	违法违规行为	违反条款	处罚依据	执法措施
施工单位	安全管理	15	使用国家明令淘汰、禁止使用的危及施工安全的工艺、设备	《中华人民共和国安全生产法》第九十六条生产经营单位有下列行为之一的，责令限期改正，可以处五万元以下的罚款；逾期未改正的，处五万元以上二十万元以下的罚款，对其直接负责的主管人员和其他直接责任人员处一万元以上二万元以下的罚款；情节严重的，责令停产停业整顿；构成犯罪的，依照刑法有关规定追究刑事责任：（六）使用应当淘汰的危及生产安全的工艺、设备的	《建设工程安全生产管理条例》第六十二条；《中华人民共和国安全生产法》第九十六条	1. 责令改正；2. 罚款
		16	施工前未对有关安全施工的技术要求作出详细说明	《建设工程安全生产管理条例》第六十四条违反本条例的规定，施工单位有下列行为之一的，责令限期改正；逾期未改正的，责令停业整顿，并处 5 万元以上 10 万元以下的罚款；造成重大安全事故，构成犯罪的，对直接责任人员，依照刑法有关规定追究刑事责任：（一）施工前未对有关安全施工的技术要求作出详细说明的；（五）未对因建设工程施工可能造成损害的毗邻建筑物、构筑物和地下管线等采取专项防护措施的	《建设工程安全生产管理条例》第六十四条	1. 责令改正；2 罚款
		17	未对因建设工程施工可能造成损害的毗邻建筑物、构筑物和地下管线等采取专项防护措施			
		18	在施工组织设计中未编制安全技术措施、施工现场临时用电方案或者专项施工方案	《建设工程安全生产管理条例》第六十五条违反本条例的规定，施工单位有下列行为之一的，责令限期改正；逾期未改正的，责令停业整顿，并处 10 万元以上 30 万元以下的罚款；情节严重的，降低资质等级，直至吊销资质证书；造成重大安全事故，构成犯罪的，对直接责任人员，依照刑法有关规定追究刑事责任；造成损失的，依法承担赔偿责任：（四）在施工组织设计中未编制安全技术措施、施工现场临时用电方案或者专项施工方案的	《建设工程安全生产管理条例》第六十五条	1. 责令改正；2 罚款
	燃气管道保护	19	在燃气管道安全保护范围内依法从事顶进等可能危害燃气管道安全的活动，或者在燃气管道安全控制范围内施工的，未与管道燃气企业签订安全保护协议	《深圳市燃气管道安全保护办法》第四十六条建设单位和施工单位违反本办法第二十六条规定，未与管道燃气企业签订安全保护协议擅自施工的，责令停止作业，各处 3 万元罚款；造成燃气管道损毁的，各处 10 万元罚款；造成损失的，依法承担赔偿责任；涉嫌犯罪的，移送司法机关依法处理	《深圳市燃气管道安全保护办法》第四十六条	1. 责令停止作业；2. 罚款
		20	在燃气管道安全保护或者控制范围内从事活动，未在开工 3 日前书面通知管道燃气企业	《深圳市燃气管道安全保护办法》第四十七条　施工单位有下列行为之一，并造成燃气管道损毁的，处 3 万元罚款；造成损失的，依法承担赔偿责任；涉嫌犯罪的，移送司法机关依法处理：（一）违反本办法第三十七条第一款规定，未在开工 3 日前书面通知管道燃气企业的；（二）违反本办法第三十八条第一款规定，未首先进行人工开挖的；（三）违反本办法第三十八条第二款规定，未立即通知管道燃气企业并采取保护措施的	《深圳市燃气管道安全保护办法》第四十七条	罚款（如造成燃气管道损毁）
		21	在燃气管道安全保护或者控制范围内从事活动，未首先进行人工开挖的			
		22	在施工过程中发现燃气管道现状与查询结果不一致，未立即通知管道燃气企业并采取保护措施的			

252

责任主体	类别	序号	违法违规行为	违反条款	处罚依据	执法措施
	燃气管道保护	23	在燃气管道安全保护范围内依法从事顶进等可能危害燃气管道安全的活动，或者在燃气管道安全控制范围内施工，造成燃气管道损毁的	《深圳市燃气管道安全保护办法》第四十六条 建设单位和施工单位违反本办法第二十六条规定，未与管道燃气企业签订安全保护协议擅自施工的，责令停止作业，各处3万元罚款；造成燃气管道损毁的，各处11万元罚款；造成损失的，依法承担赔偿责任；涉嫌犯罪的，移送司法机关依法处理	《深圳市燃气管道安全保护办法》第二十六条、第四十六条	1.责令停止作业；2.罚款
	文明施工	24	在尚未竣工的建筑物内设置员工集体宿舍的	《建设工程安全生产管理条例》第六十四条 违反本条例的规定，施工单位有下列行为之一的，责令限期改正，逾期未改正的，责令停业整顿，并处5万元以上10万元以下的罚款；造成重大安全事故，构成犯罪的，对直接责任人员，依照刑法有关规定追究刑事责任：（二）未根据不同施工阶段和周围环境及季节、气候的变化，在施工现场采取相应的安全施工措施，或者在城市市区内的建设工程的施工现场未实行封闭围挡的；（三）在尚未竣工的建筑物内设置员工集体宿舍的；（四）施工现场临时搭建的建筑物不符合安全使用要求的	《建设工程安全生产管理条例》第六十四条	1.先责令限期改正；2.逾期未改正的，责令停工整改，罚款
		25	施工现场临时搭建的建筑物不符合安全使用要求的			
		26	未根据不同施工阶段和周围环境及季节、气候的变化，在施工现场采取相应的安全施工措施，或者在城市市区内的建设工程的施工现场未实行封闭围挡			
施工单位	主要负责人、项目负责人履职	27	未建立项目安全生产管理体系，明确项目管理人员安全职责	《建筑施工企业主要负责人、项目负责人和专职安全生产管理人员安全生产管理规定》第三十二条 主要负责人、项目负责人未按规定履行安全生产管理职责的，责令限期改正；逾期未改正的，责令建筑施工企业停业整顿；造成生产安全事故或者其他严重后果的，按照《生产安全事故报告和调查处理条例》的有关规定，依法暂扣或者吊销安全生产考核合格证书；构成犯罪的，依法追究刑事责任。主要负责人、项目负责人有前款违法行为，尚不够刑事处罚的，处2万元以上20万元以下的罚款或者按照管理权限给予撤职处分；自刑罚执行完毕或者受处分之日起，5年内不得担任建筑施工企业的主要负责人、项目负责人	《建筑施工企业主要负责人、项目负责人和专职安全生产管理人员安全生产管理规定》第三十二条	1.责令改正；2.罚款
		28	未落实安全生产管理制度			
		29	未监控危险性较大分部分项工程			
		30	未及时排查处理施工现场安全事故隐患			
	安全员履职	31	未现场监督危险性较大的分部分项工程安全专项施工方案实施的	《建筑施工企业主要负责人、项目负责人和专职安全生产管理人员安全生产管理规定》第三十三条 专职安全生产管理人员未按规定履行安全生产管理职责的，责令限期改正，并处1000元以上5000元以下的罚款；造成生产安全事故或者其他严重后果的，按照《生产安全事故报告和调查处理条例》的有关规定，依法暂扣或者吊销安全生产考核合格证书；构成犯罪的，依法追究刑事责任	《建筑施工企业主要负责人、项目负责人和专职安全生产管理人员安全生产管理规定》第三十三条	1.责令改正；2.罚款
		32	每天在施工现场开展安全检查，对检查中发现的安全事故隐患，未立即处理的			
		33	对检查中发现的安全隐患，不能处理的，未及时报告项目负责人和企业安全生产管理机构			

续表

责任主体	类别	序号	违法违规行为	违反条款	处罚依据	执法措施
施工单位	安管人员证书管理	34	"安管人员（企业主要负责人、项目负责人和专职安全生产管理人员）"未按规定办理证书变更的	《建筑施工企业主要负责人、项目负责人和专职安全生产管理人员安全生产管理规定》第三十一条　"安管人员"未按规定办理证书变更的，责令限期改正，并处 1000 元以上 5000 元以下的罚款。	《建筑施工企业主要负责人、项目负责人和专职安全生产管理人员安全生产管理规定》第三十一条	1. 警告；2. 罚款

第 11 章

预拌混凝土和预拌砂浆监管

11.1　概　　述

本章所述预拌混凝土和预拌砂浆监管主要内容包括：适用范围、监管职责分工、监管主要内容及程序（预拌混凝土和预拌砂浆质量检查、扬尘污染防治、预拌混凝土和预拌砂浆使用管理、安全生产监督检查）、监管工作流程。

11.2　重　点　工　作

11.2.1　适用范围

1. 预拌混凝土

预拌混凝土是指由水泥、集料、水以及根据需要掺入的外加剂和掺和料等成分按一定比例，经集中计量拌制后通过运输车在规定时间内运至使用地点的混凝土拌合物。

2. 预拌砂浆

预拌砂浆是指由专业生产厂家生产的，用于建设工程中的各种砂浆拌合物，包括干混砂浆和湿拌砂浆。

干混砂浆是指经干燥筛分处理的集料与水泥以及根据性能确定的各种组分按一定比例在专业生产厂家混合而成，在使用地点按规定比例加水或者配套液体拌合使用的干混拌合物。

湿拌砂浆是指由水泥、细集料、外加剂和水以及根据性能确定的各种组分，按一定比例经集中计量拌制后，采用搅拌运输车运至使用地点，放入专用容器储存，并在规定时间内使用完毕的湿拌拌合物。

3. 适用范围

本章适用于辖区范围内预拌混凝土和预拌砂浆生产站点的设立、预拌混凝土和预拌砂浆生产、运输、使用监督管理。

11.2.2　监管职责分工

1. 市建设行政主管部门（市住建局）职责

（1）市建设行政主管部门负责全市预拌混凝土生产企业的资质管理，对预拌混凝土和预拌砂浆的生产、销售和使用进行统一的监督管理。

（2）可以编制严于国家或者行业标准的技术规范。

（3）负责从事预拌砂浆生产的企业和预拌砂浆生产站点（含预拌砂浆生产企业设立不能独立承担民事责任、从事预拌砂浆生产的分支机构）的设立备案。

（4）负责预拌混凝土和预拌砂浆生产站点建设项目竣工验收备案。

（5）定期或者不定期对预拌混凝土和预拌砂浆质量进行检查。

2. 区建设行政主管部门（区住建局）、质安站职责

（1）区建设行政主管部门在市建设主管部门的指导下，按照工程项目管理权限对建设工程中

预拌混凝土和预拌砂浆的使用情况进行监督管理。

（2）定期或者不定期对预拌混凝土和预拌砂浆质量进行检查，并及时在深圳建设信息网或者有关媒体上公布检查结果。

（3）接受和处理公众对预拌混凝土和预拌砂浆质量的举报和投诉。

3．区安全生产监督管理部门职责

区安全生产监督管理部门负责指导协调、监督检查预拌混凝土和预拌砂浆企业安全生产情况，牵头对生产过程中发生的安全事故进行调查处理。

4．区其他管理部门职责

发展和改革、规划资源、交通、公安交警、环保等部门，应当根据各自职责履行相应的监管职能。

11.2.3　监管主要内容及程序

1．预拌混凝土和预拌砂浆质量检查

（1）区建设工程质量安全监督站（以下简称"质安站"）负责对区各搅拌站使用的砂子、水泥、外加剂、石子等原材料进行取样抽检，每月至少抽检一次。

（2）具体检测由预选的检测机构负责，检测结果反馈至质安站。

（3）对检测不合格的原材料建立台账，并要求搅拌站退场处理，已使用的，要求销毁产品，拒不整改的，移送相关执法部门进行处罚。

2．扬尘污染防治

详见"第 17 章　生态环境保护监管"。

3．预拌混凝土和预拌砂浆使用管理

（1）施工单位

① 工程项目混凝土需求总量超过 $10m^3$ 或者一次用量超过 $5m^3$ 的，均应当使用预拌混凝土。确需使用袋装水泥或者现场搅拌混凝土的，施工单位应当按照项目管理权限报市建设主管部门批准。

② 建设或者施工单位应当向具有相应资质的预拌混凝土生产企业购买预拌混凝土，向已经备案的预拌砂浆生产企业购买预拌砂浆。政府投资工程的建设或者施工单位应当从政府投资工程预选材料供应商名录中选择预拌混凝土和预拌砂浆生产企业。

③ 施工单位应当保证施工现场道路平整、畅通，为预拌混凝土和预拌砂浆的运输、使用提供照明、水源设施、储存池、储存罐的存放位置和其他必要条件。

④ 施工单位应当按照合同要求、预拌混凝土和预拌砂浆质量管理的有关规定，对预拌混凝土和预拌砂浆进行进场验收和有见证取样送检。

⑤ 施工单位应当按照预拌混凝土和预拌砂浆有关技术标准、技术规范的要求和预拌混凝土和预拌砂浆生产企业提供的预拌混凝土和预拌砂浆技术交底资料进行施工，并对预拌混凝土和预拌砂浆的施工及养护质量负责。

（2）设计单位及审图机构

设计单位应当在施工图设计文件中注明所使用的预拌混凝土和预拌砂浆的性能指标。施工图设计文件审查机构应当对施工图设计文件中依法使用预拌混凝土、预拌砂浆等建筑节能设计内容进行审查。

（3）检测单位

对施工单位见证取样送检的预拌混凝土和预拌砂浆进行检测的建设工程质量检测单位应当具有相应的资质，并对检测结果的真实性负责。检测单位应当在出具检测报告后 5 个工作日内将检测结果报市、区建设主管部门。

（4）监理单位

对施工单位使用预拌混凝土和预拌砂浆的情况进行监督。发现违反规定使用袋装水泥或者现场搅拌混凝土和砂浆或者使用不合格预拌混凝土和预拌砂浆的，应当予以制止；无法制止的，应当及时向市、区建设主管部门报告。

（5）建设主管部门

市、区建设主管部门应当加强对预拌混凝土和预拌砂浆质量的监督管理，建立检测数据网络报送系统。

4．安全生产监督检查

（1）监督检查内容

对辖区预拌混凝土和预拌砂浆生产企业安全生产情况进行监督检查的主要内容见表 11–1。

（2）监督检查方案

质安站联合第三方安全专家对辖区所有搅拌站进行检查，检查频率为每个搅拌站每月 1 次，检查结束发出检查意见书，要求搅拌站进行整改，拒不整改的，移送相关执法部门进行处罚。

11.3　工　作　图　表

1．预拌混凝土和预拌砂浆安全生产监管工作流程（图 11–1）。

2．预拌混凝土和预拌砂浆质量监管工作流程（图 11–2）。

3．预拌混凝土搅拌企业安全生产检查表（表 11–1）。

11.4　相　关　文　件

1.《广东省促进散装水泥发展和应用规定》（粤府令第 156 号，2011 年 3 月）。

2.《深圳市预拌混凝土和预拌砂浆管理规定》（深圳市人民政府令第 212 号，2009 年 10 月）。

3.《深圳市住房和建设局关于加强预拌混凝土和预拌砂浆企业监管的通知》（深建设〔2018〕21 号）。

安全生产责任制度、例会及安全演练情况

场地废水排放 → 废弃料再利用情况

安全检查（检查人员不少于两名）→ 现场安全措施落实情况检查 → 人车分流、视频监控及场地围闭管理情况 → 扬尘防预措施 → 其他检查（如防汛期、预防台风检查等）

搅拌车管理制度、人车备案及培训情况

扬尘设备是否满足现场需要

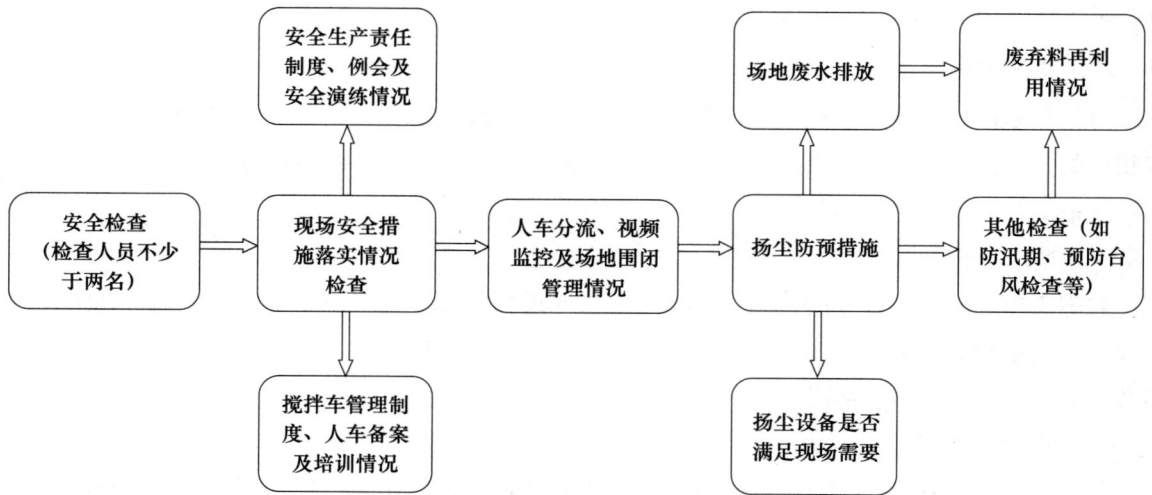

注：1. 4～6月为防汛期检查，企业需要自查，检查人员核实企业自查情况；
2. 7～9月为防台风检查，企业需要自查，检查人员核实企业自查情况并对现场防台风措施确认是否满足；
3. 扬尘检查每季度不少于一次，安全生产制度检查每半年一次。

图 11-1 预拌混凝土和预拌砂浆安全生产监管工作流程

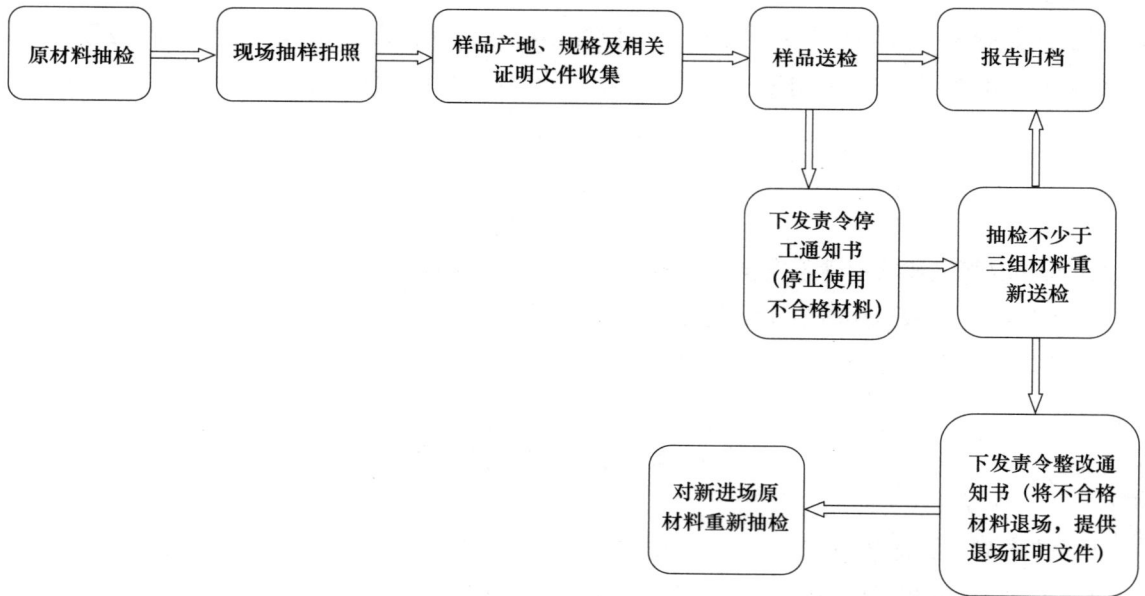

原材料抽检 → 现场抽样拍照 → 样品产地、规格及相关证明文件收集 → 样品送检 → 报告归档

下发责令停工通知书（停止使用不合格材料）→ 抽检不少于三组材料重新送检

对新进场原材料重新抽检 ← 下发责令整改通知书（将不合格材料退场，提供退场证明文件）

注：1. 原材料抽检以水泥、砂、石、外加剂、粉煤灰五种为主，每月抽检其中三种，每季度抽检一次五种；
2. 砂抽检检测主要抽检氯离子是否超标。

图 11-2 预拌混凝土和预拌砂浆质量监管工作流程

预拌混凝土搅拌企业安全生产检查表 表 11-1

企业名称（公章）：_____ 地址：_____

序号		检查内容	符合要求	不符合要求	备注
1	安全管理制度	有各类安全管理规章制度和岗位安全生产操作规程，并上墙			
2	安全管理机构设置及管理人员配备	专职、兼职安全员各至少 1 人			
3	安全生产责任履行	有各级安全生产责任制			
		安全投入有计划并有效实施			
		有定期安全检查制度和检查记录			
		组织安全生产应急救援预案演练			
		与企业员工签订劳动合同并购买工伤保险			
4	安全生产检查情况	有安全生产检查制度			
		按规定开展检查、反馈及整改，有检查台账			
5	安全教育培训	有安全教育培训制度			
		主要负责人参加安全培训并考核合格			
		安全管理人员和特种作业人员应持证上岗			
		对员工进行安全生产教育和培训，未经培训合格的人员，不得上岗作业			
		告知作业人员其作业场所、岗位存在的危险因素及防范、应急措施，并有双方签名			
6	设备、设施安全管理	无国家明令淘汰的落后工艺和危及安全生产的设备			
		有特种设备的安全使用证、使用登记证书（登记标志）、检测报告			
		有安全设备维护、保养、检测记录，并有相关人员签字			
7	作业环境安全管理	危险性较大的作业场所和设备应设置醒目的安全警示标志（如深水池、皮带机、沙石分离机、搅拌机楼、电源等）			
		燃油（含车用油罐、油桶）、燃气（含焊接用气、生活用气）、腐蚀性和含毒性化学试剂等危险源和危化品必须在专用仓库内单独存放，实行双人收发，双人保管制度，并按期做安全评价			
		储存危化品的仓库不得与员工宿舍在同一建筑物内，应与员工宿舍保持安全距离			
8	安全用电	高压电源处应设置安全警示标志			
		机电设备应做到"一机一闸一漏"［即每台机电设备必须有单独的闸刀开关（隔离开关）和漏电保护器，一个开关只能管一台机械设备］			
		机电设备的维修保养、清理清洁等作业前同时断开启停开关、漏电开关、电源总闸开关			
		高、低压配电室应有合格的绝缘棒、绝缘手套、绝缘靴等绝缘安全用具和防护装备			
9	事故应急救援预案和事故处理制度	有生产安全事故应急救援预案，并按要求进行备案			
		有突发事故应急处理制度			
		每年至少组织一次综合应急演练并有记录			

261

序号		检查内容	符合要求	不符合要求	备注
10	发包、租赁安全管理	不得将生产经营项目、场所、设备发包或者出租给不具备安全生产条件或者相应资质的单位或者个人			
		将生产经营项目、场所、设备发包或者出租给单位或个人，应签订安全生产管理协议			
11	劳保用品配备及管理	有劳保用品配备和管理制度及台账			
		应提供合格的劳保用品			
12	活动板房材质	夹芯材料应为 A 级不燃性材料			

企业负责人：　　　　　　　　职务：　　　　　　　　联系电话：

检查人员：　　　　　　　　　检查日期：

第 12 章

工程监督抽检

12.1　概　　述

工程监督抽检是工程监督的重要手段，本章所述工程监督抽检监督管理主要内容包括：适用范围、监督抽检工作内容、监督抽检结果处理、监督抽检资料整理。

12.2　重 点 工 作

1．适用范围

在区建设行政主管部门报建的在建工程，以及监管的临时建设工程。

2．监督抽检工作内容

工程监督抽检包括施工质量行为（按图施工情况）、实体施工质量、建材及构配件质量抽查检测等内容。

（1）工程按图施工情况的监督抽查贯穿于日常监督全过程，由监督人员根据工程进度，依据相关法律法规和标准现场进行抽查。

（2）工程实体质量的监督抽检可以使用便携式仪器现场抽测，也可以使用专业设备现场检测或者取样后送检。

① 使用便携仪器现场抽测可由监督员在日常监督的过程中，根据工程进度，依据相关法律法规和标准，进行现场实测实量，并及时将测量结果录入《建筑施工实体质量监督抽检汇总表》。一般建设工程实测实量的项目参见《建设工程质量监督实测实量一览表》（表 12-1）。

② 使用专业设备现场检测或取样送检由监督员根据工程规模、进度及抽检项目，提前委托第三方专业检测单位，在监督员、项目经理、总监的见证下进行取样或现场直接检测。样品送检后，监督员及时收集检测报告，获取检测结果，并根据相关法规、标准、规范判断被检测工程实体质量是否符合要求。收到检测报告后 24 小时内，项目监督员应将监督抽检的结果填入《建筑施工实体质量监督抽检汇总表》（表 12-2）。

（3）建筑材料及构配件的监督抽检由监督员在项目日常监督过程中，根据工程进度，依据相关标准、规范，进行现场检测或取样，并送第三方专业机构检测。检测完成后，监督员及时将抽检结果录入《建筑材料及构配件监督抽检汇总表》（表 12-3）。

（4）工程实体质量、建筑材料及构配件的抽检项目、抽检方法、结果判定等参见国家、省、市相关标准、规范、规程等。

（5）注意事项

① 工程实体、建材、构配件取样必须在监理单位（或建设单位）及施工单位有关人员的见证下进行。取样完成后，取样人员认真填写《建筑材料现场监督抽检记录表》（表 12-4），对材料的使用情况进行记录。同时，监督员应对抽查取样和见证情况进行拍照存证。

②《建筑材料现场监督抽检记录表》应由施工单位、监理单位（或建设单位）项目负责人和见证人员确认并签字。

③ 建材或构配件样品由监督员于取样当日送至专业检测机构，并及时获取检测报告。

265

3．监督抽检结果处理

监督人员完成监督抽检工作、获得检测结果后，应及时根据检测结果进行后续处理。

（1）抽检结果合格

监督人员应及时将相关检测报告、《建筑材料现场监督抽检记录表》、《建筑施工实体质量监督抽检汇总表》、《建筑材料及构配件监督抽检汇总表》等工作记录材料存入项目监督档案。

（2）抽检结果不合格

出现工程实体质量监督抽检或建筑材料、构配件监督抽检结果不合格后，立即启动不合格处理程序。

4．监督抽检资料整理

（1）监督人员在完成各分部分项工程的实体质量和建筑材料及构配件抽检后，要将所有工作情况写进项目监督工作记录中，并将监督抽检记录表、监督抽检检测报告、监督文书等佐证材料作为附件。另外，要将《建筑施工实体质量监督抽检汇总表》、《建筑材料及构配件监督抽检汇总表》、照片、音像资料等整理好后存入工程质量监督档案中。

（2）监督人员在两个工日内将监督抽检情况报综合管理部门汇总，由综合管理部门建立工作台账。

12.3　工　作　流　程

监督抽检工作流程（图 12-1）。

12.4　常用表格和文书

1．建设工程质量监督实测实量一览表（表 12-1）。

2．建筑施工实体质量监督抽检汇总表（表 12-2）。

3．建筑材料及构配件监督抽检汇总表（表 12-3）。

4．建筑材料现场监督抽检记录表（表 12-4）。

12.5　相　关　文　件

1．《建设工程质量管理条例》（国务院令第 279 号，2019 年 4 月修正）。

2．《广东省建设工程质量管理条例》（广东省人大常委会公告第 4 号，2017 年 7 月修正）。

3．《深圳市建设工程质量管理条例》（2021 年修正）。

4．《深圳市建筑业建材取样送检规定》（深建规〔2008〕3 号）。

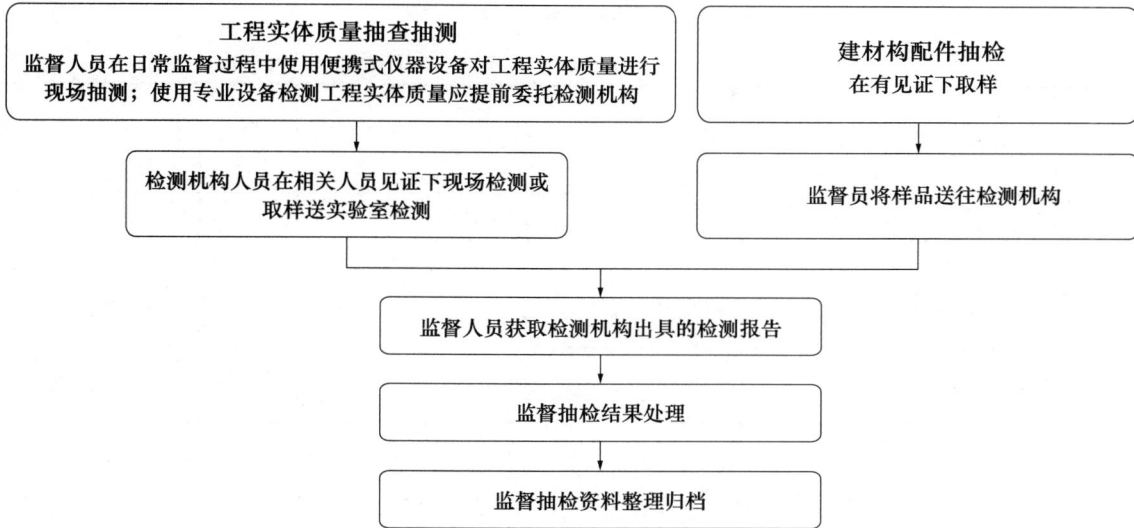

图 12-1　监督抽检工作流程

267

建设工程质量监督实测实量一览表　　　　　　　　　表 12-1

序号	抽检项目	抽检类别	抽检内容及数量	检测仪器	备注
1	防水材料	材料	采用局部破损方式对屋面、地下室、管廊工程防水构造的防水卷材、保温材料厚度进行抽测	卷尺或游标卡尺	
2	门窗主型材	材料	① 用游标卡尺对现场的门、窗主型材的厚度进行测量，测量点均不少于 3 处 ② 采用敲击或检查合格证方式对住宅工程和公共建筑的小规格落地玻璃、玻璃栏河、天窗抽查 1 次，检查是否采用安全玻璃	游标卡尺	
3	幕墙主型材	材料	对现场使用的横梁、立柱主型材壁厚用游标卡尺或金属测厚仪抽测各不少于 3 次，每次测点不少于 5 个	游标卡尺或金属测厚仪	
4	钢筋安装	实体	抽测钢筋安装数量、规格、间距不少于 1 次	卷尺或游标卡尺	
5	混凝土构件外观及尺寸偏差	实体	对混凝土构件的垂直度、平整度、厚度抽测不少于 1 次	建筑工程检测器、卷尺	
6	混凝土强度回弹	实体	采用回弹仪对不同强度等级的混凝土构件进行检测	回弹仪	房建工程选取不同楼栋分别进行回弹及抽芯；单栋建筑的项目不进行回弹检测；市政工程只做回弹抽测
7	管道系统压力测试	功能	市政给水管试压、雨污水管闭水试验；燃气管强度和严密性试验	现场测试	
8	漏电动作测试	功能	房建工程每个项目测试 3 次	现场测试	
9	抹灰砂浆粘结强度	实体	每个项目内墙、外墙、天棚的抹灰层各抽检 3 组	拉伸粘结强度检测仪	
10	喷射混凝土厚度	实体	每 500m² 抽测 1 组，每组 3 个测点	卷尺	边坡、基坑工程喷射混凝土

建筑施工实体质量监督抽检汇总表　　　　　　　　　表 12-2

项目：　　　　　　　　　　　　　　　　　　　监督员：　　　　　　日期：

序号	抽检项目	抽检部位	抽检日期	检测内容	抽检方式	检测结果	备注
1	混凝土外观及尺寸偏差			截面尺寸、垂直度			
2	混凝土强度（回弹）			强度			C45 及以下强度等级
3	混凝土强度（抽芯）			强度			各种强度等级
4	钢筋安装			数量、间距、规格			
5	外墙保温节能构造			外墙保温层厚度、材料、做法			
6	抹灰砂浆粘结强度			强度			
7	喷射混凝土喷层			厚度			标明具体坡面位置
8							

建筑材料及构配件监督抽检汇总表　　　　　　　　　表 12-3

项目：　　　　　　　　　　　　　　　　　　　监督员：　　　　　　日期：

序号	抽检项目	生产厂家/品名	规格	数量（组）	抽检日期	检测内容	抽检结果	备注
1	钢筋原材							
2	钢筋接头							
3	装配式灌浆料							
4	防水材料							
5	室内装饰涂料							
6	电缆、电线							
7	开关、插座							
8	给水排水管材							
9								

建筑材料现场监督抽检记录表

表 12-4

工程项目		工程进度	
建设单位		施工单位	
监理单位		抽检时间	
项目管理人员到场情况	施工单位：□ 项目经理　□ 施工员　□ 质检员　□ 材料员　□ 资料员 监理单位：□ 总监　　□ 专监　　□ 监理员		

资料检查			
检查内容	检查情况	检查内容	检查情况
进场台账		材料报审表	
出厂合格证		材料进场复验报告	

材料抽检					
材料名称	生产厂家	抽检项目	抽检规格	抽检数量	备注

签发文书种类及编号	
检测结果及存在问题	
处理情况（详细处理记录、结果附后面）	

监督组（签字）：　　　　　建设（监理）单位（签字）：　　　　　施工单位（签字）：

269

第 13 章

工程检测不合格处理

13.1　概　　述

本章所述"工程检测不合格处理"情形主要包括：建筑材料见证送检不合格处理、建筑材料监督抽检不合格处理、工程实体质量监督抽检不合格处理。

13.2　重　点　工　作

13.2.1　建筑材料见证送检不合格处理

1. 复检、监督抽检、不合格处理

（1）区建设工程质量安全监督站（以下简称"质安站"）在接到检测单位报告的不合格检测项目时，对可以进行复检项目，必须督促责任单位进行见证取样复检。

（2）复检不合格的作退场处理；对于不能复检的项目，监督人员要督促施工单位对不合格材料进行退场处理，并对该批次材料使用部位（包括检测期间使用部位）进行调查。

2. 已使用不合格材料的工程部位处理

（1）如该批材料已使用到工程中，监督人员应在确认信息后及时签发《责令停工整改通知书》，责令已使用不合格材料施工部位暂停施工。

（2）由建设单位组织各方责任主体进行评估确定处理方案，必要时请专家进行论证，处理程序应闭合。

（3）对实行见证取样送检的检测项目，有下列情形之一的，其工程质量应当由区建设工程质量安全监督站委派检测机构进行检测确定，检测费用由责任方承担：

① 未按规定进行见证取样送检的；

② 见证取样送检次数达不到要求的；

③ 检测不合格而需要进行结构检测的。

3. 归档、闭合

施工单位应将检测不合格处理闭合资料报至质安站监督部归档。

13.2.2　建筑材料监督抽检不合格处理

1. 检验批不合格判定

建筑材料、构配件监督抽检结论为不合格的，可判定被抽检的检验批不合格。

2. 不合格材料处理

（1）监督执法人员接到抽检材料检测结果不合格后，应及时通知被检项目停止使用该批材料。

（2）派人到工地现场对抽检不合格批次材料进行封存。

（3）责令建设、施工、监理、设计等各方责任主体进一步确认不合格批次材料使用部位和剩余数量，对该批次材料使用部位（包括检测期间使用部位）进行调查，由工程各方签证确认。

（4）对尚未使用的不合格材料或构配件，监督小组应签发《责令整改通知书》，责成施工单位对该批不合格材料或构配件进行销毁或退场处理。

（5）砌体材料和建筑用砂出现不合格情况时一律在现场销毁处理。销毁工作应在封存后5个工作日内完成（条件具备时也可在封存时一并进行）。销毁前相关单位应通知监督员及总监到现场见证，并拍照留档；其他材料不合格时，采取退场或销毁处理。

3. 已使用不合格材料的工程部位处理

（1）如该批材料已使用到工程中，监督执法人员应在确认信息后及时签发《责令停工整改通知书》，责令已使用不合格材料施工部位暂停施工。

（2）由建设单位组织各方责任主体进行评估确定处理方案，必要时请专家进行论证，处理程序应闭合。

（3）对于已使用不合格材料的工程部位，可由设计单位根据实际检测结果进行复核，若复核满足使用要求可不再进行工程实体处理；若设计不满足要求则对相关部位进行返工处理，如砌体不满足要求时进行拆除、抹灰用砂不满足要求时进行铲除等。返工处理时相关单位应通知新区质安站监督员及总监到场见证，并拍照留档。

4. 归档、闭合

待上述处理工作完成后，项目监督员应督促施工单位在检测报告发出后1个月内提交《建筑材料不合格处理报告》，由监督部归档留存、闭合。

5. 处罚

监督员接到抽检材料检测结果不合格，确认已使用时，对已使用不合格材料的项目应同时启动行政处罚程序。

13.2.3 工程实体质量监督抽检不合格处理

1. 扩大抽检

工程实体质量监督抽检结果不符合要求（不合格）或对实体质量有怀疑的，监督小组应下发《责令整改通知书》，责成相关责任主体单位分析原因，并委托第三方检测机构进一步扩大检测。

2. 处罚

经过扩大检测确认工程实体质量不符合要求时，监督小组应再次下发《责令停工整改通知书》，责令相关责任主体按有关技术标准的规定进行处理，并对其不按照施工技术标准进行施工和验收的行为，根据有关法律、法规实施行政处罚。

3. 归档、闭合

质安站综合管理部门负责汇总建设工程检测不合格相关信息，建立处理台账，收集闭合资料。

13.3 工作流程

检测不合格处理流程（图13-1）。

13.4 常用表格和文书

1. 责令整改通知书（附件 13-1）。
2. 责令停工整改通知书（附件 13-2）。

13.5 相关文件

1.《建设工程质量管理条例》（国务院令第 279 号，2019 年 4 月修正）。

2.《广东省建设工程质量管理条例》（广东省人民代表大会常务委员会公告第 4 号，2017 年 7 月修正）。

3.《深圳市建设工程质量管理条例》（2021 年修正）。

4.《深圳市建筑业建材取样送检规定》（深建规〔2008〕3 号）。

275

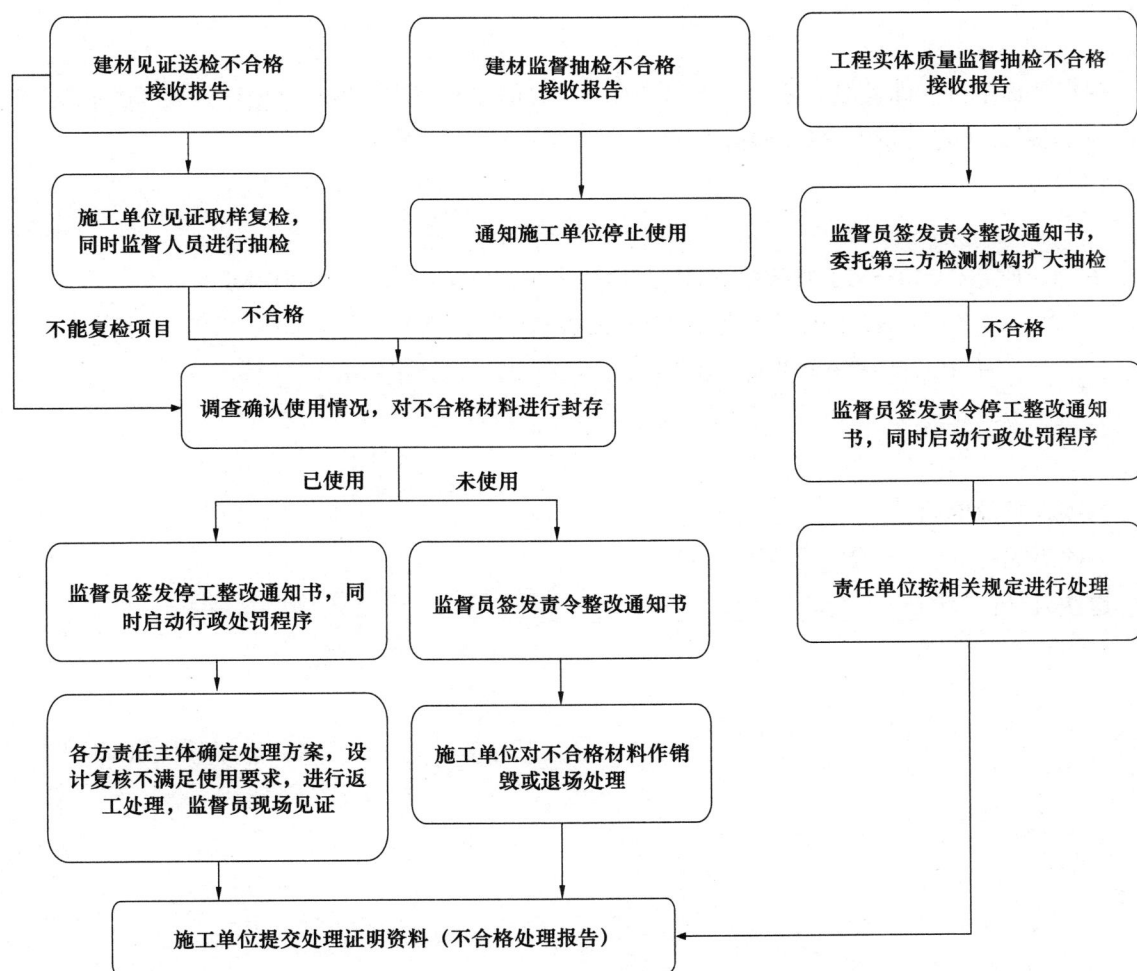

图 13-1 检测不合格处理流程

附件 13-1

责令整改通知书

责任单位：

　　_____年____月____日，我站监督人员对_____工程进行日常检查，发现存在如下问题：

　　现责令你单位立即整改，限　　年　　月　　日前整改完成，填写《整改回复单》报送××市××区建设工程质量安全监督站。

　　注：1. 质量安全检查属于抽查性的检查，只对工程的部分安全生产行为和实体进行检查。

　　　　2. 本次检查发现的问题并不代表整个工程的所有问题，各责任主体应举一反三，对项目存在的问题进行全面的排查和整改，建设单位应组织监理单位做好复查闭合工作。

　　签收人员及电话：_____、_____

　　签收时间：_____年____月____日

　　送达人员：_____、_____、_____

　　　　　　　　　　　　　　　　　××市××区建设工程质量安全监督站

　　　　　　　　　　　　　　　　　　　　　　年　月　日

注：本通知书一式四份，各责任主体和检查人员各一份。

附件 13-2

责令停工整改通知书

×× 建安停〔　　　〕号

工程名称		形象进度	
责任单位			
存在问题描述			
违反的法律、技术标准或相关规定	☑《＿＿＿＿＿＿＿》 ☑《＿＿＿＿＿＿＿》 ☑《＿＿＿＿＿＿＿》		

根据相关规定，予以：

　　现责令你单位立即停工，整改完毕后填写《复工申请》报 ×× 市 ×× 区建设工程质量安全监督站。停工范围：除抢险和需要连续作业外，施工许可及施工合同涉及的内容（不含安全文明施工措施整改）。

　　根据相关规定，责令停工整改，如你单位对此认定有异议，可在收到本文书之日起 3 日内向 ×× 市 ×× 区建设行政主管部门提出书面申辩。

签收人			×× 市 ×× 区建设 工程质量安全监督站 （公章） 签发日期： 年　月　日
签收日期		联系电话	
执法人员			
备注	本通知书一式四份，各责任主体和执法人员各一份。		

277

第 14 章

工程质量事故报告及调查处理

14.1　概　　述

本章所述工程质量事故报告及调查处理监督管理主要内容包括：适用范围、工程质量事故的定义和等级、工程质量事故处理的依据、工程质量问题的处理方式、工程质量事故处理程序。

14.2　重 点 工 作

14.2.1　适用范围

1. 由于建设、勘察、设计、施工、监理等单位违反工程质量有关法律法规和工程建设标准，使工程产生结构安全、重要使用功能等方面的质量缺陷，造成人身伤亡或者重大经济损失的事故的报告和调查处理。

2. 没有造成人员伤亡，直接经济损失没有达到 100 万元及以上，但是社会影响恶劣的工程质量问题的报告和调查处理。

14.2.2　工程质量事故的定义和等级

1. 定义

工程质量事故是指由于建设、勘察、设计、施工、监理等单位违反工程质量有关法律法规和工程建设标准，使工程产生结构安全、重要使用功能等方面的质量缺陷，造成人身伤亡或者重大经济损失的事故。

2. 等级划分

根据《关于做好房屋建筑和市政基础设施工程质量事故报告和调查处理工作的通知》（建质〔2010〕111 号）和《生产安全事故报告和调查处理条例》（国务院令第 493 号）规定，根据工程质量事故造成的人员伤亡或者直接经济损失，事故分为 4 个等级：

（1）特别重大事故，是指造成 30 人以上死亡，或者 100 人以上重伤，或者 1 亿元以上直接经济损失的事故；

（2）重大事故，是指造成 10 人以上 30 人以下死亡，或者 50 人以上 100 人以下重伤，或者 5000 万元以上 1 亿元以下直接经济损失的事故；

（3）较大事故，是指造成 3 人以上 10 人以下死亡，或者 10 人以上 50 人以下重伤，或者 1000 万元以上 5000 万元以下直接经济损失的事故；

（4）一般事故，是指造成 3 人以下死亡，或者 10 人以下重伤，或者 100 万元以上 1000 万元以下直接经济损失的事故。

其中"以上"包括本数，"以下"不包括本数。

14.2.3　工程质量事故处理的依据

1. 质量事故的实况资料

281

（1）事故初步报告内容资料

包括质量事故发生的时间、地点；质量事故状况的描述，如发生的事故类型、发生的部位、分部状态及范围、严重程度；质量事故发生变化的情况；有关质量事故的观测记录，事故现场状态的照片或录像等。

（2）调查研究所获得的第一手资料。

2. 有关合同及合同文件

（1）勘察、设计、施工、监理、检测、监测、分包、材料设备采购等合同；

（2）过程来往文件（含电子文件）；

（3）会议纪要等。

3. 有关的技术文件、档案

（1）有关的设计图纸文件；

（2）施工组织设计、方案、施工过程记录、监理方案、工程日志等有关的技术文件、档案和资料；

（3）技术标准、规范等。

4. 相关的建设法规

（1）勘察、设计、施工、监理等单位资质管理方面的法规；

（2）从业者资格管理方面的法规；

（3）建筑市场方面的法规；

（4）建筑施工方面的法规；

（5）关于标准化管理方面的法规。

14.2.4 工程质量问题的处理方式

在各项工程的施工过程中或完工后，如发现工程项目存在不合格项目或质量问题，应根据其性质和严重程度按如下方式处理。

1. 当施工而引起的质量问题在萌芽状态时应及时制止，施工单位立即更换不合格材料、设备或不称职人员，或立即改变不正确的施工方法和操作工艺。

2. 当因施工而引起的质量问题出现时，组织事故工区立即对质量问题进行补救处理，并采取足以保证施工质量的有效措施。

3. 当某道工序或分项工程完工以后出现不合格项时，组织事故工区及时采取补救措施予以整改。

4. 在交工使用后的保修期内发现施工质量问题时，组织、指导事故工区及时进行补救、加固或返工处理。

5. 建设单位接到质量事故调查组提出的技术处理意见后，组织相关单位研究，并责成相关单位完成技术处理方案，并予以审核签认。

6. 技术处理方案核签后，建设单位应要求事故发生单位制定详细的施工方案设计，对工程质量事故技术处理，请监理工程师对施工质量进行监理，技术处理过程中的关键部位和关键工序应进行旁站，并会同设计等有关单位共同检查认可。

7. 对事故发生单位完工自检后报验结果，组织有关各方进行检查验收，必要时应进行处理结果鉴定。整理编写质量事故处理报告，将有关技术资料归档。工程质量事故处理报告主要内容如下：

（1）工程质量事故情况、调查情况、原因分析（选自质量事故调查报告）；

（2）质量事故处理依据；

（3）质量事故技术处理方案；

（4）实施技术处理施工中有关问题和资料；

（5）处理结果的检查鉴定和验收；

（6）事故处理结论。

8. 根据监理工程师签发《工程复工令》，要求事故发生工区恢复正常施工。

14.2.5　工程质量事故处理程序

1. 应急处置

（1）工程质量事故发生后施工单位应立即停止进行质量缺陷部位和其有关部位及下道工序施工，应要求作业工区采取必要的措施，防止事故扩大并保护好现场。

（2）同时迅速按类别和等级向相应的主管部门上报并于 24 小时内写出书面报告。

2. 质量事故报告

应包括以下主要内容：

（1）事故发生的单位名称、工程名称、部位、时间、地点；

（2）事故概况和初步估计的直接损失；

（3）事故发生原因的初步分析；

（4）事故发生后采取的措施；

（5）相关各种资料（有条件时）。

3. 事故救援

事故发生地的住房和城乡建设主管部门接到事故报告后，其负责人应立即赶赴事故现场，组织事故救援。

4. 事故调查

住房和城乡建设主管部门应当按照有关人民政府的授权或委托，组织或参与事故调查组对事故进行调查，并履行下列职责：

（1）核实事故基本情况，包括事故发生的经过、人员伤亡情况及直接经济损失；

（2）核查事故项目基本情况，包括项目履行法定建设程序情况、工程各参建单位履行职责的情况；

（3）依据国家有关法律法规和工程建设标准分析事故的直接原因和间接原因，必要时组织对事故项目进行检测鉴定和专家技术论证；

（4）认定事故的性质和事故责任；

（5）依照国家有关法律法规提出对事故责任单位和责任人员的处理建议；

（6）总结事故教训，提出防范和整改措施；

（7）提交事故调查报告。

具体调查程序等同"15.2.4　事故调查和处理"。

5. 事故后续处理

（1）行政处罚、刑事处罚

住房和城乡建设主管部门依据有关人民政府对事故调查报告的批复和有关法律法规的规定，对事故相关责任单位和责任人实施行政处罚，涉嫌犯罪的按程序移交司法机关，进行刑事处罚。

（2）工程质量事故技术处理

见"14.2.4　工程质量问题的处理方式"。

6. 事故资料归档

监督机构应在事故结案后建立档案，并按要求向有关单位移送档案资料，档案应包含以下内容：

（1）档案目录；

（2）事故调查报告批复、事故调查报告；

（3）事故快报；

（4）事故现场照片；

（5）调查询问笔录；

（6）《停工整改通知书》《复工通知书》；

（7）处罚记录；

（8）其他资料。

14.3　工 作 流 程

建设工程质量事故处理流程（图 14-1）。

14.4　常用表格和文书

1. 质量事故报告（表 14-1）。

2. 工程复工申请 / 批复书（表 14-2）。

14.5　相 关 文 件

1.《中华人民共和国建筑法》（中华人民共和国主席令 13 届第 29 号，2019 年 4 月修正）。

2.《建设工程质量管理条例》（国务院令第 279 号，2019 年 4 月修正）。

3.《生产安全事故报告和调查处理条例》（国务院令第 493 号，2007 年 4 月）。

4.《关于做好房屋建筑和市政基础设施工程质量事故报告和调查处理工作的通知》（建质〔2010〕111 号）。

5.《广东省建设工程质量管理条例》（广东省人民代表大会常务委员会公告第 4 号，2017 年 7 月修正）。

6.《深圳市建设工程质量管理条例》（2021 年修正）。

施工过程中质量事故（初定）发生

质量事故发生的部位停止施工

相应级别主管部门成立调查组

要求事故发生单位按事故分类和等级向相应级别主管部门上报，24小时内写出书面报告

现场调查取证

要求施工单位保护现场，采取必要措施防止事故的扩大

事故原因分析

应邀参加事故调查组或协助调查组工作，与事故责任有关时应回避

组织必要的技术鉴定

研究调查组的技术处理意见

提出技术处理意见及防止类似事故再次发生应采取的措施

核签相关单位提出的技术处理方案

调查结束10日内写出调查报告

监督施工单位实施技术处理方案

行政执法处理建议

不处理

施工单位自检和专业检验后报告

事故单位提交事故处理报告

组织检查、鉴定、验收

行政执法

签认事故单位提交的质量事故处理报告，组织技术资料归档

发出工程复工令

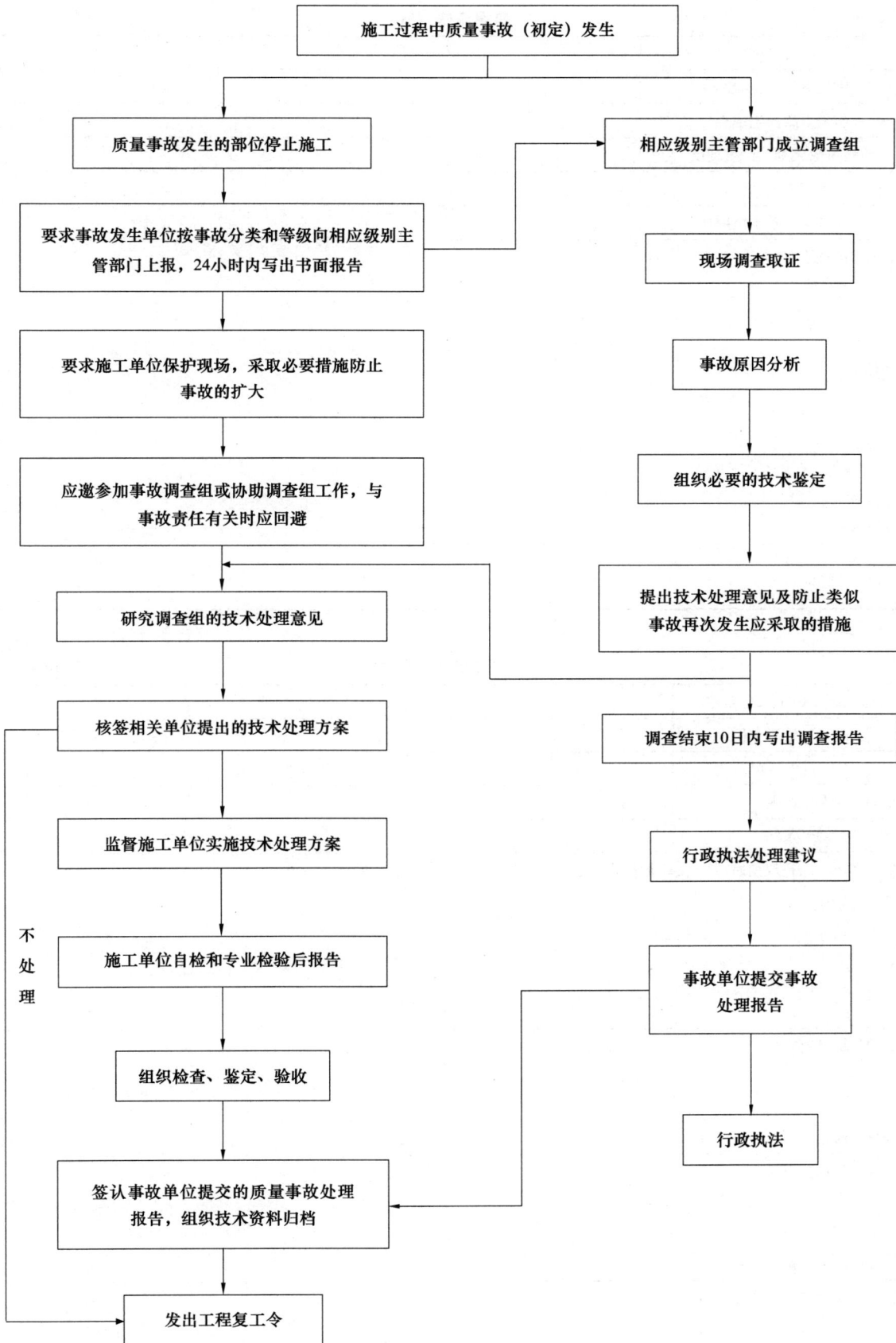

图 14-1　建设工程质量事故处理流程

285

质量事故报告 表 14-1

项目名称	
质量事故发生时间	
质量事故发生地点	
质量事故类别、严重程度	
经济损失估算	
经济损失基本情况	

质量事故简要经过：

补救措施：

报告单位：　　　　　　　　　　　　　　　　　　　　　　　　　　　　　　年　月　日
联系人：　　　　　　　　　　　　　　　　　　　　　　　　　　　　　联系电话：

备注：

工程复工申请／批复书 表 14-2

单位（子单位）工程名称			
整改责任施工单位			
停工范围／部位		停工日期	
停工原因			
复工条件			

整改情况（附整改前后对比示图或照片）及复工申请意见：

整改责任施工单位项目负责人签名：
（盖章）
年　月　日

监理单位批复意见：

项目总监理工程师签名：　　　　　　　　　　　　　（盖章）　　　　　　　　　年　月　日

建设单位批复意见：

建设单位项目负责人签名：　　　　　　　　　　　（盖章）　　　　　　　　　年　月　日

发出整改单位批复意见：

负责人签名：　　　　　　　　　　　　　　　　　（盖章）　　　　　　　　　年　月　日

第 15 章

工程安全事故报告及调查处理

15.1　概　　述

本章所述工程安全事故报告及调查处理监督管理主要内容包括：适用范围、安全事故等级划分、事故报告和抢险救援、事故调查和处理、建设工程主管部门及其安全监督机构其他工作、事故资料归档。

15.2　重 点 工 作

15.2.1　适用范围

适用于辖区范围内建筑施工活动中发生的造成人身伤亡或者直接经济损失的生产安全事故的报告和调查处理。不适用于环境污染事故、核设施事故、国防科研生产事故的报告和调查处理。

15.2.2　安全事故等级划分

根据国务院《生产安全事故报告和调查处理条例》规定，生产安全事故（以下简称事故）造成的人员伤亡或者直接经济损失，事故一般分为以下等级：

1. 特别重大事故，是指造成 30 人以上死亡，或者 100 人以上重伤（包括急性工业中毒，下同），或者 1 亿元以上直接经济损失的事故；

2. 重大事故，是指造成 10 人以上 30 人以下死亡，或者 50 人以上 100 人以下重伤，或者 5000 万元以上 1 亿元以下直接经济损失的事故；

3. 较大事故，是指造成 3 人以上 10 人以下死亡，或者 10 人以上 50 人以下重伤，或者 1000 万元以上 5000 万元以下直接经济损失的事故；

4. 一般事故，是指造成 3 人以下死亡，或者 10 人以下重伤，或者 1000 万元以下直接经济损失的事故。

其中"以上"包括本数，"以下"不包括本数。

15.2.3　事故报告和抢险救援

1. 事故现场报告及应急处置

事故发生后，事故现场有关人员应当立即向本单位负责人报告；单位负责人接到报告后，应当于 1 小时内向事故发生地县级以上人民政府安全生产监督管理部门和住建部门等负有安全生产监督管理职责的有关部门报告。

在事故上报的同时，事发单位应启动应急救援预案，并组织人员进行及时抢险、救灾，及时排除险情，将事故损失降低到最低，确保人民生命财产安全。

2. 事故上报与救援

接到生产安全事故报告后，应立即赶往事故现场，了解事故情况，并在接到事故报告两小时内向上级建设行政主管部门报告；30 日内伤亡人数发生变化的，应及时补报；组织或参与事故抢险救援工作；拍摄事故现场照片；督促妥善保护事故现场及相关证据。

3．事故报告内容

事故报告应当包括下列内容：

（1）事故发生单位概况；

（2）事故发生的时间、地点以及事故现场情况；

（3）事故的简要经过；

（4）事故已经造成或者可能造成的伤亡人数（包括下落不明的人数）和初步估计的直接经济损失；

（5）已经采取的措施；

（6）其他应当报告的情况。

15.2.4　事故调查和处理

1．事故调查权限

根据《生产安全事故报告和调查处理条例》规定：

（1）特别重大事故由国务院或者国务院授权有关部门组织事故调查组进行调查。

（2）重大事故、较大事故、一般事故分别由事故发生地省级人民政府、设区的市级人民政府、县级人民政府负责调查。省级人民政府、设区的市级人民政府、县级人民政府可以直接组织事故调查组进行调查，也可以授权或者委托有关部门组织事故调查组进行调查。

（3）未造成人员伤亡的一般事故，县级人民政府也可以委托事故发生单位组织事故调查组进行调查。

2．事故调查组的组成及职责

（1）调查组组成

① 根据事故的具体情况，事故调查组由有关人民政府、安全生产监督管理部门、负有安全生产监督管理职责的有关部门、监察机关、公安机关以及工会派人组成，并应当邀请人民检察院派人参加。

事故调查组可以聘请有关专家参与调查。

② 事故调查组组长由负责事故调查的人民政府指定。事故调查组组长主持事故调查组的工作。

（2）调查组职责

① 查明事故发生的经过、原因、人员伤亡情况及直接经济损失；

② 认定事故的性质和事故责任；

③ 提出对事故责任者的处理建议；

④ 总结事故教训，提出防范和整改措施；

⑤ 提交事故调查报告。

（3）事故调查时限

事故调查组应当自事故发生之日起 60 日内提交事故调查报告；特殊情况下，经负责事故调查的人民政府批准，提交事故调查报告的期限可以适当延长，但延长的期限最长不超过 60 日。

3．事故调查报告

应当包括下列内容：

（1）事故发生单位概况；

（2）事故发生经过和事故救援情况；

（3）事故造成的人员伤亡和直接经济损失；

（4）事故发生的原因和事故性质；

（5）事故责任的认定以及对事故责任者的处理建议；

（6）事故防范和整改措施。

（7）附具有关证据材料。

事故调查组成员应当在事故调查报告上签名。

15.2.5　建设工程主管部门及其安全监督机构其他工作

建设主管部门及其安全监督机构，应在事故发生后除了抓好事故抢险救援、事故调查处置之外，尚应做好以下工作。

1．停工、约谈、警示、整改

（1）事故后立即责令发生安全事故的工程或标段停工整改，并于当日签发《停工整改通知书》，制作调查询问笔录。

（2）约谈事故工程建设、施工以及监理等单位安全生产第一责任人，对外地驻深企业，同时将事故情况通报其注册所在地的省、市建设行政主管部门。

（3）对涉事的施工总承包企业、分包企业、监理企业在辖区范围内的全部在建工地进行全面排查，发现隐患及相关违法行为的，责令限期整改或停工整改，依法实施行政处罚。

（4）将事故有关情况通过微信、短信等方式通报辖区范围内的在建工地项目经理、总监理工程师等人员，吸取教训，举一反三，加强防范。

（5）根据施工情况、影响程度等，及时组织召开事故现场会进行警示教育。涉事企业安全负责人剖析事故原因及存在的问题，提出改进措施。

（6）将连续发生事故、一次发生死亡 2 人及以上事故，或因事故造成恶劣社会影响，或引发群体性上访事件的相关责任单位及人员通过媒体向社会曝光，并列入重点监管整治企业名单，在深圳市工程交易服务网等公布。

（7）对同类事故多发的，质量安全监督机构立即组织开展针对性专项整治，防范同类事故在其他工程、其他单位重复发生。

2．事故调查配合

根据调查组要求，密切配合事故调查。

3．责任追究

（1）督促涉事施工、监理企业按照"四不放过"原则进行责任倒查并对所有涉事责任人员启动问责，督促企业将事故调查、隐患整改、警示教育及问责情况于事故发生后 10 日内书面报送质量安全监督机构。

（2）施工企业安全生产许可证处罚资料的移送。

（3）事故工地违规违章行为涉及企业的行政处罚。

（4）对发生安全事故，在勘探、施工过程中违反规定，造成相邻建（构）筑物或地下管线设施损毁涉嫌违反《治安管理处罚法》的，依法将相关责任人移送公安机关作治安拘留等处罚；涉

291

嫌构成犯罪的，依法移送司法机关追究刑事责任。

（5）对质量安全监督执法人员在涉事工地履职情况进行考核。对负有责任的，同时启动行政问责。

4．复工

对事故工地复工前检查，开具《工程复工申请／批复书》后按要求复工备案。

15.2.6 事故资料归档

监督机构应在事故结案后建立档案，并按要求向有关单位移送档案资料，档案应包含以下内容：

1．档案目录；

2．事故调查报告批复、事故调查报告；

3．事故快报；

4．事故现场照片；

5．调查询问笔录；

6．《责令停工整改通知书》《工程复工申请／批复书》；

7．处罚记录；

8．其他资料。

15.3 工 作 流 程

建设工程安全事故处理流程（图15-1）。

15.4 常用表格和文书

1．安全事故报告（表15-1）。

2．责令停工整改通知书（附件13-2）。

3．工程复工申请／批复书（表14-2）。

15.5 相 关 文 件

1．《中华人民共和国建筑法》（2019年修正）。

2．《建设工程安全生产管理条例》（国务院令第393号，2003年11月）。

3．《生产安全事故报告和调查处理条例》（国务院令第493号，2007年4月）。

4．《建筑工程安全生产监督管理工作导则》（建质〔2005〕184号）。

5．《广东省安全生产条例》（广东省第十二届人民代表大会常务委员会公告第94号，2013年9月修正）。

6．《深圳经济特区建设工程施工安全条例》。

建设工程安全事故（初定）发生

事故现场有关人员应当立即向本单位负责人报告 → 参建各建设主体单位立即赶赴事故现场，组织事故救援

1小时内向事故发生地县级以上人民政府安全生产监督管理部门和负有安全生产监督管理职责的有关部门报告

立即责令发生安全事故的工程或标段停工整改，排查隐患，发现相关违法行为的，依法实施行政处罚

对涉事的施工总承包企业、分包企业、监理企业在辖区范围内的全部在建工地进行全面排查，发现隐患及相关违法行为的，责令限期整改或停工整改，依法实施行政处罚

督促涉事施工、监理企业按照"四不放过"原则进行责任倒查并对所有涉事责任人员启动问责，督促企业将事故调查、隐患整改、警示教育及问责情况于事故发生后10日内书面报送质量安全监督机构

通报辖区范围内的在建工地项目经理、总监理工程师等人员，吸取教训，举一反三，加强防范

质量安全监督机构立即组织开展针对性专项整治，防范同类事故在其他工程、其他单位重复发生

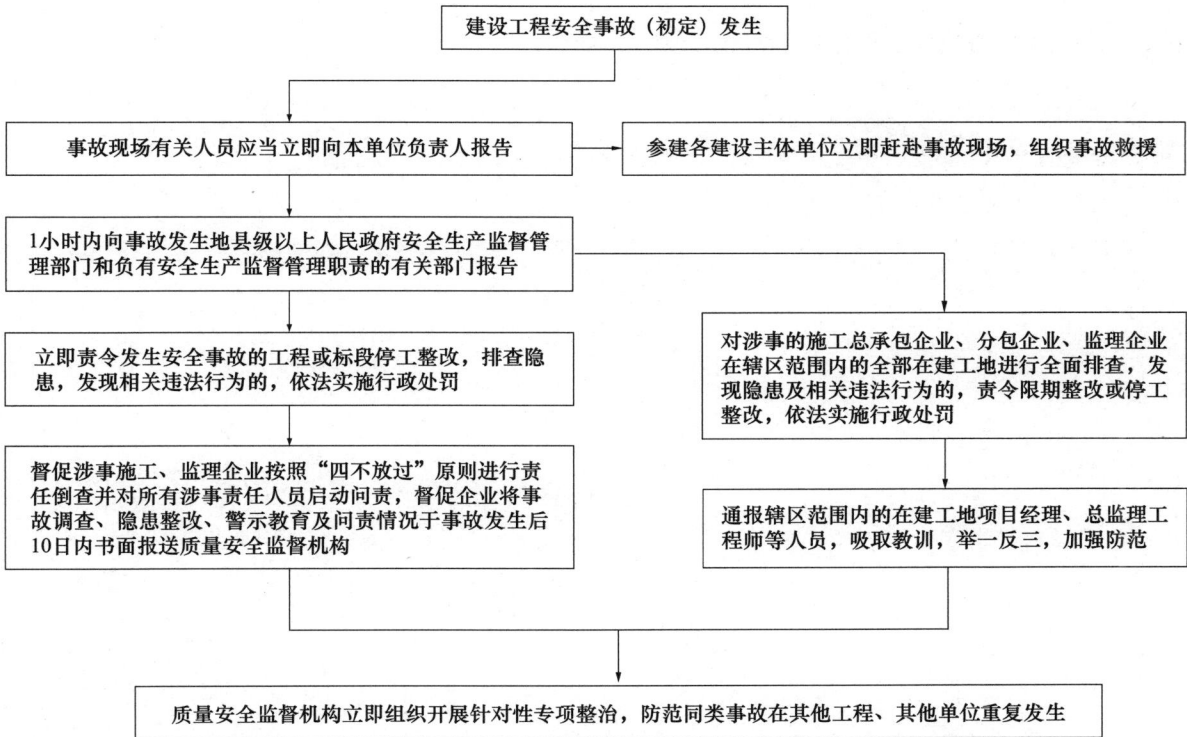

图 15-1 建设工程安全事故处理流程

安全事故报告 表 15-1

项目名称	
事故发生时间	
事故发生地点	
事故类别、严重程度	
事故伤亡人数	
伤亡人数基本情况	

事故简要经过：

抢救措施：

报告单位： 年 月 日
联系人： 联系电话：

备注：

293

第 16 章

工程质量安全投诉处理

16.1　概　　述

工程质量投诉是指公民、法人和其他组织通过信函、电话、来访等形式反映工程质量问题的活动。

本章所述工程质量安全投诉处理监督管理主要内容包括：适用范围、职责分工、投诉处理要点（接受任务、现场协调处理、投诉处理回复）。

16.2　重 点 工 作

16.2.1　适用范围

凡是新建、改建、扩建的各类房屋建筑、市政基础设施、装饰装修等建设工程，在保修期内和建设过程中发生的工程质量安全问题，均属投诉范围。对超过保修期，在使用过程中发生的工程质量安全问题，由产权单位或有关部门处理。

本章适用对涉及区监管的在建房屋建筑和市政工程的质量安全投诉进行处理，重点是房屋建筑工程质量投诉。

16.2.2　质量安全投诉处理职责分工

1. 市建设行政主管部门

负责对本市行政区域内房屋建筑和市政工程质量安全投诉处理工作进行监督管理，对本部门颁发施工许可证的房屋建筑和市政工程的质量安全投诉进行处理，对本地区房屋建筑和市政工程质量投诉处理情况进行统计分析。

2. 区建设行政主管部门

负责对本部门颁发施工许可证的房屋建筑和市政工程质量安全投诉进行处理，对本地区房屋建筑和市政工程质量安全投诉处理情况进行统计分析。

3. 工程质量安全监督机构

各级住房和城乡建设行政主管部门所属的工程质量安全监督机构应协助做好房屋建筑和市政工程质量安全投诉核查处理的具体工作。

4. 建设、设计、施工、监理单位

（1）建设单位是房屋建筑工程质量缺陷保修处理的牵头单位，应做好工程质量投诉处理的有关工作，组织原设计单位、施工企业对质量缺陷进行分析，提出处理方案，并按方案实施。

（2）施工单位应依法履行保修义务，按照保修范围、保修期限做好保修工作。

（3）监理单位应督促施工单位履行保修义务，并在必要时向政府主管部门、建设单位报告。

（4）建设单位已不存在的，由房屋所有人或物业服务企业协调施工单位实施质量保修。

（5）建设、设计、施工、监理单位，应对安全投诉，尤其是施工过程中的安全投诉，及时处理。

16.2.3 质量投诉处理要点

1. 接受任务

（1）质安站综合管理部负责接收投诉人直接投诉或上级有关部门下达或其他部门转办的工程质量投诉处理任务，填写《工程质量投诉登记表》。一般事项转分管副站长批阅，重大事项转站长批示。

投诉人或上级转办的资料一般应包括以下资料：

① 投诉书（包括投诉人姓名、现住址、联系电话，工程名称、地址、建设单位或物业服务企业，房屋建筑工程存在的质量缺陷和具体部位，请求处理的具体要求等）；

② 投诉人身份证件、房产证件复印件或房屋租赁合同复印件；

③ 反映质量缺陷的照片、资料等。

如不属于本机构办理的工程质量投诉，应在接到投诉材料的 10 个工作日内，按实际情况将投诉材料转给相关主管部门办理，并告知投诉人。

（2）质安站综合管理部根据站领导批阅要求转相关监督部门处理。

（3）相关监督部长负责组织和协调投诉处理工作，并指派两名或两名以上监督人员组成投诉处理小组。

（4）投诉处理小组收到投诉处理任务后一个工作日内联系投诉人、项目建设单位或其他相关单位，了解情况，确定现场协调时间。

2. 初步核实及决定是否正式受理

（1）初步核实。投诉处理小组责成建设单位组织有关勘察、设计、监理、施工、物业管理单位负责人及投诉人，对涉及投诉的建设工程质量缺陷情况进行现场调查核实。

（2）不予受理情形。

按《广东省住房和城乡建设厅关于房屋建筑工程质量投诉的处理办法》（粤建质函〔2010〕643 号）处理。房屋建筑工程有下列情况之一的，属于不符合受理条件：

① 超过保修期限或保修范围的；

② 不以实名或匿名投诉的；

③ 投诉材料反映的问题不真实的；

④ 投诉事项已进入仲裁、诉讼程序或已做出司法判决、仲裁裁决的；

⑤ 投诉事项已经受理或正在办理，投诉人在未超出规定处理时限再次提出同一投诉事项的；

⑥ 本级住房和城乡建设行政主管部门已就投诉事项做出处理并作出书面答复意见的；

⑦ 对未办理施工许可的工程提出的质量投诉。

对于不符合受理条件的，住房和城乡建设行政主管部门应向投诉人发送《工程质量投诉事项不符合受理条件告知书》，并说明理由。

（3）投诉受理

符合受理条件的向投诉人签发《投诉事项受理告知书》，并向建设单位签发《工程质量投诉处理通知书》。

3. 投诉处理程序

（1）向投诉人发出《投诉事项受理告知书》。

（2）投诉处理小组派出两名以上专业技术人员就投诉情况进行调查，填写《质量投诉现场调查情况记录表》。

（3）对于问题直观、责任明确的一般质量缺陷，向责任单位下达《工程质量投诉处理通知书》，责成责任单位提出处理方案，并限期处理完毕。

（4）对于涉及工程主体结构安全和主要使用功能的质量缺陷，应组织专家小组论证，提出论证意见；需要进行检测的，应委托双方认可的有相应资质的检测机构进行检测；需要进行验算的，应委托原设计单位或双方认可的有相应资质的设计单位进行验算。上述工作完成后，下达《工程质量投诉处理通知书》，责成责任单位限期处理完毕。

（5）需加固设计的，应委托原设计单位或双方认可的有相应资质的设计单位进行设计，施工图设计文件应经住房和城乡建设行政主管部门认定的施工图审查机构审查合格。

（6）对于一般质量缺陷，责任单位处理完毕后，由投诉人进行验收，并形成确认通过验收的书面材料；对于涉及工程主体结构安全和主要使用功能的质量缺陷，由原来负责工程项目监督的质量监督机构实施监督，由原来负责监理的企业或双方认可的有相应资质的监理企业实施监理，处理完毕后，由建设单位组织有关各方进行验收，建设单位已不存在的，由房屋所有人或物业服务企业组织验收。

4．投诉处理注意事项

（1）对投诉中反映可能危及人身安全的质量隐患，应立即组织核实，如确实存在险情，应及时会同有关部门实施相关人员转移、疏散、设置警戒线等措施。

（2）质量投诉处理过程中，如住建主管部门或质量保修企业认为需专家论证、检测和验算的，其费用由质量保修企业先垫付；如投诉人认为需专家论证、检测和验算的，其费用由质量保修企业和投诉人先各垫付一半。造成质量缺陷的责任明确后，质量投诉处理所产生的费用由责任单位相应承担；若无质量问题，相关费用由投诉人承担。

（3）住建主管部门发出《投诉事项受理告知书》至《工程质量投诉处理通知书》的时限，一般质量缺陷处理为 30 个工作日，涉及工程主体结构安全和主要使用功能检测鉴定的质量缺陷处理为 60 个工作日，因情况复杂或特殊原因不能在 60 个工作日处理完毕的，可适当延长处理时限。

5．投诉处理回复

（1）投诉处理小组应在投诉处理时限内将处理协调结果形成书面报告，逐级上报审核；

（2）投诉处理报告内容一般包括：

① 投诉内容摘要；

② 工程概况（包括工程规模、各责任单位、工程竣工验收时间等）；

③ 现场质量问题核实的情况；

④ 投诉人的诉求；

⑤ 现场协调的结果；

⑥ 处理意见；

⑦ 其他需要反映的情况。

（3）将经审批核准的书面报告回复上级有关部门或来文单位，并告知投诉人。

（4）投诉处理小组应跟踪投诉处理事项的处理进程，直至投诉处理工作结束。

6．资料整理存档

投诉处理工作完成后，投诉处理小组应将投诉处理相关资料汇总整理，并妥善保管。存档资料包括质量投诉调查处理报告（电子文件）、各方签认的会议记录、签到表、图片（录像）等。

16.2.4 安全投诉

施工过程中的安全投诉，不论是来自何方、何种类型的安全问题，建设、设计、施工、监理等工程责任主体，均应无条件及时进行处理。工程使用过程涉及安全的质量问题也参照施工过程中的安全问题类似处理。

16.3 工 作 流 程

工程质量投诉处理工作流程（图 16-1）。

16.4 常用表格和文书

1. 工程质量投诉登记表（表 16-1）。
2. 工程质量投诉事项不符合受理条件告知书（表 16-2）。
3. 投诉事项受理告知书（表 16-3）。
4. 工程质量投诉处理通知书（表 16-4）。
5. 质量投诉现场调查情况记录（表 16-5）。

16.5 相 关 文 件

1.《建设工程质量投诉处理暂行规定》（建监〔1997〕60 号）。
2.《房屋建筑工程质量保修办法》（建设部令 2000 年第 80 号）。
3.《广东省住房和城乡建设厅关于房屋建筑工程质量投诉的处理办法》（粤建质函〔2010〕643 号）。

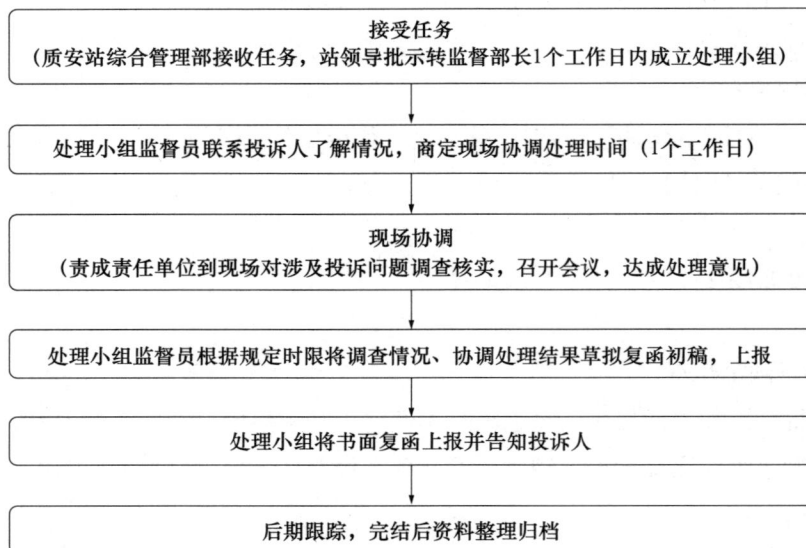

图 16-1 工程质量投诉处理工作流程

工程质量投诉登记表　　　　　　　　　　　　　　　表 16–1

投诉工程名称				竣工日期	
房屋地址				建设单位	
施工单位				监理单位	
投诉人姓名		投诉时间		联系电话	
投诉人与产权人关系			投诉人住址		
投诉内容	质量缺陷描述及相关证明材料				
	请求处理的具体要求				
	与建设单位先行联系情况说明				
转办意见	根据投诉人对质量缺陷描述，质量缺陷属于：一般质量缺陷□，严重质量缺陷□，请监督组根据《广东省住房和城乡建设厅关于房屋建筑工程质量投诉的处理办法》的相关要求进行处理，并及时将处理结果报综合部。 接访人：　　　　　　　　　　　　　　　　　　　　　　　　　年　月　日 工程监督组：　　　接收人： 　　　　　　　　　　　　　　　　　　　　　　　　　　　　　年　月　日				

工程质量投诉事项不符合受理条件告知书　　　　　　　表 16–2

投诉工程名称				
投诉人				
投诉人联系地址			投诉人联系电话	
投诉事项				
不予受理理由说明	根据《广东省住房和城乡建设厅关于房屋建筑工程质量投诉的处理办法》第十条规定，有下列情况之一的，属于不符合受理条件： （1）超过保修期限或保修范围的；　　　　　　　　　　　　　　　　□ （2）不以实名或匿名投诉的；　　　　　　　　　　　　　　　　　　□ （3）投诉材料反映的问题不真实的；　　　　　　　　　　　　　　　□ （4）投诉事项已进入仲裁、诉讼程序或已做出司法判决、仲裁裁决的；□ （5）投诉事项已经受理或正在办理，投诉人在未超出规定处理时限再 次提出同一投诉事项的；　　　　　　　　　　　　　　　　　　　　□ （6）本级住房和城乡建设行政主管部门已就投诉事项做出处理并作出 书面答复意见的；　　　　　　　　　　　　　　　　　　　　　　　□ （7）对未办理施工许可的工程提出的质量投诉。　　　　　　　　　　□ 投诉人投诉事项属于以上＿＿＿条，故不予受理。			
投诉处理人			联系电话	

××市××区建设工程质量监督站（盖章）

年　月　日

投诉事项受理告知书　　　　　　　　　　　　　　　　**表 16-3**

编号：

　　——————————：

　　你（司）所投诉的——————————工程质量问题。根据《广东省房屋建筑工程质量投诉的处理办法》，我单位予以受理，为便于投诉事项的协调处理，请你（司）或委派专人与我单位联系。

××市××区建设工程质量安全监督站

年 月 日

　　签收人：

　　　　（单位公章）

　　　　年　月　日

　　注：本通知书一式两份，建设单位和质量监督机构各存一份

工程质量投诉处理通知书　　　　　　　　　　　　　　**表 16-4**

编号：

　　——————————：

　　贵单位建设开发（施工）的——————————工程，因存在质量问题受到投诉。现通知贵单位自收到本通知书＿＿＿日内查明原因并通知、协调相关单位给予修复，并将修复情况书面报告我站。

　　详细情况见附件。

××市××区建设工程质量安全监督站

年 月 日

　　签收人：

　　　　（单位公章）

　　　　年　月　日

　　注：本通知书一式两份，建设单位和质量监督机构各存一份

质量投诉现场调查情况记录　　　　　　　　　　　　　**表 16-5**

年　月　日

投诉人		联系电话	
工程名称		工程地址	
建设单位		施工单位	
投诉问题摘要			
参加现场处理单位			
现场调查处理情况：			

检查人员：

第 17 章

生态环境保护监管

17.1　概　　述

本章所述生态环境保护监管主要包括对建设单位及承包商在以下方面的行为和工程实体监管：生态环境保护宣传教育管理、土地使用审批、环境评价及环境保护设施措施实施情况（含污水排放管理）、林地征用占用审批、水土保持、排水排污、建筑废弃物处理非道路移动机械大气污染防治、施工扬尘防治、预拌混凝土（砂浆）生产企业扬尘防治、噪声防治等。

17.2　重　点　工　作

17.2.1　生态环境保护宣传教育管理

主要由质安站在日常检查中，检查建设单位和施工单位、监理单位等是否有生态环境保护宣传教育的制度及实施情况。

17.2.2　土地使用审批

1．项目前期审批阶段

审核项目是否符合相关土地规划，否则不予办理选址和用地规划手续。

2．施工报建阶段

主要查看是否有土地报批手续，如用地规划许可。

3．施工阶段

主要由质安站检查施工范围是否超出批复的土地范围，是否符合相关规划。

4．竣工验收和规划验收阶段

主要由质安站在竣工验收时和规划部门在规划验收时，检查最终竣工的工程范围是否超出批复的土地范围，是否符合相关规划。

17.2.3　环境评价及环境保护设施措施实施情况

环境影响评价主要在前期审批阶段，由环境主管部门按相应程序审批，达到予以监管的目的。

环境保护设施措施实施情况，由环境主管部门和质量安全监督部门在项目实施阶段通过检查是否按原有设计方案实施，进行监管。

17.2.4　林地征用占用审批

如建设项目需要征用占用林地时，建设单位在取得选址意见书、用地方案图后，应到林业部门（深圳市主管部门为市或区规划和自然资源局）办理行政许可手续后，才能申请签订土地使用权出让合同及建设工程规划许可。林地征用占用的许可办理办法详见《项目管理手册》中有关前期管理的章节。

质量安全监督部门在施工过程中，可核对承包商的施工范围是否超出林地的审批范围进行违法施工，发现违法施工及时报林业主管部门。

17.2.5 水土保持

建设项目一般在完成项目建议书、选址意见书和方案设计审查意见后，要到市区水务（水利）主管部门办理水土保持行政许可。申办办法详见《项目管理手册》中有关前期管理的相应章节。获批后才能申请施工图设计审查，方可允许开工。

质量安全监督部门在施工过程中按要求对水土保持方案执行情况进行监督。

17.2.6 排水排污

建设工程需办理临时排水许可手续。现场废、污水在排入市政雨污水管网前应达到规定排放标准。场地含泥废水、雨水排入市政雨水管网前应经过三级沉淀池处理。生活污水排入市政污水管网前应经过化粪池、隔油池处理。

17.2.7 建筑废弃物处置

建设单位应会同施工单位按照《深圳市建筑废弃物减排与利用条例》等要求制定建筑废弃物减量化计划，加强建筑废弃物的回收再利用。

不能回收再利用的建筑废弃物应及时覆盖，及时清运。生活区及办公区生活垃圾按照生活垃圾分类处理的有关规定处置。

17.2.8 非道路移动机械大气污染防治

1. 适用范围

非道路移动机械是指装用柴油机的工程机械，包括但不限于以下机械：装载机、推土机、挖掘机、打桩机、铲车、压路机、沥青摊铺机、叉车、旋挖机、混凝土输送泵等。鼓励推广使用新能源密闭式新型泥头车。

2. 职责分工及防治办法

《中华人民共和国大气污染防治法》第56条规定，环境保护主管部门应会同住建等部门，对工地等区域非道路移动机械的大气污染物排放状况进行监督检查；排放不合格的，不得使用。

深圳市政府2018年9月通过划定不同区域的形式，对不同区域、不同排放标准的上述工程机械限制使用，低排区内所有在用非道路移动机械排放应满足深圳经济特区技术规范《在用非道路移动机械用柴油机排气烟度排放限值及测量方法》SZJG 49—2015限值要求。低排区内所有在用非道路移动机械必须使用符合国家规定的车用柴油。应急抢险工程使用的非道路移动机械不受上述使用区域限制。

不同低排区见下表。

类别	区域	国Ⅰ及以下排放标准机械禁止使用开始时间	国Ⅱ及以下排放标准机械禁止使用开始时间
一类低排区	南山、福田、罗湖、盐田	2018年11月1日	2019年3月1日一般工程机械，2020年9月1日起，所有非道路移动机械
二类低排区	宝安、龙岗、龙华、坪山、大鹏	2018年11月1日	—

注：国Ⅰ即2010年10月1日前销售的非道路移动机械，国Ⅱ即2016年4月1日前销售的非道路移动机械。

17.2.9　施工扬尘防治

1. 适用范围

根据《中华人民共和国大气污染防治法》扬尘是主要的大气污染源之一，必须进行防治。而建设工程（包括房屋建筑、市政、园林绿化、路桥、水务、铁路、土石方作业和拆除工程）施工是主要的扬尘产生根源之一。施工扬尘产生主要包括三个方面：

（1）建设工程施工作业过程中所产生的粉尘颗粒物，如土石方作业、混凝土浇筑、路基路面作业、钻孔、拆除、打磨等；

（2）建筑材料（物料），如砂石、拌合料、工程渣土、建筑垃圾等在运输过程中，产生的粉尘颗粒；

（3）暂未施工的裸露工地地面，包括泥地、未完工地面、已完工但未清理的地面，因受刮风、机械移动、人行走等产生的粉尘颗粒。

2. 职责分工及防治办法

（1）环保主管部门

①对辖区的扬尘污染防治实施统一监督管理。

②制定扬尘污染防治总体方案，或根据上级部门总体方案，制定本辖区的具体方案。

③建立本辖区或按上级要求配合上级部门建立包含辖区在内的，污染源数据库与扬尘管理信息系统，定期发布扬尘污染状况环境信息，向上级部门报送本辖区的扬尘污染状况数据信息。

（2）建设、国土房地产、交通、水务、城管等行业主管部门

①根据环保部门的总体方案和具体方案，制定主管职责范围内的扬尘污染防治的具体措施，减少扬尘污染。

②对主管行业的建设工地扬尘污染进行监督管理或委托相关机构进行监督管理，依法依规进行必要的处罚，并采取信用评价，与招投标挂钩的方式（两场联动），以促进扬尘防治工作取得预期成效。

（3）建设单位

对施工扬尘污染防治负总责。将扬尘污染防治费用列入工程造价，督促施工单位落实扬尘防治措施等，详见表 17-1。

（4）监理单位

对施工扬尘治理负监理责任。应当将施工扬尘污染防治纳入监理范围，结合工程特点在监理规划中提出有针对性的监理措施，详见表 17-2。

（5）施工单位

施工扬尘防治工作的具体实施者。应当依照法规及施工合同约定，具体承担建设工程施工扬尘污染防治工作，实现 6 个 100%，即：①施工围挡及外架 100% 全封闭；②出入口、车行道、主要场地等 100% 硬底化；③出入口 100% 安装冲洗设施；④易起尘作业面 100% 湿法施工；⑤裸露土及易起尘物料 100% 覆盖；⑥出入口 100% 安装 TSP 在线监测设备。详见表 17-3 和表 17-5。

扬尘污染防治的具体技术标准要求，按照《建设工程扬尘污染防治技术规范》SZDB/Z 247—2017 执行。

307

17.2.10 预拌混凝土（砂浆）生产企业扬尘防治

1. 预拌混凝土（砂浆）生产企业职责及措施

（1）应当将扬尘污染防治措施或者方案纳入质量管理体系，积极采用绿色生产技术，按照相关技术标准进行监测并严格控制生产性粉尘排放。

（2）应当保证预拌混凝土和预拌砂浆搅拌运输车和混凝土泵车等工程特种车辆车况良好、车容整洁，并采取相应的防渗漏、防扬散、防噪声等污染防治措施。

2. 质安站监管职责及措施

（1）监督检查内容。对区预拌混凝土和预拌砂浆生产企业扬尘污染防治情况进行监督检查，监督检查的主要内容详见表17-4。

（2）监督检查方案。质安站综合部每月对区预拌混凝土和预拌砂浆企业进行扬尘污染防治情况监督检查1次，检查结束发出检查意见书，要求搅拌站进行整改，拒不整改的，移送相关执法部门进行处罚。

3. 其他

鼓励预拌混凝土和预拌砂浆企业进行生产设施防尘改造提升。

17.2.11 噪声防治

施工单位制定噪声防治措施，不得超标，监理纳入监理范围制定监理措施，政府环保主管部门执法监督。

1. 适用范围

建筑施工噪声是指土木工程、建筑工程、市政工程等建筑施工作业产生的干扰周围环境声音。这类噪声都属防治范围。

2. 职责分工和防治办法

（1）生态环境主管部门

① 施工噪声统一监督管理；② 噪声执法部门；③ 负责建筑施工噪声排放受理（3个工作日内核实登记）；④ 批复中午及夜间带噪声施工。⑤ 应当定期将建筑业企业的环境噪声违法行为查处情况通报住房建设部门。

（2）住建主管部门

① 应当会同有关部门，组织推广使用低噪声建筑施工设备和工艺。② 配合环保部门加强对施工单位噪声管理。③ 应当将建筑业企业违反建筑施工噪声有关规定受到处罚的情况作为不良行为记录存档，并向社会公布。必要时与招投标挂钩实施两场联动。

（3）建设单位

在工程项目发包时，应当依据国家法律法规和有关技术规范，要求施工单位制定施工期间建筑施工噪声防治方案，并对施工现场和施工设备噪声污染防治情况进行监督。

（4）监理单位

① 将施工噪声防控纳入监理范围；② 督促施工单位采取防治措施，并进行有效监督。

（5）施工单位

① 应当根据建筑施工方案和建筑施工噪声污染防治方案的要求，按照建设项目的规模、施工

现场条件、施工所用机械、作业时间等情况，安装噪声污染防治设施和监测设备，采取有效的噪声污染防治措施，并保持噪声污染防治设施和监测设备的正常使用。

② 使用低噪声的施工机械和其他辅助施工设备。禁止在噪声敏感建筑物集中区域内使用蒸气桩机、锤击桩机等噪声严重超标的设备。

③ 在城市建成区内，禁止在中午或者夜间进行产生环境噪声的建筑施工作业，但是有下列情形之一的除外：a.国家、省、市重大项目因特殊需要必须连续作业的；b.按照正常作业时间开始施工但是因生产工艺要求必须连续作业的；c.因道路交通管制的原因需要在指定时间装卸、运输建筑材料、土石方和建筑废弃物的；d.抢修、抢险、应急作业的。

具有前款情形之一的，施工单位应当制定环境噪声防治方案，合理调整施工作业内容，采取有效的环境噪声防治措施，防止噪声干扰周围环境。

④ 符合中午和夜间确需施工条件的，应到环保部门办理批准手续。

⑤ 应当在施工现场的显著位置设置公告栏，向周围单位和居民公布施工单位名称、施工时间、施工范围和内容、噪声污染防治方案、施工现场负责人及其联系方式、投诉渠道等。

施工单位应当在施工现场设置环境噪声投诉来访接待场所，接待来访和投诉。

3．中午和夜间施工办理

（1）办理条件

在城市建成区内，符合以下两个条件之一的，确需施工，可办理施工批准：

① 国家、省、市重大项目因特殊需要必须连续作业的；

② 按照正常作业时间开始施工但是因生产工艺要求必须连续作业的。

（2）办理方法

施工单位应当在施工作业前五个工作日向工程所在地生态环境主管部门提出申请，并提交下列材料：

① 建设单位出具的项目证明材料；

② 所在地住房建设部门出具的施工意见书；

③ 特殊需要的证明材料；

④ 施工现场环境噪声防治方案。

生态环境主管部门对符合规定的申请应当自申请之日起三个工作日内出具中午或者夜间作业证明。中午或者夜间作业证明应当载明作业时间、作业内容、作业方式以及环境噪声防治措施等内容。

施工单位取得生态环境主管部门出具的中午或者夜间作业证明后，应当至少提前二十四小时在受影响区域的显著位置向周围单位和居民公布，并按照中午或者夜间作业证明的要求进行施工。

17.3　工　作　流　程

施工扬尘防治流程（图 17-1）。

17.4　常用表格和文书

1．建设单位扬尘防治落实情况检查表（表 17-1）。

2. 监理单位扬尘防治职责落实情况检查表（表17-2）。

3. 施工单位扬尘防治职责落实情况检查表（表17-3）。

4. 预拌混凝土搅拌站扬尘污染治理检查表（表17-4）。

5. 施工现场扬尘防治技术措施落实情况检查表（表17-5）。

17.5 相 关 文 件

1.《中华人民共和国水土保持法》（中华人民共和国主席令第39号，2010年12月）。

2.《广东省实施〈中华人民共和国水土保持法〉办法》（1997年修正）。

3.《中华人民共和国水土保持法实施条例》（国务院令第120号，2011年1月修订）。

4.《深圳经济特区水土保持条例》（2019年8月29日修正）。

5.《中华人民共和国大气污染防治法》（2018年修正）。

6.《深圳市人民政府关于划定禁止使用高排放非道路移动机械区域的通告》（深府规〔2018〕18号）。

7.《广东省建设工程施工扬尘污染防治管理办法（试行）》（粤办函〔2017〕708号）。

8.《深圳市扬尘污染防治管理办法》（2018年12月21日修正）。

9.《深圳市建设工程扬尘污染防治技术规范》（SZDB/Z 247—2017）。

10.《中华人民共和国环境噪声污染防治法》（2018年修正）。

11.《广东省实施〈中华人民共和国环境噪声污染防治法〉办法》（2018年修正）。

12.《深圳经济特区环境噪声污染防治条例》（2020年8月6日修正）。

13.《建筑施工场界环境噪声排放标准》GB 12523—2011。

环保部门制定扬尘防治总体方案及具体方案
↓
建设、交通、水务等行政主管部门结合行业特点制定具体监督措施
↓
建设单位提交环评文件（含扬尘治理）报批
↓
建设单位与施工单位、监理签订合同，目前扬尘防治责任
↓
施工现场扬尘防治实施（7个100%），行业主管部门进行监督
↓
工程完工

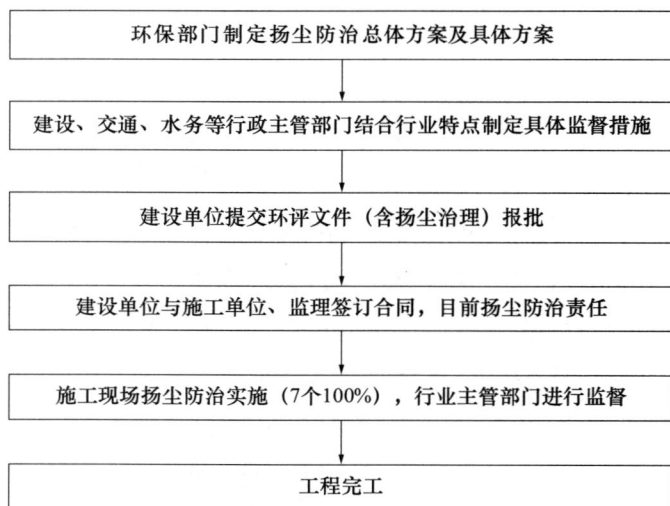

图 17-1 施工扬尘防治流程

建设单位扬尘防治落实情况检查表 　　　　　　　　　　表 **17-1**

工程名称：　　　　　　　工程地址：
建设单位：　　　　　　　联 系 人：　　　　　　　联系电话：

序号	职责	履职情况	备注
1	对施工扬尘污染防治负总责	履职情况简述： 存在问题： □符合　　□不符合	
2	向环保部门提交的环境影响评价文件中，应包含对可能产生扬尘污染建设项目的扬尘防治方案	履职情况简述： 存在问题： □符合　　□不符合	
3	应当将扬尘污染防治费用列入工程造价	履职情况简述： 存在问题： □符合　　□不符合	
4	在施工总承包合同中明确施工单位扬尘防治责任	履职情况简述： 存在问题： □符合　　□不符合	
5	督促施工单位编制扬尘防治方案，落实防治措施	履职情况简述： 存在问题： □符合　　□不符合	
6	应当组织相关单位开展建筑土方、建筑废弃物运输处置工作，办理工程渣土消纳处置手续	履职情况简述： 存在问题： □符合　　□不符合	
7	督促施工单位与具备相应资格的运输企业、建筑废弃物处置场所签订建筑土方清运、建筑废弃物处置协议	履职情况简述： 存在问题： □符合　　□不符合	
8	闲置3个月以上的建设用地，应当对其裸露泥地进行绿化、铺装或者遮盖；闲置3个月以下的，应当进行防尘覆盖	履职情况简述： 存在问题： □符合　　□不符合	

检查单位：　　　　　检查人：　　　　　检查日期：

监理单位扬尘防治职责落实情况检查表 表 17-2

工程名称： 工程地址：
监理单位： 联 系 人： 联系电话：

序号	职责	履职情况	备注
1	应当将施工扬尘污染防治纳入监理范围，结合工程特点在监理规划中提出有针对性的监理措施	履职情况简述： 存在问题： □符合 □不符合	
2	加强对施工单位扬尘污染防治情况的检查，督促施工单位落实扬尘防治措施	履职情况简述： 存在问题： □符合 □不符合	
3	在实施监理过程中，发现施工单位有违反扬尘污染防治要求或者未按专项方案落实扬尘污染防治措施的行为，应当要求施工单位予以整改，情节严重的应当要求施工单位暂时停止施工，并及时报告建设单位。施工单位拒不整改或者不停止施工的，监理单位应当向工程所在地相关行业主管部门报告	履职情况简述： 存在问题： □符合 □不符合	

检查单位： 检查人： 检查日期：

施工单位扬尘防治职责落实情况检查表 表 17-3

工程名称： 工程地址：
施工单位： 联 系 人： 联系电话：

序号	职责	履职情况	备注
1	配备相关管理人员	履职情况简述： 存在问题： □符合 □不符合	
2	落实施工现场各项扬尘污染防治措施（即6个100%），详见表17-4	履职情况简述： 存在问题： □符合 □不符合	
3	建立扬尘污染防治检查制度，定期组织建设工程施工扬尘污染防治专项检查	履职情况简述： 存在问题： □符合 □不符合	
4	应当建立扬尘污染防治公示制度，在施工现场出入口将工程概况、扬尘污染防治措施、非道路移动机械使用清单、建设各方责任单位名称及项目负责人姓名、本企业以及工程所在地相关行业主管部门的投诉举报电话等信息向社会公示	履职情况简述： 存在问题： □符合 □不符合	

续表

序号	职责	履职情况	备注
5	应当在项目施工前编制扬尘污染防治专项方案和扬尘污染防治费用使用计划，明确扬尘控制目标、防治部位、控制措施，并将扬尘污染防治费用专项使用	履职情况简述： 存在问题： □符合　　□不符合	
6	应当与具备相应资格的运输企业、建筑废弃物处置场所签订处置协议，及时清运建筑土方、工程渣土、建筑废弃物等散装物料	履职情况简述： 存在问题： □符合　　□不符合	
7	实行施工总承包管理的工程，施工总承包单位应当对分包单位的扬尘污染防治工作负总责，并与分包单位签订相关管理协议，督促分包单位全面落实各项扬尘污染防治措施	履职情况简述： 存在问题： □符合　　□不符合	

检查单位：　　　检查人：　　　检查日期：

313

预拌混凝土搅拌站扬尘污染治理检查表　　　　　表 17-4

企业站点名称：　　　　　搅拌站地址：　　街道　　　社区　　　路

指标类型	治理措施	检查情况	备注或者存在的问题
	（一）扬尘污染基本治理要求		
1	基本生产设施设备防尘		
基本项	（1）砂、石骨料仓的各仓位，安装全覆盖的抑尘喷淋装置	□满足 □不满足	
基本项	（2）骨料皮带输送机，采取整体包裹密闭	□满足 □不满足	
基本项	（3）粉料筒仓顶部排气口，配置粉尘收集装置	□满足 □不满足	
基本项	（4）搅拌机楼称量层、搅拌层、检修平台，设置封闭式围挡；安装冲洗龙头，废水通过专用管道汇集到废水处理系统	□满足 □不满足	
2	场地环境防尘		
基本项	（5）搅拌站内道路、搅拌机楼前的车辆转场区域，进行混凝土硬底化处理；骨料仓至配料地仓上料口之间的装运区域，以及其他室外生产作业区，地面至少需进行简易硬底化处理，并保持满足生产和运输要求。未经硬底化处理的室外地面，需落实绿化	□满足 □不满足	
基本项	（6）骨料仓至配料地仓上料口之间的装运区域，安装地面洒水龙头	□满足 □不满足	
基本项	（7）搅拌机楼前的车辆转场区域，安装地面洒水、冲洗龙头	□满足 □不满足	
基本项	（8）搅拌站大门口处，安装运输车辆冲洗龙头	□满足 □不满足	
基本项	（9）废水沉淀池附近，设置运输车辆清洗设施	□满足 □不满足	

指标类型	治理措施	检查情况	备注或者存在的问题
基本项	（10）搅拌站进出道路，进行混凝土硬底化处理，并保持满足运输要求	□满足 □不满足	
3	"三废"资源化利用		
基本项	（11）① 建设生产废水、废浆收集处理利用系统，设置专用排水沟和管道、多级（不少于2级）沉淀池、取水设备和管道，对废水、废浆经沉淀、净化后循环利用。② 不得向搅拌站外直接排放生产废水、废浆	□满足 □不满足	
基本项	（12）做好搅拌站内雨水分流组织。重点是搅拌机楼至搅拌站大门口之间区域，优先将该区域雨水汇入生产废水收集处理利用系统，防止雨水夹杂水泥浆污染周边道路或者堵塞市政排水管网	□满足 □不满足	
基本项	（13）① 配备混凝土砂石分离处理设备，对废弃混凝土、砂浆进行处理后回用于预拌混凝土、砂浆生产。② 不得向搅拌站外直接排放或者在搅拌站周边堆放混凝土、砂浆废渣	□满足 □不满足	
4	加强环境卫生管理，控制扬尘		
基本项	（14）加强对相关设施设备运行管理和维护保养，确保生产作业期间除尘、防尘和"三废"资源化利用功能正常，达到有效防尘效果	□满足 □不满足	
基本项	（15）加强骨料仓喷淋管理，确保生产期间和骨料装卸期间喷淋系统正常开启，控制骨料仓扬尘	□满足 □不满足	
基本项	（16）加强地面路面清扫和定时洒水、冲洗，保持地面路面干净整洁、湿润，控制地面路面扬尘	□满足 □不满足	
基本项	（17）加强运输车辆车身清洁管理，保持车身干净整洁。搅拌运输车辆驶出搅拌站、施工现场前需将车身冲洗干净。禁止运输车超量、超高装载，防止掉落废渣、水泥浆、砂石等污染路面	□满足 □不满足	
基本项	（18）露天堆放的原材料和在没有半封闭、全封闭防尘围挡围护的原材料堆场，在不使用、不需装运材料时，采用防尘网（膜、罩）全覆盖防止扬尘	□满足 □不满足	
基本项	（19）在粉料入库、粉料筒仓及搅拌机楼检修期间，采取有效措施控制扬尘	□满足 □不满足	
基本项	（20）搅拌站门前落实环境卫生"门前三包"责任，混凝土企业需负责责任范围内的环境卫生管理，定期对路面进行清扫、冲洗，保持路面干净整洁、湿润，控制路面扬尘。属于搅拌站专用的道路，混凝土企业需负责搅拌站大门口至市政道路接口区间专用道路保洁工作；不属于搅拌站专用的道路，混凝土企业需负责搅拌站大门口外路面长度不少于20米范围内的路面保洁工作	□满足 □不满足	
	（二）鼓励生产设施防尘改造提升方向		
鼓励提升项	（21）砂、石骨料仓以及配料地仓上料口，设置顶盖或者半封闭式围挡（指仓位的1个顶面＋1个背面＋2个侧面）、封闭式围护外罩，顶盖、围挡材料宜采用可重复利用的防火轻质材料，同时须确保围护围挡设施结构安全可靠	□满足 □不满足	
鼓励提升项	（22）搅拌站生产作业区（含骨料仓、搅拌机楼、粉料筒仓、骨料装运区），设置整体封闭式轻钢结构围护外罩，实现室内生产作业	□满足 □不满足	

经办人签名： 办公电话： 手机号码： 填报日期： 年 月 日

混凝土企业或者搅拌站主要负责人签名： 办公电话： 手机号码：

施工现场扬尘防治技术措施落实情况检查表　　表 17-5

工程名称：　　　　　　工程地址：
施工单位：　　　　　　联 系 人：　　　　　联系电话：

序号	职责	履职情况	备注
一	施工围挡及外架 100% 全封闭		
1	工地须按照我市有关建设工程施工围挡改造提升的工作要求和标准设置围挡，做到连续、坚固、稳定、整洁、美观	情况简述： 存在问题： □符合　　□不符合	
2	工地外脚手架须按规定安装密目式安全网进行密实封闭	情况简述： 存在问题： □符合　　□不符合	
二	出入口及车行道 100% 硬底化		
3	工地出入口、主要场地、道路、材料加工区须按规定进行硬底化	情况简述： 存在问题： □符合　　□不符合	
4	定期对路面进行冲洗，保持路面干净整洁	情况简述： 存在问题： □符合　　□不符合	
三	出入口 100% 安装冲洗设施		
5	工地出入口须按规定配备车辆自动冲洗设备和沉淀过滤设施，保证出工地车辆的车身、车轮、底盘冲洗干净后方能上路	情况简述： 存在问题： □符合　　□不符合	
四	易起尘作业面 100% 湿法施工		
6	工地内干燥易起尘的施工作业面须洒水维持表面湿润	情况简述： 存在问题： □符合　　□不符合	
7	施工现场主要道路、围挡和其他易产生扬尘污染的部位须安装固定喷雾、喷淋装置	情况简述： 存在问题： □符合　　□不符合	
8	拆除工程、基础施工及土方作业工地须每 1000 平方米配置一台移动雾炮设施，单个雾炮机覆盖半径不小于 30 米	情况简述： 存在问题： □符合　　□不符合	

序号	职责	履职情况	备注
五	裸露土及易起尘物料 100% 覆盖		
9	裸露泥地须覆盖防尘网或者进行绿化，做到边施工、边覆盖、边绿化	情况简述： 存在问题： □符合　　□不符合	
10	水泥、石膏粉、腻子粉等易起尘物料应采用专用仓库、储藏罐等形式分类存放	情况简述： 存在问题： □符合　　□不符合	
11	砂石、建筑土方等细散颗粒物料应采用防尘网进行覆盖	情况简述： 存在问题： □符合　　□不符合	
六	出入口 100% 安装 TSP 在线监测设备		
12	工地出入口应按规定安装 TSP 在线自动监测设施和视频监控系统。视频监控设备应能清晰监控车辆出场冲洗情况及运输车辆车牌号码等情况	情况简述： 存在问题： □符合　　□不符合	
13	TSP 在线监测设备，应接入全市统一监测、监管平台。实现 TSP 数据实时监测、实时上传，及时监控并控制扬尘污染	情况简述： 存在问题： □符合　　□不符合	

注：扬尘污染防治的具体技术标准要求，按照《建设工程扬尘污染防治技术规范》SZDB/Z 247—2017 执行。

检查单位：　　　　检查人：　　　　检查日期：

第 18 章

劳务工工资支付监督

18.1　概　　述

本章所述劳务工工资支付监督管理主要内容包括：常见问题、预防和监管体系、企业工资支付和清偿主体责任、劳动合同管理、劳务用工实名制管理、工资分账管理制度、工资保证金制度、银行卡或社会保障卡代发工资、企业工资支付诚信制度、欠薪及劳资纠纷预防和处置。

18.2　重　点　工　作

18.2.1　常见问题

劳务工工资问题是建筑施工领域经常发生的问题，事关劳务工切身利益和社会公平正义及社会和谐稳定，对工程管理等也产生一定不良影响。主要有两类：

（1）欠薪。主要是因总承包商或分包商因资金紧张等问题，拖欠劳务工工资。

（2）劳资纠纷。主要是承包商与劳务工之间，因务工人员数量、工程量、单价、计价方式等存在纠纷，导致劳务工工资无法及时发放。

18.2.2　预防和监管体系

1. 制度保障体系

（1）源头预防。主要从两个方面：一是施工总承包企业全面规范劳务用工管理和合同管理，严格落实"三制"，即"建筑劳务用工实名制""工资分账管理制度"和"工资保证金制度"。二是建设单位及时支付给施工单位工程款、办理结算并按时支付结算款。

（2）动态监管。地方政府及人力资源保障等相关主管部门，依据职责做好动态监管。

（3）失信惩戒。

2. 工作体系

（1）市场主体自律；（2）政府依法监管；（3）社会协同监督；（4）司法联动惩处。

18.2.3　政府部门监管职责分工

1. 地方政府

（1）劳务工工资问题坚持属地管理、分级负责、谁主管谁负责的原则。

（2）各级政府对本地区保障异地务工人员工资支付工作负总责。

（3）各级政府要完善相关预防和监管制度，将保障异地务工人员工资支付纳入政府相关考核评价指标体系。

（4）地方政府要建立督查制度，对拖欠异地务工人员工资问题高发频发、举报投诉量大的地区及重大违法案件进行重点督查。

2. 人力资源社会保障部门

（1）牵头负责辖区劳务工工资支付工作的组织协调、督促检查、执法等工作。

（2）加强日常巡查，发现不签订或不履行劳动合同等违法行为的及时查处。

3. 住建、交通、水利等部门

（1）切实履行行业监管责任，规范工程建设市场秩序，督促企业落实劳务用工实名制、工资支付分账制、工资支付保证金等制度规定。

（2）负责督办因挂靠承包、违法分包、转包、拖欠工程款等造成的欠薪案件。

（3）对拖欠工程款的房地产企业，住建部门一律不予颁发新项目施工许可。

（4）对层层转包造成欠薪的企业，禁止其在辖区内承包工程。

4. 发展改革部门

（1）对资金来源不落实的政府投资工程项目不予批准。

（2）对政府工程项目拖欠工程款的地区一律不再批准新建政府投资项目。

（3）将企业劳动保障守法诚信信息纳入省公共信用信息管理系统。

5. 财政、公安、司法等部门职责

（1）财政部门负责加强对政府投资项目建设全过程的资金监管，按规定及时拨付财政资金。

（2）公安机关负责涉嫌拒不支付劳动报酬犯罪案件立案侦查，重大案件提前介入，参与处置劳资纠纷群体事件。

（3）司法行政部门负责加强法律法规宣传以及为异地务工人员提供法律服务、法律援助等工作。

（4）商务部门负责做好企业重大生产经营变动引发拖欠工资的风险评估，并提前通报人力资源社会保障部门。

（5）国有资产监管部门负责督促所属企业妥善解决拖欠异地务工人员工资案（事）件。

（6）自然资源部门对未能解决拖欠工程款问题的企业，一律禁止其参加招拍挂活动购置新的土地。

（7）人民银行将用人单位劳动保障守法诚信信息纳入银行征信系统。

（8）工会负责组织搭建企业与异地务工人员协商平台，组织异地务工人员依法和企业平等协商，引导异地务工人员依法理性维权。

（9）工商联及行业协会负责对企业进行劳动保障法律法规宣传工作，帮助经营者规范工资支付行为。

18.2.4 企业主体责任

工程建设单位和施工单位（含总包、分包）对劳务工工资支付和清偿负有主体责任，必须依法按时足额支付劳务工工资。

1. 建设单位责任

（1）建设单位和施工总承包企业签订的工程合同，应有优先保障劳务工工资支付的条款。政府投资工程合同不得垫资施工。

（2）建设单位应按合同约定及时支付工程进度款，及时结算，及时拨付结算款。

（3）发生欠薪和劳务工工资纠纷时，建设单位应会同、督促施工单位及时清除劳务工工资，或者代为支付劳务工工资。

2. 施工企业责任

（1）规范企业劳动用工管理，与劳务工及时签订劳动合同，加强劳动合同管理，先签订劳动合同后上班。

（2）严格落实"三制"，即劳务用工实名制管理、工资分账管理制度和工资保证金制度。

（3）及时足额支付劳务工工资。

3．监理企业责任

（1）将劳务工工资监管纳入监理规划并制定相应措施。

（2）督促、指导、检查施工企业劳动合同管理。

（3）及时协调欠薪和劳资纠纷，必要时报建设单位和政府职能部门。

18.2.5　劳动合同管理

（1）必须依法与劳务工签订书面劳动合同。推行简易劳动合同文本，明确约定工作时间、工作内容、劳动报酬和支付方式（计日／计量）等内容并严格执行，避免合同条款不清引起的劳资纠纷。

（2）实行先签订劳动合同后上岗作业的管理制度。

（3）建立职工名册并办理就业登记备案手续。

（4）人力资源社会保障部门要加强日常巡查，发现不签订或不履行劳动合同、拖欠克扣工资等违法行为的，责令整改；对拒不整改的，依法作出行政处理或处罚，并通报同级行业主管部门纳入征信系统。

18.2.6　建筑劳务用工实名制管理

（1）施工总承包企业应在工程项目部配备专门劳资管理人员，编制施工现场作业劳务工（包括直接招用和分包企业招用）用工台账，记录进场施工劳务工身份、考勤和工资支付等信息，由劳务工本人确认签字并保存两年以上备查。

（2）住建、交通、水利等行业主管部门要督促本行业工程建设项目落实劳务用工实名制管理。

（3）上述行业主管部门建立施工企业实名制管理信息系统，并实现与人力资源社会保障部门数据共享，确保实名制落到实处。

18.2.7　工资分账管理制度

（1）住建、交通、水利等行业主管部门要全面落实工程建设领域人工费用与其他工程款分账管理制度，确保劳务工工资专用账户管理。

（2）开户银行发现账户资金不足、被挪用等情况，应及时向住建、交通、水利等行业主管部门报告，有关部门要责令开户企业及时补足。

18.2.8　工资保证金制度

（1）在建筑、市政、交通、水利等工程建设领域实行工资保证金制度，明确收缴部门、缴纳比例、动用条件和退还办法等。

（2）建立工资保证金差异化缴存办法，对在省内注册且三年内未发生拖欠异地务工人员工资问题的施工企业可实行减免措施，对发生工资拖欠的施工企业要适当提高缴存比例。

（3）加强保证金账户监管，确保专款专用，对违规动用保证金的，严肃追究有关责任人法律责任。

18.2.9　推行银行卡或社会保障卡代发工资

（1）推动企业委托银行代发劳务工工资，探索将社会保障卡作为银行代发工资的主要渠道。

（2）施工企业负责为招用的劳务工办理工资银行卡或社会保障卡，按月考核劳务工工作量并编制工资表，经工人本人签字确认后，交由银行直接将工资划入其个人账户。

（3）鼓励分包企业委托总承包企业代发劳务工工资。

（4）探索建立银行与人力资源社会保障部门联网的工资支付监控预警系统，银行及时预警通报工资发放异常企业信息，人力资源社会保障部门对预警企业重点检查纠正拖欠工资行为。

18.2.10　企业工资支付诚信制度建设

（1）建立欠薪企业"黑名单"制度，人力资源社会保障部门定期向社会公布欠薪等重大劳动保障违法行为信息。予以行政处罚信息要在决定之日起7个工作日内上网公开，并通报相关部门，纳入发展改革部门公共信用信息管理系统、人民银行企业征信系统、工商部门市场主体信用信息公示系统、住房和城乡建设等行业主管部门诚信信息平台。

（2）建立协同监管和联合惩戒企业失信行为工作机制，对拖欠工资的失信企业，由发展改革、财政、自然资源、公共资源交易管理、住房城乡建设、交通运输、水利、工商、税务、银行、总工会等单位，在政府采购、招投标、生产许可、履约担保、资质审核、融资贷款、市场准入、评优评先等方面依法依规予以限制，使失信企业"一处违法、处处受限"。

18.2.11　欠薪及劳资纠纷预防和处置

1. 完善欠薪风险预警机制

（1）全面落实前述有关国家、地方劳务工工资监管体系和《广东省劳资纠纷风险预警防范办法》，建立风险预警防范工作机制。

（2）政府部门加强劳动保障监察网络化、网络化管理体系建设，充实基层协管力量，强化日常监管，将容易发生欠薪的工程建设企业列入重点监控范围，落实监管责任和工作措施，切实将欠薪等隐患风险化解在萌芽状态。

2. 依法严肃查处拖欠工资案件

（1）畅通举报投诉渠道，建立劳动保障监察网上举报投诉，快速受理和查处欠薪等违法案件。

（2）加大对涉嫌拒不支付劳动报酬犯罪打击力度，完善行政执法与刑事司法"两法衔接"机制，对涉嫌恶意欠薪转移资产的犯罪行为，公安机关要提前介入，有效预防和及早发现转移财产等行为，依法查封、扣押、冻结涉案财物，或者引导当事人申请人民法院采取诉讼保全措施。

（3）健全人力资源社会保障部门、公安机关、检察机关、审判机关之间信息共享、案情通报等制度，人力资源社会保障部门向公安机关移送涉嫌拒不支付劳动报酬罪的案件，一律录入"两法衔接"信息平台。

3. 及时处理欠薪争议案件

（1）对涉及劳务工工资争议案件，劳动仲裁机构要按照"快立、快调、快审、快结"的原则，优先受理、优先开庭、及时裁决、快速结案。

（2）对符合终局裁决条件的，依法作出终局裁决。

（3）对符合先予执行条件的，根据当事人的申请可以裁决先予执行，并移送人民法院执行。

（4）因拖欠劳动报酬等事项达成调解协议，用人单位在协议约定期限内不履行的，引导劳动者持调解协议书依法向人民法院申请支付令。

4. 妥善处置欠薪引发群体性事件

（1）建设、维稳、人力资源社会保障、公安、工会等部门要进一步完善欠薪引发群体性事件应急处置预案，明确部门职责分工，规范分级响应和处置流程。

（2）推进劳资纠纷应急指挥平台建设及使用。

（3）企业经营者欠薪逃匿或短时间难以解决被欠薪资金的，必要时依法依规动用工资保证金、应急周转金或通过其他渠道筹措资金，先行垫付部分工资或基本生活费，防止事态蔓延扩大激化。

（4）引导劳动者依法理性维权，依法打击以讨薪为名严重扰乱社会秩序等违法行为，触犯刑律的依法移交司法机关处理。

18.3　工　作　流　程

劳务工工资发放监控流程（图 18-1）。

18.4　常用表格和文书

（一）"两制"规范检查表（表 18-1）

（二）两制相关范本

1. 简易劳动合同书（附件 18-1）。

2. 工人进场承诺书（附件 18-2）。

3. 工人退场确认书（附件 18-3）。

4. 班组长进场承诺书（附件 18-4）。

5. 班组长退场承诺书（附件 18-5）。

6. 工程建设领域工资保证金保函（附件 18-6）。

7. 工程建设领域工资保证金担保函（附件 18-7）。

8. 建筑施工现场劳务工维权告示牌（附件 18-8）。

9. 建筑工地分账制工人工资委托发放协议（附件 18-9）。

10. 建设单位不可撤销支付保函（附件 18-10）。

11. 工人工资专户监管协议（附件 18-11）。

12. 建筑业实名制和分账制管理平台劳务工工资专用账户备案表（表 18-2）。

13. 建筑业实名制和分账制平台备案表撤销申请书（表 18-3）。

14. 施工总承包单位不拖欠劳务工工资承诺书（附件 18-12）。

15. 建设单位落实实名制和分账制承诺书（附件 18-13）。

18.5 相 关 文 件

1.《国务院办公厅关于全面治理拖欠农民工工资问题的意见》（国办发〔2016〕1号）。

2.《住房和城乡建设部人力资源社会保障部关于印发建筑工人实名制管理办法（试行）》的通知（建市〔2019〕18号）。

3.《广东省人民政府办公厅关于全面治理拖欠异地务工人员工资问题的实施意见》（粤府办〔2016〕111号）。

4.《房屋建筑和市政基础设施工程用工实名管理暂行办法》（粤建规范〔2018〕1号）。

5.《广东省建设工程领域用工实名管理暂行办法》（粤建规范〔2019〕1号）。

6.《深圳市建设工程项目人员实名制管理办法》（深建规〔2018〕7号）。

7.《深圳市住房和建设局关于开设我市工程建设领域劳务工工资专用账户的指南》（深建设〔2017〕8号）。

8.《深圳市工程建设领域工资保证金管理办法（试行）》（深人社规〔2018〕17号）。

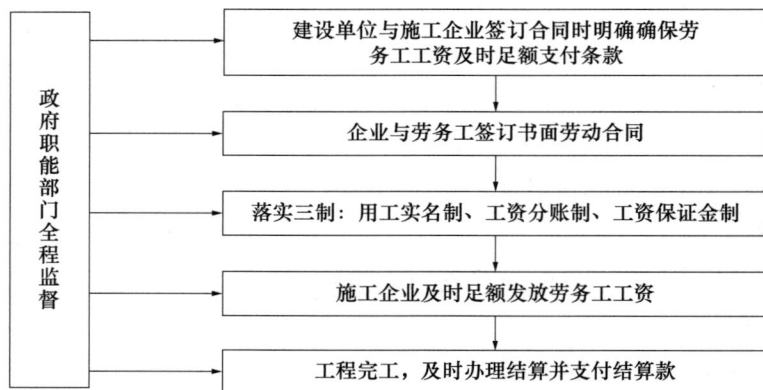

图 18-1 劳务工工资发放监控流程

"两制"规范检查表　　　　　　　　　　　　　　　　表 18-1

（深圳市住房和建设局版本供参考）

类别	序号	检查内容	材料详情	说明
相关资料	1	按要求办理开工相关手续（施工许可证、开工证明等文件），且资料齐全	□施工许可证 □开工批复证明 □开工会议纪要 □其他	1.项目必须有合法的开工证明材料； 2.如果未列出，选择其他，写明原因； 3.存在一项即合格； 4.可提供复印件
	2	项目的中标通知书、建筑业工伤保险，资料齐全	□中标通知书 □建筑业工伤保险	提供相应的材料检查则打勾，否则打叉
	3	所有合同齐全（主要包括施工总承包合同、专业承包合同、专业分包合同、劳务分包合同）	□施工总承包合同 □专业承包合同＿＿份 □专业分包合同＿＿份 □劳务分包合同＿＿份	1.如果项目没有对应的企业类型可备注"无"； 2.如果存在多家专业承包、专业分包、劳务分包，所有合同均齐全算合格，且标识合同数量
	4	项目负责人（管理人员）资料，包括任命文件、资格证书、劳动合同、社保证明，资料齐全	□施工总承包 □专业承包 □分包单位 □监理单位	1.施工总承包单位（专业承包单位）：项目经理、安全负责人、技术负责人、质量负责人、安全员、劳资专管员； 2.分包单位：项目经理、劳资专管员； 3.监理单位：监理总监、监理员

续表

类别	序号	检查内容	材料详情	说明
相关资料	5	所有参建单位的建筑业企业资质证书齐全	□施工总承包 □专业承包 □专业分包 □劳务分包	1. 如果项目没有对应的企业类型可备注"无"; 2. 如果存在多家专业承包、专业分包、劳务分包,所有单位均齐全算合格; 3. 对应平台登记参建单位相互印证检查; 4. 资质符合承包工程要求
	6	所有参建单位的安全生产许可证齐全	□施工总承包 □专业承包 □专业分包 □劳务分包	1. 如果项目没有对应的企业类型可备注"无"; 2. 如果存在多家专业承包、专业分包、劳务分包,所有单位均齐全算合格; 3. 证件均在有效期内
	7	施工合同的条款中有明确体现"全面推行施工过程结算"的相关内容	□全面推行施工过程结算	查看施工总承包合同支付条款
	8	政府投资工程项目严禁施工企业带资承包,且在合同中有相关的条款体现	□政府类投资项目 □带资承包	查看施工总承包合同是否有相关表述和相关财务凭证
	9	建设单位对工程款支付实行担保制度,且在合同中有相关的条款体现	□落实工程款支付担保	查看是否有工程款支付保函或者在施工总承包合同条款体现
实名制	10	施工总承包单位(专业承包单位)、分包单位、劳务单位在施工现场均配备劳资专管员	□施工总承包劳资专管员 □专业承包劳资专管员 □专业分包劳资专管员 □劳务分包劳资专管员	1. 如果项目没有对应的企业类型可备注"无"; 2. 随机询问劳资专管员关于项目两制的情况,验证劳资专管员的真实性; 3. 查看所有劳资专管员的任命书; 4. 在施工现场履职
	11	施工总承包企业(专业承包企业)在施工区域设立门禁系统以及所配套的硬件设施。门禁系统记录项目人员的日常考勤和工作情况记录,且与平台实现数据共享	□配备考勤设备 □设备支持生物识别 □封闭式施工场地 □设备正常使用 □设备数据实时上传 □门禁闸机 □移动考勤设备	1. 合格则打勾,否则打叉; 2. 考勤设备只要有,就算合格; 3. 实施封闭式管理,设立进出场门禁系统,采用人脸、指纹、虹膜等生物识别技术进行电子打卡; 4. 不具备封闭式管理条件的工程项目,应采用移动定位、电子围栏等技术实施考勤管理
	12	实名制采集完整身份信息(姓名、性别、出生年月、住址、民族、身份证件号码、电子照片、手机号码)、从业资格、项目岗位、培训教育等	□身份证信息 □生物照片采集 □手机号码 □从业资格 □项目岗位 □培训记录	平台查看相应的信息是否采集完整
	13	施工总承包企业(专业承包企业)、专业分包企业和劳务分包企业依法与招用的农民工签订劳动合同,并严格履行先签订劳动合同后进场施工;劳动合同参照规范的简易合同签订;2019年5月份启用新版简易劳动合同	□劳务工人劳动合同	1. 新招劳务工是否启用新版简易劳动合同; 2. 劳动合同是否具备用人单位的名称、住所和法定代表人或者主要负责人、劳动合同期限、劳动报酬等必备条款; 3. 劳动合同中是否明确约定工资计算方式(计时、计件)和工资支付日期并严格履行
	14	施工总承包单位(专业承包单位)、分包单位、劳务单位均有签字盖章的每月农民工花名册(可直接在平台打印)	□农民工花名册 □施工总承包花名册 □专业承包花名册 □专业分包花名册 □身份证复印件	1. 劳务工人的花名册、劳动合同、工资发放表、考勤表、身份证复印件需一一对应(随机抽1~3个); 2. 施工总承包、专业承包、专业分包随机抽查1~2位人员,检查是否在场; 3. 花名册是否有负责人签名确认或者加盖项目章; 4. 需对照劳务工花名册核实到劳务工个人,要求考勤表、工资发放的劳务工与花名册一一对应

325

326

类别	序号	检查内容	材料详情	说明
实名制	15	所有农民工签名的进（退）场确认书、每月考勤表（可直接在平台打印再签名）	□ 进场确认书 □ 退场确认书	1. 花名册随机查看 2 份以上退场劳务工，检查是否有进退场确认书； 2. 随机查看 2 份以上进退场确认书，与劳务工花名册进行比对
	16	建设单位依法直接发包的分包企业与施工总承包企业（专业承包企业）签订分包管理协议	□ 分包管理协议	协议需明确现场管理责任，并按照施工总承包企业（专业承包企业）的要求开展实名管理的相关工作
分账制	17	项目施工总承包企业、专业承包企业均开设农民工工资专户（以下简称"专户"），签订"专户监管协议"，现场保存有专户相关资料	□ 专户监管协议	1. 协议上的专户必须与发工资的专户、平台备案专户一致； 2. 协议的工程项目名称务必与施工总包合同的工程项目名称一致； 3. 协议的银行必须与平台专户备案的银行一致
	18	所有的分包单位、劳务单位与施工总承包企业、专业承包企业签订"农民工工资委托发放协议"	□ 工资委托发放协议	1. 所有分包公司、劳务分包公司都必须签署委托发放协议； 2. 在专业分包合同、劳务分包合同的内容条款有相关表述也可以
	19	所有的每月的农民工工资发放（足额发放）表及付款凭证；工资全部通过专户直接发放到农民工的银行卡	□ 工资发放表 □ 专户发放凭证	1. 工资发放表必须有农民工签字和捺手印； 2. 专户发放凭证的账号必须与专户监管协议以及平台备案的专户一致； 3. 专户发放凭证时间必须早于平台上传的记录时间，且发放明细必须一致； 4. 项目开工以来所有的材料
	20	施工总承包单位（专业承包单位）的专户往来凭证	□ 专户入账凭证 □ 专户支出银行流水	1. 专户入账凭证：建设单位支付到总承包（或专业承包）企业"工人工资专户"的每期工资款（人工费）的银行付款凭证、发票； 2. 如果专户资金来源于施工总包单位，应查看施工单位对专户的入账凭证
	21	建设单位支付工资款（人工费用）的所有的凭证	□ 工程款申请表 □ 工程款到账凭证 □ 工程款支出凭证	1. 包括截至目前所有的工程款申请表、工程款到账证明； 2. 工程款支出凭证包括支付到专户的凭证和其他账户凭证； 3. 工程款申请表：项目按合同约定的工程款支付节点或按每月完成工程量的工程款拨付申请表； 4. 工程款到账凭证：总承包（或专业承包）企业收到每期工程进度款的到账凭证； 5. 工程款支出凭证：总承包（或专业承包）企业支付给专业分包、劳务分包企业的每期工程款（劳务费）的银行付款凭证、发票
工资保证金	22	落实工资保证金制度，规范办理工资保证金保函（保单、协议）	□ 办理了工资保证金保函 □ 保函未到期 □ 保函额度准确 □ 保函收益人准确 □ 保函已提交至受益人 □ 保函可在深圳直接理赔	1. 查看实际的保函与平台上传的保函一致； 2. 原则上是不能委托劳务公司进行担保； 3. 保函金额不少于合同价 3%、最高 300 万元、最低 5 万元，有效期至竣工后 30 天
维权信息告知	23	施工总承包单位（专业承包单位）参照推荐的样板制作美观、大方的农民工工资支付保障维权信息告示牌（栏），在工地醒目的位置竖立或张贴	□ 设置告示牌 □ 维权电话准确 □ 告示牌地点显眼醒目	1. 必须到现场看到有维权告示牌； 2. 告示牌的信息与实际情况一致

续表

类别	序号	检查内容	材料详情	说明
维权信息告知	24	维权信息告示牌（栏）每月张贴上经农民工签名的考勤表和工资足额发放表的复印件，且每月拍照留存	□ 张贴考勤表 □ 张贴工资足额发放表 □ 照片存档	1. 考勤表、工资足额发放表务必经劳务工签字； 2. 从开工月份到现在的告示牌都必须有照片存档
平台对接	25	实名制信息按要求上传：人员基础信息，人员考勤信息（实时上传）	□ 身份证信息完整 □ 身份证电子照片完整 □ 人员生物照片完整 □ 参建单位与合同一致 □ 人员按参建单位录入 □ 考勤信息实时上传	1. 平台随机抽查在场人员是否采集生物照片； 2. 施工总包、建设单位、劳务公司、专业分包公司（如果有）都需要有人员录入； 3. 平台查看考勤的创建日期和考勤日期是否一致，确定考勤实时是否实时上传； 4. 将合同参建单位、花名册设计单位和平台注册参建单位等进行比对，是否一致
	26	分账制信息按要求上传：专户监管协议，每月工资发放流水（可委托银行直接上传）	□ 上传专户监管协议 □ 上传工资发放流水 □ 工资发放流水上传日期晚于与银行凭证一致 □ 上传工资 4000～5000 元	1. 分包公司、劳务公司都要有工资发放记录，无记录需有合理解释； 2. 考勤 20 天及以上的工人，通过专户发放工资应在 4000～5000 元
	27	上传竣工验收报告复印件（竣工项目），上传农民工工资保证金保函（保单、协议）复印件	□ 上传竣工验收报告 □ 上传农民工工资保证金保函，且类型准确 □ 工资保证金保函已提交至收益人	1. 平台竣工的项目必须上传竣工验收报告； 2. 务必检查平台上传的保证金保函是否存在虚假、伪造，是否与纸质保函一致
	28	关键人员实名信息录入	□ 七类关键人员信息录入 □ 七类关键人员按时考勤	1. 项目总监、项目经理、安全负责人、质量负责人、技术负责人、安全员、劳资专管员是否均在平台录入； 2. 查看录入人员的相关证件，验证人员录入是否属实
	29	班组、工种信息录入	□ 班组录入 □ 工种录入	1. 所有人员均录入班组、工种信息； 2. 班组、工种信息录入准确，登陆平台验证是否有随意录入，如工种、班组均录"其他"

327

附件 18-1

简易劳动合同书

（深圳市住房和建设局版本供参考）

　　甲方（用人单位）名称：＿＿＿＿＿＿＿＿＿＿＿＿＿＿＿＿＿＿＿＿＿＿

　　法定代表人（委托代理人）：＿＿＿＿＿＿＿＿＿＿＿＿＿＿＿＿＿＿＿＿

　　单位地址：＿＿＿＿＿＿＿＿＿＿＿＿＿＿＿＿＿＿＿＿＿＿＿＿＿＿＿＿

　　乙方（劳动者）姓名：＿＿＿＿＿＿＿＿＿＿＿＿＿＿＿＿＿＿＿＿＿＿＿

　　性别：＿＿＿＿＿＿＿＿＿＿＿＿＿＿＿＿＿＿＿＿＿＿＿＿＿＿＿＿＿＿

　　居民身份证号码：＿＿＿＿＿＿＿＿＿＿＿＿＿＿＿　电话号码：＿＿＿＿＿＿＿＿

　　通讯地址：＿＿＿＿＿＿＿＿＿＿＿＿＿＿＿＿＿＿＿＿＿＿＿＿＿＿＿＿

　　根据《劳动法》、《劳动合同法》和《广东省工资支付条例》等法律、法规规定，经甲乙双方平等协商一致，自愿签订本合同，共同遵守。

　　第一条　甲乙双方一致同意遵守政府主管部门关于劳务工实名制、劳务工工资分账制管理相关规定。

第二条　本合同从＿＿＿＿年＿＿月＿＿日起至（＿＿＿＿＿＿＿）工程完成结束时止。

第三条　甲方安排乙方在＿＿＿＿＿＿＿＿＿＿＿＿（工作地点及工程名称）从事＿＿＿＿＿＿＿＿＿＿＿＿施工活动（具体写明施工的内容、区域等）的＿＿＿＿＿＿＿＿＿＿工种。

乙方具体工作由＿＿＿＿班组安排。

第四条　甲方以下列第＿＿＿种计算方式支付乙方工资：

1. 按完成一定工作任务支付工资。每月支付＿＿＿＿＿元（不低于本市最低工资标准，正常出勤原则上不低于4500元），其余工资等费用在所负责分部分项工程验收结算确认后7日内予以支付。

2. 计时工资。每月工资为＿＿＿＿＿元（不低于本市最低工资标准）。

3. 计件工资。每＿＿＿＿＿（工作量单位）支付工资＿＿＿＿＿元。

第五条　甲方于每月＿＿＿日支付乙方上月工资（约定的工资支付日不得超过上月结束后第七日）。甲方应严格落实工资分账管理规定，通过劳务工工资专用账户，以银行转账方式按时发放工资给乙方。

第六条　甲方应对乙方进行岗前安全教育培训。未经培训乙方不得进入建筑工地。乙方进入建筑工地后须按照建设行政主管部门规定的时限内完成分级安全培训。甲方应将培训记录存档。

第七条　甲方应按国家、省、市有关规定为乙方办理相关社会保险；发生工伤事故时，甲方应当采取措施及时救治，并积极申请赔偿。

第八条　甲乙双方发生劳动争议的，应先协商解决。协商不成的，可以向本单位工会寻求解决或向本单位劳动争议调解委员会申请调解，或依法向劳动争议仲裁委员会申请仲裁。

第九条　本合同自签订之日起生效，甲乙双方各执一份，具有同等法律效力。

甲方：（签名）（盖章）　　　　　　　　乙方：（签名）（按手印）

＿＿＿＿＿＿年＿＿＿月＿＿＿日　　　　＿＿＿＿＿＿年＿＿＿月＿＿＿日

附件18-2

工人进场承诺书

（深圳市住房和建设局版本供参考）

本人＿＿＿＿＿＿（身份证号码：＿＿＿＿＿＿＿＿＿＿＿＿＿＿）是＿＿＿＿＿＿＿＿＿＿公司承建的＿＿＿＿＿＿＿＿＿项目＿＿＿＿＿＿＿＿班组的工人。本人郑重承诺并保证做到以下几点：

一、知悉公司的各项规章制度、项目告示牌和权益维护牌上公示的各项内容，自愿配合公司落实"项目实名制"各项工作。

二、不隐瞒且如实提供个人的身份信息。

三、公司用于发放工资的银行卡由本人使用和保管，本人定期与班组长核实确定工资款，不虚报出勤，不冒领工资，否则本人自愿承担相应法律责任。

四、当自己合法权益受到侵害时（如劳资纠纷、工伤事故纠纷等），向公司（项目部）申诉或向总包单位请求协调解决，在处理无效的情况下，依法向有关部门举报投诉。自觉遵守法律法规，决不采取闹访、围攻围堵公共设施等非法过激行为，决不恶意或过激讨薪，通过合法途径理性反映诉求。如有无理或非法行为愿意承担一切法律责任。

承诺人（签字并加按指印）：

年　月　日

附件 18-3

工人退场确认书

（深圳市住房和建设局版本供参考）

本人_____（身份证号码：_____）于_____年___月___日进场到_____承建的_____项目工地从事_____班组_____工种工作。现因_____于_____年___月___日退场离开工地，并与_____解除（终止）劳动关系。本人在该项目工地工作期间的全部工资（大写）_____元（小写：¥_____）已由本人领取并结清，没有被拖欠、克扣。特此确认。

确认人（签字加按指印）：

年　月　日

证明人（班组长签字加按指印）：

年　月　日

证明人（项目部盖章）：

年　月　日

附件 18-4

班组长进场承诺书

（深圳市住房和建设局版本供参考）

本人_____（身份证号码：_____）系_____公司承建_____项目___班组长。本人已学习和了解本项目部创建"项目实名制"活动的具体要求，愿意积极配合开展好工作。现就有关事宜郑重承诺如下：

一、如实登记本人招用的班组工人信息，包括身份信息、银行卡号码等，明确招用工人的工资标准，签名后报送公司（项目部）备案。

二、按公司（项目部）规定如实登记班组工人出勤表，确认后报送项目部备案，定期报送工资表以供项目部核对确认。

三、积极配合公司（项目部）如实准确结算班组工人工资数额，确认后同意由银行代发到工人个人工资卡内，工资卡由工人本人使用和保存。临时性用工的工资约定以现金形式支付的，经确认后由公司（项目部）直接支付给工人本人。如本人提供虚假或错误工资表的，造成的一切责任后果和经济损失均由本人承担。

若公司（项目部）支付给我班组工人的工资款超过本人的承包款，超过部分的款项本人愿意

329

在 30 日内筹集归还项目部，否则愿意承担相应法律责任。

四、通过正当法律渠道依法追讨本人的承包款项，不以任何理由教唆组织工人或其他人员借追讨工资名义讨要工程款。

五、本人与工人发生工资争议时，坚决做到主动处理或积极配合公司（项目部）及有关部门调查处理，对工人诉求事项负举证责任。一旦出现本人拒不到场配合调查、不提供材料或不结算承包款和工资额、不支付工人工资等情形，视同本人认可工人的全部诉求，同意认可公司（项目部）及有关部门处理意见和决定。

承诺人（签字并加按指印）：

年　月　日

附件 18-5

班组长退场承诺书

（深圳市住房和建设局版本供参考）

本人_____（身份证号码：_____）系_____公司_____项目____班组的班组长。

本人承诺本班组工人工资已全部结清并发放到位，工资发放表上工人的签名真实有效，无漏签。_____年____月____日工人全部退场，若本班组日后发生劳资纠纷，与_____公司_____项目部无关，由本人承担一切责任。

承诺人（签字并加按指印）：

年　月　日

附件 18-6

工程建设领域工资保证金保函

（深圳市住房和建设局版本银行保函供参考）

致：_____区人力资源局（下称受益人）

鉴于_____已与_____（以下简称"被保证人"）就_____项目（工程）于_____年____月____签订了施工合同，合同总造价为_____万元。根据《深圳市工程建设领域工资保证金管理办法（试行）》有关规定，我方接受被保证人的委托，在此向受益人提供无条件的、不可撤销的工资保证金保证：

一、保函担保最高担保金额为人民币_____元整（大写）；

二、保函有效期自签发之日起生效，有效期至工程建设项目竣工（交工）验收之日（以我行收到____的书面通知为准）后 30 天；

三、本保函的有效期内，我方将在收到受益人盖章确认的书面索赔通知书后，凭本保证函正本原件，在 3 个工作日内，以本保函项下的项目（工程）对应的未结清工资款为限，向受益人支付索赔款，直至保证担保的最高担保金额；

四、索赔通知应当说明索赔理由、索赔金额、受款账户，并须在本保函的保证期内送达我方；

五、本保函未经我行书面同意不得转让；

六、本保函保证期届满，或我行向受益人支付的索赔款已达本保函的最高担保金额或未结清的工程款，我行担保责任即行免除；

七、本保函适用中国法律，保函项下的任何争议由我行所在地法院管辖。

保证人：_____（盖章）

法定代表人或其授权委托代理人：_____（签字或盖章）

单位地址：_____

联系电话：_____

日　　期：_____年___月___日

附件 18-7

工程建设领域工资保证金担保函
（深圳市住房和建设局版本建设单位担保等第三方担保方式参考版本）

致：_____区人力资源局（下称"受益人"）

根据《深圳市工程建设领域工资保证金管理办法（试行）》的有关规定，我方接受被保证人_____有限公司（以下简称"被保证人"）的委托，就_____项目（工程，合同总造价为_____万元），在此向受益人提供不可撤销的工资支付保证：

一、本保证的最高担保金额为人民币_____万元整（大写）；

二、本保证自开具之日起生效，有效期至项目（工程）建设项目竣工（交工）验收之日后30天；

三、受益人凭本担保函正本原件发起索赔，索赔通知应当说明索赔理由、索赔金额、收款账户，并须在本担保函的保证期内送达我方；

四、在本保证担保的保证期内，我方将在收到受益人盖章确认的书面索赔通知书后，在三个工作日内，在本担保函的最高担保金额范围内，向受益人支付索赔款；

五、本担保函担保项下的权利不得转让；

本担保函保证期届满，或我方向受益人支付的索赔款已达本担保函的最高担保金额，我方担保责任即行免除。

保证人：_____（盖章）

法定代表人或其授权委托代理人：_____（签字或盖章）

单位地址：_____

联系电话：_____

日　　期：_____年___月___日

附件 18-8

建筑施工现场劳务工维权告示牌

（深圳市住房和建设局版本供参考）

建筑施工现场劳务工维权告示牌

工程名称				
建设单位	单位名称			
	项目负责人		联系电话	
施工总承包单位	单位名称			
	企业负责人		联系电话	
	项目经理		联系电话	
	劳资管理员		联系电话	
监理单位	单位名称			
	项目总监		联系电话	
当地建设主管部门	单位名称			
	地址		投诉电话	
当地劳动保障监察机构	单位名称			
	地址		投诉电话	

考勤公示栏

工资公示栏

维权提示

亲爱的劳务工朋友：

感谢您的辛勤劳动。为了更好维护您的合法权益，请您在务工和维权过程中注意以下事项：

1. 请您先与用人单位签订简易劳动合同，然后再进场施工。

2. 在用人单位工作期间，应遵守用人单位的各项规章制度，按时按量完成工作任务，提高职业技能，遵守劳动纪律和职业道德。

3. 在务工过程中，请根据实际情况尽量收集并妥善保存以下材料：劳动合同书、用于发放工资的银行卡、工作证或上岗牌、考勤记录、工资条、从用人单位领取工资的相关凭证、收取押金的凭据、被拖欠工资的结算单或欠条、健康证以及其他能够证明您与用人单位之间存在劳动关系的书面材料。

4. 当工资被拖欠时，应及时向劳务负责人反映，劳务负责人2日内未能解决拖欠问题的，可向项目劳资管理员反应。项目未能及时解决的，可持本人身份证及上述相关证据材料向当地的劳动保障监察机构或当地建设主管部门反映。

5. 在维权过程中，应遵守法律法规，理性维权，不要以过激违法行为作为您的维权方式。

附件 18-9

建筑工地分账制工人工资委托发放协议

（深圳市住房和建设局版本供参考）

施工企业_____（以下简称"甲方"）

劳务企业_____（以下简称"乙方"）

根据《中华人民共和国建筑法》《中华人民共和国劳动合同法》《广东省工资支付条例》《广东省劳动保障监察条例》和《广东省建设领域工人工资支付分账管理暂行办法》等有关规定，根据深圳市工程建设领域工人工资分账管理办法的有关精神，为进一步规范建筑行业劳务用工行为，切实保障建筑工人的合法权益，保证按月足额发放工资，有效打击非法讨薪和恶意欠薪，经过友好协商，甲乙双方就乙方委托甲方代发工程项目工人工资等事宜，达成如下协议：

一、甲方责任

1. 甲方必须设立专职劳资管理员，负责落实劳务工人实名制分账制具体工作；本项目劳资管理员为_____同志，联系电话：_____。

2. 建筑工人工资专用账户开立，由甲方负责开设和管理，必须专户专用。甲方必须保证自己账户有足够的资金用于每月建筑工人工资发放，余额不足，则要及时补足。如因不能按月足额发放工人工资而引起的讨薪和造成不良影响，责任由甲方承担。

3. 甲方财务每月须对账户的资金的使用情况与乙方进行核对，工资发放完毕后，甲方应及时将工资发放银行对账单及工资表回传给乙方，以便乙方进行账务处理。

4. 甲方劳资管理员应在次月 5 日前将项目实名制考勤数据（电子版）发送给乙方现场劳资管理员。

5. 负责督促乙方每月按时申报当月工人考勤、工资核算情况和工人工资申请计划，甲方收到乙方工资申请计划表、委托书及当月工资表后，应当及时审核，并在审核完毕后 10 日内支付完毕。

6. 甲方根据乙方工资代发委托书和当月工资表，认真核对委托书所委托的事项及工资发放金额，对工人工资金额和个人信息有异议的要及时与乙方查证，否则，工资发放出错，由甲方承担责任。甲方有合理理由认为乙方报送的工资发放计划有误的，有权拒绝发放。

7. 甲方要对乙方提供的工人的全部数据信息保密，不得将信息提供给第三方。

二. 乙方责任

1. 乙方必须在项目设立专职劳资管理员与甲方专职劳资管理员对接，双方保持良好的沟通渠道。乙方本项目劳资管理员为_____同志，联系电话：_____。

2. 乙方劳务工人进场前，必须与每一个工人签订劳动用工合同，并建立健全工人台账。工人签订的劳务用工合同必须及时报甲方劳资管理员备案。

3. 乙方须认真负责自己工人的工作安排、出勤情况、工资核算，做到数目清晰、严谨、准确，如有意见分歧，需及时协商确认，不可拖而不决，影响工人工资发放，进而引起群体讨薪事件。

乙方须及时登记每名进场劳务工人个人信息，包括但不限于身份证号码、工种、所属班组、手机号码以及银行开户行及卡号，准确核实有关信息。凡无银行账号人员可联系银行统一开户开卡。

4. 每月按要求做好工资表，开具工资代发委托书给甲方，以便配合甲方尽快完成工人工资发放。乙方要对工人工资数目、工人工资卡信息、手机及身份证信息负责，如由于乙方工作失

333

误，造成申报的工人工资信息出错，责任由乙方承担。

5. 乙方有义务有责任，与甲方一同处理工人工资纠纷和其他相关问题，不得推诿矛盾，推卸责任，更不得鼓动工人放大矛盾，制造事端。

以上协议，由双方共同确认，盖章签字生效。一式两份，双方各执一份。

甲方（盖章）：　　　　　　　　乙方（盖章）：
代表：　　　　　　　　　　　　代表：
年　月　日　　　　　　　　　　年　月　日

附件 18-10

建设单位不可撤销支付保函

（深圳市住房和建设局版本供参考）

保函编号：

致（下称"受益人"）：

鉴于（下称"被保证人"）已与贵方签订了工程编号为_____的工程的施工合同（下称"合同"），工期自_____至_____。我方接受被保证人的委托，在此向受益人提供不可撤销的工程款支付保证：

一、本保证担保的最高担保金额为_____（币种）_____元（小写）_____（大写）。

二、本保证担保的保证期间自_____至_____。

三、在本保证担保的保证期间内，我方将在收到受益人经法定代表人或其授权委托代理人签字并加盖公章的书面索赔通知后____个工作日内，不争辩、不挑剔、不可撤销地向受益人支付索赔款，直至本保证担保的最高担保金额。

四、索赔通知应当说明索赔理由，并必须在本保证担保的保证期间内送达我方。

五、本保证担保项下的权利不得转让。

六、我方提供本保证担保后，受益人与被保证人对合同进行修订的，应当将修订后的合同原件送我方备案。

七、本保证担保的保证期间届满，或我方向受益人支付的索赔款已达本保证担保的最高担保金额，我方的保证责任免除。

八、本保证担保适用中华人民共和国法律。

九、本保证担保以中文文本为准，涂改无效。

保证人：（盖章）
法定代表人或其授权委托代理人（签字或盖章）：
单位地址：
邮政编码：　　　　　　电话：　　　　　　传真：
日期：
（本保函失效后，请将原件退回我方注销）

附件18-11

工人工资专户监管协议
（深圳市住房和建设局版本供参考）

协议编号：

工人工资专户监管协议

甲方（监管银行）：＿＿＿＿＿＿＿＿＿＿＿＿＿

乙方（施工单位）：＿＿＿＿＿＿＿＿＿＿＿＿＿

丙方（建设单位）：＿＿＿＿＿＿＿＿＿＿＿＿＿

根据国家有关法律法规及广东省、深圳市关于建筑领域劳务工人工资分账管理相关规定，丙方承诺对在其工程项目施工的所有工人（简称"劳务工"，下同）实行实名制的基础上开展工资分账制负总责，并协调、督促在其工程建设项目施工的所有单位均按建设行政主管部门的要求建立劳务工工资分账制，确保劳务工工资按时按月足额拨付到劳务工工资专户。经甲、乙、丙三方友好磋商，乙、丙方双方委托甲方为＿＿＿＿＿＿＿工程劳务工工资专户（以下简称"工资专户"）监管银行，达成以下协议，并共同遵守。

1 ＿＿＿＿＿＿＿工程项目的劳务工工资只能通过工资专户进行支付，账户信息如下：

工资专户户名：＿＿＿＿＿＿＿＿＿＿＿＿＿＿＿＿

工资专户账号：＿＿＿＿＿＿＿＿＿＿＿＿＿＿＿＿

开户银行名称：＿＿＿＿＿＿＿＿＿＿＿＿＿＿＿＿

1.1 工资专户的第一笔款项由丙方从工程款中按工人工资分账管理的规定拨付资金存入该账户。

1.2 丙方根据项目具体情况，按照以下方式进行工人工资缴存：

每月按照乙方提供的月人工费用数额，将应付工程款中的人工费按时足额拨付到乙方开设的工人工资专户。

2 乙方按划入金额向丙方提供建安发票，作为工程款收入。

3 丙方以及丙方委托的单位或乙方向工人工资专户划付工人工资后，甲方对丙方提交的《工人工资专户到账证明》（附件1-1）进行确认盖章并交丙方。

4 合同期限：

4.1 本合同期限为自合同签订之日起，至按照工人工资分账管理的规定退回账户资金之日止，在此期间，除符合工人工资分账管理的规定、《深圳市住建局关于印发全面治理工程建设领域拖欠劳务工工资问题专项治理行动实施方案的通知》或出现以下情况外均不得退回账户资金。

（1）甲方存在违约情况并经项目所在地建设行政主管部门出具相关证明后退回账户资金；

（2）在乙方和丙方解除项目施工合同时，经项目所在地建设行政主管部门确认后，甲方方能解除对资金的监管。

4.2 乙方、丙方未申请工人工资转出的，本合同期限顺延，甲方须继续按照本协议履约，直至乙方、丙方申请转出工人工资或按照工人工资分账管理的规定、《深圳市住建局关于印发全面治理工程建设领域拖欠劳务工工资问题专项治理行动实施方案的通知》取消分账管理账户为止。

5 工人工资划入乙方在甲方开立的账户之日起开始计息，甲方在向乙方支付存款利息时，遵循中国人民银行关于人民币存款计息的规定。

6 资金安全特别条款：

6.1 为确保资金安全，甲方向乙方支付的利息必须划至乙方开设的工资专户内，不得划入其他账户。

6.2 工资专户资金是乙方支付工人工资的专项资金，在工程项目所在地建设行政主管部门、人力资源和社会保障部门和开户银行解除监管前，除法律法规规定情形外，只能用于向本项目乙方的工人工资个人账户划拨工资，不得用于其他经济纠纷。乙方委托甲方向工人工资个人账户划拨工资，确保该账户资金专款专用，严禁挪作他用。

6.3 缴存分账管理的工程项目竣工或交工验收，且工人工资已足额支付后，乙方和丙方可凭项目所在地人力资源和社会保障行政部门核实无拖欠工资的证明，向项目所在地建设行政主管部门申请退回账户资金。

6.4 乙方每月定期将经现场公示且经工人本人签字的《工资表》送给甲方。甲方根据乙方签认的《工资表》和加盖乙方预留印鉴的《委托付款通知书》，直接从分账管理账户向工人工资个人账户如数划转工资。

6.5 各方约定工人工资发放日为每月____日，乙方保证工人工资账户有相应的资金用于工资发放，若工人工资账户有缺口，甲方应在收到经乙方签认的《工资表》和《委托付款通知书》后第二个工作日通知乙方账户资金不足的情况，乙方须尽快补足资金，甲方需在资金到账后两个工作日划转工资。

6.6 乙方可按上款规定的程序随时向工作不足一个月的工人划转工资。

6.7 发生乙方与丙方解除施工合同关系的情况时，在结清乙方在本项目应付的工人工资后，凭项目所在地人力资源和社会保障行政部门核实无拖欠工资的证明，并经向项目所在地建设行政主管部门同意后，工人工资专用账户的资金经乙方与丙方协商，按以下方式处理（注：除工人工资以外的工程款事宜由乙方、丙方另行根据相关规定处理、解决，不在本合同约定范围内）：

_____

_____

7 陈述与保证：

甲乙丙三方在此陈述并保证：

7.1 本合同对甲乙丙三方均具有合法有效的约束力和强制执行力，三方有权根据相关法律、法规或工人工资专户监管资金管理所依据的相关法规规定的程序等要求申请并实现本合同项下对方义务与责任的强制执行。

7.2 甲乙丙三方签署本合同、履行其在本合同项下的义务、行使其在本合同项下的任何权利并不会违反其章程，或适用于其的任何法律、法规、监管规定、判决、裁定、裁决、授权、协议或义务或与之相冲突。

7.3 甲乙丙三方进一步陈述并保证，前述陈述与保证截至本合同签署及生效日以及在本合同有效期内将根据当时的事实及情况均为且始终是真实和准确的。

7.4 甲方承诺免除乙方、丙方工人工资的托收账户的开设、维护、管理等相关费用，免除乙方、丙方工人工资专户全国范围内跨行、跨省、跨市转账收费。免除从施工单位工人工资账户划入或转入工人工资个人专用账户的收费。

7.5　乙方应将工人考勤记录统一录入实名制管理系统，考勤记录作为工资发放的重要依据。工人工资账户资金用于发放工资时，只能划入或转入已进行实名制登记并且在对应项目有考勤记录的工人的工资个人专用账户。

7.6　乙方、丙方同意甲方将工人工资账户收支等信息向项目所在地人力资源和社会保障行政部门、建设行政主管部门披露。

8　合同的变更和解除

8.1　除法律法规规定的及本合同其他条款约定的乙方可解除合同的情形外，出现以下情形之一时，乙方亦有权单方解除本合同，自乙方解除合同的书面通知到达甲方时起生效：

（1）甲方被行业主管部门接管、解散、撤销、被宣告破产或出现严重的经营情况恶化，偿付能力明显降低等足以影响乙方资金安全的情形。

（2）因甲方存在违约行为，在乙方、丙方向项目所在地建设行政主管部门申请后，凭项目所在地建设行政主管部门出具的证明，可以就该项目另行选择工人工资专户监管银行设立工人工资账户，甲方应与乙方、丙方办理账户资料移交手续，并按乙方、丙方通知将资金划至乙方、丙方共同重新按项目设立的专用账户。

8.2　乙方依据本条约定解除本合同，甲方应于乙方规定的日期向乙方偿还存款本金和利息。

8.3　除上述情形外，未经三方协商一致，任何一方不得擅自变更和解除本合同。本合同的任何条款的修改、补充应由三方以书面形式共同作出，并由甲乙丙三方法定代表人（负责人）或授权代表人签字（盖章）并加盖各自公章（合同用章）后生效。本合同的任何有效的变更和补充协议均构成本合同不可分割的一部分。

对本合同条款的任何变更或修改在未达成书面协议前，本合同中的该项条款依然有效，直到该项条款被有关的生效协议的条款修改或取代。

9　争议解决

双方同意本合同项下的任何争议应首先通过友好协商解决。不能协商解决的，任何一方可提请深圳仲裁委员会按照该会仲裁规则进行仲裁，仲裁裁决是终局的，对各方均有约束力。

10　合同的生效及其他

10.1　本合同自双方法定代表人（或负责人）或授权代表签字（或盖章）并加盖公章（或合同专用章）之日起生效。

10.2　其他

甲、乙、丙方确认本合同载明的如下通信地址和方式作为乙方、丙方接收各类通知、函件、人民法院或仲裁机构的法律文书（包括但不限于传票、开庭通知、判决书、裁定书、调解书、限期履行通知书等）的有效送达地址和方式。

乙方有效送达地址和方式：

送达地址：（1）邮政编码：　　　　　法定住所

　　　　　　（2）邮政编码：　　　　　其他联系住所

　　　　　　（3）

法定代表人（负责人）或指定收件人：

联系电话（办公/住宅/移动电话）：

其他联系方式：

丙方有效送达地址和方式：

送达地址：（1）邮政编码： 法定住所

（2）邮政编码： 其他联系住所

（3）

法定代表人（负责人）或指定收件人：

联系电话（办公／住宅／移动电话）：

其他联系方式：

10.3 乙丙双方保证上述送达地址准确、有效，如上述送达地址变更，保证在变更之日起____个工作日内书面通知甲方，否则，按照本合同载明的地址进行的送达仍然有效，乙方、丙方自行承担由此产生的法律后果。

10.4 如因乙方、丙方送达地址不准确、地址变更未及时书面通知甲方、无人签收、拒绝签收等原因导致无法送达被退回的，乙方、丙方均同意退回之日视为送达之日（不同地址邮件退回之日不同的，以晚者为准）。

10.5 本合同一式____份，甲乙丙三方各执____份，建设行政主管部门一份，具有同等法律效力。

甲方（盖章）：

法定代表人（负责人）或授权代理人：

日期： 年 月 日

乙方（盖章）：

法定代表人（负责人）或授权代理人：

日期： 年 月 日

丙方（盖章）：

法定代表人（负责人）或授权代理人：

日期： 年 月 日

建筑业实名制和分账制管理平台劳务工工资专用账户备案表 表 18-2

（深圳市住房和建设局版本供参考）

企业名称：	
银行名称：	
银行网点：	
账户名称：	
账户类型：	专用存款账户
工资专户账号：	
经办人：	
联系方式：	
备案情况	备案日期： 年 月 日

深圳市住房和建设局制

建筑业实名制和分账制平台备案表撤销申请书　　　　表 18-3

（深圳市住房和建设局版本供参考）

企业名称			
原备案表信息			
银行名称		网点名称	
申请日期		申请人／联系电话	
银行账号	（说明：无银行账号则填"空"）		
撤销缘由			

　　根据《中国人民银行深圳市中心支行关于进一步明确深圳市开立农民工工资专用存款账户有关事项的通知》（深人银发〔2018〕26 号）"同一个施工总承包企业（包括直接承包建设单位发包工程的专业承包企业，下同）应当并且只能在我市选择一家银行，开立一个农民工工资专用存款账户，专项用于支付农民工工资"、《深圳市住房和建设局关于开设我市工程建设领域劳务工工资专用账户的指南》（深建设〔2017〕8 号）等相关规定，本公司承诺：

　　1. 注销原备案表中的农民工工资专用存款专户。

　　2. 原备案表撤销后的 5 个工作日之内，在平台重新进行农民工工资专用存款账户备案。

　　3. 根据新备案表在深圳市开设唯一的农民工工资专用存款账户，专项用于支付本公司在深圳市所有在建项目的农民工工资。

　　4. 本公司愿承担因撤销深圳市建筑业实名制和分账制管理平台备案表以及违反开设农民工工资专用存款账户相关规定所造成的责任。

　　　　　　　　　　　　　　　　　　　　　　　　　企业名称：　　　　　　　　　　（盖章）

经办人：　　　　　　联系电话：　　　　　　　　　　　日期：

附件 8-12

施工总承包单位不拖欠劳务工工资承诺书

（深圳市住房和建设局版本供参考）

　　为保护劳务工的合法权益，不拖欠劳务工工资，本企业郑重承诺并保证承建的＿＿＿＿＿＿＿＿＿＿＿＿＿＿＿＿＿＿＿＿项目做到：

　　1. 对所招用（包括分包）的劳务工工资支付负总责；

　　2. 按要求开展劳务工实名制管理工作，与"深圳市建筑业实名制和分账制管理平台"对接，实时上传劳务工考勤数据；

　　3. 对所招用的劳务工按劳动法要求签订劳动合同，制作花名册，签订入场承诺书、出厂确认书，制作每月考勤表，劳务工签名确认；

　　4. 按要求开展劳务工工资分账制管理工作，签订分账制协议，在商业银行开设劳务工工资专用账户，专项用于支付工资，制作每月工资发放表，劳务工签名确认，按月足额发放工资。分账制开展情况与"深圳市建筑业实名制和分账制管理平台"对接，上传相关数据（目前因商业银行暂停开设专户的原因不能落实分账制管理工作的，应制作每月工资发放表，劳务工签名确认，按月足额发放工资）；

5. 规范制作"建筑施工现场劳务工维权告示牌"在项目门禁出入口显眼位置悬挂或竖立，并将每月工资发放情况于次月 15 日前在劳务工维权告示牌上张贴公示。

如果发生违反上述承诺，本企业愿意接受住建、人社、公安等部门依照有关规定作出的处罚和决定。

承诺企业（施工总承包企业或直接承包建设单位发包的专业承包企业）（盖章）：

项目负责人签名：

年 月 日

附件 18-13

建设单位落实实名制和分账制承诺书
（深圳市住房和建设局版本供参考）

为切实落实国家、省、市及我市政府主管部门关于建设领域开展劳务工实名制和劳务工工资支付分账管理的规定，建设单位特作以下承诺：

1. 负责协调、督促并确保施工单位应当在建设项目开工前，在商业银行设立工人工资支付专用账户，并在用工之日起 15 日内为每个工人办理工资个人账户。

2. 负责协调、督促并确保施工单位应当通过工人工资支付专用账户，依法按时足额将工人工资直接支付到工人的工资个人账户，并按月将工人工资支付明细表报施工总承包单位和建设单位备案。

3. 负责协调、督促并确保施工单位建立用工管理台账，真实、准确记录工人名册、劳动合同、劳务合同、工程进度、工时、劳务承包款和工人工资支付情况等信息，并保存两年以上备查。

4. 负责协调、督促并确保施工单位在项目开工后一个月内按要求完成劳务工实名制和劳务工工资支付分账管理工作，并与政府主管部门的管理平台对接联网。

承诺单位:（公章）

年 月 日

第 19 章

项目进度监管

19.1　概　　述

本章所述项目进度监管主要内容包括：监管范围及职责分工、进度计划编制与调整、前期阶段进度监管、招标阶段进度监管、施工阶段进度监管、结（决）算阶段进度监管。

19.2　重　点　工　作

19.2.1　监管范围及职责分工

1. 监管范围

项目进度监管是全过程监管，包括前期阶段、施工阶段和结（决）算阶段。

2. 职责分工

（1）项目（业主）单位对项目全过程进度负牵头监管责任。

（2）建设单位（含前期阶段负责单位、施工阶段建设单位）负责人对项目相应阶段进度负总责。

（3）征地拆迁部门（含办事处）对征地拆迁进度负责。

（4）发改部门负责项目建议书、工可、概算等批复及资金计划。

（5）规划自然资源部门负责规划、土地手续办理。

（6）建设主管部门负责绿建、节能等审查；按规定办理招标备案和施工许可，并对相应进度负责。

（7）财政部门负责按计划拨付工程款。

（8）审计部门按规定时间完成工程结（决）算审计。

19.2.2　进度计划编制及调整

（1）项目单位应会同建设单位及相关审批部门，编制项目总体进度计划，明确立项批复、工可批复、概算批复、开工、竣工验收、移交、结算决算等关键环节里程碑工期。

（2）关键环节工期不得随意调整，如需调整应报区领导协调会议同意。

（3）各参建（含审批）单位应根据总进度计划编制相应阶段进度计划，并分解为年度、季度、月度、周计划。

（4）不同阶段的建设单位之间要签订项目移交协议（备忘录），明确移交时间、下阶段计划、遗留问题处理责任等。详见《项目管理手册》项目接收管理等章节。

19.2.3　不同阶段进度监控要点

1. 前期阶段

（1）征地拆迁工作要先行。

（2）前期审批复杂、多变，应编制周密的计划。

（3）系统梳理清楚各类审批前置关系。

（4）及时协调存在的问题。

详细进度控制见《项目管理手册》中有关前期管理章节。

2．施工阶段

（1）克服开工慢、完工收尾慢的问题。

（2）总体进度计划一定预留富余量，充分考虑天气等因素。

（3）严格按照关键节点控制进度。

（4）对进度计划及时纠偏。

详细进度控制见《项目管理手册》中有关进度管理章节。

3．结（决）算阶段

提前整理结算决算资料，并按时报财政、审计部门审批。详见"项目结（决）算评审"和"项目审计"等章节。

19.3　工　作　图　表

项目进度监管流程（图 19-1）。

19.4　相　关　文　件

《深圳市大鹏新区政府投资项目管理办法》（深鹏办规〔2019〕4 号）。

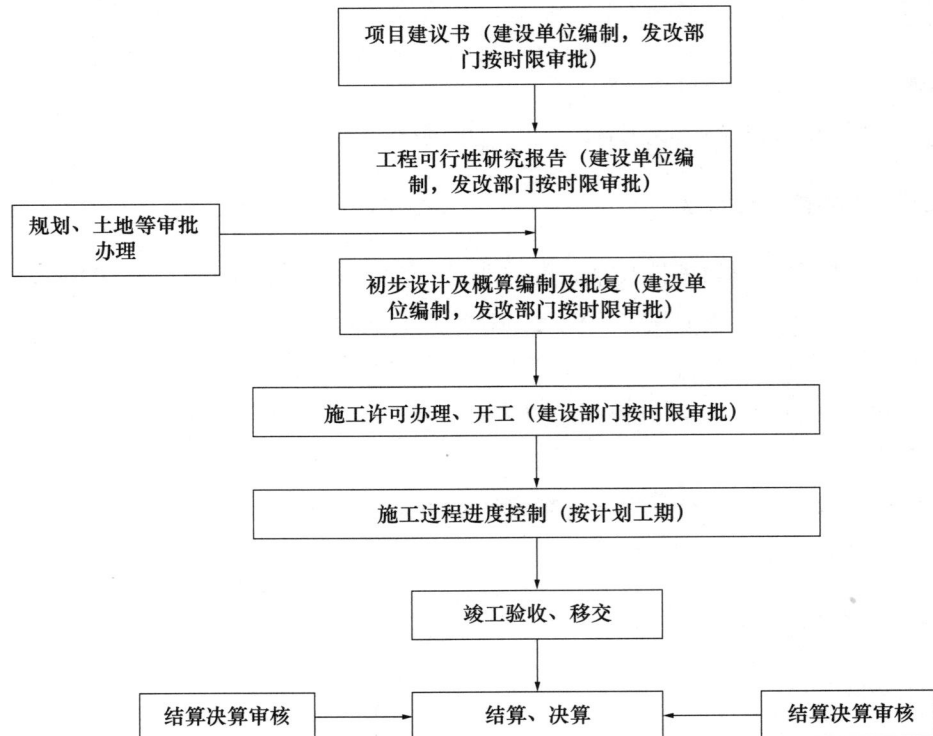

图 19-1　项目进度监管流程

第 20 章

项目投资监管

20.1　概　　述

本章节所述项目投资监管主要内容包括：监管范围及职责分工、前期投资监管、施工阶段监管、结算决算阶段监督。

20.2　重 点 工 作

20.2.1　监管范围及部门职责

1. 监管范围

项目投资监管是全过程监管，包括前期阶段、施工阶段和结（决）算阶段。

2. 职责分工

（1）发改部门对项目全过程投资监管负牵头责任。

（2）建设主管部门主要在招标备案阶段负责招标竞价规则是否符合相关规定等。

（3）审计部门主要是通过项目稽察、过程审计、工程结（决）算审计、绩效审计等，按规定进行投资控制。

（4）项目建设单位是投资控制的直接责任单位，对投资控制负总责，全过程严格落实投资控制各项规定。

20.2.2　前期阶段

（1）前期阶段包括项目立项（投资估算）、工可（投资匡算）、概算申报及批复、施工图预算等，前期阶段投资控制是整个项目投资控制的关键。

（2）必须坚持通过估算控制匡算、匡算控制概算、概算控制预算的理念，后一阶段不得突破前一阶段投资。

（3）建设单位要严格按照确定的工程规模和标准编制项目建议书、工程可行性研究及概算，发改部门应严格审查。

（4）财政部门按规定批复前期阶段工程款。

20.2.3　施工阶段

（1）建设单位严格按照批复的概算编制施工图和施工预算，并编制招标控制价，按相关招投标规定开展施工招标，将投标竞价作为招标定标的重要依据。

（2）建设单位在施工过程中严格按照招投标清单和相关规定开展施工计量、计价、工程款拨付。

（3）严格控制工程变更，必要的变更按规定进行报批。

（4）按计划进行开工、施工、竣工验收、项目移交，确保投资效益及时实现。

20.2.4 结（决）算阶段

建设单位按规定进行工程结（决）算申报，财政部门及时审核，审计机关按规定进行过程审计和决算审计，并支付结算款。详见"项目结（决）算评审"和"项目审计"、"项目稽察"等章节。

20.3 工 作 流 程

项目投资控制流程（图 20-1）。

20.4 常用表格和文书

项目全过程投资控制资料清单（表 20-1）。

20.5 相 关 文 件

《深圳市大鹏新区政府投资项目管理办法》（深鹏办规〔2019〕4 号）。

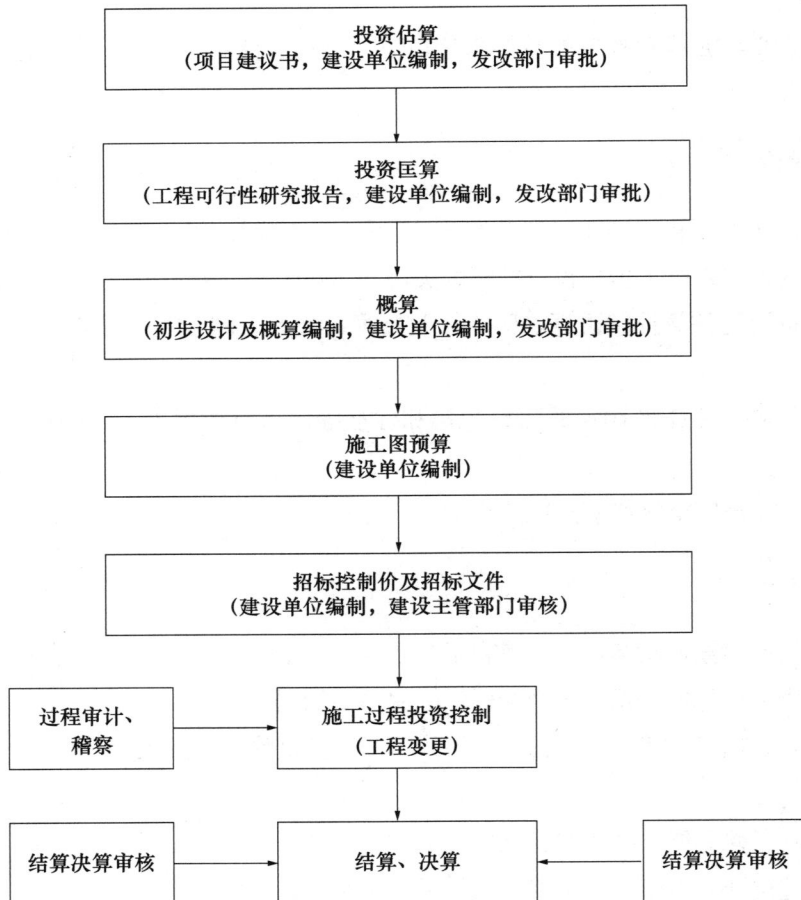

图 20-1 项目投资控制流程

项目全过程投资控制资料清单 表 20—1

序号	文件名称	页数	审批部门	备注
一	项目前期阶段文件			
1	投资估算（项目建议书及批复）			
2	投资匡算（可行性研究报告及批复）			
3	概算（初步设计及概算批复）			
4	施工图预算（施工图）			
5	招标控制价			
6	招投标、合同文件			
7	其他资料			
二	施工阶段文件			
8	工程计量、计价资料			
9	工程变更资料			
10	其他资料			
三	结算决算阶段文件			
11	工程量计算书			
12	工程结算书			
13	工程结算评审报告			
四	项目审计、稽察文件			
14	项目审计报告			
15	项目稽察报告			
16	其他资料			

第 21 章

项目结（决）算评审

21.1　概　　述

本章所述项目结（决）算评审监督管理主要内容包括：评审相关机构及职责、评审依据、评审主要内容、评审方式、评审程序、监督管理。

21.2　重　点　工　作

21.2.1　评审相关机构及职责

1. 财政行政主管部门

（1）财政行政主管部门（以下简称"财政主管部门"或"财政部门"）是结（决）算评审工作的行政监督和管理的主管部门。

（2）负责制定并下达年度评审计划，向评审中心提出评审具体要求。

（3）直接委托社会机构，或由其下属的评审机构（一般名为"评审中心"）委托社会机构，开展结（决）算评审工作。

（4）审核批复评审报告（征求意见稿），并出具评审报告，对评审报告的真实性、准确性、合法性负责，并会同有关部门对评审意见作出处理决定。

（5）招标确定社会机构，并对其进行监督、考核、管理，按规定支付评审费。

（6）负责协调评审中心、社会机构与投资主管部门、项目主管部门等关系，受理评审投诉，组织处理评审争议。

（7）对评审过程中发现的违法违规违纪问题线索，移交有关部门处理，并跟踪处理结果。

2. 评审中心

（1）根据上级主管部门（财政主管部门）要求，委托社会机构开展结（决）算评审工作，形成评审报告（征求意见稿）提交财政主管部门审核批复。

（2）编制完整的评审工作底稿，并经相关专业评审人员签字确认。

（3）开展评审项目受理、评审数据统计、评审进度跟踪，健全评审报告（征求意见稿）的内部复核机制。

（4）对社会机构进行动态监督、考核、管理，并将考核结果向财政主管部门报告。

（5）评审工作中遇到的重大问题应及时向财政主管部门报告。

（6）对项目评审工作及时归档保管。

3. 社会中介机构

（1）根据委托协议依法协助委托单位（财政主管部门或其下属评审中心）开展评审工作，在规定时限内出具评审结果，并对评审结果的真实性、准确性、合法性负责。

（2）健全内部质量控制制度，根据项目需要配备相应数量和能力的专业技术人员独立完成协审工作。对有特殊技术要求的项目，确需聘请相关专家或机构共同完成委托任务的，应须事先征得财政主管部门的同意。

（3）及时向委托单位报告协审工作中遇到的重大问题。

（4）履行合同约定，接受委托单位和财政行政主管部门的履约监督。

4. 项目建设单位

包括政府工程集中管理单位（建管中心、工务署）、项目自建单位、代建单位、项目法人单位等，其主要职责是：

（1）履行建设单位主体责任。

（2）按要求及时报送评审项目及相关资料（含补充资料、证明材料等），并对所提供资料的真实性、合法性和完整性负责。

（3）积极、及时配合评审相关机构做好调查取证工作，不得拒绝、隐匿或提供虚假资料。

（4）对评审机构评审结果或其他形式的评审意见，应在规定的时间内（一般为收到之日起5个工作日内）签署意见（负责人签字、盖章），逾期不签署的，视同无意见。

（5）应在招标采购文件及合同中明确，评审结果（意见）作为合同结算的依据。

（6）执行评审结果，并对评审报告中的问题及处理意见及时进行整改（包括问题本身、建章立制、体制机制等）。

5. 其他机构

政府其他行政主管部门，如规划自然资源、规划土地监察、建设、水务、生态环保等，依法提供评审需要的资料或其他支持。

21.2.2 评审依据

1. 国家、省、市、区有关工程建设及财务管理的法规、规章、规范性文件等。

2. 工程建设及财务管理相关规范、技术标准、会计准则和会计制度。

3. 项目技术及管理文件资料（包括立项、可研、概算等批复文件、重要的会议纪要、招投标文件、合同、图纸、财务账簿、凭证等）。

4. 专业机构或专家意见。

5. 其他资料。

21.2.3 评审主要内容

1. 项目结算评审内容

（1）工程结算的合法性、真实性、准确性、完整性和时效性等。

（2）对政府投资工程项目的基本建设程序、基本建设管理制度执行情况。

（3）建设规模、内容、标准等与投资计划的一致性，决算与预算的一致性。

（4）工程招标程序、方式、招标文件条款、合同等合规性。

（5）项目实施过程中发生的重大设计变更及索赔情况。

（6）工程质量、工期、投资等控制管理情况。

（7）工程实施过程中是否有违法、违规情况。

（8）其他相关事项。

2. 项目竣工决算评审内容

（1）竣工决算的真实性、准确性、完整性和时效性等。

（2）对政府投资工程项目的基本建设程序、基本建设管理制度执行情况。

（3）项目总概算及投资计划的执行情况，是否存在概算外项目，是否有擅自提高建设标准、扩大建设规模和改变建设项目用途和功能等情况。

（4）其他相关事项。

21.2.4　评审程序

1．评审计划编制

（1）实行年度评审计划管理，各建设单位应按要求提前（如当年度 6 月底或 7 月底等）报送下一年度的需评审的结（决）算项目。

（2）评审中心根据报送情况，制定年度评审计划并报区财政部门审批，临时加入的也应经财政部门审批同意纳入年度计划。

2．评审项目的范围确定

（1）为突出重点，并节约评审经费，评审分为必审项目和抽审项目。投资额较大（如 2000 万元以上）项目，以及经综合评估风险较高的项目也可列为必审项目。如变更较多，建设单位聘请的审核机构审核完成后，长时间未报送的项目等。

（2）除必审项目外其他的均为抽审项目，抽审一般采用随机抽取的形式，抽取比例一般为 30% 左右。

（3）未被抽中的项目，由评审中心出具完成抽审程序证明。其结算、决算先由建设单位委托的社会机构进行审核，而后由建设单位进行审查确认即可作为最终结果，连同评审中心出具的抽审程序证明，报区财政部门办理工程款结算或者申请项目竣工决算批复。

3．项目送审条件

（1）项目结算送审条件

项目送审以一个合同为最小单位，且合同内容已完成并通过竣工验收，结算经建设单位委托的社会审核机构审核，结果经建设单位审核确认，结算资料按要求准备充分、完整。

（2）项目竣工决结算送审条件

项目送审以一个立项项目为最小单位，且属于财政投资评审范围的项目结算已经财政投资评审，决算资料按要求准备充分、完整。

（3）其他

① 对未经评审中心评审的金额较小的工程结算项目或不限定金额的设备（货物）采购、信息化工程为主的建设项目、总价包干建设项目等，应与项目竣工决算合并送审。

② 当送审项目包含合同较多或结算评审工作较复杂时，可单项合同结算先行送评审。

4．评审受理咨询（预受理）

（1）评审受理咨询需提供以下资料：

① 财政投资结（决）算评审申请书；

② 财政投资结（决）算评审送审资料清单；

③ 送审资料；

④ 其他所需资料。

（2）评审中心在收到送审资料后应尽快（一般 5 个工作日内）审核完毕，符合受理条件的出具受理通知书，不符合受理条件的书面一次性告知不受理的原因，退回建设单位补充完善。

（3）对于送审资料较多的项目，建设单位可提前向评审中心预约，评审中心派员前往送审单位进行资料预审，资料补充完善后可送审。

5．评审程序

（1）接收项目资料。

（2）评审项目分配。

（3）按规定进行评审。

（4）根据需要进行现场踏勘、与建设单位充分沟通、召开会议等获取必要的证据资料。

（5）核减率或核减额较大项目，可在初步审核结果备案后组织建设单位及相关单位进行核对，原则上只允许核对一次。存在较大争议无法达成一致意见的，报区财政部门协同处理。

（6）根据核对结果，评审中心形成评审报告（征求意见稿），提交财政部门审批后发出。

（7）建设单位收到评审报告（征求意见稿）之后，应及时（5个工作日内）组织相关单位完成书面反馈意见，并需建设单位负责人签字盖章确认；需补充完善资料的，应同步补充完善。

（8）财政部门应在收到建设单位书面反馈意见后，及时（一般为10个工作日）出具正式评审报告。

6．项目复核程序

（1）如经财政部门批准，需委托中介机构进行复核的项目，应在评审报告（征求意见稿）出具前完成。

（2）一般复核的时限为10个工作日，全面复核的时限为20个工作日，出具评审报告（征求意见稿）的时限应相应延长。

（3）复核意见应包括主要整改事项和核减金额。

7．评审时限

项目送审资料齐备的，应视项目造价不同，在30～60个工作日内出具结算或决算报告。特大型项目或特殊项目经区财政部门批准可延长评审时限，但最长延长不超过30个工作日，补充资料时间不计。

21.2.5　监督管理

1．财政部门定期对项目结算、决算情况，如核减率、评审配合、退审情况等进行通报，对核减率超过20%的项目，发现的普遍性问题、典型案例等进行通报。

2．因项目建设单位原因，如资料不齐、配合不力等，导致评审困难的，财政部门可单方确认或退审，退审项目从当年计划中剔除。对于拒不配合、隐匿实际情况、阻挠评审的项目建设单位，必要时可暂停拨付财政性资金。

3．财政部门对社会评审机构工作质量不高或能力不足的个人，予以暂停评审业务，并给予必要的处罚。

4．对评审过程中发现相关参与单位及其人员，违反相应规定的，按照有关规定予以处理，涉嫌犯罪的，移送司法机关依法处理。

21.3　工　作　流　程

项目结（决）算评审流程（图 21-1）。

21.4　常用表格和文书

1. 项目结（决）算评审资料清单（表 21-1）。
2. 项目结（决）算评审报告样式（表 21-2）。

21.5　相　关　文　件

《深圳市大鹏新区政府投资项目管理办法》（深鹏办规〔2019〕4 号）。

357

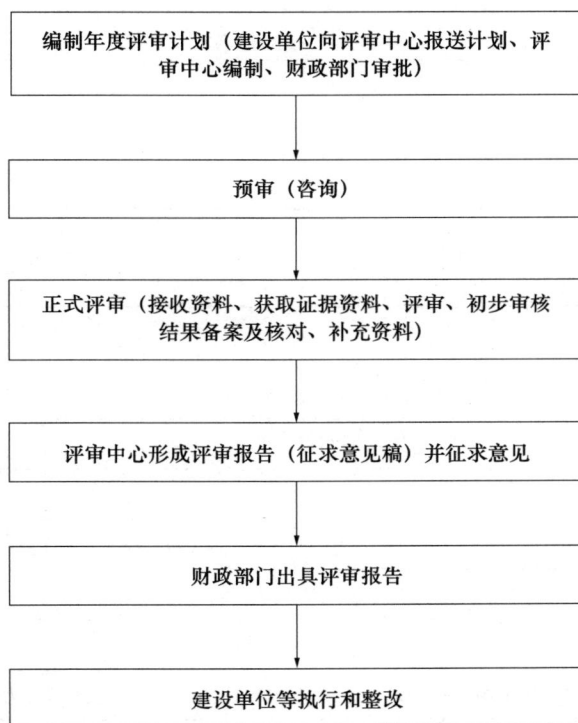

图 21-1　项目结（决）算流程

项目结（决）算评审资料清单　　　　　　　　表 21-1

序号	文件名称	页数	审批部门	备注
一	申请书			
1	财政投资结（决）算评审申请书			
二	前期资料			
2	项目建议书批复			
3	可行性研究报告批复			

序号	文件名称	页数	审批部门	备注
4	概算批复			
5	建设工程规划许可			
6	其他前期资料			
三	招标资料			
7	招标文件（勘察、设计、施工、监理等）			
8	合同文件（勘察、设计、施工、监理等）			
四	施工管理资料			
9	施工报建资料（施工许可证）			
10	工程质量管理资料			
11	工程进度管理资料			
12	竣工验收资料			
13	项目移交资料			
五	投资控制资料			
14	工程款支付资料			
15	工程变更资料			
16	工程结（决）算资料			

项目结（决）算评审报告样式　　　　　　　　　　表 21-2

项目基本情况			
计划立项名称		概算批复文号	
资金来源		计划投资总额（万元）	
工程简单描述			
工程竣工结（决）算评审结果			
单项名称	送审金额（万元）	审定金额（万元）	核减额（万元）	核减率（%）
建安工程费				

存在问题、有关说明及建议：

评审单位：　　　　　　　　　　　　　　　　　　　　评审时间：

第 22 章

项 目 审 计

22.1　概　　述

项目审计是指审计机构依据国家法律法规，对项目建设活动程序、预算和费用支出情况以及各项工作的完成情况等进行全面检查。本章所述项目审计监督管理主要内容包括：适用范围、项目前期审计、项目预算执行审计、项目竣工决算审计、绩效审计、审计结果公布。

22.2　重　点　工　作

22.2.1　适用范围及审计类别

1. 适用范围：政府投资项目均应接受审计，包括利用财政性资金所进行的固定资产投资建设项目，以及财政性资金占项目总投资的比例超过 50%，或占项目总投资 50% 以下，但政府拥有项目建设、运营实际控制权的固定投资建设项目。与政府投资相关联或政府以其他各类资源参与投资的项目可参照进行审计监督。

2. 审计类别：主要包括项目前期审计、项目预算执行审计、项目竣工决算审计、绩效审计等。

22.2.2　项目前期审计

项目前期审计即审计机关在项目开工前，对项目的前期准备工作、资金运用、建设程序、施工图预算（总预算、分项预算或单项工程预算）的真实性、合法性、效益性及一致性等进行审计监督。

1. 建设单位需报送的资料

（1）项目审批文件、计划批准文件、项目总概算及分项概算。

（2）前期招标及合同文件（勘察、设计、咨询等）。

（3）前期财务支出等资料。

（4）勘察、设计图纸。

（5）施工图预算及其编制依据。

（6）其他资料。

2. 主要审计内容

（1）项目建设规模、内容、标准是否符合经批准的项目计划。

（2）项目总预算、分项预算是否分别符合总概算、分项概算。

（3）项目征地拆迁、勘察、设计、监理、咨询服务等前期工作开展情况及其资金运用的真实性、合法性。

3. 审计时限

被审计单位提交齐全的资料之日起，30 日内审计机关应出具审计结论性文书，并送达被审计单位、项目审批机关及其他相关部门。

22.2.3 项目预算执行审计

项目预算审计是指审计机关对项目实施过程中涉及的工程造价、设计变更、设备材料采购、工程结算及与项目相关的财务收支的真实性、合法性和效益性进行的审计监督，包括工程结算审计、财务收支监督审计、财务政策执行及项目内控制度情况审计等。

1. 需建设单位报送的资料

（1）项目前期审计所需资料（见前文"建设单位需报送的资料"）。

（2）有关招标投标文件、评标报告、合同文本。

（3）工程造价有关资料，包括工程计量单位、设计变更、设备材料采购单、有关指令和会议纪要。

（4）项目结算造价资料，包括造价书、工程量计算书、有关计价文件以及计价依据等。

（5）其他资料。

2. 工程结算审计主要内容

（1）是否高估冒算，虚报工程款。

（2）是否重复计算，增大工程量。

（3）是否随意变更工程内容，提高造价。

（4）单项工程结算是否符合单项工程预算。

3. 工程结算审计时限

被审计单位提交齐全的资料之日起，45 日内审计机关应出具审计结论性文书，并送达被审计单位、项目审批机关及其他相关部门。

4. 财务收支监督审计主要内容

（1）建设成本的归集。

（2）待摊投资的核算。

（3）单项工程成本的计算。

审计程序和审计处理，依照国家有关法规执行。

5. 财务政策执行及项目内控制度情况审计

审计机关可根据需要审查项目设计、施工等各个环节财务政策的执行情况及项目内控制度的建立和执行情况。

22.2.4 项目竣工决算审计

项目完成竣工验收之日起 90 日内，建设、施工等与项目建设相关的单位应向审计机关报送资料，申请项目竣工决算。

1. 需提交的资料

（1）项目预算执行审计需提交的资料（见前文"需建设单位报送的资料"）。

（2）竣工资料，包括工程竣工图、竣工验收报告。

（3）工程竣工决算报表。

（4）其他资料。

2. 项目竣工决算审计的主要内容

（1）竣工决算报表和竣工决算说明书的真实性、合法性。

（2）项目建设规模及总投资控制情况、资金到位情况以及对项目的影响程度。

（3）征地拆迁费用支出和管理情况。

（4）建设资金使用的真实性，合法性，有无转移、侵占、挪用建设资金和违法集资、摊派、收费情况。

（5）项目建筑安装工程核算、设备投资核算、待摊投资的列支内容和分摊以及其他投资列支的真实性、合法性。

（6）交付使用资产的真实性、合法性、完整性。

（7）项目基建收入的来源、分配、上缴和留成使用的真实性、合法性。

（8）项目投资包干指标完成的真实性和包干结余资金分配的合法性。

（9）项目尾工工程未完工程量和预留工程价款的真实性。

3．审计时限

被审计单位提交齐全的资料之日起，45 日内审计机关应出具审计结论性文书，并送达被审计单位、项目审批机关及其他相关部门。确需延长审计时限的，应当经审计机关负责人批准，延长时间不得超过 15 日。

22.2.5　项目绩效审计

项目绩效审计是在前述的前期审计、预算执行审计或决算审计等经济活动的真实性、合法性审计基础上，重点审查项目的经济性、效率性、效果性，并对其进行分析、评价和提出改进意见的专项审计行为。

1．需报送的资料

（1）项目立项、可研、环评、概算等申报和批复文件。

（2）项目招投标文件、定标文件。

（3）项目设计、施工、监理等合同文件。

（4）项目设计图纸。

（5）项目质量管理。

（6）项目进度管理文件。

（7）项目财务资料（包括银行开户资料、会计凭证、会计账簿、会计报表等）。

（8）其他资料。

2．项目绩效审计主要内容

（1）经济性。包括项目立项、招标、设计、施工等各环节的行为质量、工作质量及工程实体质量、投入、项目造价控制等。

（2）效率性。包括项目立项、招标、设计、施工等各环节的管理政策、原则、制度、措施、组织结构、资金利用及其执行情况。

（3）效果性。包括项目的预期目标（工程投资、质量、工期等）、经济效益、社会效益以及环境保护与工程建设的同步性、有效性。

22.2.6　审计结果公布

审计结果除送达有关主管机关、单位外，尚应按规定由审计机关负责人在地方人大会议上报告，并向媒体公布，接受社会监督。

22.2.7 主要审计程序

主要审计程序如下：

1. 审计机关编制年度项目审计计划。

2. 成立审计组。

3. 通知被审计单位（提前 3 日以上）。

4. 审计组进驻取得证明材料，并开展审计。

5. 审计组形成审计报告（征求意见稿），并向被审计单位征求意见。

6. 被审计单位反馈意见（10 日内）。

7. 审计组向审计机关提交审计报告（征求意见稿），被审计单位意见一并提交。

8. 审计机关对审计报告（征求意见稿）进行审议，并对被审计单位的意见进行一并研究后，提出审计机关的审计报告。

9. 审计报告和审计决定送达被审计单位和有关主管机关、单位，审计决定生效（送达之日起）。

10. 被审计单位执行和整改。

11. 按规定对审计结果公布。

22.3 工 作 流 程

项目审计流程（图 22-1）。

22.4 常用表格和文书

1. 项目前期审计申报资料清单（表 22-1）。

2. 项目预算执行审计申报资料清单（表 22-2）。

3. 项目竣工审计申报资料清单（表 22-3）。

4. 项目绩效审计申报资料清单（表 22-4）。

5. 项目审计报告（样式）（附件 22-1）。

22.5 相 关 文 件

1.《中华人民共和国审计法》（2006 年修正）。

2.《中华人民共和国审计法实施条例》（国务院令第 231 号，2010 年 2 月修订）。

3.《深圳经济特区政府投资项目审计监督条例》（2019 年 4 月 24 日修正）。

```
┌─────────────────────────────────────────────────────┐
│            审计机关编制年度项目审计计划                │
└─────────────────────────────────────────────────────┘
                          ↓
┌─────────────────────────────────────────────────────┐
│                      成立审计组                        │
└─────────────────────────────────────────────────────┘
                          ↓
┌─────────────────────────────────────────────────────┐
│           通知被审计单位（提前3日以上）                │
└─────────────────────────────────────────────────────┘
                          ↓
┌─────────────────────────────────────────────────────┐
│           通知被审计单位（提前3日以上）                │
└─────────────────────────────────────────────────────┘
                          ↓
┌─────────────────────────────────────────────────────┐
│   审计组实施审计（进驻、开展审计、编制审计报告、征求被审计单位意见）│
└─────────────────────────────────────────────────────┘
                          ↓
┌─────────────────────────────────────────────────────┐
│   审计组向审计机关提交审计报告（征求意见稿）及被审计单位意见│
└─────────────────────────────────────────────────────┘
                          ↓
┌─────────────────────────────────────────────────────┐
│   审计机关对审计报告（征求意见稿）进行审议，形成审计机关审计报告│
└─────────────────────────────────────────────────────┘
                          ↓
┌─────────────────────────────────────────────────────┐
│审计报告和审计决定送达被审计单位和有关主管机关、单位，审计决定生效（送达之日起）│
└─────────────────────────────────────────────────────┘
                          ↓
┌─────────────────────────────────────────────────────┐
│                 被审计单位执行和整改                   │
└─────────────────────────────────────────────────────┘
                          ↓
┌─────────────────────────────────────────────────────┐
│                按规定对审计结果公布                    │
└─────────────────────────────────────────────────────┘
```

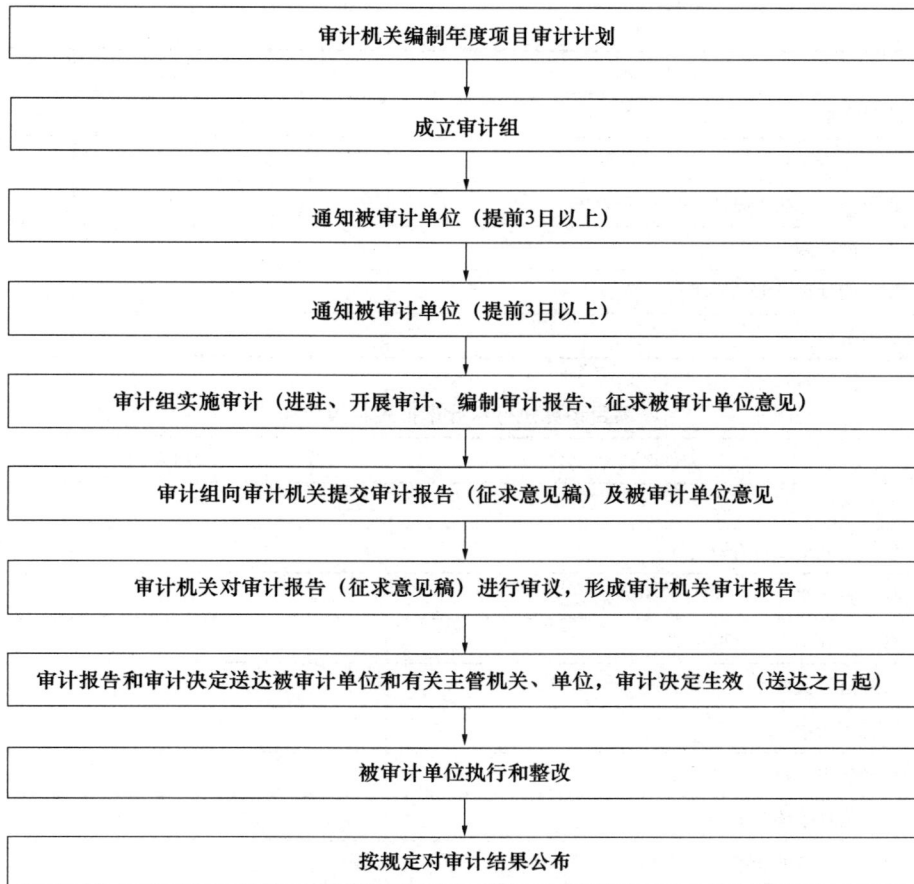

图 22-1　项目审计流程

项目前期审计申报资料清单　　　　　　　　　　　　　　　　表 22-1

序号	文件名称	页数	审批部门	备注
一	项目前期批复文件资料			
1	项目建议书批复			
2	可行性研究报告批复			
3	概算批复			
4	建设工程规划许可			
5	其他前期资料			
二	前期招标及合同文件			
6	勘察招投标文件			
7	勘察合同			
8	设计招投标文件			
9	设计合同			
10	咨询招标文件			
11	咨询合同			
三	前期财务支出资料			
12	勘察、设计、咨询等工程款支付资料凭证			

序号	文件名称	页数	审批部门	备注
四	设计图纸			
13	勘察报告			
14	设计图纸（初步设计、施工图设计）			
五	施工图预算			
15	施工图预算及编制说明			
16	其他资料			

项目预算执行审计申报资料清单　　　　　　　　　　　　表 22-2

序号	文件名称	页数	审批部门	备注
一	前期资料			
	项目前期审计所有资料			见表 21-1-1
二	招标投标文件			
	合同文件（施工、监理等）			
三	工程造价文件			
	工程量清单			
	设计变更资料			
	设备材料采购清单			
	其他造价方面资料			
四	工程结算文件			
	工程量计算书			
	工程结算书			
	工程结算评审报告			
	有关计价文件、依据等			
五	其他资料			

项目竣工审计申报资料清单　　　　　　　　　　　　表 22-3

序号	文件名称	页数	审批部门	备注
一	前期资料			
1	项目前期批复文件资料			
2	项目建议书批复			
3	可行性研究报告批复			
4	概算批复			
5	建设工程规划许可			

序号	文件名称	页数	审批部门	备注
6	其他前期资料			
二	招标及合同文件			
7	勘察招投标文件			
8	勘察合同			
9	设计招投标文件			
10	设计合同			
11	咨询招标文件			
12	咨询合同			
三	财务支出资料			
13	勘察、设计、咨询等工程款支付资料凭证			
四	设计图纸			
14	勘察报告			
15	设计图纸（初步设计、施工图设计）			
五	施工图预算			
16	施工图预算及编制说明			
17	其他资料			

项目绩效审计申报资料清单　　　　　　　　　　　　　　　　表 22-4

序号	文件名称	页数	审批部门	备注
一	项目前期批复文件资料			
1	项目建议书、可研、概算、环评、水保等批复文件			
2	其他前期资料			
二	前期招标及合同文件			
3	勘察招投标文件及合同			
4	设计招投标文件及合同			
5	咨询招标文件及合同			
三	设计图纸			
6	勘察报告			
7	设计图纸（初步设计、施工图设计）			
四	管理文件			
8	工程质量管理文件			
9	工程进度管理文件			
五	竣工验收文件			
10	工程竣工图			
11	竣工报告			
六	财务资料			
12	银行开户资料、会计凭证、会计账簿、会计报表等			
七	其他资料			
13	文件1			
14	文件2			

附件 22-1

项目审计报告（样式）

××市×××区审计局
审 计 报 告

××审报〔2018〕×××号

被审计单位：×××××局

审计项目：

一、前言

（审计过程简单描述）

二、项目基本情况

三、审计结果和审计评价

（一）审计结果

（二）审计评价

四、审计发现的主要问题及建议

附件：×××项目竣工决算审计汇总表

　　　　　　　　　　　　　　　　　　××市×××区审计局

　　　　　　　　　　　　　　　　　　　　年　月　日

第 23 章

项 目 稽 察

23.1　概　　述

项目稽察是指依据国家的法规、政府部门有关制度及规定，对重点项目的建设进行程序性稽查，对建设过程的主要环节和主要方面进行监督检查。本章所述项目稽察监督管理主要内容包括：稽察机构及人员组成、稽察计划编制、稽察实施（含稽察报告编写、稽察问题整改及复查、稽察建档）。

23.2　重　点　工　作

23.2.1　稽察机构及人员组成

2019 年国家机构改革前项目稽察主管部门是市区发改部门，机构改革后改在市区纪检监察部门。稽察人员应熟悉国家、省、市、区有关政府投资工程的法律法规政策，具备相应的专业知识和业务能力。稽察主管部门可以根据需要依法委托具有相应资质的专业机构或聘请有关专业技术人员，对稽察涉及的专业性问题提供检验、鉴定及有关咨询服务。

23.2.2　稽察计划编制

稽察主管部门应根据区域项目情况，编制年度项目稽察计划，确定年度稽察项目和重点内容。重大项目，以及具有超概较多（20% 以上）、进度严重滞后、发生质量安全事故、未竣工但因故终止情形的项目，应列入稽察范围。

23.2.3　稽察实施

1. 实施准备
应提前 10 个工作日通知被稽察单位，特殊情况下可临时通知。
2. 稽察内容
（1）项目立项、可研批复、概算批复等批复文件、投资计划及其执行情况。
主要审查是否有立项文件、可研批复和概算批复，是否有投资计划下达文件以及执行是否按照计划执行。
（2）投资控制与效益、资金计划及管理情况。
是否有超概情况，是否按批复的概算和施工图编制施工图预算执行。
施工过程中工程变更是否严格执行相关规定，如是否执行先审批后实施等原则；变更方案是否有比选，是否经济合理，是否有必要的专家论证等，变更责任是否已明确，对引起变更的责任单位或个人是否有处罚措施等。
（3）工程招投标、合同管理、工程质量、工程进度等情况。
主要审查招标程序、招标文件相关条款等是否符合国家、地方相关规定，合同关键内容是否与招标投标文件一致，签字盖章等形式是否合规等。

合同管理是否到位，尤其是对承包商的处罚条款是否执行到位。

工程前期设计质量是否完善，是否有功能缺陷。

工程施工质量是否符合图纸和施工规范要求等。

工程实施是否有总体进度计划并进行分解，如年度进度计划及月度进度计划等，进度控制措施是否有效等，是否按照约定的合同工期或计划工期执行，进度超期是否有处罚措施等。

3. 稽察实施的方式

（1）查阅被稽察单位和被稽察项目的相关业务资料和凭证等；

（2）通过会议、现场访谈、询问、进入项目现场检查等方式，听取项目建设情况介绍；

（3）向如财政、建设、审计、监察、税务、市场监管等相关行业主管部门、金融机构等了解与稽察事项相关的情况，并依法取得或复制有关资料；

（4）收集资料的方式包括复印、复制、录音、摄影、摄像、记录、证据保全等形式；

（5）根据需要，可对被稽察项目的参建单位进行延伸稽察；

（6）根据需要，稽察主管部门可会同监察、财政、审计、建设等有关部门开展联合稽察。

4. 稽察报告编写

（1）稽察报告主要包括：项目基本情况、实施情况、存在的问题和整改建议。

（2）稽察报告正式作出前，应分别以书面形式和会商形式征求被稽察单位及其他有关部门意见，征求意见时间不计入稽察时限。

（3）稽察报告原则上应在 45 日内作出并送达被稽察单位，同时抄送有关事项涉及部门。确有必要延长期限的应经主管部门负责人批准，且延长时间不超过 15 日。

5. 稽察问题整改及复查

被稽察单位应当针对稽察报告提出的问题及整改建议，进行整改，30 日内完成整改并向稽察主管部门提交主管报告。

主管部门可根据项目整改情况组织复查，并将复查结果告知被稽察单位，同时抄送有关事项涉及部门。

23.3　工 作 流 程

项目稽察流程（图 23-1）。

23.4　常用表格和文书

1. 项目稽察申报交资料清单（表 23-1）。
2. 项目稽察报告（样式）（附件 23-1）。

23.5　相 关 文 件

《深圳市政府投资项目稽察办法》（深圳市人民政府令第 281 号，2015 年 10 月）。

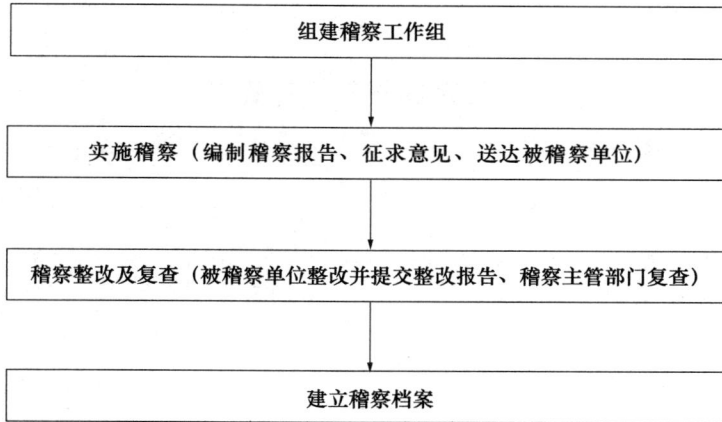

图 23-1 项目稽察流程

项目稽察申报交资料清单   表 23-1

序号	文件名称	页数	审批部门	备注
一	前期资料			
1	项目建议书批复			
2	可行性研究报告批复			
3	概算批复			
4	建设工程规划许可			
5	其他前期资料			
二	招标资料			
6	招标文件（勘察、设计、施工、监理等）			
7	合同文件（勘察、设计、施工、监理等）			
三	施工管理资料			
8	施工报建资料（施工许可证）			
9	工程质量管理资料			
10	工程进度管理资料			
11	竣工验收资料			
12	项目移交资料			
四	投资控制资料			
13	工程款支付资料			
14	工程变更资料			
15	工程结算资料			
16	工程决算资料			
17	工程审计资料			

375

附件 23-1

项目稽察报告（样式）

×××项目稽察报告

委托单位：××市×××区财政局

编制单位：××市×××工程咨询公司

日　　期：　　年 月 日

一、项目基本情况

（一）项目概述

（二）项目主要建设内容

（三）项目实施进度情况

（四）项目投资及资金拨付情况

（五）项目稽察的主要依据

二、稽察依据

（一）项目实施关键节点

（二）项目参与单位

1．主要参与单位（建设、勘察、设计、施工、监理）

2．其他参与单位（招标代理、可研、节能、施工图审查、造价等）

（三）项目合同管理

三、项目稽察发现的主要问题

（一）勘察设计方面

（二）招投标方面

（三）合同管理方面

（四）工程变更管理方面

（五）财务管理方面

（六）现场管理方面

四、项目稽察结论

（一）主要经验及教训

（二）整改要求

第 24 章

社 会 监 督

24.1　概　　述

社会监督是指政府投资工程在实施过程（包括前期、施工、运营等各阶段）中，除了接受法定政府机关的监督外，可视情况接受社会监督。

本章所述社会监督主要内容包括：类型（项目相关方监督、公众监督、"两代表一委员"监督、媒体监督等）、适用范围、监督方式。

24.2　重 点 工 作

24.2.1　社会监督类型及目的

1. 社会监督类型

项目相关方监督、公众监督、"两代表一委员"（即人大代表、党代表、政协委员）监督、媒体监督等。

2. 社会监督目的

通过社会监督，针对项目规划、设计或施工方案、投资、工期等征求项目相关方的意见，及时响应其关切，对方案进行必要的优化、完善、甚至重大调整等。

24.2.2　项目相关方监督

1. 适用范围

污水处理厂、垃圾填埋场项目的建设过程中或建成后，对周边居民、社区、工厂、商业等个人或群体产生不利影响时，应开展社会监督。

2. 监督方式

社会监督方式：

（1）方案公示。将项目设计方案或施工工艺，在实施前预先公示。

（2）沟通、交流。通过邮寄或带上方案上门，征求其意见，进行书面或面对面的沟通、交流。

（3）项目实施过程参与。邀请相关方或其代表参与项目实施过程。

24.2.3　公众监督

1. 适用范围

适用于重大公共基础设施等，如公路、铁路、码头、学校、医院、填海项目等，需要广泛征求社会公众的意见。

2. 监督方式

（1）项目单位及时通过媒体、公告牌等方式，公布规划、设计、施工方案等内容，自觉接受公众的监督、提意见等。

（2）邀请公众代表，召开听证会、座谈会、现场参观等形式，参与项目监督。

24.2.4 两代表一委员监督、媒体监督

1. 适用范围

适用于 24.2.1、24.3.1 所述的项目。

2. 监督方式

（1）就项目规划、设计、施工方案等，书面征求人大代表、党代表、政协委员（即"两代表一委员"）和媒体代表的意见。

（2）邀请"两代表一委员"和媒体代表参加听证会、座谈会、现场参观等形式，参与项目监督。

24.2.5 社会监督程序

（1）确定社会监督类型（包括项目相关方、公众、"两代表一委员"、媒体监督等）及监督方式。不论是监督类型，还是监督方式，都可以是一种类型（方式）或多种类型（方式）的组合。

（2）根据监督类型和方式，编制监督方案，准备项目相关文件资料（批文、规划、设计、施工方案等）。

（3）按计划的监督方案开展社会监督。

（4）整理参与社会监督人士的意见，对项目方案等进行必要的优化、调整，并向参与监督的单位及个人反馈。

24.3 工作流程

社会监督流程（图 24-1）。

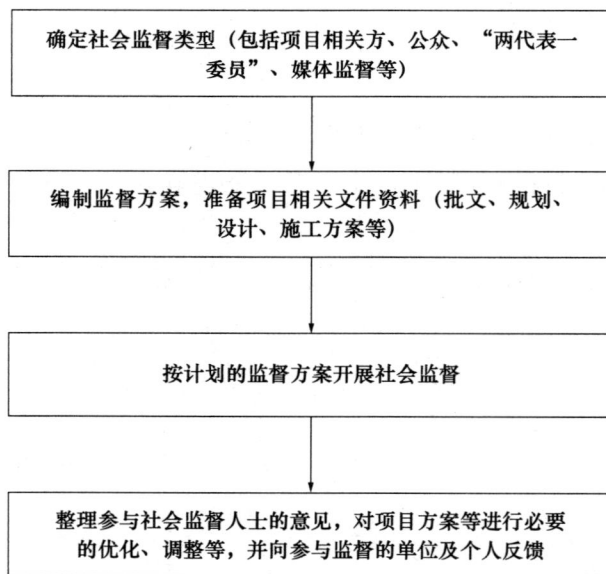

图 24-1 社会监督流程

第 25 章

廉 政 监 督

25.1 概　　述

政府投资工程投资量大，涉及面广，社会关注度高。工程的投资成本、进度、质量、安全、环保等管理要求高，廉政建设和廉政监督是关键。

本章所述廉政监督主要内容包括：适用范围、职责、廉政风险点及监督（防控）措施。

25.2 重 点 工 作

25.2.1 适用范围

廉政监督范围包括政府投资工程的审批部门、监督部门、建设单位及承包商（勘察、设计）及其管理人员。

25.2.2 职责

1. 纪检监察机关

纪检监察机关主要职责是对工程建设相关单位和个人进行廉政教育，对可能存在廉政风险的人和事提前警示，对案件进行查处。

2. 发改、财政、建设等行政主管部门

（1）负责自身员工廉政建设，降低廉政风险。

（2）要对项目相关审批环节进行把关，建立健全相关制度，对建设单位及承包商进行廉政监督。

3. 建设单位

建设单位对廉政建设负有主体责任，应建立健全相关制度，重点从招投标、施工过程质量安全管理、施工协调、工程变更、工程款支付、工程验收等环节，加强干部员工的廉政教育和监督，规避廉政风险。

4. 承包商

承包商廉政建设主体，应建立健全相关制度，遵守法纪，不行贿、不受贿（分包、采购等环节），加强员工的廉政教育和监督，规避廉政风险。

25.2.3 廉政风险点及监督（防控）措施

廉政风险点及监督（防控）措施见表 25-1。

25.3 常用表格和文书

廉政风险点及监督（防控）措施（表 25-1）。

廉政风险点及监督（防控）措施 表 25-1

序号	事项	涉及单位	风险点	监督（防控）措施
一	前期阶段			
1	规划审批	规自	违规审批、超时审批	建立健全制度、信息化监察、申报单位投诉
2	土地审批	规自		
3	项建、工可、概算	发改		
4	设计方案审查	规自、建设		
5	人防审批	建设		
6	消防审批	建设		
7	环评	生态环保		
8	水保	水务		
9	地灾	规自		
二	招投标及合同签订阶段			
10	招标、定标	建设单位	违法违规招标	建立健全制度、建设主管部门监督、投标单位投诉
11	招标、定标	建设主管部门	招标文件违规备案	建立健全制度、招标单位投诉
12	合同签订	建设单位	实质性修改招标时约定的条款	建立健全制度、相关单位投诉
三	施工阶段			
13	施工报建	建设主管部门	违规审批、超时审批	建立健全制度、信息化监察、申报单位投诉
14	施工质量安全文明施工管理	建设单位	违法违规施工	建立健全制度、建设环保等主管部门监督、信息化监察、社会监督、相关单位或人员投诉
15	施工质量安全文明施工监督	建设主管部门	违法违规监督	建立健全制度、信息化监察、施工单位等投诉
16	工程款支付	建设单位	违规支付、超付	
17	工程竣工验收	建设单位、质量监督单位	降低标准验收或违规验收	建立健全制度、信息化监察、接收单位等投诉
四	结算、决算、审计阶段			
18	结算决算、审计	财政、审计	违规结算决算审计、超时审批	建立健全制度、信息化监察、接收单位等投诉

第 26 章

······················

违法违规处罚

26.1　概　　述

本章主要介绍建设工程违法违规处罚类型、相应处罚程序和处罚结果应用。

26.2　重 点 工 作

26.2.1　红色黄色警示处罚程序及结果应用

由于行政处罚办理时间长，且多是小额的经济处罚，其对及时解除安全隐患、遏制安全事故，加强质量管理和文明施工管理、扬尘控制等，效果并不明显，故深圳市、广东省先后制定了相关规定，并与企业信用评价、资质管理、安全生产许可证管理甚至招投标等进行挂钩，取得了明显的效果。

1．处罚程序

（1）监督人员监督过程中发现项目涉嫌违法违规情况，进行现场调查取证、固定证据；

（2）监督人员根据红黄色警示有关文件条款，自违法违规行为发现之日起一个工作日内向站领导报告项目有关情况，并发起处罚信息公示发布及处罚文书起草程序，经部门负责人审核后报单位分管领导审批；

（3）审批通过后通知项目相关单位责任人签收处罚文书；

（4）签收之日起一个工作日内将处罚信息进行网站公示，监督人员完成站内处罚资料归档。

处罚用表格格式见表 26-1-1、表 26-1-2。

2．处罚结果应用及后续监管措施

处罚结果可以应用于以下方面：

（1）与企业业务承接和投标挂钩。在红色警示期内，禁止被警示企业在本市承接新的业务和投标，黄色警示也可纳入招标定标资料，予以限制其入围或中标，即纳入政府投资工程招标定标（两场联动）。

（2）涉事工程停工整改，加强对涉事单位的其他项目的安全检查，存在安全隐患的责令停工整改。

（3）约谈涉事工程的建设、施工、监理等单位的安全生产负责人，并对涉事工地挂牌督办。

（4）发生《生产安全事故报告和调查处理条例》第三条所规定的较大及以上安全事故的，涉事工程建设、施工、监理单位及其法定代表人应于事故发生之日起 7 日内在当地主流媒体上向社会公众公开道歉。

（5）相关主管部门应对施工单位开展资质动态核查和安全生产条件核查：① 资质动态核查不达标的，应责令其限期整改并向社会公布；整改后仍未达标的，提请发证机关依法撤回其建筑业企业资质证书。② 安全生产条件核查不达标的，提请发证机关依法暂扣其安全生产许可证并限期整改；情节严重的，提请发证机关依法吊销其安全生产许可证。

（6）对建设、施工等单位进行是否存在转包、挂靠、违法分包等违法违规行为调查。

389

（7）纳入信用评价体系。

（8）与评先评优挂钩。

26.2.2 省动态扣分处罚程序及操作规程

1．处罚程序

基本同前述处罚程序。

2．结果应用及后续监管措施

（1）累计扣分值达到一定限额时，由省或市（县）建设主管部门约谈单位负责人。

（2）加大对其在建项目监管。

（3）加大对企业资质、安全生产条件调查、检查，依法处理。

（4）纳入政府投资工程招标定标（两场联动）。

（5）纳入新区信用评价体系。

（6）与评先评优挂钩。

390　　　　处罚通知书见表 26-2-1～表 26-2-14。

26.2.3 行政处罚

1．适用范围及依据

建设工程的建设、勘察、设计、施工、监理、检测、咨询等单位及单位负责人、参建个人（以下简称"单位"或"个人"），在项目实施过程中，违反包括土地、规划、环保、招投标、施工报建、工程质量、安全、扬尘等方面的国家、地方法律法规（含部门规章），如《建筑法》《安全生产法》《建设工程质量管理条例》等，行政机关给予单位或个人行政处罚。

2．处罚种类

（1）警告；（2）罚款；（3）责令停工；（4）暂扣或吊销许可证、暂扣或吊销执照；（5）行政拘留等。

3．处罚程序

这里以住建系统质量安全类处罚为例，其程序主要包括三个阶段：

（1）案件来源、立案、调查取证（6个工作日内）

① 立案。执法人员根据案件来源（如现场检查、其他单位涉及建设工程案件移送、违法违规举报等），对现场进行检查，完成《现场检查笔录》和《行政处罚案件立案审批表》，报单位领导审批。该程序一般3个工作日内完成。

② 调查取证。执法人员对涉嫌违法的单位和个人进行调查取证，填写《调查询问笔录》。收集责任单位及个人的证明文件，如企业营业执照、资质证书、安全生产许可证、法人证书、身份证等，必要时下发《责令整改通知书》。该程序一般3个工作日内完成。

（2）审核、告知（15个工作日内）

① 行政执法人员所在部门提出初步处罚意见并填写《行政处罚事先（听证）告知书（未套红头和执法章）》。

② 移送法制审查，出具《法律审查意见书》。

③ 局内呈批《事先告知审批表》。

④ 向当事人发出套红头和盖执法章的《行政处罚事先（听证）告知书》和《送达回证》。

⑤ 符合听证条件的并且当事人要求听证的需制作《听证笔录》和《听证报告》。

⑥ 属于重大复杂案件的需要单位负责人集体讨论，并填写《集体讨论笔录》。

⑦ 如果发生处罚结果、认定违法事实、适用法律依据变化的，应再次出具《法律审查意见书》。

（3）决定、送达、执行、结案（15 个工作日内）

① 决定。单位内呈批《处罚审批表》。

② 送达、执行。

向当事人送达《处罚决定书》及《送达回证》。当事人为法人的，项目经理、项目总监等有关单位法定授权的人员可签收；或由法人的法定代表人、该组织的主要负责人或者办公室、收发室、值班室等负责收件的人签收或者盖章；有授权书的人员也可签收。

③ 结案。

填写《行政处罚案件结案审批表》，对文件进行整理归档。

行政处罚用表，见表 26-3-1 ～表 26-3-22。

4. 处罚情形、处罚标准及处罚依据

违反规划资源、招投标、施工报建、质量安全、扬尘、环保等法律法规的，处罚标准及依据等，分别见表 26-4-1 ～表 26-4-13。

26.2.4 刑事处罚

发生质量安全、生态环保事故，或违反土地、规划、森林、环保等相关法律的，司法机关将给予相关责任人刑事处罚。详见表 26-5。

26.3 工 作 流 程

行政处罚一般流程（图 26-1）。

26.4 常用表格和文书

（一）红黄色警示处罚标准及依据

1. 红色警示情形一览表（表 26-1-1）。

2. 黄色警示情形一览表（表 26-1-2）。

3. 深圳施工扬尘红黄色警示处罚表（表 26-1-3）。

（二）施工质量安全违规行为记分通知书

1. 违规行为记分通知书（建设单位）（表 26-2-1）。

2. 违规行为记分通知书（建设单位项目负责人）（表 26-2-2）。

3. 违规行为记分通知书（勘察单位）（表 26-2-3）。

4. 违规行为记分通知书（勘察单位负责人）（表 26-2-4）。

5. 违规行为记分通知书（设计单位）（表 26-2-5）。

6. 违规行为记分通知书（设计单位项目负责人）（表26-2-6）。

7. 违规行为记分通知书（施工企业）（表26-2-7）。

8. 违规行为记分通知书（施工企业主要负责人）（表26-2-8）。

9. 违规行为记分通知书（施工企业项目负责人）（表26-2-9）。

10. 违规行为记分通知书（施工企业项目专职安全员）（表26-2-10）。

11. 违规行为记分通知书（监理企业）（表26-2-11）。

12. 违规行为记分通知书（总监理工程师）（表26-2-12）。

13. 违规行为记分通知书（专业监理工程师）（表26-2-13）。

14. 违规行为记分通知书（检测单位）（表26-2-14）。

（三）行政处罚用表（文书）

1. 行政处罚案卷封面（表26-3-1）。

2. 行政处罚案卷材料清单（表26-3-2）。

3. 行政处罚案件立案审批表（表26-3-3）。

4. 现场检查笔录（表26-3-4）。

5. 视听资料/电子数据（表26-3-5）。

6. 调查询问笔录（表26-3-6）。

7. 责令整改违法行为通知书（表26-3-7）。

8. 行政处罚决定法制审核意见书（表26-3-8）。

9. 行政处罚事先（听证）告知审批表（表26-3-9）。

10. 行政处罚事先（听证）告知书（表26-3-10）。

11. 行政处罚听证通知书（表26-3-11）。

12. 行政处罚听证笔录（表26-3-12）。

13. 行政处罚听证报告（表26-3-13）。

14. 行政处罚案件单位负责人集体讨论笔录（表26-3-14）。

15. 行政处罚决定审批表（表26-3-15）。

16. 行政处罚决定书（表26-3-16）。

17. 送达地址确认书（表26-3-17）。

18. 罚款通知书（表26-3-18）。

19. 罚款收据（表26-3-19）。

20. 执法人员执法证复印件（表26-3-20）。

21. 行政处罚案件结案审批表（表26-3-21）。

22. 卷内备考表（表26-3-22）。

（四）行政处罚标准及依据

1. 规划资源违法违规行为行政处罚表（表26-4-1）。

2. 招投标违法违规行为行政处罚表（表26-4-2）。

3. 施工报建违法违规行为行政处罚表（表26-4-3）。

4. 建设工程质量违法违规行为行政处罚表（施工单位处罚5万元以下）（表26-4-4）。

5. 建设工程质量违法违规行为行政处罚表（施工单位处罚5万~20万元）（表26-4-5）。

6. 建设工程质量违法违规行为行政处罚表（施工单位处罚 20 万元以上）（表 26-4-6）。

7. 建设工程质量违法违规行为行政处罚表（其他责任主体处罚 5 万元以下）（表 26-4-7）。

8. 建设工程质量违法违规行为行政处罚表（其他责任主体处罚 5 万～30 万元）（表 26-4-8）。

9. 建设工程质量违法违规行为行政处罚表（其他责任主体处罚 20 万元以上）（表 26-4-9）。

10. 建设工程安全违法违规行为行政处罚表（5000～5 万元）（表 26-4-10）。

11. 建设工程安全违法违规行为行政处罚表（5 万元以上）（表 26-4-11）。

12. 施工扬尘行政处罚表（表 26-4-12）。

13. 环境保护行政处罚表（表 26-4-13）。

（五）刑事处罚标准及依据

刑事处罚一览表（表 26-5）。

26.5　相　关　文　件

1.《中华人民共和国建筑法》（2019 年修正）。

2.《中华人民共和国安全生产法》（2014 年修正）。

3.《中华人民共和国行政许可法》（2019 年修正）。

4.《中华人民共和国节约能源法》（2016 年修正）。

5.《中华人民共和国大气污染防治法》（主席令 12 届第 31 号）。

6.《建设工程安全生产管理条例》（国务院令第 393 号，2003 年 11 月）。

7.《民用建筑节能条例》（国务院令第 530 号，2008 年 8 月）。

8.《建设工程质量管理条例》（国务院令第 279 号，2019 年 4 月修正）。

9.《实施工程建设强制性标准监督规定》（建设部令 2000 年第 81 号）。

10.《建筑起重机械安全监督管理规定》（建设部令第 166 号，2008 年 1 月）。

11.《广东省建设工程质量管理条例》（广东省人民代表大会常务委员会公告第 4 号，2017 年 7 月修正）。

12.《广东省住房和建设厅关于房屋建筑和市政基础设施工程施工质量安全动态管理办法》（粤建规范〔2017〕2 号）。

13.《广东省大气污染防治条例》（广东省第 13 届人民代表大会常务委员会公告第 20 号）。

14.《深圳市建设工程质量管理条例》（2021 年修正）。

15.《深圳经济特区建筑节能条例》（2018 年 12 月 27 日修正）。

16.《深圳经济特区建设工程施工安全条例》（2019 年 10 月 31 日修正）。

17.《深圳市燃气管道安全保护办法》（2015 年印发）。

18.《深圳市预拌混凝土和预拌砂浆管理规定》（深圳市人民政府令第 212 号，2009 年 10 月）。

19.《深圳市散装水泥管理办法》。

20.《关于严厉惩处建设工程安全生产违法违规行为的若干措施（试行）》（深建规〔2017〕11 号）。

21.《关于严厉惩处建设工程安全生产违法违规行为的若干措施（试行）的实施细则》（深建规〔2019〕2 号）。

22.《深圳市扬尘污染防治管理办法》（2018 年 12 月 21 日深圳市人民政府令第 315 号修正）。

23.《深圳市房屋市政工程全面强化扬尘污染整治工作方案》（深建质安〔2018〕351 号）。

394

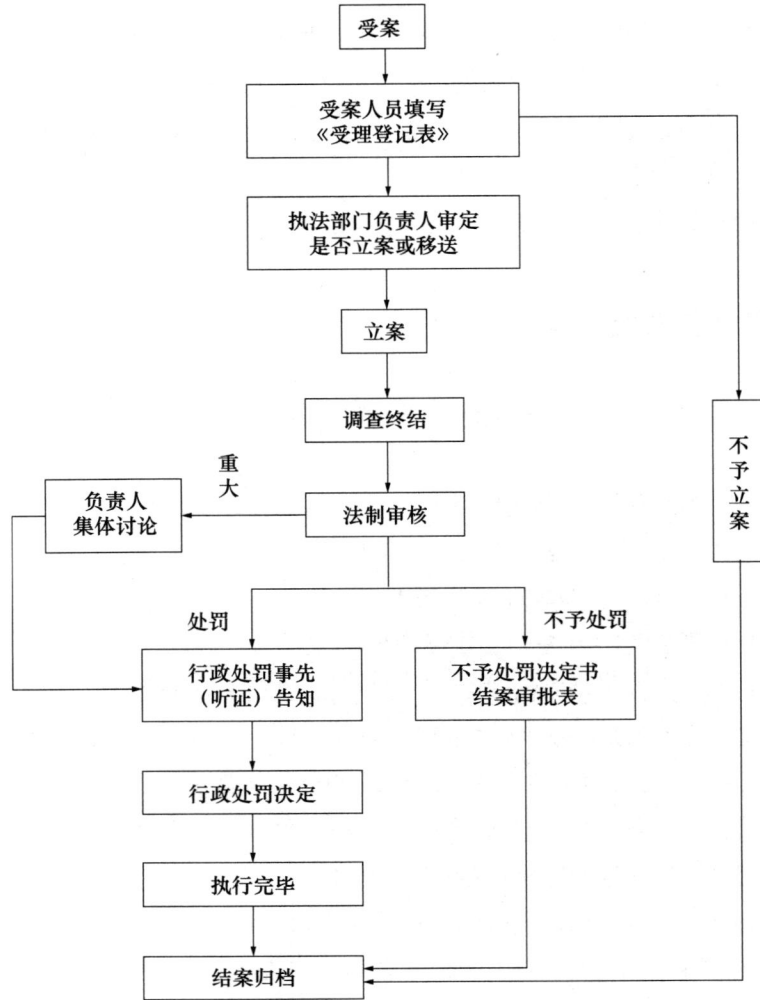

图 26-1　行政处罚一般流程

红色警示情形一览表　　　　表 26-1-1

序号	违法违规行为	给予施工企业红色警示时间	备注
1	发生安全事故死亡 1 人	3 个月	经调查，建设、监理、勘察、设计、材料设备供应商、检验检测等单位对安全事故造成人员死亡负有责任的，也给予相应警示
2	发生安全事故死亡 2 人	6 个月	
3	发生安全事故死亡 3～9 人	1 年	
4	发生安全事故死亡 10 人及以上	无限期	
5	施工现场存在重大安全隐患未按期整改，或者被责令停工拒不停工的	2 个月	
6	施工现场发生事故或险情，虽未造成人员死亡但公共安全构成严重威胁或者社会影响恶劣的	2 个月	

注：1. 相关涉事单位受到红色警示的，其项目负责人、项目经理、项目总监理工程师等责任人员应一并给予红色警示，警示期与所属单位的警示期相同。

　　2. 警示期内禁止企业在本市承接新的业务和投标。

黄色警示情形一览表　　　　表 26-1-2

[处罚依据：深圳市住房和建设局（深建规〔2019〕2 号）关于严厉处罚建设工程安全生产违法违规行为的若干措施（试行）的实施细则]

序号	违法违规行为	备注
一、建设单位		
1	未取得施工许可擅自施工或超越施工许可规定范围施工的	施工许可及资质管理
2	将工程发包给无相应施工资质或安全生产许可证的建筑业企业的	
3	施工图设计文件或重大设计变更未按规定组织第三方审图的	安全行为管理
4	未按规定落实"三层三级"安全检查，或"三层三级"安全检查资料弄虚作假的	
5	未按照施工合同约定及时支付危大工程施工技术措施费或者相应的安全防护文明施工措施费的	
6	在燃气管道安全保护或者控制范围内从事活动未与管道燃气企业签订安全保护协议擅自施工的，或在地铁安全保护区从事施工活动，未与地铁运营单位签订安全文明施工协议的	
7	未根据专家评审意见对基坑、暗挖工程设计方案进行完善的	危大工程管理
8	危大工程未按规定委托具有相应勘察资质的单位进行第三方监测，或未对第三方监测单位报告的异常情况组织采取处置措施的	
二、施工单位		
1	项目经理不在岗履职或特殊天气条件下（台风白色、暴雨黄色及以上预警期间）项目经理未在岗值守的	人员在岗履职
2	周末、节假日未落实施工单位主要项目管理人员（项目经理、生产经理）领导值班制度的	
3	专职安全生产管理人员配备不符合要求或不在岗履职的	
4	未按规定落实"三层三级"安全检查，或"三层三级"安全检查资料弄虚作假的	安全行为管理
5	作业人员未接受三级安全教育或安全技术交底的	
6	特种作业人员未持有效证件上岗作业的，或未在"深圳市住房和建设局实名制和分账制管理平台"实名登记并学习考试合格即上岗作业的	

序号	违法违规行为	备注
7	危大工程施工前未按规定编审、论证专项施工方案的，或未按经审批合格的专项施工方案组织施工的	危大工程管理
8	未根据专家论证报告对超过一定规模的危大工程专项施工方案进行修改，或者未按规定重新组织专家论证的	
9	专项施工方案因规划调整、设计变更等原因确需调整，但修改后的专项施工方案未按照规定重新审核或论证的	
10	未按规定组织危大工程监测、巡视或验收的	
11	基坑、暗挖工程未按经审查合格的施工图设计文件组织施工的	基坑、暗挖工程
12	监测数据累计值或日增量超控制值，未及时采取有效处置措施并报告的	
13	盾构施工，建筑起重机械安拆、顶升（附着）等重要环节施工前未组织作业安全条件审核的	盾构、起重机械
14	施工电梯的防坠器超过标定期限或未定期进行防坠落试验的	
15	未制定并落实多塔作业防碰撞措施的	
16	存在工人在吊物下方或起吊位置附近作业、不同种类（长度）物料混合捆扎吊装、歪拉斜吊或捆绑不牢进行吊装作业的；散料吊装未采用专用容器或容器内装的物品过满的；吊装区未设立警戒区，无专人值守的	起重吊装管理
17	抽查发现 3 处及以上临边、洞口防护缺失，3 名及以上高处作业人员未系安全带，或超过 3.6m 的支模架未设置水平兜网的	高处作业管理
18	高处作业吊篮未经检测和验收合格投入使用的；防坠安全锁超过标定期限；高处作业吊篮内同时有 2 名以上（不含 2 名）作业人员的	
19	未按规定编审施工现场临时用电组织设计，或未按要求组织实施的	施工临时用电
20	施工临时用电未按规定采用三级配电两级漏电保护系统或 TN-S 接零保护系统的	
21	交流弧焊机未使用二次空载降压保护器的	
22	动火作业时，未按规定审批、监护和采取防火措施的	施工消防安全
23	办公区或生活区板房所用材料燃烧性能等级、安全网燃烧性能不符合要求的	
24	工人宿舍有使用 220V 用电插座的	
25	未按规定编制文明施工专项方案及安全施工专项方案并组织落实安全文明施工标准化措施的	安全文明施工
26	未按要求落实工地扬尘污染防治"6 个 100%"工作要求的	
27	未对安全文明措施实行专款专用的	
28	未落实地下管线、设施保护"6 个 100%"措施的	地下管线、设施保护
29	违反安全文明施工有关规定，污染或损坏市政道路，损坏供水、供电等市政管线的（对公共安全构成严重威胁或者社会影响恶劣的，按规定给予红色警示）	
30	未按规定对从业人员进行实名制安全教育培训及考核，从业人员未掌握本职工作所需的安全生产知识、技能、规章制度和安全操作规程的	实名制管理
31	对未按规定开展劳务工实名制和分账制管理工作，造成质量安全管理隐患、维稳事件，被责令整改拒不整改或整改后仍不合格的	
32	在季度专项整治行动中被列入安全生产综合整治督办工地的	综合整治督办

序号	违法违规行为	备注
三、监理单位		
1	项目总监不在岗履职或特殊天气条件下（台风白色、暴雨黄色及以上预警期间）项目总监未在岗值守的	人员在岗履职
2	周末、节假日未落实监理单位主要项目管理人员（项目总监、总监代表）领导值班制度的	
3	未按规定落实"三层三级"安全检查，或"三层三级"安全检查资料弄虚作假的	安全行为管理
4	未按规定审查施工单位资质（含专业承包、劳务分包）和安全生产许可证、特种作业人员证件、"三类人员"考核合格证的	
5	对检查发现的隐患，未跟踪整改落实情况的，或施工单位拒不整改时未及时向建设单位及监督机构报告的	
6	未按规定审查危大工程、安全文明施工专项方案的	危大工程管理
7	未结合危大工程专项施工方案编制监理实施细则	
8	未按规定对危大工程实施专项巡视检查或验收的	
9	盾构施工，建筑起重机械安拆、顶升（附着）等重要环节施工前未组织作业安全条件审核的	
10	未组织对应在开工前实施的临时设施、安全文明措施、地下管线保护进行开工条件验收的	安全文明施工

注：1. 扬尘污染防治"6个100%"工作要求是指：施工围挡及外架100%全封闭、出入口及车行道100%硬底化、出入口100%安装冲洗设施、易起尘作业面100%湿法施工、裸露土及易起尘物料100%覆盖、出入口100%安装TSP在线监测设备。
2. 地下管线、设施保护"6个100%"措施是指：100%签署地下管线保护协议，100%查明地下管线分布情况，100%制定地下管线保护方案，100%配备管线工程师，100%实施《动土令》制度，100%做好作业技术交底。

深圳施工扬尘红黄色警示处罚表　　　　　　　　　表 26-1-3

序号	责任主体	违法违规行为	违反条款	处罚标准	处罚依据	处罚部门
1	施工单位	未落实扬尘防治"6个100%"措施	《深圳市房屋市政工程全面强化扬尘污染整治方案》	一律停工整改，对施工单位及项目经理进行黄色警示；对拒不停工整改或整改后仍不达标的，对施工单位及项目经理红色警示2个月，同时对监理单位及项目总监给予黄色警示	《深圳市房屋市政工程全面强化扬尘污染整治方案》第三条第二项第二款	住房和建设局
2	监理单位	未落实扬尘防治"6个100%"措施	《深圳市房屋市政工程全面强化扬尘污染整治方案》	一律停工整改，对施工单位及项目经理进行黄色警示；对拒不停工整改或整改后仍不达标的，对施工单位及项目经理红色警示2个月，同时对监理单位及项目总监给予黄色警示	《深圳市房屋市政工程全面强化扬尘污染整治方案》第三条第二项第二款	住房和建设局
3	施工单位	偷排泥浆	《深圳市住房和建设局关于做好施工现场泥浆处置管理工作的通知》	如发现有因泥浆处置被有关部门通报批评的，市区主管部门对责任主体予以黄色警示；情节严重的，给予责任主体红色警示。如发现有工地偷排泥浆的，直接给予责任主体红色警示，并移交公安机关依法处置	《深圳市住房和建设局关于做好施工现场泥浆处置管理工作的通知》第三条第二、三款	住房和建设局

违规行为记分通知书（建设单位） 表 26-2-1

398

广东省住房和城乡建设厅房屋市政工程施工质量安全违规行为记分通知书
（建设单位）

编号：（地区号）JS-

工 程 名 称：＿＿＿＿＿＿＿＿＿＿＿＿＿＿＿＿
施 工 许 可 证 号：＿＿＿＿＿＿＿＿＿＿＿＿＿＿
单 位 名 称：＿＿＿＿＿＿＿＿＿＿＿＿＿＿＿
统一社会信用代码
（组织机构代码）：＿＿＿＿＿＿

　　根据《广东省住房和城乡建设厅关于房屋建筑和市政基础设施工程施工质量安全动态管理办法》，你单位存在下列"√"
选条文所述问题，总共被记＿＿＿＿＿分。

　　如对记分有异议，须在被记分之日起7个工作日内，向＿＿＿＿＿＿＿＿＿＿＿＿＿＿＿＿＿提出书面申诉。
被记分单位（代表）签收：
执行记分人签名：
执行记分人证号：

签发单位：（公章）

年　月　日

分值	条文代码		条文内容	√选
10	JS10-1	综合	自领取施工许可证之日起三个月内未开工，未向发证机关申请延期或超过延期时限的	
	JS10-2		未按要求委托具有相应资质等级的工程监理单位进行监理的	
	JS10-3		未向有关的勘察、设计、施工、工程监理等单位提供与建设工程有关的原始资料；或未向施工单位提供地下管线资料，气象和水文观测资料，及相邻建筑物和构筑物、地下工程的有关资料的	
	JS10-4		提出不符合建设工程安全生产法律、法规和强制性标准规定的要求；或提出压缩合同约定工期的要求的	
	JS10-5	质量	未办理设计文件审查或未经审查批准擅自使用的	
	JS10-6		未组织工程质量验收和工程竣工验收，擅自交付使用；或未经验收或者验收不合格，擅自交付使用的	
	JS10-7		涉及建筑主体和承重结构变动的装修工程，未按规定提出设计方案；或没按设计方案擅自施工的	
	JS10-8		施工图设计文件中涉及公共安全、公共利益和工程建设强制性标准的内容发生变更的，未重新按有关规定审查的	
5	JS5-1	综合	未按照合同约定购入和使用合格的建筑材料、建筑构配件和设备或者违反有关规定指定生产厂、供应商的	
	JS5-2	质量	接到事故现场报告后未及时向有关部门报告，并未采取措施防止事故扩大的	
	JS5-3		未按照有关规定组织制定工程质量检测方案，委托具有相应资质的工程质量检测单位进行工程质量检测的	
	JS5-4		住宅建设工程，未在竣工验收前按照规定组织质量分户验收	
	JS5-5	安全	拆除工程发包给无相应资质等级的施工单位的	
3	JS3-1	综合	自中止施工之日起一个月内未向发证机关报告；或建筑工程恢复施工时，未向发证机关报告的	
	JS3-2		明示或者暗示施工单位使用不合格的建筑材料、建筑构配件和设备；或明示或者暗示施工单位购买、租赁、使用不符合安全施工要求的安全防护具、机械设备、施工机具及配件、消防设施和器材的（每项）	
	JS3-3		对拟采用的无现行工程建设强制性标准的新技术、新工艺、新材料，未组织技术论证，未按照规定报相关主管部门核准后采用的	

分值	条文代码		条文内容	√选
3	JS3-4	质量	要求建筑设计单位或者建筑施工企业在工程设计或者施工作业中，违反相关法律法规标准降低工程质量的（每项）	
	JS3-5		未在工程明显部位设置永久性标牌的	
	JS3-6		组织竣工验收时，未对民用建筑是否符合民用建筑节能强制性标准进行查验的	

说明：记分条文代码含义：

JS——建设单位　　　　　　　　JSXM——建设单位项目负责人
KC——勘察单位　　　　　　　　KCXM——勘察单位项目负责人
SJ——设计单位　　　　　　　　SJXM——设计单位项目负责人
SG——施工企业　　　　　　　　SGZY——施工企业主要负责人
SGXM——施工企业项目负责人　　SGZZ——施工企业项目专职安全员
JL——监理企业　　　　　　　　JLZJ——总监理工程师
JLZY——专业监理工程师　　　　JC——检测单位

违规行为记分通知书（建设单位项目负责人）　　　　表 26-2-2

广东省住房和城乡建设厅房屋市政工程施工质量安全违规行为记分通知书
（建设单位项目负责人）

编号：（地区号）JSXM-

工 程 名 称：＿＿＿＿＿＿＿＿＿＿＿＿＿＿＿＿＿＿＿＿
施工许可证号：＿＿＿＿＿＿＿＿＿＿＿＿＿＿＿＿＿＿＿＿
所属单位名称：＿＿＿＿＿＿＿＿＿＿＿＿＿＿＿＿＿＿＿＿
被 记 分 人：＿＿＿＿＿＿＿＿＿＿＿＿＿＿＿＿＿＿＿＿
身 份 证 号 码：＿＿＿＿＿＿＿＿＿＿＿＿＿＿＿＿＿＿＿＿

　　根据《广东省住房和城乡建设厅关于房屋建筑和市政基础设施工程施工质量安全动态管理办法》，你单位存在下列"√"选条文所述问题，总共被记＿＿＿＿＿分。

　　如对记分有异议，须在被记分之日起 7 个工作日内，向＿＿＿＿＿＿＿＿＿＿＿＿＿＿＿提出书面申诉。
被记分单位签收：
执行记分人签名：
执行记分人证号：

签发单位：（公章）

年　月　日

分值	条文代码		条文内容	√选
10	JCXM10-1	质量	涉及建筑主体和承重结构变动的装修工程，未按规定提出设计方案；或没有设计方案擅自施工的	
	JCXM10-2		未办理设计文件审查或未经审查批准擅自使用的	
	JCXM10-3		施工图设计文件中涉及公共安全、公共利益和工程建设强制性标准的内容发生变更的，未重新按有关规定审查的	
	JCXM10-4		未组织工程质量验收和工程竣工验收，擅自交付使用；或未经验收或者验收不合格的，擅自交付使用的	
5	JCXM5-1	综合	未按照合同约定购入和使用合格的建筑材料、建筑构配件和设备或者违反有关规定指定生产厂、供应商的	
	JCXM5-2	质量	接到事故现场报告后未及时向有关部门报告，并未采取措施防止事故扩大的	
	JCXM5-3	安全	依法发包给两个及两个以上施工单位的工程，不同施工单位在同一施工现场使用多台塔式起重机作业时，未协调组织制订防止塔式起重机相互碰撞的安全措施的	

分值	条文代码		条文内容	√选
3	JCXM3-1	综合	明示或者暗示施工单位使用不合格的建筑材料、建筑构配件和设备；或明示或者暗示施工单位购买、租赁、使用不符合安全施工要求的安全防护用具、机械设备、施工机具及配件、消防设施和器材的（每项）	
	JCXM3-2		对拟采用的无现行工程建设强制性标准的新技术、新工艺、新材料，未组织技术论证，未按照规定报相关主管部门核准后采用的	
	JCXM3-3	质量	要求建筑设计单位或者建筑施工企业在工程设计或者施工作业中，违反相关法律法规标准降低工程质量的（每项）	
	JCXM3-4		组织竣工验收时，未对民用建筑是否符合民用建筑节能强制性标准进行查验的	
	JCXM3-5		未在工程明显部位设置永久性标牌的	

违规行为记分通知书（勘察单位）　　　　　　表26-2-3

广东省住房和城乡建设厅房屋市政工程施工质量安全违规行为记分通知书
（勘察单位）

编号：（地区号）KC-

工　程　名　称：_____
施工许可证号：_____
单　位　名　称：_____
统一社会信用代码
（组织机构代码）：_____

　　根据《广东省住房和城乡建设厅关于房屋建筑和市政基础设施工程施工质量安全动态管理办法》，你单位存在下列"√"选条文所述问题，总共被记_____分。

　　如对记分有异议，须在被记分之日起7个工作日内，向_____提出书面申诉。
被记分单位（代表）签收：
执行记分人签名：
执行记分人证号：

　　　　　　　　　　　　　签发单位：（公章）

　　　　　　　　　　　　　　　　　　　　　　　　　年　月　日

分值	条文代码		条文内容	√选
10	KC10-1	综合	超越本单位资质等级许可业务范围承揽业务的	
	KC10-2		未按照国家有关建设工程勘察文件编制深度要求，编制真实、准确的工程勘察文件的	
5	KC5-1	综合	未参加相关工程质量问题和质量事故处理；或未对因勘察造成的质量问题、质量事故提出相应技术处理方案的	
	KC5-2	质量	原始记录不按照规定记录或者记录不完整的	
3	KC3-1	综合	未按照工程建设强制性标准进行勘察的（每项）	
	KC3-2	质量	未参加建设单位或者监理单位组织的勘察交底和文件图纸会审的	
	KC3-3		未按照技术标准、国家有关规定及合同约定参加工程质量验收和工程竣工验收的	
	KC3-4		勘察文件没有责任人签字或者签字不全的	
	KC3-5	安全	勘察作业时，未执行操作规程，未采取措施保证各类管线、设施和周边建筑物、构筑物的安全的	

违规行为记分通知书（勘察单位负责人）　　　　表 26-2-4

广东省住房和城乡建设厅房屋市政工程施工质量安全违规行为记分通知书
（勘察单位项目负责人）

编号：（地区号）KCXM-

工程名称：＿＿＿＿＿＿＿＿＿＿＿＿＿＿＿＿

施工许可证号：＿＿＿＿＿＿＿＿＿＿＿＿＿＿

所属单位名称：＿＿＿＿＿＿＿＿＿＿＿＿＿＿

被记分人：＿＿＿＿＿＿＿＿＿＿＿＿＿＿＿

身份证号码：＿＿＿＿＿＿＿＿＿＿＿＿＿＿

证书名称：＿＿＿＿＿　证书编号：＿＿＿＿

　　根据《广东省住房和城乡建设厅关于房屋建筑和市政基础设施工程施工质量安全动态管理办法》，你单位存在下列"√"
选条文所述问题，总共被记＿＿＿＿＿分。

　　如对记分有异议，须在被记分之日起7个工作日内，向＿＿＿＿＿＿＿＿＿＿＿＿＿＿＿＿＿＿＿＿提出书面申诉。

被记分单位签收：

执行记分人签名：

执行记分人证号：

　　　　　　　　　　签发单位：（公章）

　　　　　　　　　　　　　　　　　　　　　　　　　年　月　日

分值	条文代码		条文内容	√选
10	KCXM10-1	综合	未取得相应的执业资格证书，或超越执业资格证书许可的范围内从事建筑活动的	
5	KCXM5-1	综合	未参加建设单位或者监理单位组织的勘察交底和文件图纸会审的	
	KCXM5-2		未参加相关工程质量问题和质量事故处理，对因勘察造成的质量问题、质量事故提出相应技术处理方案的	
	KCXM5-3	质量	原始记录不按照规定记录或者记录不完整的	
3	KCXM3-1	综合	勘察文件没有责任人签字或者签字不全的	
	KCXM3-2		未按照技术标准、国家有关规定及合同约定参加工程质量验收和工程竣工验收的	
	KCXM3-3	安全	勘察作业时，未执行操作规程，未采取措施保证各类管线、设施和周边建筑物、构筑物的安全的	

违规行为记分通知书（设计单位）　　　　表 26-2-5

广东省住房和城乡建设厅房屋市政工程施工质量安全违规行为记分通知书
（设计单位）

编号：（地区号）SJ-

工程名称：＿＿＿＿＿＿＿＿＿＿＿＿＿＿＿＿

施工许可证号：＿＿＿＿＿＿＿＿＿＿＿＿＿＿

单位名称：＿＿＿＿＿＿＿＿＿＿＿＿＿＿＿

统一社会信用代码

（组织机构代码）：

　　根据《广东省住房和城乡建设厅关于房屋建筑和市政基础设施工程施工质量安全动态管理办法》，你单位存在下列"√"
选条文所述问题，总共被记＿＿＿＿＿分。

　　如对记分有异议，须在被记分之日起7个工作日内，向＿＿＿＿＿＿＿＿＿＿＿＿＿＿＿＿＿＿提出书面申诉。

被记分单位（代表）签收：

执行记分人签名：

执行记分人证号：

　　　　　　　　　　签发单位：（公章）

　　　　　　　　　　　　　　　　　　　　　　　　　年　月　日

分值	条文代码		条文内容	√选
10	SJ10-1	综合	未在本单位资质等级许可业务范围承揽业务的	
	SJ10-2		设计文件不符合有关法律、行政法规的规定和建筑工程质量、安全标准、建筑工程勘察、设计技术规范以及合同的约定的	
5	SJ5-1	综合	注册建筑师、注册结构工程师等注册执业人员未在设计文件上签字的	
	SJ5-2	质量	未参加工程质量问题处理和质量事故处理；未对质量问题、质量事故提出相应技术处理方案的	
	SJ5-3		未参加工程质量验收和工程竣工验收的	
	SJ5-4	安全	未对涉及施工安全的重点部位和环节在设计文件中注明，并对防范生产安全事故提出指导意见的	
	SJ5-5		新结构、新材料、新工艺的建设工程和特殊结构的建设工程，未在设计中提出保障施工作业人员安全和预防生产安全事故的措施建议的	
3	SJ3-1	综合	未按照工程建设强制性标准进行设计的（每项）	
	SJ3-2	质量	未参加设计交底和文件图纸会审；未对编制的工程设计文件以书面形式向建设单位、施工单位、监理单位作出详细说明的	
	SJ3-3		对设计文件选用的建筑材料、建筑构配件和设备，指定生产厂、供应商的	
	SJ3-4		未参加处理工程施工中出现的与设计有关的其他问题的	

违规行为记分通知书（设计单位项目负责人）　　　　表 26-2-6

广东省住房和城乡建设厅房屋市政工程施工质量安全违规行为记分通知书
（设计单位项目负责人）

编号：（地区号）SJXM-

工 程 名 称：＿＿＿＿＿＿＿＿＿＿＿＿＿＿＿＿＿＿＿＿
施工许可证号：＿＿＿＿＿＿＿＿＿＿＿＿＿＿＿＿＿＿＿＿
所属单位名称：＿＿＿＿＿＿＿＿＿＿＿＿＿＿＿＿＿＿＿＿
被 扣 分 人：＿＿＿＿＿＿＿＿＿＿＿＿＿＿＿＿＿＿＿＿
身 份 证 号 码：＿＿＿＿＿＿＿＿＿＿＿＿＿＿＿＿＿＿＿＿
证书名称：＿＿＿＿＿＿＿＿　证书编号：＿＿＿＿＿＿

　　根据《广东省住房和城乡建设厅关于房屋建筑和市政基础设施工程施工质量安全动态管理办法》，你单位存在下列"√"选条文所述问题，总共被记＿＿＿＿＿分。

　　如对记分有异议，须在被记分之日起 7 个工作日内，向＿＿＿＿＿＿＿＿＿＿＿＿＿＿＿＿＿＿提出书面申诉。
被记分单位签收：
执行记分人签名：
执行记分人证号：

　　　　　　　　　　　　　　签发单位：（公章）

　　　　　　　　　　　　　　　　　　　　　　　　　　年　月　日

分值	条文代码		条文内容	√选
10	SJXM10-1	综合	未在执业资格证书许可的范围内从事建筑活动的	
	SJXM10-2		设计文件不符合有关法律、行政法规的规定和建筑工程质量、安全标准、建筑工程设计技术规范以及合同的约定的	

续表

分值	条文代码		条文内容	√选
5	SJXM5-1	综合	注册建筑师、注册结构工程师等注册执业人员未在设计文件上签字的	
	SJXM5-2		未参加工程质量问题处理和质量事故处理；未对质量问题、质量事故提出相应技术处理方案的	
	SJXM5-3	质量	未参加工程质量验收和工程竣工验收的	
	SJXM5-4	安全	未对涉及施工安全的重点部位和环节在设计文件中注明，并对防范生产安全事故提出指导意见的	
	SJXM5-5		新结构、新材料、新工艺的建设工程和特殊结构的建设工程，未在设计中提出保障施工作业人员安全和预防生产安全事故的措施建议的	
3	SJXM3-1	质量	未参加设计交底和文件图纸会审；未对编制的工程设计文件以书面形式向建设单位、施工单位、监理单位作出详细说明的	
	SJXM3-2		对设计文件选用的建筑材料、建筑构配件和设备，指定生产厂、供应商的	
	SJXM3-3		未参加处理工程施工中出现的与设计有关的其他问题的	

违规行为记分通知书（施工企业） 表 26-2-7

广东省住房和城乡建设厅房屋市政工程施工质量安全违规行为记分通知书
（施工企业）

编号：（地区号）SG-

工　程　名　称：＿＿＿＿＿＿＿＿＿＿＿＿＿＿＿＿＿＿＿＿
施 工 许 可 证 号：＿＿＿＿＿＿＿＿＿＿＿＿＿＿＿
单　位　名　称：＿＿＿＿＿＿＿＿＿＿＿＿＿＿＿
统一社会信用代码
（组织机构代码）：＿＿＿＿＿＿＿＿＿＿

　　根据《广东省住房和城乡建设厅关于房屋建筑和市政基础设施工程施工质量安全动态管理办法》，你单位存在下列"√"选条文所述问题，总共被记＿＿＿＿＿分。

　　如对记分有异议，须在被记分之日起 7 个工作日内，向＿＿＿＿＿＿＿＿＿＿＿＿＿＿＿＿＿＿＿＿提出书面申诉。

被记分单位（代表）签收：
执行记分人签名：
执行记分人证号：

签发单位：（公章）

年　月　日

分值	条文代码		条文内容	√选
10	SG10-1	综合	未在本单位资质等级许可业务范围承揽业务的	
	SG10-2		转包或者违法分包工程的	
	SG10-3		未建立健全工程项目质量管理体系，未确定项目的负责人、技术负责人、施工管理负责人，未配备相应数量的职业技术人员；或未设立项目安全生产管理架构或未按规定配备专职安全生产管理人员的	
	SG10-4		危险性较大的分部分项工程未按规定编制专项施工方案的；或危险性较大的分部分项工程内容有重大变更，而相关的安全施工技术方案或安全措施未作相应修改的	
5	SG5-1	综合	未按照工程设计图纸和施工技术标准施工，擅自修改工程设计的	
	SG5-2		未对建筑材料、建筑构配件、设备和商品混凝土进行检验；或使用不合格的建筑材料、建筑构配件、设备和商品混凝土的	

分值	条文代码		条文内容	√选
5	SG5-3	综合	未建立健全质量安全责任制的	
	SG5-4		未制定工程质量安全事故应急预案，或未组织应急演练的	
	SG5-5		发生工程质量安全事故，未立即向建设单位或相关部门进行报告的	
	SG5-6		对建设行政主管部门或质安监机构发出的整改通知，未督促施工现场落实整改的	
	SG5-7		专项施工方案未经施工企业技术负责人和监理企业的总监理工程师签字后实施的	
	SG5-8	质量	未建立施工质量的检验制度；或未按制度进行隐蔽工程的质量检查和记录的	
	SG5-9		对涉及结构安全的试块、试件以及有关材料，未按要求进行检测的	
	SG5-10		未分阶段进行工程质量验收；或未经阶段验收或者阶段验收不合格的，进入下一阶段施工和竣工验收的	
	SG5-11		未参加处理相关工程质量问题和质量事故的	
	SG5-12		施工现场未执行样板引路	
	SG5-13		未实施工程质量通病防治的相关措施	
	SG5-14	安全	施工企业"安管人员"未取得安全生产考核合格证书的	
	SG5-15		对超过一定规模的危险性较大的分部分项工程专项施工方案，施工企业未按规定组织专家进行论证、审查的	
	SG5-16		建筑起重机械出现故障或者发生异常情况的，未停止使用，消除故障和事故隐患的，建筑起重设备资料管理未实行"一机一档"，缺失维修、保养记录的	
	SG5-17		使用未办理产权备案和使用登记的施工起重机械的	
	SG5-18		建筑起重机械安装单位未按照建筑起重机械安装、拆卸工程专项施工方案及安全操作规程组织安装、拆卸作业的	
	SG5-19		施工起重机械，临时用电设施，脚手架，"四口"，"五临边"防护存在安全隐患较多，企业未按规定开展定期、专项检查和整改消除隐患的	
3	SG3-1	综合	变更项目负责人的，未按照有关规定办理变更手续的	
	SG3-2		施工违反工程建设强制性标准的（每项）	
	SG3-3		施工总承包单位在分包合同中未明确各自质量安全生产责任的	
	SG3-4	质量	未及时返修施工中出现质量问题的建设工程或者竣工验收不合格的建设工程的	
	SG3-5		采购的建筑材料、商品混凝土、混凝土预制构件、建筑构配件和设备未有产品出厂质量合格证明文件的	
	SG3-6		未根据工程施工进度，告知建设单位委托的工程质量检测单位进行工程质量检测的	
	SG3-7	安全	未对所承建的建筑工程未按规定进行定期和专项安全检查，或检查流于形式，检查记录弄虚作假的	
	SG3-8		未按规定审查分包企业资质和安全生产许可证，"安管人员"考核合格证书，特种作业人员操作资格证书的	

续表

分值	条文代码		条文内容	√选
3	SG3-9	安全	使用国家明令淘汰、禁止使用的危及施工安全的工艺、设备、材料的	
	SG3-10		建筑起重机械使用单位擅自在建筑起重机械上安装非原制造厂制造的标准节和附着装置的	
	SG3-11		特种作业人员未取得符合规定的操作资格证书的	
	SG3-12		建筑起重机械安装单位未指派专业技术人员、专职安全生产管理人员对建筑起重机械进行现场监督，技术负责人未履行职责定期巡查的	

违规行为记分通知书（施工企业主要负责人）　　　　表 26-2-8

广东省住房和城乡建设厅房屋市政工程施工质量安全违规行为记分通知书
（施工企业主要负责人）

编号：（地区号）SGZY-

工　程　名　称：＿＿＿＿＿＿＿＿＿＿＿＿＿＿＿
施工许可证号：＿＿＿＿＿＿＿＿＿＿＿＿＿＿＿
所属单位名称：＿＿＿＿＿＿＿＿＿＿＿＿＿＿＿
被　记　分　人：＿＿＿＿＿＿＿＿＿＿＿＿＿＿＿
身 份 证 号 码：＿＿＿＿＿＿＿＿＿＿＿＿＿＿＿
证书名称：＿＿＿＿＿＿＿＿＿　证书编号：＿＿＿＿＿＿＿＿

　　根据《广东省住房和城乡建设厅关于房屋建筑和市政基础设施工程施工质量安全动态管理办法》，你单位存在下列"√"选条文所述问题，总共被记＿＿＿＿分。

　　如对记分有异议，须在被记分之日起 7 个工作日内，向＿＿＿＿＿＿＿＿＿＿＿＿＿＿＿＿＿＿提出书面申诉。

被记分单位签收：
执行记分人签名：
执行记分人证号：

签发单位：（公章）

年　月　日

分值	条文代码		条文内容	√选
10	SGZY10-1	综合	未有效落实本企业质量安全生产责任制的（法定代表人）	
	SGZY10-2		未有效落实本企业质量安全生产规章制度的（分管质量安全生产工作负责人）	
	SGZY10-3		未按规定对危险性较大的分部分项工程专项施工方案进行审批的（企业技术负责人）	
5	SGZY5-1	安全	未设立安全生产管理机构和未按规定配备专职安全生产管理人员的（法定代表人）	
	SGZY5-2		未保证本企业安全生产投入有效实施的（分管安全生产工作负责人）	
	SGZY5-3		对超过一定规模的危险性较大的分部分项工程专项施工方案，施工企业未按规定组织专家进行论证、审查的（企业技术负责人）	
3	SGZY3-1	综合	未督促、检查本企业的质量安全生产工作，及时消除质量安全事故隐患的（分管质量安全生产工作负责人）	
	SGZY3-2		未组织制定并实施本企业生产安全事故应急救援预案的（分管安全生产工作负责人）	
	SGZY3-3		未有效落实本企业质量安全生产教育培训制度的（分管质量安全生产工作负责人）	

405

违规行为记分通知书（施工企业项目负责人） 表 26-2-9

广东省住房和城乡建设厅房屋市政工程施工质量安全违规行为记分通知书
（施工企业项目负责人）

编号：（地区号）SGXM-

工 程 名 称：_____
施工许可证号：_____
所属单位名称：_____
被 记 分 人：_____
身 份 证 号 码：_____
证书名称：_____ 证书编号：_____

　　根据《广东省住房和城乡建设厅关于房屋建筑和市政基础设施工程施工质量安全动态管理办法》，你单位存在下列"√"选条文所述问题，总共被记_____分。

　　如对记分有异议，须在被记分之日起7个工作日内，向_____提出书面申诉。

被记分单位签收：
执行记分人签名：
执行记分人证号：

签发单位：（公章）

年 月 日

分值	条文代码		条文内容	√选
10	SGXM10-1	综合	超越执业范围或未取得安全生产考核合格证书担任项目负责人；执业资格证书或安全生产考核合格证书过期仍担任项目负责人的	
	SGXM10-2		谎报、瞒报质量安全事故的	
	SGXM10-3		发生质量安全事故后故意破坏事故现场或未开展应急救援的	
	SGXM10-4		质量安全管理资料弄虚作假，与施工现场生产管理状况严重不符的	
	SGXM10-5	安全	未按规定组织编制、论证和实施危险性较大分部分项工程专项施工方案	
	SGXM10-6		在尚未竣工的建筑物内设置员工集体宿舍的	
5	SGXM5-1	综合	违反规定同时在两个或两个以上工程项目上担任项目经理的	
	SGXM5-2		未按照工程设计图纸和施工技术标准组织施工的	
	SGXM5-3		未按规定组织对涉及结构安全的试块、试件以及有关材料进行见证取样或送检试样弄虚作假的	
	SGXM5-4		明示或暗示检测机构出具虚假检测报告；或篡改或者伪造检测报告的	
	SGXM5-5		未参加分部工程验收，或未参加单位工程和工程竣工验收的	
	SGXM5-6		签署虚假文件的	
	SGXM5-7		使用国家明令淘汰、禁止使用的危及施工质量安全的工艺、设备、材料	
	SGXM5-8		未组织落实住房城乡建设主管部门和工程建设相关单位提出的质量安全隐患整改要求，或对安全检查中发现的隐患未落实"三定"（定人员、定时间、定措施）整改要求的	
	SGXM5-9	质量	未分阶段进行工程质量验收；或未经阶段验收或者阶段验收不合格的，进入下一阶段施工和竣工验收的	
	SGXM5-10		未参加处理相关工程质量问题和质量事故的	
	SGXM5-11		住宅建设工程，未在竣工验收前按照规定组织质量分户验收的	

406

分值	条文代码		条文内容	√选
5	SGXM5-12	安全	危险性较大分部分项工程施工期间未在现场带班，或未按规定落实对班组、作业人员进行安全技术交底工作的	
	SGXM5-13		起重机械未按规定办理产权备案、安装（拆卸）告知、安装验收、使用登记，或模板支架等使用前验收的	
	SGXM5-14		使用安全保护装置失效的起重机械的	
	SGXM5-15		施工现场未按规定设置消防通道、消防水源，未配备消防设施和灭火器材的	
3	SGXM3-1	综合	合同约定的项目经理未在岗履职的	
	SGXM3-2		施工违反工程建设强制性标准的（每项）	
	SGXM3-3		未按规定组织对进入现场的建筑材料、构配件、设备、预拌混凝土等进行检验的	
	SGXM3-4		未落实本企业制定的质量安全检查制度，组织质量安全隐患检查、排查，或隐患排查治理不到位的	
	SGXM3-5		特种作业人员无证上岗作业，或作业人员未经质量安全教育上岗作业的	
	SGXM3-6		未落实监理企业作出的质量安全整改要求的	
	SGXM3-7	质量	未按规定组织做好隐蔽工程验收的	
	SGXM3-8		未及时返修施工中出现质量问题的建设工程或者竣工验收不合格的建设工程的	
	SGXM3-9	安全	现场作业人员未配备安全防护用具上岗作业的	
	SGXM3-10		施工现场使用不合格的施工机具、安全网的	
	SGXM3-11		安全防护用具、消防器材、机械设备和施工机具无专人管理的	
	SGXM3-12		未落实将施工现场的办公、生活区与作业区分开设置，并保持安全距离	
	SGXM3-13		未按规定组织生产安全事故应急救援演练的	
	SGXM3-14		未根据不同施工阶段和周围环境及季节、气候的变化，采取相应的安全施工措施的	
	SGXM3-15		施工起重机械，临时用电设施，脚手架，"四口"，"五临边"防护存在安全隐患较多的	
1	SGXM1-1	综合	未按规定配备专职质量、安全管理人员的	
	SGXM1-2		未落实质量安全责任制和人员岗位职责的	
	SGXM1-3		未落实企业质量安全管理规章制度和操作规程的	
	SGXM1-4		未按规定组织编制施工组织设计或制定质量安全技术措施的	
	SGXM1-5		未对班组、作业人员组织实施质量安全技术交底的	
	SGXM1-6		未按规定在验收文件或隐患整改报告上签字，或由他人代签的	
	SGXM1-7	质量	发生质量缺陷、质量问题未及时处理的（每项）	

分值	条文代码		条文内容	√选
1	SGXM1-8	安全	施工现场未按规定悬挂标牌和安全警示标志，并落实专人管理的（每处）	
	SGXM1-9		未实施机械设备、施工机具"一机一档"档案管理制度的	

违规行为记分通知书（施工企业项目专职安全员）　　　表26-2-10

广东省住房和城乡建设厅房屋市政工程施工质量安全违规行为记分通知书
（施工企业项目专职安全员）

编号：（地区号）SGZZ-

工　程　名　称：_____
施工许可证号：_____
所属单位名称：_____
被　记　分　人：_____
身　份　证号码：_____
证书名称：_____　证书编号：_____

　　根据《广东省住房和城乡建设厅关于房屋建筑和市政基础设施工程施工质量安全动态管理办法》，你单位存在下列"√"选条文所述问题，总共被记_____分。

　　如对记分有异议，须在被记分之日起7个工作日内，向_____提出书面申诉。

被记分单位签收：
执行记分人签名：
执行记分人证号：

签发单位：（公章）

年　月　日

分值	条文代码		条文内容	√选
10	SGZZ10-1	安全	未按规定进行安全检查或检查记录弄虚作假的	
5	SGZZ5-1	安全	未按规定参与安全防护用品、机械设备、施工机具及配件进场查验的	
	SGZZ5-2		未按规定参与对作业人员的安全教育或安全技术交底的	
	SGZZ5-3		未按消防制度落实现场消防设施的	
	SGZZ5-4		未按要求对施工现场进行监督检查	
3	SGZZ3-1	安全	作业期间，无正当理由不在施工现场的	
	SGZZ3-2		未落实施工起重机械、施工机具定期检修、维护保养制度及安全防护用品、配件的报废制度的	
	SGZZ3-3		未督促建立安全防护用品、施工起重机械、施工机具及配件资料档案的	
	SGZZ3-4		未按规定办理动火审批手续的	
	SGZZ3-5		发现安全事故隐患，未及时向项目负责人和安全生产管理机构报告的	
1	SGZZ1-1	安全	施工临时用电违反"一机、一闸、一漏、一箱"要求的（按每箱次计，每检查项次最多不超过5分）	
	SGZZ1-2		高处作业人员不按要求使用安全带的（按每人次计，每检查项次最多不超过5分）	
	SGZZ1-3		施工现场作业人员不戴安全帽、穿拖鞋或其他严重违章作业行为的（按每人次计，每检查项次最多不超过5分）	

违规行为记分通知书（监理企业）　　　　　　　　　　　表 26-2-11

広东省住房和城乡建设厅房屋市政工程施工质量安全违规行为记分通知书
（监理企业）

编号：（地区号）JL-

工　程　名　称：＿＿＿＿＿＿＿＿＿＿＿＿＿＿＿＿＿＿
施工许可证号：＿＿＿＿＿＿＿＿＿＿＿＿＿＿＿＿＿＿
单　位　名　称：＿＿＿＿＿＿＿＿＿＿＿＿＿＿＿＿＿＿
统一社会信用代码
（组织机构代码）：＿＿＿＿＿＿＿＿＿＿＿＿＿＿＿＿

　　根据《广东省住房和城乡建设厅关于房屋建筑和市政基础设施工程施工质量安全动态管理办法》，你单位存在下列"√"选条文所述问题，总共被记＿＿＿＿＿分。

　　如对记分有异议，须在被记分之日起 7 个工作日内，向＿＿＿＿＿＿＿＿＿＿＿＿＿＿＿＿＿＿＿提出书面申诉。

被记分单位签收：
执行记分人签名：
执行记分人证号：

　　　　　　　　　　签发单位：（公章）

　　　　　　　　　　　　　　　　　　　　　　　　年　月　日

分值	条文代码		条文内容	√选
10	JL10-1	综合	超越本单位资质等级许可业务范围承揽业务的	
	JL10-2		未成立项目监理机构，配备总监、专业监理及相应数量的监理人员的	
	JL10-3		对不合格的建筑工程、建筑材料、建筑构件配件和设备按照合格签字认可的	
	JL10-4		未按照技术标准和国家有关规定组织或者参加工程质量安全验收和工程竣工验收的	
5	JL5-1	综合	未按照工程监理规范的要求，采取旁站、巡视和平行检验等形式，对建设工程实施监理的	
	JL5-2		发现违反法律、法规和工程建设强制性标准问题的，未报住房城乡建设主管部门处理的	
	JL5-3		对发现建筑材料、商品混凝土、混凝土预制构件、建筑构配件和设备存在质量问题的，未及时要求施工单位停止使用的	
	JL5-4		对涉及结构安全和主要使用功能的重要部位、重要环节的隐蔽工程验收，未提前报告有关行政主管部门或者其委托的工程质量安全监督机构的	
	JL5-5		指定建筑材料、商品混凝土、混凝土预制构件、建筑构配件和设备的生产、供应单位的	
	JL5-6		项目监理规划未编制质量安全监理内容的	
	JL5-7	质量	对发现施工单位不按照审查合格的施工图设计文件施工或者有其他违法违规行为，未及时予以制止的	
	JL5-8	安全	未审查安全技术措施或专项施工方案是否符合工程强制性标准的	
3	JL3-1	综合	未对检查发现的质量安全隐患及时发出整改通知书并跟踪落实的；或对危及工程质量安全的施工，未按照监理权限及时下达停工指令的	
	JL3-2	质量	未按月向有关行政主管部门或者其委托的工程质量监督机构提交工程质量监理报告的	
	JL3-3	安全	危险性较大的分部分项工程未编制安全监理实施细则的	
	JL3-4		未对施工现场进行定期安全检查，并做好检查记录的	

违规行为记分通知书（总监理工程师）　　　　　　　　　　　表 26-2-12

广东省住房和城乡建设厅房屋市政工程施工质量安全违规行为记分通知书
（总监理工程师）

编号：（地区号）JLZJ-

工 程 名 称：＿＿＿＿＿＿＿＿＿＿＿＿＿＿
施工许可证号：＿＿＿＿＿＿＿＿＿＿＿＿＿＿
所属单位名称：＿＿＿＿＿＿＿＿＿＿＿＿＿＿
被 记 分 人：＿＿＿＿＿＿＿＿＿＿＿＿＿＿
身 份 证 号 码：＿＿＿＿＿＿＿＿＿＿＿＿＿＿
证书名称：＿＿＿＿＿＿＿＿　证书编号：＿＿＿＿＿＿

　　　根据《广东省住房和城乡建设厅关于房屋建筑和市政基础设施工程施工质量安全动态管理办法》，你单位存在下列"√"选条文所述问题，总共被记＿＿＿＿＿分。

　　　如对记分有异议，须在被记分之日起 7 个工作日内，向＿＿＿＿＿＿＿＿＿＿＿＿＿＿＿＿＿＿提出书面申诉。

被记分单位签收：
执行记分人签名：
执行记分人证号：

　　　　　　　　　　　　　　　签发单位:（公章）

　　　　　　　　　　　　　　　　　　　　　　　　　　年　月　日

分值	条文代码		条文内容	√选
10	JLZJ10-1	综合	未按规定取得注册执业资格的	
	JLZJ10-2		违反规定受聘于两个及以上单位从事执业活动的	
	JLZJ10-3		将不合格工程按照合格签认的	
	JLZJ10-4		将不合格的建筑材料、建筑构配件和设备按合格签字的	
	JLZJ10-5		监理资料弄虚作假，与施工现场状况严重不符的	
	JLZJ10-6	安全	未按项目监理规划和安全监理实施细则实施安全监理的	
	JLZJ10-7		对严重危及工程和人员安全的作业和设备的使用，或施工现场存在严重安全隐患，未及时发出停工（停用）指令的	
5	JLZJ5-1	综合	未组织审查施工单位提交的施工组织设计中的安全技术措施或者专项施工方案的	
	JLZJ5-2		未组织审查施工单位报审的分包单位（含建筑起重机械安装拆卸单位）资格，"安管人员"考核合格证书，特种作业人员操作资格证，并督促施工单位落实劳务人员持证上岗制度的	
	JLZJ5-3		发现施工单位存在转包和违法分包行为，未及时向建设单位和有关主管部门报告的	
	JLZJ5-4		发现施工单位未按要求施工或者发生质量事故，未按照建设工程监理规范规定及时签发工程暂停令的	
	JLZJ5-5		发现存在质量安全事故隐患的，未要求施工单位整改，或未跟踪整改落实情况的；或施工单位拒不整改或者不停止施工，未及时向有关主管部门报告的	
	JLZJ5-6	质量	未审查施工单位的竣工申请并参加建设单位组织的工程竣工验收	
	JLZJ5-7	安全	对危险性较大分部分项工程未按规定组织验收的	
3	JLZJ3-1	综合	未组织项目监理人员采取旁站、巡视和平行检验等形式实施工程监理的	
	JLZJ3-2		未按照规定对施工单位报审的建筑材料、建筑构配件和设备进行检查的	
	JLZJ3-3	安全	未监督检查安装单位执行建筑起重机械安装、拆卸工程专项施工方案情况及建筑起重机械使用情况的	
1	JLZJ1-1	质量	未按月向有关行政主管部门或者其委托的工程质量监督机构提交工程质量监理报告的	

违规行为记分通知书（专业监理工程师）　　　表 26-2-13

广东省住房和城乡建设厅房屋市政工程施工质量安全违规行为记分通知书

（专业监理工程师）

编号：（地区号）JLZY-

工　程　名　称：_____
施工许可证号：_____
所属单位名称：_____
被　记　分　人：_____
身份证号码：_____
证书名称：_____　证书编号：_____

　　根据《广东省住房和城乡建设厅关于房屋建筑和市政基础设施工程施工质量安全动态管理办法》，你单位存在下列"√"选条文所述问题，总共被记_____分。

　　如对记分有异议，须在被记分之日起 7 个工作日内，向_____提出书面申诉。

被记分单位签收：
执行记分人签名：
执行记分人证号：

签发单位：（公章）

年　月　日

411

分值	条文代码		条文内容	√选
10	JLZY10-1	综合	将不合格工程按照合格签认	
	JLZY10-2		将不合格的建筑材料、建筑构配件和设备按合格签字	
	JLZY10-3		监理资料弄虚作假，与施工现场状况严重不符的	
5	JLZY5-1	综合	未结合工程实际编制本专业的监理实施细则	
	JLZY5-2		指定建筑材料、商品混凝土、混凝土预制构件、建筑构配件和设备的生产、供应单位	
	JLZY5-3		利用职权故意刁难供应商或者承包商，向利益相关人索要财物	
	JLZY5-4		未按照工程监理规范的要求，采取旁站、巡视和平行检验等形式，对建设工程实施监理	
	JLZY5-5		对发现建筑材料、商品混凝土、混凝土预制构件、建筑构配件和设备存在质量问题的，未及时要求施工单位停止使用	
	JLZY5-6	质量	对发现施工单位不按照审查合格的施工图设计文件施工或者有其他违法违规行为的，未及时予以制止	
	JLZY5-7		发现勘察设计文件不符合工程建设技术标准的，未及时责令施工单位停止施工	
	JLZY5-8	安全	未审查安全技术措施或专项施工方案是否符合工程强制性标准	
3	JLZY3-1	综合	未组织指导检查和监督本专业监理员的工作，当人员需要调整时未向总监理工程师提出建议	
	JLZY3-2		未审查承包单位提交的涉及本专业的计划方案申请变更，并向总监理工程师提出报告	
	JLZY3-3		未按规定审核本专业工程计量的数据和原始凭证	
	JLZY3-4		未定期向总监理工程师提交本专业监理工作实施情况报告，或对重大问题未及时向总监理工程师汇报和请示	
	JLZY3-5		未核查进场材料设备构配件的原始凭证、检测报告等质量证明文件及其质量情况，或根据实际情况认为有必要时未对进场材料设备构配件进行平行检验合格时予以签认	
	JLZY3-6		未按照工程监理规范的要求，采取旁站、巡视和平行检验等形式，对建设工程实施监理	
	JLZY3-7	质量	未参加本专业分项工程验收及隐蔽工程验收	

分值	条文代码		条文内容	√选
3	JLZY3-8	安全	未按规定核查施工现场施工起重机械、整体提升脚手架、模板等自升式架设设施和安全设施的验收手续的	
1	JLZY1-1	综合	未根据本专业监理工作实施情况做好监理日记	
	JLZY1-2		未按规定对本专业监理资料进行收集汇总及整理、参与编写监理月报	
	JLZY1-3	安全	未按规定检查施工现场各种安全标志和安全防护措施是否符合强制性标准要求的	
	JLZY1-4		未督促施工企业按规定和标准定期对施工现场进行检查评分和对存在问题作出处理的	

违规行为记分通知书（检测单位） 表 26-2-14

广东省住房和城乡建设厅房屋市政工程施工质量安全违规行为记分通知书

（检测单位）

编号:（地区号）JC-

工 程 名 称:＿＿＿＿＿＿＿＿＿＿＿＿＿＿＿＿＿＿＿＿

施 工 许 可 证 号:＿＿＿＿＿＿＿＿＿＿＿＿＿＿＿＿＿＿

单 位 名 称:＿＿＿＿＿＿＿＿＿＿＿＿＿＿＿＿＿＿＿＿

统一社会信用代码

（组织机构代码）:＿＿＿＿＿＿＿＿＿＿＿＿＿

　　根据《广东省住房和城乡建设厅关于房屋建筑和市政基础设施工程施工质量安全动态管理办法》,你单位存在下列"√"选条文所述问题,总共被记＿＿＿＿＿分。

　　如对记分有异议,须在被记分之日起 7 个工作日内,向＿＿＿＿＿＿＿＿＿＿＿＿＿＿＿＿提出书面申诉。

被记分单位签收:

执行记分人签名:

执行记分人证号:

签发单位:（公章）

年　月　日

分值	条文代码		条文内容	√选
10	JL10-1	综合	未在本单位资质证书、等级许可的范围内承揽业务的	
	JL10-2		以其他单位名义或者允许其他单位、个人以本单位名义承揽业务的	
	JL10-4		检测人员同时在两个及以上检测单位从业的	
5	JC5-1	综合	检测人员不符合相关行业管理规定条件从事检测工作或在检测报告、原始记录上签字的	
	JC5-2	质量	未按照技术标准进行检测、出具真实准确的检测数据和检测报告的	
	JC5-3		未建立检测事项台账、并将工程主体结构安全和主要使用功能检测的不合格事项及时报告有关行政主管部门或者其委托的工程质量监督机构的	
	JC5-4	安全	未对涉及检测作业安全的重点环节制定管理制度的	
	JC5-5		检测人员在检测作业中违反有关安全规定的	
3	JC3-1	综合	未按照当地住房城乡建设主管部门或者交通运输、水行政等主管部门的工程质量监管信息系统的要求及时上传检测信息的	
	JC3-2	质量	未建立工程质量检测档案,检测合同、检测原始记录、检测报告未连续编号、抽撤和违规涂改的	
	JC3-3		未参加处理工程项目中出现的与检测有关的其他问题的	

行政处罚案卷封面　　　　　　　　　　　　　　表 26-3-1

×××市×××住房和建设局						
案号：××××						
案由						
当事人基本情况	□公民	姓名		性别		年龄	
		住址		身份证号码		联系电话	
	□法人或其他组织	名称		法定代表人			
		住址		联系电话			
处理结果							
承办机构				承办人			
立案日期		年　月　日		结案日期		年　月　日	
归档人				归档日期		年　月　日	
保管期限		30 年		归档号		卷内　页	

行政处罚案卷材料清单　　　　　　　　　　　　表 26-3-2

当事人		违法地点	××市××区××街道×号［具体到街道（乡镇）、小区、楼门牌号］
处罚文号	××住建罚〔　〕号	处罚日期	与处罚决定书送达日期一致
违法类型	违反《＿＿＿＿＿＿＿＿＿＿＿＿》		

材料清单				
序号	材料名称	数量	起止页码	备注
1	行政处罚案件立案审批表		1	
2	现场检查笔录、视听资料等证据		2	
3	调查询问笔录		3	
4	身份证明资料		4	
5	责令整改通知书、送达回证		5	
6	法制审核意见书		6	
7	处罚事先（听证）告知书审批表		7	
8	处罚事先（听证）告知书、送达回证		8	
9	处罚审批表		9	
10	处罚决定书、送达回证		10	
11	罚款通知书、收据		11	
12	行政执法人员执法证复印件		12	
13	结案审批表		13	

注：因案件情况不同，立卷人可自行添加材料。页码为起始页码，1件材料编 1个顺序号，多页的用小页码如 1-1，页码一律用阿拉伯数字编在正面右上角、反面左上角。

行政处罚案件立案审批表　　　　表 26-3-3

案由（名称）			案件编号	DPZJXXXX
案件来源（打√）	□上级交办　□自查　□投诉　□转办　□移送　□其他			
当事人	名称或姓名			
	地址（住址）	具体到街道（乡镇）、小区、楼门牌号		
	统一社会信用代码（身份证号码）			
	法定代表人（负责人）		联系方式	
涉嫌违法行为的基本情况	（示例：深圳市大鹏新区坝光核心启动区人才公寓项目专职安全管理人员涉嫌履职不到位，有违反《建筑施工企业主要负责人、项目负责人和专职安全生产管理人员安全生产管理规定》第二十条规定的情况。）			
违法依据和处罚依据（具体至条、款、项）	（示例：违反《建筑施工企业主要负责人、项目负责人和专职安全生产管理规定》第二十条　项目专职安全生产管理人员应当每天在施工现场开展安全检查，现场监督危险性较大的分部分项工程安全专项施工方案实施。对检查中发现的安全事故隐患，应当立即处理；不能处理的，应当及时报告项目负责人和企业安全生产管理机构。项目负责人应当及时处理。检查及处理情况应当计入项目安全管理档案。 处罚依据：《建筑施工企业主要负责人、项目负责人和专职安全生产管理人员安全生产管理规定》第三十三条　专职安全生产管理人员未按规定履行安全生产管理职责的，由县级以上地方人民政府住房城乡建设主管部门责令限期改正，并处 1000 元以上 5000 元以下的罚款；造成生产安全事故或者其他严重后果的，按照《生产安全事故报告和调查处理条例》的有关规定，依法暂扣或者吊销安全生产考核合格证书；构成犯罪的，依法追究刑事责任。）			
行政执法人员意见	（示例：深圳市大鹏新区坝光核心启动区人才公寓项目专职安全管理人员涉嫌履职不到位，有违反《建筑施工企业主要负责人、项目负责人和专职安全生产管理人员安全生产管理规定》第二十条规定的情况，符合立案条件，拟予立案，报领导审批。） 　　　　　　　　　　　　　　　　　签名：　　　　　年　月　日			
部门负责人意见	（拟同意立案）　　　　　　　　签名：　　　　　年　月　日			
行政机关分管领导意见	（拟同意立案）　　　　　　　　签名：　　　　　年　月　日			
行政机关负责人意见	（同意立案）　　　　　　　　　签名：　　　　　年　月　日			

现场检查笔录　　　　表 26-3-4

案由：_____

检查时间：_____年____月____日____时____分至____时____分

检查地点：_____

一、被检查对象基本情况

□被检查（勘验）单位名称：_____

法定代表人（负责人）：_____

住所：_____

统一社会信用代码：_____

联系电话：_____

现场负责人（可选）：_____　在场人（可选）：_____

职务：_____　身份证号码：_____

工作岗位：_____

□被检查（勘验）人姓名：_____　性别：_____

身份证号码：_____

工作单位：_____

联系电话：_____

住址：_____　邮编：_____

二、见证人基本情况（可选）

见证人姓名：_____　性别：_____　身份证号码：_____

工作单位：_____

_____当事人签名并按手印　　年　月　日_____

联系电话：_____

住址：_____邮编：_____

三、告知事项

问：我们是 ××市 ××区住房和建设局的执法人员_____、_____，受××××（单位名称）委托，在××区执法，这是我们的证件（出示执法证件），请你确认。请配合我单位开展检查（勘验），并如实回答有关问题。如果你认为检查人、记录人与本案有利害关系，可能影响公正办案，可以申请回避，并说明理由，你是否申请回避？

答：_____

四、检查（勘验）有关情况

检查情况（应写明被检查项目的基本情况、检查原因、依据，及现场检查情况）：_____

_____

_____

五、询问内容（可选）

问：_____

答：_____

六、告知权利

问：你（单位）违反了《××法》第 × 条第 × 款第 × 项 的规定，已经构成违法。依据《中华人民共和国行政处罚法》第三十一条、第三十二条的规定，你有提出陈述、申辩意见的权利。

答：_____

_____当事人签名并按手印　　年　月　日_____

（以下空白）

被检查人（负责人）：笔录上述内容，记录属实＋签名并按手印　　年　月　日

在场人（可选）：签名并按手印　　年　月　日

见证人（可选）：签名并按手印　　年　月　日

检查（勘验）人：签名　　年　月　日

记录人：签名　　年　月　日

注：（1）根据《广东省行政执法全过程记录办法》第十六条和《深圳市行政执法全过程记录工作指引》的规定，该阶段必须有音像记录（开执法记录仪）。音像记录过程中，行政执法人员应当对现场执法活动的时间、地点、执法人员、执法行为和音像记录的摄录重点进行语音说明，并告知当事人及其他现场有关人员在进行音像记录。（2）被检查人逐页签署名字和日期。

视听资料／电子数据　　　　　　　　　　　　　**表 26-3-5**

视听资料／电子数据（附照片或光盘）	
制作过程说明	制作方法、制作时间、制作人
当事人	
取证地点	
取证时间	年　月　日　时　分（手写）
证明对象或证明内容	

执法人员：　　签名　　　　执法证号：

执法人员：　　签名　　　　执法证号：

当事人或见证人意见：签名并按手印　　年　月　日

调查询问笔录 表 26-3-6

案由：＿＿＿＿＿＿＿＿＿＿＿＿＿＿＿＿＿＿＿＿＿＿＿＿＿＿＿＿＿＿＿＿＿＿＿＿＿＿＿

询问时间：＿＿＿＿＿年＿＿＿月＿＿＿日＿＿＿时＿＿＿分至＿＿＿时＿＿＿分

询问地点：＿＿＿＿＿＿＿＿＿＿＿＿＿＿＿＿＿＿＿＿＿＿＿＿＿＿＿＿＿＿＿＿＿＿＿＿

询问人：＿＿＿＿＿＿＿＿＿＿＿＿＿＿＿＿ 执法证号：＿＿＿＿＿＿＿＿＿＿＿＿＿＿＿＿

询问人：＿＿＿＿＿＿＿＿＿＿＿＿＿＿＿＿ 执法证号：＿＿＿＿＿＿＿＿＿＿＿＿＿＿＿＿

记录人：＿＿＿＿＿＿＿＿＿＿＿＿＿＿＿＿＿＿＿＿＿＿＿＿＿＿＿＿＿＿＿＿＿＿＿＿

一、被询问人基本情况

被询问人姓名：＿＿＿＿＿＿＿＿＿＿＿ 性别：＿＿＿＿＿＿＿＿ 身份证号码：＿＿＿＿＿＿＿＿＿＿＿＿

工作单位：＿＿＿＿＿＿＿＿＿＿＿＿＿＿＿＿＿＿＿＿ 职业：＿＿＿＿＿＿＿＿＿＿＿＿＿＿＿

联系电话：＿＿＿＿＿＿＿＿＿＿＿＿＿＿＿＿＿＿＿＿＿＿＿＿＿＿＿＿＿＿＿＿＿＿＿＿

住址：＿＿＿＿＿＿＿＿＿＿＿＿＿＿＿＿＿＿＿＿ 邮编：＿＿＿＿＿＿＿＿＿＿＿＿＿＿＿

与当事人关系：□ 当事人 □ 法人代表 □ 现场负责人 □ 其他

二、告知事项

问：你好！我们是 ×× 市 ×× 区住房和建设局的执法人员＿＿＿＿＿、＿＿＿＿＿，执法证号分别是＿＿＿＿＿、＿＿＿＿＿，这是我们的执法证件（出示执法证件），请你确认。请配合我单位开展检查（勘验），并如实回答有关问题。如果你认为我们与本案有利害关系从而影响到本案的公正办理，可以申请我们回避，你是否申请回避？

答：＿＿＿＿＿＿＿＿＿＿＿＿＿＿＿＿＿＿＿＿＿＿＿＿＿＿＿＿＿＿＿＿＿＿＿＿＿＿＿

＿＿＿＿＿＿＿＿＿＿＿当事人签名并按手印， 年 月 日＿＿＿＿＿＿＿＿＿

三、询问内容

问：＿＿＿＿＿＿＿＿＿＿＿＿＿＿＿＿＿＿＿＿＿＿＿＿＿＿＿＿＿＿＿＿＿＿＿＿＿＿

答：＿＿＿＿＿＿＿＿＿＿＿＿＿＿＿＿＿＿＿＿＿＿＿＿＿＿＿＿＿＿＿＿＿＿＿＿＿＿

四、陈述（申辩）情况（可选）

问：＿＿＿＿＿＿＿＿＿＿＿＿＿＿＿＿＿＿＿＿＿＿＿＿＿＿＿＿＿＿＿＿＿＿＿＿＿＿

答：＿＿＿＿＿＿＿＿＿＿＿＿＿＿＿＿＿＿＿＿＿＿＿＿＿＿＿＿＿＿＿＿＿＿＿＿＿＿

五、送达地址确认（可选）

问：＿＿＿＿＿＿＿＿＿＿＿＿＿＿＿＿＿＿＿＿＿＿＿＿＿＿＿＿＿＿＿＿＿＿＿＿＿＿

答：＿＿＿＿＿＿＿＿＿＿＿＿＿＿＿＿＿＿＿＿＿＿＿＿＿＿＿＿＿＿＿＿＿＿＿＿＿＿

（以下空白）

被询问人：笔录上述内容，记录属实＋签名并按手印 年 月 日（拒绝签字的，注明拒签事由）

询问人：签名 年 月 日

记录人：签名 年 月 日

注：被检查人逐页签署名字和日期。

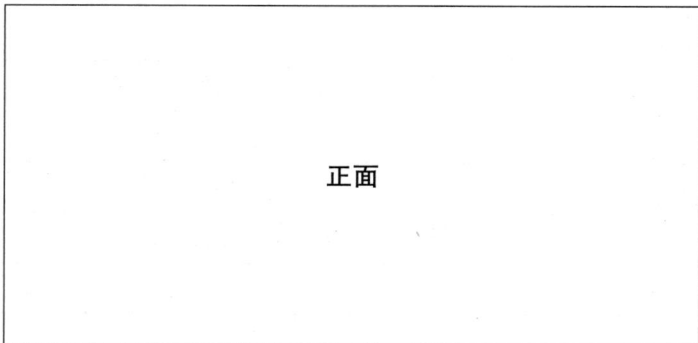

正面

签名并按手印， 年 月 日，与原件核对无误

```
┌─────────────────────────────────┐
│                                 │
│                                 │
│              背面               │
│                                 │
│                                 │
│                                 │
└─────────────────────────────────┘
```

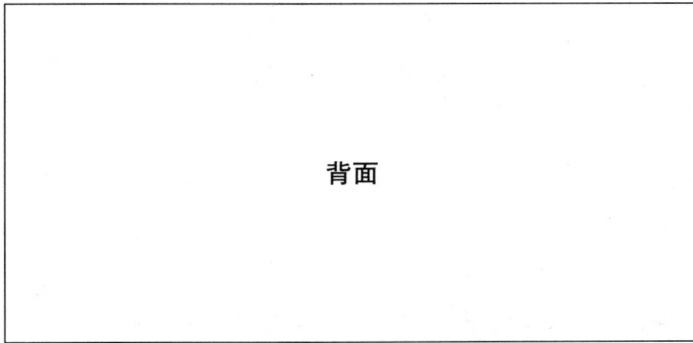

（身份证复印件）

注：（1）行政相对人是公民的，存有其身份证明材料；是法人、其他组织的，存有其主体资格证明材料。自然人签字并按手印写日期，由法人提供的盖法人公章并由法定代表人或受委托人签字并按手印写日期，注明"与原件核对无误"。

（2）提供复印件、照片、节录本的，应当载明提供者确认"与原件核对无误"字样或者加盖核对印章。

（3）提供由有关部门保管的书证原件的复制件、影印件或者抄录件的，应当注明出处，经该部门核对无异后加盖其印章。

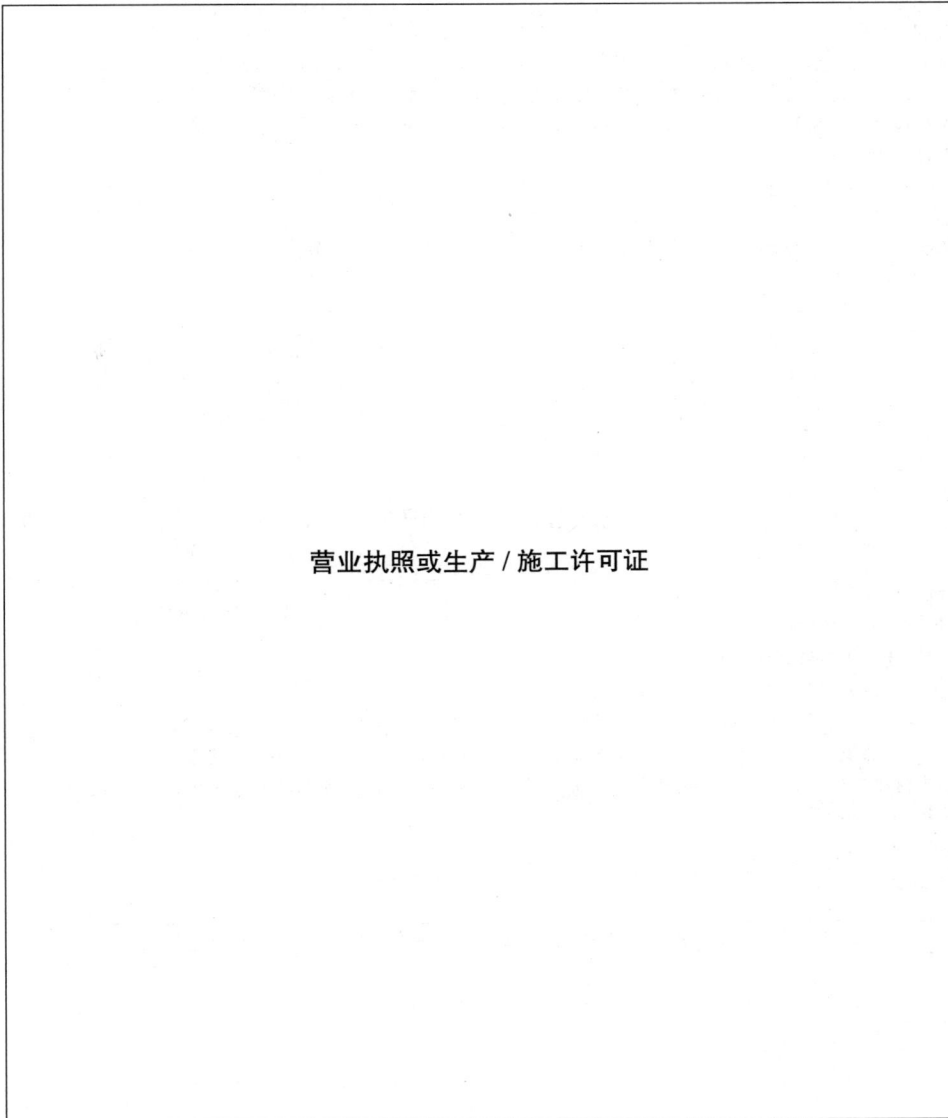

417

```
┌─────────────────────────────────────────┐
│                                         │
│                                         │
│                                         │
│                                         │
│                                         │
│          营业执照或生产 / 施工许可证        │
│                                         │
│                                         │
│                                         │
│                                         │
└─────────────────────────────────────────┘
```

注：盖法人公章并由法定代表人或受委托人签名并按手印写日期，注明"与原件核对无误"。

法定代表人证明书

_____现任我单位_____职务，为法定代表人（负责人），特此证明。

有效期限：　　年　月　日—　　年　月　日

单位：（盖章）

法定代表人：（签字／盖章）

日期：

注：此为当事人提交的证据，内容可有补充，但一定要加盖公章并且有签字和日期。

法人授权委托证明书

××区住房和建设局：

兹授权_____为我方办理行政处罚事务代理人，其权限包括：

1. 接受本案的调查；
2. 就本案调查发表陈述和申辩；
3. 依法参加本案的听证；
4. 接受你局的有关通知、告知及批评教育等；
5. 签收《行政处罚告知书》《听证告知书》《行政处罚决定书》等行政处罚法律文书；
6. 代表本单位就本案相关事宜作出承诺、放弃等表示，或提出要求。
7. 其他案件办理事项。

有效日期：　　年　月　日至案件办理完毕。

签发日期：

附：代理人性别：　　　年龄：　　身份证号码：　　　　　职务：

单位名称：（签字／盖章）

法定代表人：（签字／盖章）

日期：

责令整改违法行为通知书　　　　　　　　　　表 26-3-7

×××改〔2019〕____号

当事人名称（姓名）：

地址（住址）：

统一社会信用代码（身份证号码）：

法定代表人（负责人）：　　　　联系电话：

经查，你（单位）_____的行为，违反（涉嫌违反）了《××法》第×条第×款第×项_____的规定，以上事实，有 □ 现场检查笔录 □ 营业执照 □ 现场照片 □ 其他_____等为证。依据《中华人民共和国行政处罚法》第二十三条和《××法》第×条第×款第×项的规定，现责令你（单位）：

□ 立即停止违法行为。

□ 立即改正违法行为。

□ 在_____年___月___日前改正违法行为，改正内容和要求如下：

_____。

请于_____年___月___日前将整改结果及相关佐证材料报送 ×× 市 ×× 区住房和建设局。

×× 市 ×× 区住房和建设局

（印章）

年　月　日

××市××区住房和建设局
送达回证

送达文书名称及文号	
受送达人	
送达地点	
受送达人	（签字或盖章）
代收人	（签字或盖章）
代收人与受送达人关系	
送达日期	年　月　日
送达方式	□ 直接送达 □ 公告送达 □ 邮寄送达 □ 留置送达
拒收原因	
见证人	（签字或盖章） 年　月　日
送达人	（签字或盖章） 年　月　日
送达人	（签字或盖章） 年　月　日
备注	

注：直接送达的，除自然人本人、法人的法定代表人、非法人组织的主要负责人直接签收外，其他情况要对送达过程录音录像。
对留置送达过程录音录像。

行政处罚决定法制审核意见书　　　　　　　　　　表 26-3-8

申请人基本 情况	□ 公民	姓名		性别		年龄	
		住址		身份证号		联系电话	
	□ 法人或其 他组织	名称				法定代表人	
		住址				联系电话	
案由							
承办机构				送审日期		日期需在事先告知日期前	
承办机构的处 理意见及理由	××市××区住房和建设局执法人员在检查××中发现××××，有××××等为证。该行为涉嫌违反《_____》第×条第×款第×项规定，根据《　　　　》第×条第×款第×项规定，结合案件事实，建议对×××做出如下处罚：罚款人民币 5000 元。 　　　　　　　　　　　　　　　　　　　　　　　签名　　　　　年 月 日						
负责法制审核 工作的机构审 核意见	经审核： 　　××案件的行政执法主体及执法程序合法，执法人员具备执法资格，执法没有超越执法主体法定权限，案件事实清楚，证据确实充分，适用法律依据准确，裁量基准运用适当，执法文书完备、规范，违法行为是/否涉嫌犯罪，需要/不需要移送司法机关。 　　　　　　　　　　　　　　　　　　　　　　　签名　　　　　年 月 日						
负责法制审核 工作的机构审 核结论	该案件执法人员具备执法资格，认定事实清楚，证据确实充分，法律依据行使正确，执法程序合法，拟同意作出行政处罚决定。 　　　　　　　　　　　　　　　　　　　　　　　签名　　　　　年 月 日						
注：如果提请行政执法机关负责人决定或负责人集体讨论的处罚决定中发生处罚结果、认定违法事实、适用法律依据变化的，应当提请再次法制审核。							

行政处罚事先（听证）告知审批表　　　　　　表 26-3-9

当事人		案由	
地址		证件号码	
案件编号		告知书号	
证据目录		基本情况	材料日期
1	现场检查记录		
2	询问笔录		
3			
违法条款			
法律责任条款			
承办人意见	×× 行为违反了《　　　　》第 × 条第 × 款第 × 项规定。违法事实清楚，证据确凿，拟根据《　　　　》第 × 条第 × 款第 × 项规定，拟对 ×× 作出如下处罚：罚款人民币 5000 元整。 　　　　　　　　　　　签名：　　　　　年 月 日		
部门负责人意见	（拟同意）　　　　　签名：　　　　　年 月 日		
行政机关分管领导意见	（拟同意）　　　　　签名：　　　　　年 月 日		
行政机关负责人意见	（同意）　　　　　签名：　　　　　年 月 日		

行政处罚事先（听证）告知书　　　　　　表 26-3-10

×× 住建告知〔2019〕× 号

当事人名称（姓名）：
地址（住址）：
统一社会信用代码（身份证号码）：
　　本单位于＿＿＿＿年＿＿月＿＿日对（案由）＿＿＿＿＿＿＿＿＿立案调查。经调查，你（单位）（陈述违法事实。载明违法行为发生的时间、地点、情节、构成要件、危害后果等内容）。以上事实有《现场检查（勘验）笔录》《询问笔录》……等证据证实。上述行为违反了《××法》第 × 条第 × 款第 × 项 的规定，根据你（单位）违法行为的事实、性质、情节、社会危害程度和相关证据，按照《××法（条例、办法）行政处罚裁量标准》，你（单位）的违法行为为轻微 （一般、严重或者特别严重）。根据（法律依据名称及条、款、项具体内容）的规定，本单位拟对你（单位）作出＿＿＿＿＿＿＿的行政处罚。

　　☑ 依据《中华人民共和国行政处罚法》第三十一条、第三十二条的规定，你（单位）可在收到本告知书之日起五日内以书面形式向本单位提出陈述、申辩意见，或到＿＿＿＿＿＿＿＿＿（地点）进行陈述、申辩。逾期未陈述、申辩的，视为你（单位）放弃陈述、申辩权利。

　　☑（符合听证条件的打勾）依据《中华人民共和国行政处罚法》第四十二条第一款规定，你（单位）有权要求举行听证。如你（单位）要求听证，应当自收到本告知书之日起 3 日内以书面形式向本单位提出申请。逾期不申请听证的，视为你（单位）放弃听证权利。

　　联 系 人：＿＿＿＿＿＿＿＿＿＿＿＿
　　联系电话：＿＿＿＿＿＿＿＿＿＿＿＿
　　单位地址：＿＿＿＿＿＿＿＿＿＿＿＿

　　　　　　　　　　　　　　　　　　　　　　×× 市 ×× 区住房和建设局
　　　　　　　　　　　　　　　　　　　　　　　　　（印章）
　　　　　　　　　　　　　　　　　　　　　　　　年 月 日

　　（注：1. 听证标准：对个人处以 5000 元以上、对法人或者其他组织处以 50000 元以上罚款，如有其他立法或者行业标准低于此标准的，从其规定。2. 拟处罚信息不能虚无、笼统，不能写成类似"拟对你作出行政处罚""拟罚款 1000 ～ 2000 元"等表述。3. 从重、从轻、减轻或者有其他裁量幅度的，说明法定理由和依据。对于拟处罚涉及的裁量幅度问题，告知书应当阐明法律、法规、规章的规定以及裁量权实施标准的对应内容；如套印执法文书空间不足，可在文书注明法律规范及裁量权实施标准的序号，详尽内容可通过另附摘录方式处理，若暂无裁量权实施标准的，应充分说明针对个案裁量的法定理由及依据。）

××市××区住房和建设局
送达回证

送达文书名称及文号	
受送达人	
送达地点	
受送达人	（签字或盖章）
代收人	（签字或盖章）
代收人与受送达人关系	
送达日期	年　月　日
送达方式	□ 直接送达 □ 公告送达 □ 邮寄送达 □ 留置送达
拒收原因	
见证人	（签字或盖章） 年　月　日
送达人	（签字或盖章） 年　月　日
送达人	（签字或盖章） 年　月　日
备注	

行政处罚听证通知书　　　　　　　表 26-3-11

××住建听证通知〔2019〕×号

当事人名称（姓名）：

地址（住址）：

统一社会信用代码（身份证号码）：

根据你（单位）＿＿＿年＿＿月＿＿日就（具体案由）＿＿＿＿＿＿＿＿一案提出的听证要求，本机关决定于＿＿＿＿＿年＿＿月＿＿日＿＿时＿＿分在（听证地点）举行听证。本次听证由（单位、职务、姓名）为听证主持人，＿＿＿＿＿为听证员，＿＿＿＿＿为书记员。请你（单位）或者委托代理人持本通知准时参加。

如你（单位）认为主持人、听证员、书记员与本案有直接利害关系的，有权申请回避。申请主持人回避，可在听证举行前（＿＿月＿＿日前）向本机关提出申请并说明理由。因特殊原因需申请延期举行的，应当在＿＿＿＿＿年＿＿月＿＿日前向本机关提出，由本机关决定是否延期。若无正当理由不按时参加听证，又不事先说明理由的，视为放弃听证权利，本机关将终止听证。参加听证前，请你（单位）注意下列事项：

1. 当事人可亲自参加听证，也可以委托 1～2 名代理人参加听证。委托代理人参加听证的，应在听证举行前提交由当事人或当事人的法定代表人签署的授权委托书，载明委托的事项、权限和期限。

2. 参加听证时应携带当事人或委托代理人的身份证明原件及其复印件和有关证据材料。

3. 当事人有证人出席作证的，应通知有关证人出席作证，并事先告知本机关联系人。

联 系 人：＿＿＿＿＿＿＿＿＿＿＿＿＿＿

联系电话：＿＿＿＿＿＿＿＿＿＿＿＿＿＿

单位地址：＿＿＿＿＿＿＿＿＿＿＿＿＿＿

××市××区住房和建设局

（印章）

年　月　日

××市××区住房和建设局
送达回证

送达文书名称及文号	
受送达人	
送达地点	
受送达人	（签字或盖章）
代收人	（签字或盖章）
代收人与受送达人关系	
送达日期	年 月 日
送达方式	□ 直接送达 □ 公告送达 □ 邮寄送达 □ 留置送达
拒收原因	
见证人	（签字或盖章） 年 月 日
送达人	（签字或盖章） 年 月 日
送达人	（签字或盖章） 年 月 日
备注	

行政处罚听证笔录   表 26—3—12

案由：_____

听证时间：_____年___月___日___时___分至___时___分

听证地点：_____ 听证方式：_____

听证主持人：_____ 工作单位及职务：_____

听证员（2～4名）：_____ 工作单位及职务：_____

书记员：_____ 工作单位及职务：_____

案件承办人：_____ 工作单位及职务：_____

案件承办人：_____ 工作单位及职务：_____

一、当事人基本情况

当事人：_____ 法定代表人（负责人）：_____ 性别：_____

工作单位：_____ 职务或职业：_____

身份证号码：_____

住址（住所）：_____ 邮编：_____

联系电话：_____

委托代理人（可选）：_____ 性别：_____ 身份证号码：_____

工作单位：_____ 职务：_____ 联系电话：_____

其他参加人：_____

二、听证请求

_____

三、事实、证据和适用听证程序的行政处罚建议

_____

四、当事人陈述、申辩、质证意见

_____当事人签名并按手印， 年 月 日_____

_____

_____

证申请人（委托代理人）：上述听证笔录内容已阅，记录属实。签名并按手印　年　月　日（拒绝签字的，注明拒签事由）

其他参加人：上述听证笔录内容已阅，记录属实。签名　年 月 日

案件调查人：签名　年 月 日

听证主持人：签名　年 月 日

听证员：签名　年 月 日

书记员：签名　年 月 日

注：（1）听证申请人应当逐页签字确认（2）从事听证活动的听证人员具有听证员资格，案件调查人员不得作为听证人员。

行政处罚听证报告　　　　　　　　　　　　　**表 26-3-13**

案由：_____

执法人员：_____　执法证号：_____

执法人员：_____　执法证号：_____

主持听证机关：_____

听证主持人：_____　工作单位及职务：_____

听证员（2～4名）：_____　工作单位及职务：_____

书记员：_____　工作单位及职务：_____

听证时间：_____年___月___日___时___分至___时___分

听证地点：_____　执法证号：_____

一、当事人基本情况

听证申请人：_____　工作单位及职务：_____

委托代理人：_____　工作单位及职务：_____

二、听证会基本情况

_____

三、案件事实与理由

_____
_____
_____
_____

四、处理意见和建议

_____
_____
_____
_____

听证主持人：

听证员：

年 月 日

行政处罚案件单位负责人集体讨论笔录　　　　　　　　**表 26-3-14**

案由：_____　当事人：_____

时间：_____年___月___日___时___分至___时___分

地点：_____

集体讨论原因：_____

主持人：_____　职务_____　记录人：_____　职务：_____

参加人及职务：_____

列席人及职务：_____

案件承办人汇报案件情况：_____

_____

听证主持人汇报听证情况（可选）：_____

_____

参加讨论人员意见和理由：_____

_____

结论性意见：_____

出席人员签名：_____

年　月　日

第　页　共　页

注：符合《深圳市规范行政处罚裁量权若干规定》（深府令第196号）第18条规定情形的案件，经行政机关的负责人集体讨论决定。

第十八条　有下列情形之一的，应当由实施处罚的行政机关的负责人集体讨论后作出决定：

（一）情节复杂的；

（二）按照有关规定对个人、法人或者其他组织处以较大数额的罚款（对个人处以5000元以上、对法人或者其他组织处以50000元以上罚款）、没收违法所得或者财物，当事人可以申请听证而没有申请的；

（三）处以责令停产停业、吊销许可证或者执照的；

（四）依法不予处罚或者减轻处罚的；

（五）立法、检察、监察、审计等监督机关依法予以监督的；

（六）行政处罚实施机关根据实际情况认为需要集体讨论决定的其他案件。

行政处罚实施机关应当对上述集体讨论情况予以记录，并立卷归档。

行政处罚决定审批表　　　　　　　　　表 26-3-15

案件来源（打√）	□ 上级交办；□ 自查；□ 举报；□ 投诉；□ 转办	案由	
当事人		负责人	
地址		电话	
告知书日期		告知书号	
告知书送达日期		决定书号	
违法行为概况及调查情况			
处罚告知情况	已／未告知		
申辩听证情况	有无申请听证		
集体讨论情况			
承办人意见	该当事人在规定时间内未提出陈述申辩意见及听证申请，根据《　　　》第 × 条第 × 款第 × 项规定，拟作出如下处罚决定：罚款人民币 5000 元。 签名：　　　　　年　月　日		
部门领导意见	（拟同意）　　　　签名：　　　　　年　月　日		
行政机关分管领导意见	（拟同意）　　　　签名：　　　　　年　月　日		
行政机关负责人意见	（同意）　　　　　签名：　　　　　年　月　日		

行政处罚决定书　　　　　　　　　　表 26-3-16

×× 住建罚〔2019〕× 号

当事人名称（姓名）：

地址（住址）：

统一社会信用代码（身份证号）：

本单位于_____年____月____日对（案由）_____案调查。经调查，你（单位）（陈述违法事实。载明违法行为发生的时间、地点、情节、构成要件、危害后果等内容）。以上事实有《现场检查（勘验）笔录》《询问笔录》……等证据证实。上述行为违反了《法律依据名称及条、款、项具体内容》的规定。根据你（单位）违法行为的事实、性质、情节、社会危害程度和相关证据，按照《××行政处罚裁量标准》，你（单位）的违法行为为轻微、一般、严重或者特别严重。

　　根据（法律依据名称及条、款、项具体内容）的规定，决定

　　对你（单位）作出如下行政处罚：

　　1．×××；

　　2．×××（其中为金钱处罚的，金额数额应大写）。

　　你（单位）应当自收到本决定书之日起 15 日内将罚款缴至《深圳市非税收入罚款通知书》列明的深圳市非税收入代收专户，并将罚款收据（非税收入票据第二联）递交我局。到期不缴纳罚款的，依据《中华人民共和国行政处罚法》第五十一条第一款的规定，每日按罚款数额的 3% 加处罚款。

　　你（单位）如不服本决定，可以自收到本决定书之日起 60 日内向 ×× 区人民政府或者深圳市住房和建设局申请行政复议，也可以自收到本决定书之日起 6 个月内依法向盐田区人民法院提起行政诉讼。逾期不申请行政复议，也不提起行政诉讼，又不履行本处罚决定的，本单位将依法申请人民法院强制执行。

××市××住房和建设局

年　月　日

　　本决定书一式两份：一份送达当事人，一份存档。

　　注：（1）对于处罚决定涉及的裁量幅度问题，决定书的说理部分应当阐述法律、法规、规章的规定以及裁量权实施标准的具体对应内容。如套印执法文书空间不足，可在文书注明法律规范及裁量权实施标准的序号，详尽内容可通过另附摘录方式处理。若暂无裁量权实施标准的，应充分说明针对个案裁量的法定理由及依据。（2）办案人员自留一份罚款通知书归入卷宗。

425

送达地址确认书　　　　　　　　　　　表 26-3-17

案号				
案由				
告知事项	1. 为便于当事人及时收到相关文书，当事人应当如实提供确切的送达地址。 2. 确认的送达地址适用于行政执法全过程程序。如果送达地址有变更，应当及时书面告知我单位变更后的送达地址。 3. 如果提供的地址不确切，或者不及时告知变更后的地址，使文书无法送达或者未及时送达，当事人将自行承担由此可能产生的后果。 4. 接受电子送达方式的，以发送方设备显示发送成功视为送达。			
送达地址及方式	指定签收人			
	证件类型		证件号码	
	确认送达地址			
	是否接受电子送达	□是　□否　□手机号码： □传真号码： □电子邮件地址：		
	手机号码		邮编	
	其他联系方式			
受送达人确认	我已阅读（听明白）本确认书的告知事项，提供了上栏送达地址，确认了上栏送达方式，并保证所提供的送达地址各项内容是正确的、有效的。如在案件办理过程中送达地址发生变化，将及时通知贵单位。 受送达人：（签名或盖章） 年　月　日			
备注				

××市××区住房和建设局
送达回证

送达文书名称及文号	
受送达人	
送达地点	
受送达人	（签字或盖章）
代收人	（签字或盖章）
代收人与受送达人关系	
送达日期	年　月　日
送达方式	□ 直接送达 □ 公告送达 □ 邮寄送达 □ 留置送达
拒收原因	
见证人	（签字或盖章） 年　月　日
送达人	（签字或盖章） 年　月　日
送达人	（签字或盖章） 年　月　日
备注	

注：直接送达的，除自然人本人、法人的法定代表人、非法人组织的主要负责人直接签收外，其他情况要对送达过程录音录像。对留置送达过程录音录像。

罚款通知书　　　　　　　　　　　　　　　　表 26-3-18

通知书号码：

日期　　　　　　　　　　　　　　　　　　　　　金额单位

执收单位名称			执收单位编码		
被罚款单位／个人			操作员电话		
项目编码	项目名称	标准	数量	滞纳金率	金额
加罚金额					
合计					
转账时必须填写的信息					
××市××区非税收入代收专户					通知书备注信息
序号	账户名称	账号	开户银行	咨询电话	
处罚决定书号码					
罚款原因					
加罚原因					
滞纳金起计日期			缴费截止日期		

执收单位（盖章）　　　　　　　　经办人：　　　　　　　　复核人：

罚款收据　　　　　　　　　　　　　　表 26-3-19

原件粘贴（如为复印件粘贴，须有执法单
位确认与原件核对无误）

执法人员执法证复印件　　　　　　　　　　表 26-3-20

执法证正面

执法证背面

注：需有执法人员本人签字确认，注明与原件核对无误。

行政处罚案件结案审批表 表 26-3-21

当事人基本情况	□公民	姓名		性别		年龄	
		住址		身份证号		联系电话	
	□法人或其他组织	名称				法定代表人	
		地址				联系电话	

案由		立案日期	年 月 日
行政处罚决定书文号		处罚日期	年 月 日

案件简要情况	

行政处罚内容	

行政处罚执行情况	□责令改正违法行为的执行情况：＿＿＿＿＿＿＿＿＿＿＿＿＿＿＿＿＿＿＿＿ ＿＿＿＿＿＿＿＿＿＿＿＿＿＿＿＿＿＿＿＿＿＿＿＿＿＿＿＿＿＿＿＿＿＿ □罚款缴纳情况、违法所得、非法财物的处理情况：＿＿＿＿＿＿＿＿＿＿ ＿＿＿＿＿＿＿＿＿＿＿＿＿＿＿＿＿＿＿＿＿＿＿＿＿＿＿＿＿＿＿＿＿＿ □行政执法主体强制执行或者申请人民法院强制执行的情况：＿＿＿＿＿＿ □其他：＿＿＿＿＿＿＿＿＿＿＿＿＿＿＿＿＿＿＿＿＿＿＿＿＿＿＿＿＿＿

附有关行政处罚文书	□省财政厅统一印制或者监制的罚没票据、罚没收据：＿＿＿＿＿＿＿＿＿＿ ＿＿＿＿＿＿＿＿＿＿＿＿＿＿＿＿＿＿＿＿＿＿＿＿＿＿＿＿＿＿＿＿＿＿ □关于先行登记保存、查封、扣押、没收的涉案财物，后续处置凭证：＿＿＿ ＿＿＿＿＿＿＿＿＿＿＿＿＿＿＿＿＿＿＿＿＿＿＿＿＿＿＿＿＿＿＿＿＿＿ □申请人民法院强制执行的相关文书等：＿＿＿＿＿＿＿＿＿＿＿＿＿＿＿＿ ＿＿＿＿＿＿＿＿＿＿＿＿＿＿＿＿＿＿＿＿＿＿＿＿＿＿＿＿＿＿＿＿＿＿ □其他：＿＿＿＿＿＿＿＿＿＿＿＿＿＿＿＿＿＿＿＿＿＿＿＿＿＿＿＿＿＿

行政复议、行政诉讼情况（可选）	

承办人意见	（拟同意） 承办人：签名　　　　　年 月 日
分管局领导意见	（拟同意） 负责人：签名　　　　　年 月 日
行政机关负责人意见	同意结案 负责人：签名　　　　　年 月 日

428

卷内备考表　　　　　　　　　　　　表 26-3-22

说明：本卷共一卷，共实际＿＿＿页。

承办人（立卷人）：

检查人：

立卷时间：　　年　月　日

规划资源违法违规行为行政处罚表　　　　　　表 26-4-1

责任主体	序号	违法违规行为	违反条款	处罚标准	处罚依据	处罚部门
建设单位	1	买卖或者以其他形式非法转让土地的行为	《中华人民共和国土地管理法（2019 年修正）》第二条第三款　任何单位和个人不得侵占、买卖或者以其他形式非法转让土地。土地使用权可以依法转让。	1. 买卖或者以其他形式非法转让土地的，由县级以上人民政府自然资源主管部门没收违法所得；对违反土地利用总体规划擅自将农用地改为建设用地的，限期拆除在非法转让的土地上新建的建筑物和其他设施，恢复土地原状，对符合土地利用总体规划的，没收在非法转让的土地上新建的建筑物和其他设施；可以并处罚款；对直接负责的主管人员和其他直接责任人员，依法给予处分；构成犯罪的，依法追究刑事责任。 2. 罚款额为非法所得的 50% 以下	《中华人民共和国土地管理法实施条例（2014 年修正）》第三十八条；《广东省实施〈中华人民共和国土地管理法〉办法（2008 年修正）》第五十六条；《中华人民共和国土地管理法（2019 年修正）》第七十四条	自然资源主管部门

责任主体	序号	违法违规行为	违反条款	处罚标准	处罚依据	处罚部门
建设单位	2	违法占用耕地建窑、建坟或者擅自在耕地上建房、挖砂、采石、采矿、取土等，破坏种植条件，或者因开发土地造成土地荒漠化、盐渍化的行为	《基本农田保护条例（2011年修正）》第一十七条 禁止任何单位和个人在基本农田保护区内建窑、建房、建坟、挖砂、采石、采矿、取土、堆放固体废弃物或者进行其他破坏基本农田的活动。《中华人民共和国土地管理法（2019年修正）》第三十七条第二款 禁止占用耕地建窑、建坟或者擅自在耕地上建房、挖砂、采石、采矿、取土等	1. 罚款额为耕地开垦费的2倍以下。2. 占用基本农田建窑、建房、建坟、挖砂、采石、采矿、取土、堆放固体废弃物或者从事其他活动破坏基本农田，毁坏种植条件的，由县级以上人民政府自然资源主管部门责令改正或者治理，恢复原种植条件，处占用基本农田的耕地开垦费1倍以上2倍以下的罚款；构成犯罪的，依法追究刑事责任。3. 占用耕地建窑、建坟或者擅自在耕地上建房、挖砂、采石、采矿、取土等，破坏种植条件的，或者因开发土地造成土地荒漠化、盐渍化的，县级以上人民政府自然资源主管部门、农业农村主管部门等按照职责责令限期改正或者治理，可以并处罚款；构成犯罪的，依法追究刑事责任	《中华人民共和国土地管理法实施条例（2014年修正）》第四十条；《基本农田保护条例（2011年修正）》第三十三条第一款；《中华人民共和国土地管理法（2019年修正）》第七十五条	自然资源主管部门
	3	拒不履行土地复垦义务	《中华人民共和国土地管理法（2019年修正）》第四十三条 因挖损、塌陷、压占等造成土地破坏，用地单位和个人应当按照国家有关规定负责复垦；没有条件复垦或者复垦不符合要求的，应当缴纳土地复垦费，专项用于土地复垦。复垦的土地应当优先用于农业	罚款额为土地复垦费的2倍以下	《中华人民共和国土地管理法实施条例（2014年修正）》第四十一条	自然资源主管部门
	4	未经批准或采取欺骗手段骗取批准，非法占用土地的行为	《中华人民共和国土地管理法实施条例（2014年修正）》第二十一条第一款 具体建设项目需要使用土地的，建设单位应当根据建设项目的总体设计一次申请，办理建设用地审批手续；分期建设的项目，可以根据可行性研究报告确定的方案分期申请建设用地，分期办理建设用地有关审批手续。《中华人民共和国土地管理法（2019年修正）》第五十三条 经批准的建设项目需要使用国有建设用地的，建设单位应当持法律、行政法规规定的有关文件，向有批准权的县级以上人民政府自然资源主管部门提出建设用地申请，经自然资源主管部门审查，报本级人民政府批准	罚款额为非法占用土地每平方米30元以下	《中华人民共和国土地管理法实施条例（2014年修正）》第四十二条	自然资源主管部门

责任主体	序号	违法违规行为	违反条款	处罚标准	处罚依据	处罚部门
建设单位	5	在禁止开垦区内进行开垦	《中华人民共和国土地管理法实施条例（2014年修正）》第一十七条第一款　禁止单位和个人在土地利用总体规划确定的禁止开垦区内从事土地开发活动	限期拆除、恢复土地原状、罚款。罚款额为非法所得的5%以上20%以下	《中华人民共和国土地管理法（2019年修正）》第八十一条；《中华人民共和国土地管理法实施条例（2014年修正）》第三十九条	自然资源主管部门
	6	在临时使用的土地上修建永久性建筑物	《中华人民共和国土地管理法实施条例（2014年修正）》第二十七条第一款　抢险救灾等急需使用土地的，可以先行使用土地。其中，属于临时用地的，灾后应当恢复原状并交还原土地使用者使用，不再办理用地审批手续；属于永久性建设用地的，建设单位应当在灾情结束后6个月内申请补办建设用地审批手续。《中华人民共和国土地管理法实施条例（2014年修正）》第二十八条第一款　建设项目施工和地质勘查需要临时占用耕地的，土地使用者应当自临时用地期满之日起1年内恢复种植条件	责令限期拆除；逾期不拆除的，由作出处罚决定的机关依法申请人民法院强制执行	《中华人民共和国土地管理法实施条例（2014年修正）》第三十五条	自然资源主管部门
	7	临时使用土地期满逾期不恢复种植条件的	《中华人民共和国土地管理法实施条例（2014年修正）》第二十八条第一款　建设项目施工和地质勘查需要临时占用耕地的，土地使用者应当自临时用地期满之日起1年内恢复种植条件	罚款，责令限期改正，可以处耕地复垦费2倍以下的罚款	《中华人民共和国土地管理法实施条例（2014年修正）》第四十四条	自然资源主管部门
	8	未按规定将土地复垦费用列入建设项目总投资	《土地复垦条例》第十五条　土地复垦义务人应当将土地复垦费用列入生产成本或者建设项目总投资	责令限期改正；逾期不改正的，处10万元以上50万元以下的罚款	《土地复垦条例》第三十八条	自然资源主管部门
	9	对土地复垦义务人拒绝、阻碍国土资源主管部门监督检查，或者在接受监督检查时弄虚作假	《土地复垦条例》第八条　县级以上人民政府国土资源主管部门应当依据职责加强对土地复垦情况的监督检查。被检查的单位或者个人应当如实反映情况，提供必要的资料	责令改正，处2万元以上5万元以下的罚款；有关责任人员构成违反治安管理行为的，由公安机关依法予以治安管理处罚；有关责任人员构成犯罪的，依法追究刑事责任。破坏土地复垦工程、设施和设备，构成违反治安管理行为的，由公安机关依法予以治安管理处罚；构成犯罪的，依法追究刑事责任	《土地复垦条例》第四十三条	自然资源主管部门

432

责任主体	序号	违法违规行为	违反条款	处罚标准	处罚依据	处罚部门
建设单位	10	（一）在地质灾害危险区内从事容易诱发地质灾害活动的；（二）不建立防灾预案制度，不向指定的地质环境监测部门报送监测资料的；（三）不对矿区范围内的危岩、危坡、开裂带、沉降区和塌陷区设置警示标志的；（四）人为诱发地质灾害，破坏矿区地质环境的	《地质灾害防治条例》第十九条第二款　在地质灾害危险区内，禁止爆破、削坡、进行工程建设以及从事其他可能引发地质灾害的活动	责令停止违法行为，对单位处 5 万元以上 20 万元以下的罚款，对个人处 1 万元以上 5 万元以下的罚款；构成犯罪的，依法追究刑事责任；给他人造成损失的，依法承担赔偿责任	《地质灾害防治条例》第四十三条	自然资源主管部门
	11	（一）未按照规定对地质灾害易发区内的建设工程进行地质灾害危险性评估的；（二）配套的地质灾害治理工程未经验收或者经验收不合格，主体工程即投入生产或者使用的	《地质灾害防治条例》第二十一条　在地质灾害易发区内进行工程建设应当在可行性研究阶段进行地质灾害危险性评估，并将评估结果作为可行性研究报告的组成部分；可行性研究报告未包含地质灾害危险性评估结果的，不得批准其可行性研究报告。《地质灾害防治条例》第二十四条　对经评估认为可能引发地质灾害或者可能遭受地质灾害危害的建设工程，应当配套建设地质灾害治理工程。地质灾害治理工程的设计、施工和验收应当与主体工程的设计、施工、验收同时进行。配套的地质灾害治理工程未经验收或者经验收不合格的，主体工程不得投入生产或者使用	责令限期改正；逾期不改正的，责令停止生产、施工或者使用，处 10 万元以上 50 万元以下的罚款；构成犯罪的，依法追究刑事责任	《地质灾害防治条例》第四十一条	自然资源主管部门
	12	对地质灾害易发区内的建设工程项目，或者在地质灾害（隐患）威胁范围内进行建设并可能形成重大、特大地质灾害隐患的建设工程项目，未进行地质灾害危险性评估	《深圳市地质灾害防治管理办法》第二十一条　对地质灾害易发区内的建设工程项目，或者在地质灾害（隐患）威胁范围内进行建设并可能形成重大、特大地质灾害隐患的建设工程项目，规划国土部门应当在建设用地规划许可证中明确建设单位须按地质灾害危险性评估报告的结论采取相应的地质灾害防治措施	责令限期改正；逾期不改正的，责令停止生产、施工或者使用，处 50 万元罚款；涉嫌犯罪的，依法移送司法机关处理	《深圳市地质灾害防治管理办法》第三十九条	规划资源部门
	13	未按照土地出让合同约定的用途和条件开发利用土地	《深圳经济特区土地使用权出让条例（2019 年修正）》第二十一条　土地使用者应当按照出让合同规定的用途、期限和条件开发、利用土地。	限期纠正，并可处以土地使用权出让金总额 20% 的罚款。拒不纠正的，市规划和自然资源部门无偿收回土地使用权，没收地上建筑物、附着物	《深圳经济特区土地使用权出让条例（2019 年修正）》第五十六条	自然资源主管部门

责任主体	序号	违法违规行为	违反条款	处罚标准	处罚依据	处罚部门
建设单位	13	未按照土地出让合同约定的用途和条件开发利用土地	《深圳经济特区土地使用权出让条例（2019 年修正）》第二十二条　土地使用者需要改变出让合同规定的土地用途或条件的，应征得市规划和自然资源部门的同意。市规划和自然资源部门应当与土地使用者以书面形式变更出让合同，重新调整土地利用权出让金标准，并按有关规定办理变更登记	限期纠正，并可处以土地使用权出让金总额 20% 的罚款。拒不纠正的，市规划和自然资源部门无偿收回土地使用权，没收地上建筑物、附着物	《深圳经济特区土地使用权出让条例（2019 年修正）》第五十六条	自然资源主管部门
	14	未经同意擅自在市政道路上架设临时市政管线	《深圳市城市规划条例》第六十八条　在市政道路上开设道路进（出）口或市政管线的接口，架（敷）设临时市政管线，并设临时路口及施工通道时均需向市规划主管部门办理有关手续。 任何单位和个人不得占用道路、广场、绿地、市政走廊和压占地下管线进行建设。 在城市危险品场站和压力管道附近施工时，施工单位应征得有关管理和使用单位同意，并经双方商定，采取相应的安全保护措施后方可施工	影响规划的，责令限期恢复原状，并处 8 万元以上 10 万元以下的罚款；不影响规划的，应当责令限期补办手续，并处 8 万元以上 10 万元以下罚款	《深圳市城市规划条例》第七十七条	规划主管部门
	15	未经同意擅自拆除建筑物、构筑物	《深圳市城市规划条例》第六十五条　建筑物、构筑物确需拆除的，应向市规划主管部门或者其派出机构申请，同意后方可拆除。 建筑物或构筑物的拆除，应制定拆除方案，以确保周围建筑物、构筑物、道路、管线及拆除工作的安全	由市规划主管部门或其派出机构对产权人处以 2 万元以上 5 万元以下罚款	《深圳市城市规划条例》第七十六条	规划主管部门
	16	对建设单位未经批准进行临时建设；未按批准内容进行临时建设；临时建筑物、构筑物超过批准期限不拆除	《中华人民共和国城乡规划法（2019 年修正）》第四十四条　在城市、镇规划区内进行临时建设的，应当经城市、县人民政府城乡规划主管部门批准。临时建设影响近期建设规划或者控制性详细规划的实施以及交通、市容、安全等的，不得批准。 临时建设应当在批准的使用期限内自行拆除。 临时建设和临时用地规划管理的具体办法，由省、自治区、直辖市人民政府制定	责令限期拆除，可以并处临时建设工程造价一倍以下的罚款	《中华人民共和国城乡规划法（2019 修正）》第六十六条	规划主管部门

433

434

责任主体	序号	违法违规行为	违反条款	处罚标准	处罚依据	处罚部门
建设单位	17	未按照规定时间报送竣工验收资料	《中华人民共和国城乡规划法（2019年修正）》第四十五条 县级以上地方人民政府城乡规划主管部门按照国务院规定对建设工程是否符合规划条件予以核实。未经核实或者经核实不符合规划条件的，建设单位不得组织竣工验收。建设单位应当在竣工验收后六个月内向城乡规划主管部门报送有关竣工验收资料	责令限期补报；逾期不补报的，处1万元以上5万元以下的罚款	《中华人民共和国城乡规划法（2019年修正）》第六十七条	规划主管部门
	18	未取得建设工程规划许可证、未按建设工程规划许可证的规定进行建设	《中华人民共和国城乡规划法（2019年修正）》第四十条 在城市、镇规划区内进行建筑物、构筑物、道路、管线和其他工程建设的，建设单位或者个人应当向城市、县人民政府城乡规划主管部门或者省、自治区、直辖市人民政府确定的镇人民政府申请办理建设工程规划许可证。《中华人民共和国城乡规划法（2019年修正）》第四十三条 建设单位应当按照规划条件进行建设；确需变更的，必须向城市、县人民政府城乡规划主管部门提出申请。变更内容不符合控制性详细规划的，城乡规划主管部门不得批准。城市、县人民政府城乡规划主管部门应当及时将依法变更后的规划条件通报同级土地主管部门并公示。建设单位应当及时将依法变更后的规划条件报有关人民政府土地主管部门备案	责令停止建设；尚可采取改正措施消除对规划实施的影响的，限期改正，处建设工程造价5%以上10%以下的罚款；无法采取改正措施消除影响的，限期拆除，不能拆除的，没收实物或者违法收入，可以并处建设工程造价10%以下的罚款	《中华人民共和国城乡规划法（2019年修正）》第六十四条	规划主管部门
	19	建设单位未办理规划许可审批手续建设地下建筑物、构筑物；擅自改变经许可审批确定的地下空间的使用功能、高度、层数和面积	《广东省城乡规划条例》第二十八条 任何单位和个人未经批准，不得擅自开挖建筑底层地面，不得擅自改变经许可确定的地下空间的使用功能、高度、层数和面积	责令停止建设，限期改正，处以建设工程造价5%以上10%以下的罚款	《广东省城乡规划条例》第七十九条	规划主管部门
	20	未经直辖市、市、县人民政府建设主管部门（城乡规划主管部门）批准在城市黄线范围内进行建设活动的；擅自改变城市黄线内土地用途的；未按规划许可的要求进行建设的	《城市黄线管理办法（2010年修正）》第十三条 在城市黄线范围内禁止进行下列活动：（一）违反城市规划要求，进行建筑物、构筑物及其他设施的建设；（二）违反国家有关技术标准和规范进行建设；（三）未经批准，改装、迁移或拆毁原有城市基础设施；（四）其他损坏城市基础设施或影响城市基础设施安全和正常运转的行为	责令停止建设；尚可采取改正措施消除对规划实施的影响的，限期改正，处建设工程造价5%以上10%以下的罚款；无法采取改正措施消除影响的，限期拆除，不能拆除的，没收实物或者违法收入，可以并处建设工程造价10%以下的罚款	依据《中华人民共和国城乡规划法》等法律、法规予以处罚	规划主管部门

责任主体	序号	违法违规行为	违反条款	处罚标准	处罚依据	处罚部门
建设单位	20	未经直辖市、市、县人民政府建设主管部门（城乡规划主管部门）批准在城市黄线范围内进行建设活动的；擅自改变城市黄线内土地用途的；未按规划许可的要求进行建设的	《城市黄线管理办法（2010年修正）》第十四条　在城市黄线内进行建设，应当符合经批准的城市规划。 在城市黄线内新建、改建、扩建各类建筑物、构筑物、道路、管线和其他工程设施，应当依法向建设主管部门（城乡规划主管部门）申请办理城市规划许可，并依据有关法律、法规办理相关手续	责令停止建设；尚可采取改正措施消除对规划实施的影响的，限期改正，处建设工程造价5%以上10%以下的罚款；无法采取改正措施消除影响的，限期拆除，不能拆除的，没收实物或者违法收入，可以并处建设工程造价10%以下的罚款	依据《中华人民共和国城乡规划法》等法律、法规予以处罚	规划主管部门
	21	未经直辖市、市、县人民政府建设主管部门（城乡规划主管部门）批准在城市蓝线范围内进行各类建设活动	《城市蓝线管理办法（2011年修正）》第十条　在城市蓝线内禁止进行下列活动：（一）违反城市蓝线保护和控制要求的建设活动；（二）擅自填埋、占用城市蓝线内水域；（三）影响水系安全的爆破、采石、取土；（四）擅自建设各类排污设施；（五）其他对城市水系保护构成破坏的活动。 《城市蓝线管理办法（2011年修正）》第十一条　在城市蓝线内进行各项建设，必须符合经批准的城市规划。 在城市蓝线内新建、改建、扩建各类建筑物、构筑物、道路、管线和其他工程设施，应当依法向建设主管部门（城乡规划主管部门）申请办理城市规划许可，并依照有关法律、法规办理相关手续	责令停止建设；尚可采取改正措施消除对规划实施的影响的，限期改正，处建设工程造价5%以上10%以下的罚款；无法采取改正措施消除影响的，限期拆除，不能拆除的，没收实物或者违法收入，可以并处建设工程造价10%以下的罚款	依据《中华人民共和国城乡规划法》等法律、法规予以处罚	规划主管部门
	22	未经市、县人民政府城乡规划行政主管部门批准，在城市紫线范围内进行建设活动	《城市紫线管理办法（2011年修正）》第十三条　在城市紫线范围内禁止进行下列活动：（一）违反保护规划的大面积拆除、开发；（二）对历史文化街区传统格局和风貌构成影响的大面积改建；（三）损坏或者拆毁保护规划确定保护的建筑物、构筑物和其他设施；（四）修建破坏历史文化街区传统风貌的建筑物、构筑物和其他设施；（五）占用或者破坏保护规划确定保留的园林绿地、河湖水系、道路和古树名木等；（六）其他对历史文化街区和历史建筑的保护构成破坏性影响的活动。 《城市紫线管理办法（2011年修正）》第十五条　在城市紫线范围内进行新建或者改建各类建筑物、构筑物和其他设施，对规划确定保护的建筑物、构筑物和其他设施进行修缮和维修以及改变建筑物、构筑物的使用性质，应当依照相关法律、法规的规定，办理相关手续后方可进行	责令停止建设；尚可采取改正措施消除对规划实施的影响的，限期改正，处建设工程造价5%以上10%以下的罚款；无法采取改正措施消除影响的，限期拆除，不能拆除的，没收实物或者违法收入，可以并处建设工程造价10%以下的罚款	依据《中华人民共和国城乡规划法》等法律、法规予以处罚	规划主管部门

责任主体	序号	违法违规行为	违反条款	处罚标准	处罚依据	处罚部门
	23	未经批准或者骗取批准，非法占用海域；未经批准或者骗取批准，进行围、填海活动的行为	《中华人民共和国海域使用管理法》第十九条　海域使用申请经依法批准后，国务院批准用海的，由国务院海洋行政主管部门登记造册，向海域使用申请人颁发海域使用权证书；地方人民政府批准用海的，由地方人民政府登记造册，向海域使用申请人颁发海域使用权证书。海域使用申请人自领取海域使用权证书之日起，取得海域使用权。《中华人民共和国海域使用管理法》第十八条　下列项目用海，应当报国务院审批：（一）填海五十公顷以上的项目用海；（二）围海一百公顷以上的项目用海；（三）不改变海域自然属性的用海七百公顷以上的项目用海；（四）国家重大建设项目用海；（五）国务院规定的其他项目用海。前款规定以外的项目用海的审批权限，由国务院授权省、自治区、直辖市人民政府规定	未经批准或者骗取批准，非法占用海域的，责令退还非法占用的海域，恢复海域原状，没收违法所得，并处非法占用海域期间内该海域面积应缴纳的海域使用金5倍以上15倍以下的罚款；对未经批准或者骗取批准，进行围海、填海活动的，并处非法占用海域期间内该海域面积应缴纳的海域使用金10倍以上20倍以下的罚款	《中华人民共和国海域使用管理法》第四十二条	海洋行政主管部门
建设单位	24	向海域排放本法禁止排放的污染物或者其他物质的行为；不按照本法规定向海洋排放污染物，或者超过标准排放污染物的行为；对未取得海洋倾倒许可证，向海洋倾倒废弃物的行为；因发生事故或者其他突发性事件，造成海洋环境污染事故，不立即采取处理措施的行为	《中华人民共和国海洋环境保护法（2017年修正）》第十一条　排污单位在执行国家和地方水污染物排放标准的同时，应当遵守分解落实到本单位的主要污染物排海总量控制指标。《中华人民共和国海洋环境保护法（2017年修正）》第十七条　因发生事故或者其他突发性事件，造成或者可能造成海洋环境污染事故的单位和个人，必须立即采取有效措施，及时向可能受到危害者通报，并向依照本法规定行使海洋环境监督管理权的部门报告，接受调查处理。沿海县级以上地方人民政府在本行政区域近岸海域的环境受到严重污染时，必须采取有效措施，解除或者减轻危害。《中华人民共和国海洋环境保护法（2017年修正）》第三十三条　禁止向海域排放油类、酸液、碱液和剧毒废液和高、中水平放射性废水。严格限制向海域排放低水平放射性废水；确需排放的，必须严格执行国家辐射防护规定。严格控制向海域排放含有不易降解的有机物和重金属的废水。《中华人民共和国海洋环境保护法（2017年修正）》第五十五条　需要倾倒废弃物的单位，必须向国家海洋行政主管部门提出书面申请，经国家海洋行政主管部门审查批准，发给许可证后，方可倾倒	有下列行为之一的，由依照本法规定行使海洋环境监督管理权的部门责令停止违法行为、限期改正或者责令采取限制生产、停产整治等措施，并处以罚款；拒不改正的，依法作出处罚决定的部门可以自责令改正之日的次日起，按照原罚款数额按日连续处罚；情节严重的，报经有批准权的人民政府批准，责令停业、关闭：（一）向海域排放本法禁止排放的污染物或者其他物质的；（二）不按照本法规定向海洋排放污染物，或者超过标准、总量控制指标排放污染物的；（三）未取得海洋倾倒许可证，向海洋倾倒废弃物的；（四）因发生事故或者其他突发性事件，造成海洋环境污染事故，不立即采取处理措施的。有前款第（一）、（三）项行为之一的，处3万元以上20万元以下的罚款；有前款第（二）、（四）项行为之一的，处2万元以上10万元以下的罚款	《中华人民共和国海洋环境保护法（2017年修正）》第七十三条	海洋环境监督管理部门

责任主体	序号	违法违规行为	违反条款	处罚标准	处罚依据	处罚部门
监理单位	1	监理单位、监理人员在监理中玩忽职守、滥用职权，造成防治工程事故的行为	《广东省地质环境管理条例》第十八条　地质灾害防治工程施工实行监理制度。地质灾害防治工程的监理必须由具有地质灾害防治监理资质的机构承担。地质灾害防治工程监理单位必须依照法律、法规和有关技术标准、合同规定，独立、公正履行监理职责	没收违法所得，并处以 1 万元以上 5 万元以下罚款；造成损失的，应当承担民事责任；情节严重的，移送监理资格核准机关依法处理	《广东省地质环境管理条例》第三十三条	自然资源主管部门
设计单位	1	违反规划许可内容编制建设工程设计方案；违反相关技术标准和规范编制建设工程设计方案；建设工程设计方案文字标明的技术经济指标与图纸所示不相一致	《广东省城乡规划条例》第四十二条　建设工程设计方案应当符合规划条件、相关技术标准和规范，文字标明的技术经济指标应当与图纸所示相一致。住宅、商业、办公类建设项目的建设工程设计方案，应当分类载明建筑用途，明确公共场所、公用设施和物业管理用房的位置、面积	责令限期改正；依法降低资质等级或者吊销资质证书	《广东省城乡规划条例》第八十二条	规划主管部门
施工单位	1	违法占用耕地建窑、建坟或者擅自在耕地上建房、挖砂、采石、采矿、取土等，破坏种植条件，或者因开发土地造成土地荒漠化、盐渍化的行为	《基本农田保护条例（2011 年修正）》第一十七条　禁止任何单位和个人在基本农田保护区内建窑、建房、建坟、挖砂、采石、采矿、取土、堆放固体废弃物或者进行其他破坏基本农田的活动。《中华人民共和国土地管理法（2019 年修正）》第三十七条第二款　禁止占用耕地建窑、建坟或者擅自在耕地上建房、挖砂、采石、采矿、取土等	1. 罚款额为耕地开垦费的 2 倍以下。 2. 占用基本农田建窑、建房、建坟、挖砂、采石、采矿、取土、堆放固体废弃物或者从事其他活动破坏基本农田，毁坏种植条件的，由县级以上人民政府自然资源主管部门责令改正或者治理，恢复原种植条件，处占用基本农田的耕地开垦费 1 倍以上 2 倍以下的罚款；构成犯罪的，依法追究刑事责任。 3. 占用耕地建窑、建坟或者擅自在耕地上建房、挖砂、采石、采矿、取土等，破坏种植条件的，或者因开发土地造成土地荒漠化、盐渍化的，由县级以上人民政府自然资源主管部门、农业农村主管部门等按照职责责令限期改正或者治理，可以并处罚款；构成犯罪的，依法追究刑事责任	《中华人民共和国土地管理法实施条例（2014 年修正）》第四十条；《基本农田保护条例（2011 年修正）》第三十三条第一款；《中华人民共和国土地管理法（2019 年修正）》第七十四条第一款	自然资源主管部门
	2	拒不履行土地复垦义务	《中华人民共和国土地管理法（2019 年修正）》第四十三条　因挖损、塌陷、压占等造成土地破坏，用地单位和个人应当按照国家有关规定负责复垦；没有条件复垦或者复垦不符合要求的，应当缴纳土地复垦费，专项用于土地复垦。复垦的土地应当优先用于农业	罚款额为土地复垦费的 2 倍以下	《中华人民共和国土地管理法实施条例（2014 年修正）》第四十一条第一款	自然资源主管部门
	3	在禁止开垦区内进行开垦	《中华人民共和国土地管理法实施条例（2014 年修正）》第一十七条第一款　禁止单位和个人在土地利用总体规划确定的禁止开垦区内从事土地开发活动	限期拆除、恢复土地原状、罚款。罚款额为非法所得的 5% 以上 20% 以下	《中华人民共和国土地管理法实施条例（2014 年修正）》第三十九条	自然资源主管部门

438

责任主体	序号	违法违规行为	违反条款	处罚标准	处罚依据	处罚部门
施工单位	4	临时使用土地期满逾期不恢复种植条件的	《中华人民共和国土地管理法实施条例（2014年修正）》第二十八条第一款 建设项目施工和地质勘查需要临时占用耕地的，土地使用者应当自临时用地期满之日起1年内恢复种植条件	罚款，责令限期改正，可以处耕地复垦费2倍以下的罚款	《中华人民共和国土地管理法实施条例（2014年修正）》第四十四条	自然资源主管部门
	5	对土地复垦义务人拒绝、阻碍国土资源主管部门监督检查，或者在接受监督检查时弄虚作假	《土地复垦条例》第八条 县级以上人民政府国土资源主管部门应当依据职责加强对土地复垦情况的监督检查。被检查的单位或者个人应当如实反映情况，提供必要的资料	责令改正，处2万元以上5万元以下的罚款；有关责任人员构成违反治安管理行为的，由公安机关依法予以治安管理处罚；有关责任人员构成犯罪的，依法追究刑事责任。破坏土地复垦工程、设施和设备，构成违反治安管理行为的，由公安机关依法予以治安管理处罚；构成犯罪的，依法追究刑事责任	《土地复垦条例》第四十三条	自然资源主管部门
	6	（一）在地质灾害危险区内从事容易诱发地质灾害活动的；（二）不建立防灾预案制度，不向指定的地质环境监测部门报送监测资料的；（三）不对矿区范围内的危岩、危坡、开裂带、沉降区和塌陷区设置警示标志的；（四）人为诱发地质灾害，破坏矿区地质环境的	《地质灾害防治条例》第十九条第二款 在地质灾害危险区内，禁止爆破、削坡、进行工程建设以及从事其他可能引发地质灾害的活动	责令停止违法行为，对单位处5万元以上20万元以下的罚款，对个人处1万元以上5万元以下的罚款；构成犯罪的，依法追究刑事责任；给他人造成损失的，依法承担赔偿责任	《地质灾害防治条例》第四十三条	自然资源主管部门
	7	未经同意擅自在市政道路上架设临时市政管线	《深圳市城市规划条例》第六十八条 在市政道路上开设道路进（出）口或市政管线的接口，架（敷）设临时市政管线，并设临时路口及施工通道时均需向市规划主管部门办理有关手续。任何单位和个人不得占用道路、广场、绿地、市政走廊和压占地下管线进行建设。在城市危险品场站和压力管道附近施工时，施工单位应征得有关管理和使用单位意见，并经双方商定，采取相应的安全保护措施后方可施工	影响规划的，责令限期恢复原状，并处8万元以上10万元以下的罚款；不影响规划的，应当责令限期补办手续，并处8万元以上10万元以下罚款	《深圳市城市规划条例》第七十七条	规划主管部门
	8	未经同意擅自拆除建筑物、构筑物	《深圳市城市规划条例》第六十五条 建筑物、构筑物确需拆除的，应向市规划主管部门或其派出机构申请，同意后方可拆除。建筑物或构筑物的拆除，应制定拆除方案，以确保周围建筑物、构筑物、道路、管线及拆除工作的安全	由市规划主管部门或者其派出机构对产权人处2万元以上5万元以下罚款。	《深圳市城市规划条例》第七十六条	规划主管部门

责任主体	序号	违法违规行为	违反条款	处罚标准	处罚依据	处罚部门
施工单位	9	未经同意擅自在市政道路上并设临时路口，未经同意擅自在市政道路上并设施工通道	《深圳市城市规划条例》第六十八条　在市政道路上开设道路进（出）口或市政管线的接口，架（敷）设临时市政管线，并设临时路口及施工通道时均需向市规划主管部门办理有关手续。 任何单位和个人不得占用道路、广场、绿地、市政走廊和压占地下管线进行建设。 在城市危险品场站和压力管道附近施工时，施工单位应征得有关管理和使用单位同意，并经双方商定，采取相应的安全保护措施后方可施工	影响规划的，责令限期恢复原状，并处 8 万元以上 10 万元以下的罚款；不影响规划的，应责令限期补办手续，并处 8 万元以上 10 万元以下罚款	《深圳市城市规划条例》第七十七条	规划主管部门
	10	未经批准或者骗取批准，非法占用海域；未经批准或者骗取批准，进行围、填海活动的行为的处罚	《中华人民共和国海域使用管理法》第十九条　海域使用申请经依法批准后，国务院批准用海的，由国务院海洋行政主管部门登记造册，向海域使用申请人颁发海域使用权证书；地方人民政府批准用海的，由地方人民政府登记造册，向海域使用申请人颁发海域使用权证书。海域使用申请人自领取海域使用权证书之日起，取得海域使用权。 《中华人民共和国海域使用管理法》第十八条　下列项目用海，应当报国务院审批：（一）填海五十公顷以上的项目用海；（二）围海一百公顷以上的项目用海；（三）不改变海域自然属性的用海七百公顷以上的项目用海；（四）国家重大建设项目用海；（五）国务院规定的其他项目用海。 前款规定以外的项目用海的审批权限，由国务院授权省、自治区、直辖市人民政府规定	未经批准或者骗取批准，非法占用海域的，责令退还非法占用的海域，恢复海域原状，没收违法所得，并处非法占用海域期间内该海域面积应缴纳的海域使用金五倍以上 15 倍以下的罚款；对未经批准或者骗取批准，进行围海、填海活动的，并处非法占用海域期间内该海域面积应缴纳的海域使用金 10 倍以上 20 倍以下的罚款	《中华人民共和国海域使用管理法》第四十二条	海洋行政主管部门
	11	向海域排放本法禁止排放的污染物或者其他物质的行为；不按照本法规定向海洋排放污染物，或者超过标准排放污染物的行为；对未取得海洋倾倒许可证，向海洋倾倒废弃物的行为；因发生事故或者其他突发性事件，造成海洋环境污染事故，不立即采取处理措施的行为	《中华人民共和国海洋环境保护法（2017 年修正）》第十一条　排污单位在执行国家和地方水污染物排放标准的同时，应当遵守分解落实到本单位的主要污染物排海总量控制指标。 《中华人民共和国海洋环境保护法（2017 年修正）》第十七条　因发生事故或者其他突发性事件，造成或者可能造成海洋环境污染事故的单位和个人，必须立即采取有效措施，及时向可能受到危害者通报，并向依照本法规定行使海洋环境监督管理权的部门报告，接受调查处理。	有下列行为之一的，由依照本法规定行使海洋环境监督管理权的部门责令停止违法行为、限期改正或者责令采取限制生产、停产整治等措施，并处以罚款；拒不改正的，依法作出处罚决定的部门可以自责令改正之日的次日起，按照原罚款数额按日连续处罚；情节严重的，报经有批准权的人民政府批准，责令停业、关闭：（一）向海域排放本法禁止排放的污染物或者其他物质的；	《中华人民共和国海洋环境保护法（2017 年修正）》第七十三条	海洋环境监督管理部门

440

责任主体	序号	违法违规行为	违反条款	处罚标准	处罚依据	处罚部门
施工单位	11	向海域排放本法禁止排放的污染物或者其他物质的行为；不按照本法规定向海洋排放污染物，或者超过标准排放污染物的行为；对未取得海洋倾倒许可证，向海洋倾倒废弃物的行为；因发生事故或者其他突发性事件，造成海洋环境污染事故，不立即采取处理措施的行为	沿海县级以上地方人民政府在本行政区域近岸海域的环境受到严重污染时，必须采取有效措施，解除或者减轻危害。《中华人民共和国海洋环境保护法（2017年修正）》第三十三条 禁止向海域排放油类、酸液、碱液、剧毒废液和高、中水平放射性废水。严格限制向海域排放低水平放射性废水；确需排放的，必须严格执行国家辐射防护规定。严格控制向海域排放含有不易降解的有机物和重金属的废水。《中华人民共和国海洋环境保护法（2017年修正）》第五十五条 需要倾倒废弃物的单位，必须向国家海洋行政主管部门提出书面申请，经国家海洋行政主管部门审查批准，发给许可证后，方可倾倒	（二）不按照本法规定向海洋排放污染物，或者超过标准、总量控制指标排放污染物的；（三）未取得海洋倾倒许可证，向海洋倾倒废弃物的；（四）因发生事故或者其他突发性事件，造成海洋环境污染事故，不立即采取处理措施的。有前款第（一）、（三）项行为之一的，处3万元以上20万元以下的罚款；有前款第（二）、（四）项行为之一的，处2万元以上10万元以下的罚款	《中华人民共和国海洋环境保护法（2017年修正）》第七十三条	海洋环境监督管理部门
	12	在围填海工程中使用的填充材料不符合有关环境保护标准的行为	《防治海洋工程建设项目污染损害海洋环境管理条例》第二十条 严格控制围填海工程。禁止在经济生物的自然产卵场、繁殖场、索饵场和鸟类栖息地进行围填海活动。围填海工程使用的填充材料应当符合有关环境保护标准	责令限期改正；逾期不改正的，责令停止建设、运行，并处5万元以上20万元以下的罚款；造成海洋环境污染事故，直接负责的主管人员和其他直接责任人员构成犯罪的，依法追究刑事责任	《防治海洋工程建设项目污染损害海洋环境管理条例》第四十九条	海洋环境监督管理部门
相关单位	1	向违反城市规划或者土地管理法律、法规、规章的建设工程供水、供电或者出售预拌混凝土	《深圳经济特区规划土地监察条例（2019年修正）》第三十八条 规划土地监察机构在履行监察职责时，发现向违反城市规划或者土地管理法律、法规、规章的建设工程供水、供电或者出售预拌混凝土的，应当书面通知实施上述行为的单位或者个人停止供水、供电或者出售预拌混凝土。单位或者个人收到通知后未按要求配合执法的，处以每场所5万元罚款	书面通知实施上述行为的单位或者个人停止供水、供电或者出售预拌混凝土。单位或者个人收到通知后未按要求配合执法的，处以每场所5万元罚款	《深圳经济特区规划土地监察条例（2019年修正）》第三十八条	规划土地监察机构

招投标违法违规行为行政处罚表　　　　　　表26-4-2

责任主体	序号	违法违规行为	违反条款	处罚标准	处罚依据	处罚部门
投标人	1	相互串通投标报价，损害招标人或者其他投标人利益	《中华人民共和国招标投标法》第三十二条 投标人不得相互串通投标报价，不得排挤其他投标人的公平竞争，损害招标人或者其他投标人的合法权益。投标人不得与招标人串通投标，损害国家利益、社会公共利益或者他人的合法权益。禁止投标人以向招标人或者评标委员会成员行贿的手段谋取中标	情节严重的，处三年以下有期徒刑或者拘役，并处或者单处罚金	《中华人民共和国刑法》第二百二十三条	住房和建设局
	2	投标人与招标人串通投标，损害国家、集体、公民的合法利益				

续表

责任主体	序号	违法违规行为	违反条款	处罚标准	处罚依据	处罚部门
投标人	3	投标人相互串通投标或者与招标人串通投标的，投标人以向招标人或者评标委员会成员行贿的手段谋取中标	《中华人民共和国招标投标法》第三十二条　投标人不得相互串通投标报价，不得排挤其他投标人的公平竞争，损害招标人或者其他投标人的合法权益。投标人不得与招标人串通投标，损害国家利益、社会公共利益或者他人的合法权益。禁止投标人以向招标人或者评标委员会成员行贿的手段谋取中标	中标无效，处中标项目金额5‰以上10‰以下的罚款，对单位直接负责的主管人员和其他直接责任人员处单位罚款数额5%以上10%以下的罚款；有违法所得的，并处没收违法所得；情节严重的，取消其一年至二年内参加依法必须进行招标的项目的投标资格并予以公告，直至由工商行政管理机关吊销营业执照；构成犯罪的，依法追究刑事责任。给他人造成损失的，依法承担赔偿责任	《中华人民共和国招标投标法》第五十三条	住房和建设局
	4	投标人以他人名义投标或者以其他方式弄虚作假，骗取中标		中标无效，给招标人造成损失的，依法承担赔偿责任；构成犯罪的，依法追究刑事责任	《中华人民共和国招标投标法》第五十四条	住房和建设局
	5	依法必须进行招标的项目的投标人以他人名义投标或者以其他方式弄虚作假，骗取中标		处中标项目金额5‰以上10‰以下的罚款，对单位直接负责的主管人员和其他直接责任人员处单位罚款数额5%以上10%以下的罚款；有违法所得的，并处没收违法所得；情节严重的，取消其一年至三年内参加依法必须进行招标的项目的投标资格并予以公告，直至由工商行政管理机关吊销营业执照	《中华人民共和国招标投标法》第五十四条	住房和建设局
招标人	1	必须进行招标的项目而不招标的，将必须进行招标的项目化整为零或者以其他任何方式规避招标	《中华人民共和国招标投标法》第四条　任何单位和个人不得将依法必须进行招标的项目化整为零或者以其他任何方式规避招标	责令限期改正，可以处项目合同金额5‰以上10‰以下的罚款；对全部或者部分使用国有资金的项目，可以暂停项目执行或者暂停资金拨付；对单位直接负责的主管人员和其他直接责任人员依法给予处分	《中华人民共和国招标投标法》第四十九条	住房和建设局
	2	招标人以不合理的条件限制或者排斥潜在投标人的，对潜在投标人实行歧视待遇的，强制要求投标人组成联合体共同投标，或者限制投标人之间竞争	《中华人民共和国招标投标法》第十八条　招标人可以根据招标项目本身的要求，在招标公告或者投标邀请书中，要求潜在投标人提供有关资质证明文件和业绩情况，并对潜在投标人进行资格审查；国家对投标人的资格条件有规定的，依照其规定。招标人不得以不合理的条件限制或者排斥潜在投标人，不得对潜在投标人实行歧视待遇。《中华人民共和国招标投标法》第二十条　招标文件不得要求或者标明特定的生产供应者以及含有倾向或者排斥潜在投标人的其他内容	责令改正，可以处1万元以上5万元以下的罚款	《中华人民共和国招标投标法》第五十一条	住房和建设局

441

442

责任主体	序号	违法违规行为	违反条款	处罚标准	处罚依据	处罚部门
	3	依法必须进行招标的项目的招标人向他人透露已获取招标文件的潜在投标人的名称、数量或者可能影响公平竞争的有关招标投标的其他情况，或者泄露标底	《中华人民共和国招标投标法》第二十二条 招标人不得向他人透露已获取招标文件的潜在投标人的名称、数量以及可能影响公平竞争的有关招标投标的其他情况。招标人设有标底的，标底必须保密	给予警告，可以并处1万元以上10万元以下的罚款；对单位直接负责的主管人员和其他直接责任人员依法给予处分；构成犯罪的，依法追究刑事责任。前款所列行为影响中标结果的，中标无效	《中华人民共和国招标投标法》第五十二条	住房和建设局
	4	依法必须进行招标的项目，招标人与投标人就投标价格、投标方案等实质性内容进行谈判	《中华人民共和国招标投标法》第四十三条 在确定中标人前，招标人不得与投标人就投标价格、投标方案等实质性内容进行谈判	给予警告，对单位直接负责的主管人员和其他直接责任人员依法给予处分。前款所列行为影响中标结果的，中标无效	《中华人民共和国招标投标法》第五十五条	住房和建设局
	5	招标人与中标人不按照招标文件和中标人的投标文件订立合同的，或者招标人、中标人订立背离合同实质性内容的协议的	《中华人民共和国招标投标法》第四十六条 招标人和中标人应当自中标通知书发出之日起三十日内，按照招标文件和中标人的投标文件订立书面合同。招标人和中标人不得再行订立背离合同实质性内容的其他协议。招标文件要求中标人提交履约保证金的，中标人应当提交	责令改正，可以处中标项目金额5‰以上10‰以下的罚款	《中华人民共和国招标投标法》第五十九条	住房和建设局
招标人	6	建设单位将工程发包给个人，或建设单位将建设工程发包给不具有相应资质等级的勘察、设计、施工单位或者委托给不具有相应资质等级的工程监理单位，进行违法发包的	《中华人民共和国建筑法》第二十二条 建筑工程实行招标发包的，发包单位应当将建筑工程发包给依法中标的承包单位。建筑工程实行直接发包的，发包单位应当将建筑工程发包给具有相应资质条件的承包单位。《中华人民共和国建筑法》第二十四条 提倡对建筑工程实行总承包，禁止将建筑工程肢解发包。建筑工程的发包单位可以将建筑工程的勘察、设计、施工、设备采购一并发包给一个工程总承包单位，也可以将建筑工程勘察、设计、施工、设备采购的一项或者多项发包给一个工程总承包单位；但是，不得将应当由一个承包单位完成的建筑工程肢解成若干部分发包给几个承包单位。《建设工程质量管理条例》第七条 建设单位应当将工程发包给具有相应资质等级的单位。建设单位不得将建设工程肢解发包。《建设工程质量管理条例》第十二条 实行监理的建设工程，建设单位应当委托具有相应资质等级的工程监理单位进行监理，也可以委托具有工程监理相应资质等级并与被监理工程的施工承包单位没有隶属关系或者其他利害关系的该工程的设计单位进行监理	责令改正，处50万元以上100万元以下的罚款	《中华人民共和国建筑法》第六十五条、《建设工程质量管理条例》第五十四条	住房和建设局

责任主体	序号	违法违规行为	违反条款	处罚标准	处罚依据	处罚部门
招标人	7	依法应当公开招标而采用邀请招标	《中华人民共和国招标投标法实施条例》第六十四条 招标人有下列情形之一的，由有关行政监督部门责令改正，可以处10万元以下的罚款： （一）依法应当公开招标而采用邀请招标； （二）招标文件、资格预审文件的发售、澄清、修改的时限，或者确定的提交资格预审申请文件、投标文件的时限不符合招标投标法和本条例规定； （三）接受未通过资格预审的单位或者个人参加投标； （四）接受应当拒收的投标文件。 招标人有前款第一项、第三项、第四项所列行为之一的，对单位直接负责的主管人员和其他直接责任人员依法给予处分	责令改正，可以处10万元以下的罚款。招标人有第一项、第三项、第四项所列行为之一的，对单位直接负责的主管人员和其他直接责任人员依法给予处分	《中华人民共和国招标投标法实施条例》第六十四条	住房和建设局
	8	招标文件、资格预审文件的发售、澄清、修改的时限，或者确定的提交资格预审申请文件、投标文件的时限不符合招标投标法和本条例规定				
	9	接受未通过资格预审的单位或者个人参加投标				
	10	接受应当拒收的投标文件				
	11	依法应当公开招标的项目不按照规定在指定媒介发布资格预审公告或者招标公告	《中华人民共和国招标投标法实施条例》第十五条 公开招标的项目，应当依照招标投标法和本条例的规定发布招标公告、编制招标文件。 招标人采用资格预审办法对潜在投标人进行资格审查的，应当发布资格预审公告、编制资格预审文件。 依法必须进行招标的项目的资格预审公告和招标公告，应当在国务院发展改革部门依法指定的媒介发布。在不同媒介发布的同一招标项目的资格预审公告或者招标公告的内容应当一致。指定媒介发布依法必须进行招标的项目的境内资格预审公告、招标公告，不得收取费用。 编制依法必须进行招标的项目的资格预审文件和招标文件，应当使用国务院发展改革部门会同有关行政监督部门制定的标准文本。 《中华人民共和国招标投标法实施条例》第二十三条 招标人编制的资格预审文件、招标文件的内容违反法律、行政法规的强制性规定，违反公开、公平、公正和诚实信用原则，影响资格预审结果或者潜在投标人投标的，依法必须进行招标的项目的招标人应当在修改资格预审文件或者招标文件后重新招标	责令改正，可以处1万元以上5万元以下的罚款	《中华人民共和国招标投标法实施条例》第六十三条	住房和建设局
	12	在不同媒介发布的同一招标项目的资格预审公告或者招标公告的内容不一致，影响潜在投标人申请资格预审或者投				

444

责任主体	序号	违法违规行为	违反条款	处罚标准	处罚依据	处罚部门
招标人	13	建设单位将一个单位工程的施工分解成若干部分发包给不同的施工总承包或专业承包单位	《中华人民共和国建筑法》第二十四条 提倡对建筑工程实行总承包，禁止将建筑工程肢解发包。建筑工程的发包单位可以将建筑工程的勘察、设计、施工、设备采购一并发包给一个工程总承包单位，也可以将建筑工程勘察、设计、施工、设备采购的一项或者多项发包给一个工程总承包单位；但是，不得将应当由一个承包单位完成的建筑工程肢解成若干部分发包给几个承包单位。《建设工程质量管理条例》第七条 建设单位应当将工程发包给具有相应资质等级的单位。建设单位不得将建设工程肢解发包	责令改正，处工程合同价款0.5%以上1%以下的罚款；对全部或者部分使用国有资金的项目，并可以暂停项目执行或者暂停资金拨付	《中华人民共和国建筑法》第六十五条、《建设工程质量管理条例》第五十五条	住房和建设局
招标代理	1	招标代理机构泄露应当保密的与招标投标活动有关的情况和资料的，或者与招标人、投标人串通损害国家利益、社会公共利益或者他人合法权益	《中华人民共和国招标投标法》第十五条 招标代理机构应当在招标人委托的范围内办理招标事宜，并遵守本法关于招标人的规定	处5万元以上25万元以下的罚款；对单位直接负责的主管人员和其他直接责任人员处单位罚款数额5%以上10%以下的罚款；有违法所得的，并处没收违法所得；情节严重的，禁止其一年至二年内代理依法必须进行招标的项目并予以公告，直至由工商行政管理机关吊销营业执照；构成犯罪的，依法追究刑事责任。给他人造成损失的，依法承担赔偿责任。前款所列行为影响中标结果的，中标无效	《中华人民共和国招标投标法》第五十条	住房和建设局
评标委员	1	评标委员会成员收受投标人的财物或者其他好处的，评标委员会成员或者参加评标的有关工作人员向他人透露对投标文件的评审和比较、中标候选人的推荐以及与评标有关的其他情况	《中华人民共和国招标投标法》第四十四条 评标委员会成员应当客观、公正地履行职务，遵守职业道德，对所提出的评审意见承担个人责任。评标委员会成员不得私下接触投标人，不得收受投标人的财物或者其他好处。评标委员会成员和参与评标的有关工作人员不得透露对投标文件的评审和比较、中标候选人的推荐情况以及与评标有关的其他情况	给予警告，没收收受的财物，可以并处3000元以上5万元以下的罚款，对有所列违法行为的评标委员会成员取消担任评标委员会成员的资格，不得再参加任何依法必须进行招标的项目的评标；构成犯罪的，依法追究刑事责任	《中华人民共和国招标投标法》第五十六条	住房和建设局
中标人	1	中标人将中标项目转让给他人的，将中标项目肢解后分别转让给他人的，将中标项目的部分主体、关键性工作分包给他人的，或者分包人再次分包的	《中华人民共和国招标投标法》第四十八条 中标人应当按照合同约定履行义务，完成中标项目。中标人不得向他人转让中标项目，也不得将中标项目肢解后分别向他人转让。中标人按照合同约定或者经招标人同意，可以将中标项目的部分非主体、非关键性工作分包给他人完成。接受分包的人应当具备相应的资格条件，并不得再次分包。中标人应当就分包项目向招标人负责，接受分包的人就分包项目承担连带责任	转让、分包无效，处转让、分包项目金额5‰以上10‰以下的罚款；有违法所得的，并处没收违法所得；可以责令停业整顿；情节严重的，由工商行政管理机关吊销营业执照	《中华人民共和国招标投标法》第五十八条	住房和建设局
	2	中标人不按照与招标人订立的合同履行义务的		情节严重的，取消其二年至五年内参加依法必须进行招标的项目的投标资格并予以公告，直至由工商行政管理机关吊销营业执照。因不可抗力不能履行合同的除外	《中华人民共和国招标投标法》第六十条	住房和建设局

责任主体	序号	违法违规行为	违反条款	处罚标准	处罚依据	处罚部门
中标人	3	施工单位转包、违法分包	《中华人民共和国建筑法》第二十八条　禁止承包单位将其承包的全部建筑工程转包给他人，禁止承包单位将其承包的全部建筑工程肢解以后以分包的名义分别转包给他人。 《中华人民共和国建筑法》第二十九条　建筑工程总承包单位可以将承包工程中的部分工程发包给具有相应资质条件的分包单位；但是，除总承包合同中约定的分包外，必须经建设单位认可。施工总承包的，建筑工程主体结构的施工必须由总承包单位自行完成。 建筑工程总承包单位按照总承包合同的约定对建设单位负责；分包单位按照分包合同的约定对总承包单位负责。总承包单位和分包单位就分包工程对建设单位承担连带责任。 禁止总承包单位将工程分包给不具备相应资质条件的单位。禁止分包单位将其承包的工程再分包。 《建设工程质量管理条例》第二十五条　施工单位应当依法取得相应等级的资质证书，并在其资质等级许可的范围内承揽工程。禁止施工单位超越本单位资质等级许可的业务范围或者以其他施工单位的名义承揽工程。禁止施工单位允许其他单位或者个人以本单位的名义承揽工程。 施工单位不得转包或者违法分包工程。 《房屋建筑和市政基础设施工程施工分包管理办法》第八条　分包工程承包人必须具有相应的资质，并在其资质等级许可的范围内承揽业务。严禁个人承揽分包工程业务	责令改正，没收违法所得，对勘察、设计单位处合同约定的勘察费、设计费 25% 以上 50% 以下的罚款；对施工单位处工程合同价款 0.5% 以上 1% 以下的罚款；可以责令停业整顿，降低资质等级；情节严重的，吊销资质证书	《中华人民共和国建筑法》第六十七条、《建设工程质量管理条例》第六十二条	住房和建设局
	4	监理单位转让工程监理业务	《建设工程质量管理条例》第三十四条　工程监理单位应当依法取得相应等级的资质证书，并在其资质等级许可的范围内承担工程监理业务。	责令改正，没收违法所得，处合同约定的监理酬金 25% 以上 50% 以下的罚款；可以责令停业整顿，降低资质等级；情节严重的，吊销资质证书	《建设工程质量管理条例》第六十二条	住房和建设局

责任主体	序号	违法违规行为	违反条款	处罚标准	处罚依据	处罚部门
中标人	4	监理单位转让工程监理业务	禁止工程监理单位超越本单位资质等级许可的范围或者以其他工程监理单位的名义承担工程监理业务。禁止工程监理单位允许其他单位或者个人以本单位的名义承担工程监理业务。工程监理单位不得转让工程监理业务	责令改正，没收违法所得，处合同约定的监理酬金25%以上50%以下的罚款；可以责令停业整顿，降低资质等级；情节严重的，吊销资质证书	《建设工程质量管理条例》第六十二条	住房和建设局
	5	勘察、设计、施工、工程监理单位超越本单位资质等级承揽工程的，即有挂靠行为	《建设工程质量管理条例》第十八条 从事建设工程勘察、设计的单位应当依法取得相应等级的资质证书，并在其资质等级许可的范围内承揽工程。禁止勘察、设计单位超越其资质等级许可的范围或者以其他勘察、设计单位的名义承揽工程。禁止勘察、设计单位允许其他单位或者个人以本单位的名义承揽工程。勘察、设计单位不得转包或者违法分包所承揽的工程	责令停止违法行为，对勘察、设计单位或者工程监理单位处合同约定的勘察费、设计费或者监理酬金1倍以上2倍以下的罚款；对施工单位处工程合同价款2%以上4%以下的罚款；可以责令停业整顿，降低资质等级；情节严重的，吊销资质证书；有违法所得的，予以没收。未取得资质证书承揽工程的，予以取缔，依照前款规定处以罚款；有违法所得的，予以没收。以欺骗手段取得资质证书承揽工程的，吊销资质证书，依照第一款规定处以罚款，有违法所得的，予以没收	《建设工程质量管理条例》第六十条	住房和建设局
	6	勘察、设计、施工、工程监理单位允许其他单位或者个人以本单位名义承揽工程	《中华人民共和国建筑法》第二十六条 承包建筑工程的单位应当持有依法取得的资质证书，并在其资质等级许可的业务范围内承揽工程。禁止建筑施工企业超越本企业资质等级许可的业务范围或者以任何形式用其他建筑施工企业的名义承揽工程。禁止建筑施工企业以任何形式允许其他单位或者个人使用本企业的资质证书、营业执照，以本企业的名义承揽工程。《建设工程质量管理条例》第十八条 从事建设工程勘察、设计的单位应当依法取得相应等级的资质证书，并在其资质等级许可的范围内承揽工程。禁止勘察、设计单位超越其资质等级许可的范围或者以其他勘察、设计单位的名义承揽工程。禁止勘察、设计单位允许其他单位或者个人以本单位的名义承揽工程。勘察、设计单位不得转包或者违法分包所承揽的工程	责令改正，没收违法所得，对勘察、设计单位和工程监理单位处合同约定的勘察费、设计费和监理酬金1倍以上2倍以下的罚款，对施工单位处工程合同价款2%以上4%以下的罚款；可以责令停业整顿，降低资质等级；情节严重的，吊销资质证书。对因该项承揽工程不符合规定的质量标准造成的损失，建筑施工企业与使用本企业名义的单位或者个人承担连带赔偿责任	《中华人民共和国建筑法》第六十六条《建设工程质量管理条例》第六十一条	住房和建设局

续表

责任主体	序号	违法违规行为	违反条款	处罚标准	处罚依据	处罚部门
各方参与者	1	任何单位限制或者排斥本地区、本系统以外的法人或者其他组织参加投标的，为招标人指定招标代理机构的，强制招标人委托招标代理机构办理招标事宜的，或者以其他方式干涉招标投标活动	《中华人民共和国招标投标法》第十二条　招标人有权自行选择招标代理机构，委托其办理招标事宜。任何单位和个人不得以任何方式为招标人指定招标代理机构。招标人具有编制招标文件和组织评标能力的，可以自行办理招标事宜。任何单位和个人不得强制其委托招标代理机构办理招标事宜。依法必须进行招标的项目，招标人自行办理招标事宜的，应当向有关行政监督部门备案	责令改正，对单位直接负责的主管人员和其他直接责任人员依法给予警告、记过、记大过的处分，情节较重的，依法给予降级、撤职、开除的处分。个人利用职权进行前款违法行为的，依照前款规定追究责任	《中华人民共和国招标投标法》第六十二条	住房和建设局
	2	在工程发包与承包中索贿、受贿、行贿	《中华人民共和国建筑法》第十七条　发包单位及其工作人员在建筑工程发包中不得收受贿赂、回扣或者索取其他好处。承包单位及其工作人员不得利用向发包单位及其工作人员行贿、提供回扣或者给予其他好处等不正当手段承揽工程	构成犯罪的，依法追究刑事责任；不构成犯罪的，分别处以罚款，没收贿赂的财物，对直接负责的主管人员和其他直接责任人员给予处分。对在工程承包中行贿的承包单位，除依照前款规定处罚外，可以责令停业整顿，降低资质等级或者吊销资质证书	《中华人民共和国建筑法》第六十八条	住房和建设局

施工报建违法违规行为行政处罚表　　　　　　　表 26-4-3

责任主体	序号	违法违规行为	违反条款	处罚标准	处罚依据
建设单位、施工单位	1	未取得施工许可证而擅自施工，或者为规避办理施工许可证将工程项目分解后擅自施工	《建筑工程施工许可管理办法》第十二条	由有管辖权的发证机关责令停止施工，限期改正，对建设单位处工程合同价款1%以上2%以下罚款；对施工单位处3万元以下罚款	《建筑工程施工许可管理办法》第十二条
建设单位	1	伪造和涂改施工许可证	《建筑工程施工许可管理办法》第七条	由发证机关责令停止施工，并处1万元以上3万元以下罚款；构成犯罪的，依法追究刑事责任	《建筑工程施工许可管理办法》第十四条
	2	隐瞒有关情况或者提供虚假材料申请施工许可证	《建筑工程施工许可管理办法》第十四条	发证机关不予受理或者不予许可，并处1万元以上3万元以下罚款；构成犯罪的，依法追究刑事责任	《建筑工程施工许可管理办法》第十四条
建设单位等	3	采用欺骗、贿赂等不正当手段取得施工许可证	《建筑工程施工许可管理办法》第十三条	由原发证机关撤销施工许可证，责令停止施工，并处1万元以上3万元以下罚款；构成犯罪的，依法追究刑事责任	《建筑工程施工许可管理办法》第十三条
个人	1	违反《建筑工程施工许可管理办法》相关规定且所在单位受到罚款处罚	《建筑工程施工许可管理办法》相关条款	对单位直接负责的主管人员和其他直接责任人员处单位罚款数额5%以上10%以下罚款	《建筑工程施工许可管理办法》第十五条
单位、个人	1	违反《建筑工程施工许可管理办法》相关规定	《建筑工程施工许可管理办法》相关条款	作为不良行为记录予以通报	《建筑工程施工许可管理办法》第十五条

建设工程质量违法违规行为行政处罚表（施工单位处罚5万元以下）　　**表26-4-4**

责任主体	序号	违法违规行为	违反条款	处罚标准	处罚依据
施工单位（地基基础阶段）	1	隐蔽工程未及时组织验收就进入下一道工序施工	《广东省建设工程质量管理条例》第十九条　建设工程施工现场应当建立建筑材料、商品混凝土、混凝土预制构件、建筑构配件和设备进场检验制度，明确进场检验工作负责人和进场检验人，建立进场检验台账，根据技术标准严格进行进场检验。对技术标准规定进行抽样复试的，应当进行抽样复试。对进场检验和抽样复试的，应当经监理工程师检查签字认可。各工序应当按施工技术标准进行质量控制，每道工序完成后，应当进行检查并形成记录。相关各专业工种之间，应当进行交接检验。未经监理工程师或者建设单位技术负责人检查签字认可，不得进行下道工序施工	责令改正，处1万元以上3万元以下罚款	《广东省建设工程质量管理条例》第四十六条
	2	锚杆未检验和锁定情况下开挖下层土方			
	3	桩基施工未按设计及规范要求进行工艺试桩			
	4	深基坑工程周边堆载超过设计允许荷载值	《广东省建设工程质量管理条例》第十条　施工单位应当依法开展建设工程施工，承担下列质量义务：（六）根据技术标准和工程施工进度，对工程质量进行自检，报请建设单位或者监理单位组织工程质量验收，经验收合格后进行后续施工	责令改正，处1万元以上3万元以下罚款	《广东省建设工程质量管理条例》第四十六条
	5	桩位偏差值超过规范值未报设计单位或未按设计方案进行处理			
	6	其他违反有关技术标准			
	7	未经批准在施工现场使用袋装水泥或自行搅拌混凝土、砂浆	《深圳市预拌混凝土和预拌砂浆管理规定》第二十四条　新建、改建、扩建工程项目禁止使用袋装水泥，禁止在施工现场自行搅拌混凝土和砂浆。《深圳市预拌混凝土和预拌砂浆管理规定》二十五条　工程项目混凝土需求总量超过10立方米或者一次用量超过5立方米的，均应当使用预拌混凝土。有下列情形之一，确需使用袋装水泥或者现场搅拌混凝土的，施工单位应当按照项目管理权限报市建设主管部门批准：（一）因交通运输条件限制，散装水泥、预拌混凝土专业运输车辆无法到达施工现场的；（二）属特种类型混凝土，预拌混凝土生产企业无法生产的；（三）其他确需在施工现场搅拌的	施工单位违法使用袋装水泥的，由市、区建设主管部门责令改正，并按实际使用袋装水泥量处以每吨100元罚款。在施工现场自行搅拌混凝土或者砂浆的，由市、区建设主管部门责令改正，并按现场实际搅拌的混凝土和砂浆量处以混凝土每立方米200元、砂浆每立方米400元罚款	《深圳市预拌混凝土和预拌砂浆管理规定》第四十一条
施工单位（主体结构阶段）	1	未按规定留置并养护混凝土同条件试块	《广东省建设工程质量管理条例》第十条　施工单位应当依法开展建设工程施工，承担下列质量义务：（六）根据技术标准和工程施工进度，对工程质量进行自检，报请建设单位或者监理单位组织工程质量验收，经验收合格后进行后续施工	责令改正，处1万元以上3万元以下罚款	《广东省建设工程质量管理条例》第四十六条
	2	厕、浴、厨房间四周砌体墙根部未浇筑同墙宽、高度大于200mm的细石混凝土			
	3	厕浴间地面标高与室内标高高差不满足设计要求			

责任主体	序号	违法违规行为	违反条款	处罚标准	处罚依据
施工单位（主体结构阶段）	4	模板及其支架拆除的顺序及安全措施未按施工技术方案执行	《广东省建设工程质量管理条例》第十条　施工单位应当依法开展建设工程施工，承担下列质量义务：（六）根据技术标准和工程施工进度，对工程质量进行自检，报请建设单位或者监理单位组织工程质量验收，经验收合格后进行后续施工	责令改正，处1万元以上3万元以下罚款	《广东省建设工程质量管理条例》第四十六条
	5	未按设计要求对一、二、三级抗震等级的框架和斜撑构件（含梯段）中纵向受力钢筋使用带E牌号钢筋			
	6	预应力张拉过程中存在断裂、滑脱现象，且处理措施不符合要求			
	7	施工缝及后浇带留置及处理方式不符合规范要求			
	8	混凝土养护不符合施工方案及技术标准要求			
	9	现浇结构存在外观质量缺陷，且处理方式不符合规范要求			
	10	现浇结构尺寸偏差影响结构性能和使用功能			
	11	大六角头或扭剪型高强螺栓连接摩擦面抗滑移系数检测不满足设计要求			
	12	钢结构防腐或防火涂层未进行厚度检测			
	13	其他违反有关技术标准			
	14	钢筋直螺纹接头及焊接接头未进行工艺检验	《广东省建设工程质量管理条例》第十九条　建设工程施工现场应当建立建筑材料、商品混凝土、混凝土预制构件、建筑构配件和设备进场检验制度，明确进场检验工作负责人和进场检验人，建立进场检验台账，根据技术标准严格进行进场检验。对技术标准规定进行抽样复试的，应当进行抽样复试。对进场检验和抽样复试的，应当经监理工程师检查签字认可。各工序应当按施工技术标准进行质量控制，每道工序完成后，应当进行检查并形成记录。相关各专业工种之间，应当进行交接检验。未经监理工程师或者建设单位技术负责人检查签字认可，不得进行下道工序施工	责令改正，处1万元以上3万元以下罚款	《广东省建设工程质量管理条例》第四十六条
	15	预应力筋及锚具未按规范要求进行检验，且现场已使用			
	16	钢结构焊缝未委托第三方进行监检			
	17	大六角头或扭剪型高强螺栓未进行连接摩擦面抗滑移系数检测			
	18	厚涂型防火涂料未进行抗压强度检测			
	19	无机非金属建筑主体材料未进行放射性检测			
	20	隐蔽工程未及时组织验收就进入下一道工序施工			
	21	混凝土浇筑前，未对模板工程进行验收			

450

责任主体	序号	违法违规行为	违反条款	处罚标准	处罚依据
施工单位（主体结构阶段）	22	未经批准在施工现场使用袋装水泥或自行搅拌混凝土、砂浆	《深圳市预拌混凝土和预拌砂浆管理规定》第二十四条　新建、改建、扩建工程项目禁止使用袋装水泥，禁止在施工现场自行搅拌混凝土和砂浆。 《深圳市预拌混凝土和预拌砂浆管理规定》二十五条　工程项目混凝土需求总量超过10立方米或者一次用量超过5立方米的，均应当使用预拌混凝土。有下列情形之一，确需使用袋装水泥或者现场搅拌混凝土的，施工单位应当按照项目管理权限报市建设主管部门批准： （一）因交通运输条件限制，散装水泥、预拌混凝土专业运输车辆无法到达施工现场的； （二）属特种类型混凝土，预拌混凝土生产企业无法生产的； （三）其他确需在施工现场搅拌的	施工单位违法使用袋装水泥的，由市、区建设主管部门责令改正，并按实际使用袋装水泥量处以每吨100元罚款。在施工现场自行搅拌混凝土或者砂浆的，由市、区建设主管部门责令改正，并按现场实际搅拌的混凝土和砂浆量处以混凝土每立方米200元、砂浆每立方米400元罚款	《深圳市预拌混凝土和预拌砂浆管理规定》第四十一条
施工单位（装修工程）	1	墙砖与地砖出现大面积空鼓且未及时整改	《广东省建设工程质量管理条例》第十条　施工单位应当依法开展建设工程施工，承担下列质量义务： （六）根据技术标准和工程施工进度，对工程质量进行自检，报请建设单位或者监理单位组织工程质量验收，经验收合格后进行后续施工	责令改正，处1万元以上3万元以下罚款	《广东省建设工程质量管理条例》第四十六条
	2	外窗、幕墙玻璃或玻璃栏板未按设计要求采用符合相关国家标准的安全玻璃			
	3	开裂或渗漏等现象严重未及时进行处理			
	4	外墙抹灰层未进行粘结强度检测			
	5	外墙饰面砖未进行粘结强度检测			
	6	重型灯具、电扇及其他重型设备直接安装在吊顶工程龙骨上			
	7	主体结构与幕墙连接的各种预埋件，其数量、规格、位置和防腐措施与设计要求不符			
	8	幕墙的金属框架与主体结构预埋件的连接、立柱与横梁的连接及幕墙面板的安装与设计要求不符			
	9	幕墙的四性检测结果不满足设计要求			
	10	幕墙玻璃遮蔽系数、可见光透射比节能指标检测不满足设计要求			
	11	隐框玻璃幕墙开启扇玻璃根部未加设托块			
	12	吊顶、墙面用材料未进行燃烧性能检测			
	13	推拉门窗窗扇未设置防脱落装置			

续表

责任主体	序号	违法违规行为	违反条款	处罚标准	处罚依据
施工单位（装修工程）	14	临空处设置防护栏杆高度不满足设计要求	《广东省建设工程质量管理条例》第十条　施工单位应当依法开展建设工程施工，承担下列质量义务：（六）根据技术标准和工程施工进度，对工程质量进行自检，报请建设单位或者监理单位组织工程质量验收，经验收合格后进行后续施工	责令改正，处1万元以上3万元以下罚款	《广东省建设工程质量管理条例》第四十六条
	15	其他违反有关技术标准			
	16	玻璃幕墙用硅酮结构胶未进行邵氏硬度、标准状态拉伸粘结强度与相容性检测	《广东省建设工程质量管理条例》第十九条　建设工程施工现场应当建立建筑材料、商品混凝土、混凝土预制构件、建筑构配件和设备进场检验制度，明确进场检验工作负责人和进场检验人，建立进场检验台账，根据技术标准严格进行进场检验。对技术标准规定进行抽样复试的，应当进行抽样复试。对进场检验和抽样复试的，应当经监理工程师检查签字认可。各工序应当按施工技术标准进行质量控制，每道工序完成后，应当进行检查并形成记录。相关各专业工种之间，应当进行交接检验。未经监理工程师或者建设单位技术负责人检查签字认可，不得进行下道工序施工	责令改正，处1万元以上3万元以下罚款	《广东省建设工程质量管理条例》第四十六条
	17	装修材料未进行放射性检测			
	18	室内用水性涂料和水性腻子未检测游离甲醛限量			
	19	室内用水性胶粘剂未检测TVOC及游离甲醛			
	20	干挂石材用环氧树脂胶未检测粘结强度			
	21	隐蔽工程未及时组织验收就进入下一道工序施工			
	22	未经批准在施工现场使用袋装水泥或自行搅拌混凝土、砂浆	《深圳市预拌混凝土和预拌砂浆管理规定》第二十四条　新建、改建、扩建工程项目禁止使用袋装水泥，禁止在施工现场自行搅拌混凝土和砂浆。《深圳市预拌混凝土和预拌砂浆管理规定》二十五条　工程项目混凝土需求总量超过10立方米或者一次用量超过5立方米的，均应当使用预拌混凝土。有下列情形之一，确需使用袋装水泥或者现场搅拌混凝土的，施工单位应当按照项目管理权限报市建设主管部门批准：（一）因交通运输条件限制，散装水泥、预拌混凝土专业运输车辆无法到达施工现场的；（二）属特种类型混凝土，预拌混凝土生产企业无法生产的；（三）其他确需在施工现场搅拌的	施工单位违法使用袋装水泥的，由市、区建设主管部门责令改正，并按实际使用袋装水泥量处以每吨100元罚款。在施工现场自行搅拌混凝土或者砂浆的，由市、区建设主管部门责令改正，并按现场实际搅拌的混凝土和砂浆量处以混凝土每立方米200元、砂浆每立方米400元罚款	《深圳市预拌混凝土和预拌砂浆管理规定》第四十一条
施工单位（给水排水、通风空调工程）	1	未按规定对给排水管、绝热材料、风机盘管、及其他配件或设备进行进场检验	《广东省建设工程质量管理条例》第十九条　建设工程施工现场应当建立建筑材料、商品混凝土、混凝土预制构件、建筑构配件和设备进场检验制度，明确进场检验工作负责人和进场检验人，建立进场检验台账，根据技术标准严格进行进场检验。对技术标准规定进行抽样复试的，应当进行抽样复试。对进场检验和抽样复试的，应当经监理工程师检查签字认可。各工序应当按施工技术标准进行质量控制，每道工序完成后，应当进行检查并形成记录。相关各专业工种之间，应当进行交接检验。未经监理工程师或者建设单位技术负责人检查签字认可，不得进行下道工序施工	责令改正，处1万元以上3万元以下罚款	《广东省建设工程质量管理条例》第四十六条
	2	防水套管等隐蔽工程未及时组织验收就进入下一道工序施工			
	3	样板工序、样板房未及时组织验收就进入下一道工序施工			

452

责任主体	序号	违法违规行为	违反条款	处罚标准	处罚依据
施工单位（给水排水、通风空调工程）	4	水泵、风机无减震措施；淋浴器、洗衣机地漏、卫生器具处无存水弯或水封深度不够	《广东省建设工程质量管理条例》第十条　施工单位应当依法开展建设工程施工，承担下列质量义务：（六）根据技术标准和工程施工进度，对工程质量进行自检，报请建设单位或者监理单位组织工程质量验收，经验收合格后进行后续施工	责令改正，处1万元以上3万元以下罚款	《广东省建设工程质量管理条例》第四十六条
	5	竖向风道无防止支管回流和竖井泄露的措施			
	6	未进行生活给水系统、热水系统、管道直饮水系统等水质检测			
	7	各种承压管道系统和设备未做试压实验，室内雨水、污水系统等非承压管道系统和设备未做灌水试验；给水管道管件与管材不相适应的，生活给水系统管材未达到饮用水卫生标准			
	8	室内消火栓系统未做屋顶层、首层消火栓试射试验			
	9	排水管隐蔽前未做灌水试验			
	10	通风空调工程各系统制式不符合设计要求的；设备、自控阀门与仪表未按设计要求安装齐全；水系统各分支管路水力平衡、温控装置与仪表的安装位置、方向不符合设计要求；空调系统未按设计要求实现分室（区）温度调控功能、冷热计量功能			
	11	未做工程系统节能性能检测或检测不合格			
	12	其他违反有关技术标准			
	13	在施工中偷工减料，使用不合格的建筑材料、建筑构配件和设备	《建设工程质量管理条例》第二十八条　施工单位必须按照工程设计图纸和施工技术标准施工，不得擅自修改工程设计，不得偷工减料	责令改正，处工程合同价款2%以上4%以下的罚款；造成建设工程质量不符合规定的质量标准的，负责返工、修理，并赔偿因此造成的损失；情节严重的，责令停业整顿，降低资质等级或者吊销资质证书	《建设工程质量管理条例》第六十四条
	14	不按批准的施工图设计文件或施工方案施工			
	15	违反工程建设强制性标准	《实施工程建设强制性标准监督规定》第二条　在中华人民共和国境内从事新建、扩建、改建等工程建设活动，必须执行工程建设强制性标准	责令改正，处工程合同价款2%以上4%以下的罚款；造成建设工程质量不符合规定的质量标准的，负责返工、修理，并赔偿因此造成的损失；情节严重的，责令停业整顿，降低资质等级或者吊销资质证书	《实施工程建设强制性标准监督规定》第十八条

责任主体	序号	违法违规行为	违反条款	处罚标准	处罚依据
施工单位（建筑电气工程）	1	隐蔽工程未及时组织验收就进入下一道工序施工	《广东省建设工程质量管理条例》第十九条 建设工程施工现场应当建立建筑材料、商品混凝土、混凝土预制构件、建筑构配件和设备进场检验制度，明确进场检验工作负责人和进场检验人，建立进场检验台账，根据技术标准严格进行进场检验。对技术标准规定进行抽样复试的，应当进行抽样复试。对进场检验和抽样复试的，应当经监理工程师检查签字认可。各工序应当按施工技术标准进行质量控制，每道工序完成后，应当进行检查并形成记录。相关各专业工种之间，应当进行交接检验。未经监理工程师或者建设单位技术负责人检查签字认可，不得进行下道工序施工	责令改正，处 1 万元以上 3 万元以下罚款	《广东省建设工程质量管理条例》第四十六条
	2	卫生间局部等电位大部分未与就近插座 PE 线连接	《广东省建设工程质量管理条例》第十条 施工单位应当依法开展建设工程施工，承担下列质量义务：（六）根据技术标准和工程施工进度，对工程质量进行自检，报请建设单位或者监理单位组织工程质量验收，经验收合格后进行后续施工	责令改正，处 1 万元以上 3 万元以下罚款	《广东省建设工程质量管理条例》第四十六条
	3	未按设计及规范要求，在浴室 0、1 及 2 区内装设开关设备及线路附件			
	4	未按设计及规范要求，根据消防保护对象分级要求选用合适线缆			
	5	未及时进行节能性能检测的或检测不合格			
	6	大部分插座串接，或未按左零右火接线			
	7	花灯吊钩圆钢直径小于 6mm，或未做过载实验			
	8	测试接地装置的接地电阻不符合设计要求			
	9	其他违反有关技术标准			
	10	在施工中偷工减料，使用不合格的建筑材料、建筑构配件和设备	《建设工程质量管理条例》第二十八条 施工单位必须按照工程设计图纸和施工技术标准施工，不得擅自修改工程设计，不得偷工减料	责令改正，处工程合同价款 2% 以上 4% 以下的罚款；造成建设工程质量不符合规定的质量标准的，负责返工、修理，并赔偿因此造成的损失；情节严重的，责令停业整顿，降低资质等级或者吊销资质证书	《建设工程质量管理条例》第六十四条
	11	不按批准的施工图设计文件或施工方案施工			
	12	违反工程建设强制性标准	《实施工程建设强制性标准监督规定》第二条 在中华人民共和国境内从事新建、扩建、改建等工程建设活动，必须执行工程建设强制性标准	责令改正，处工程合同价款 2% 以上 4% 以下的罚款；造成建设工程质量不符合规定的质量标准的，负责返工、修理，并赔偿因此造成的损失；情节严重的，责令停业整顿，降低资质等级或者吊销资质证书	《实施工程建设强制性标准监督规定》第十八条

责任主体	序号	违法违规行为	违反条款	处罚标准	处罚依据
	1	未按规定对燃气工程主要管道或设备进行检验	《广东省建设工程质量管理条例》第十九条 建设工程施工现场应当建立建筑材料、商品混凝土、混凝土预制构件、建筑构配件和设备进场检验制度，明确进场检验工作负责人和进场检验人，建立进场检验台账，根据技术标准严格进行进场检验。对技术标准规定进行抽样复试的，应当进行抽样复试。对进场检验和抽样复试的，应当经监理工程师检查签字认可。各工序应当按施工技术标准进行质量控制，每道工序完成后，应当进行检查并形成记录。相关各专业工种之间，应当进行交接检验。未经监理工程师或者建设单位技术负责人检查签字认可，不得进行下道工序施工	责令改正，处1万元以上3万元以下罚款	《广东省建设工程质量管理条例》第四十六条
	2	未按规定对燃气用气设备进行检验			
	3	隐蔽工程未及时组织验收就进入下一道工序施工			
施工单位（燃气工程）	4	因未打坡口、未留间隙导致钢管焊接质量不达标	《广东省建设工程质量管理条例》第十条 施工单位应当依法开展建设工程施工，承担下列质量义务：（六）根据技术标准和工程施工进度，对工程质量进行自检，报请建设单位或者监理单位组织工程质量验收，经验收合格后进行后续施工	责令改正，处1万元以上3万元以下罚款	《广东省建设工程质量管理条例》第四十六条
	5	钢管焊接存在严重质量缺陷			
	6	PE管焊接存在严重质量缺陷			
	7	钢管防腐层脱落或污染严重			
	8	钢质管道焊接处或穿墙、楼板处锈蚀的，存在严重质量缺陷			
	9	厨房通风条件不佳且未按要求安装独立事故排风及泄漏报警系统			
	10	压力试验不符合规范要求			
	11	地下燃气管道与相邻管线及建构筑物之间的间距达不到规范要求且无任何保护措施			
	12	地下燃气管道埋深不足且无保护措施			
	13	管沟用碎石、砖块等垃圾土回填或回填土密实度达不到设计及规范要求			
	14	燃气管道穿过卧室、易燃易爆物品仓库、配电间、变电室、电梯（井）沟、烟道、进风道和垃圾道等场所			
	15	燃气立管敷设在卧室或卫生间内			
	16	用户燃气表及居民生活用气设备设置于卧室或卫生间内			
	17	地下燃气管道穿过排水管沟、热力管沟、电缆沟、联合地沟、隧道及其他沟槽时，未采取防止燃气泄漏到沟槽中的措施			
	18	其他违反有关技术标准			

续表

责任主体	序号	违法违规行为	违反条款	处罚标准	处罚依据
施工单位（燃气工程）	19	违反工程建设强制性标准	《实施工程建设强制性标准监督规定》第二条　在中华人民共和国境内从事新建、扩建、改建等工程建设活动，必须执行工程建设强制性标准	责令改正，处工程合同价款2%以上4%以下的罚款；造成建设工程质量不符合规定的质量标准的，负责返工、修理，并赔偿因此造成的损失；情节严重的，责令停业整顿，降低资质等级或者吊销资质证书	《实施工程建设强制性标准监督规定》第十八条
	20	在施工中偷工减料，使用不合格的建筑材料、建筑构配件和设备	《建设工程质量管理条例》第二十八条　施工单位必须按照工程设计图纸和施工技术标准施工，不得擅自修改工程设计，不得偷工减料	责令改正，处工程合同价款2%以上4%以下的罚款；造成建设工程质量不符合规定的质量标准的，负责返工、修理，并赔偿因此造成的损失；情节严重的，责令停业整顿，降低资质等级或者吊销资质证书	《建设工程质量管理条例》第六十四条
	21	因未打坡口、未留间隙导致钢管焊接质量不达标			
	22	不按批准的施工图设计文件或施工方案施工			
施工单位（行为）	1	未取得施工许可证的工程的工程擅自进场施工	《中华人民共和国建筑法》第七条第一款　建筑工程开工前，建设单位应当按照国家有关规定向工程所在地县级以上人民政府建设行政主管部门申请领取施工许可证	责令改正，处工程合同价款1%以上2%以下罚款	《深圳市建设工程质量管理条例》第六十九条
	2	项目管理机构人员配备不全	《广东省建设工程质量管理条例》第十条　施工单位应当依法开展建设工程施工，承担下列质量义务：（一）建立健全工程项目质量管理体系，确定项目的负责人、技术负责人、施工管理负责人，配备相应数量的职业技术人员	责令改正，处1万元以上3万元以下罚款	《广东省建设工程质量管理条例》第四十六条
	3	项目质量管理体系不健全			
	4	未签署工程质量终身责任制承诺书、授权书	《广东省建设工程质量管理条例》第十条　施工单位应当依法开展建设工程施工，承担下列质量义务：（二）建立健全质量责任制，由项目负责人全面负责施工现场质量管理工作，变更项目负责人的，按照有关规定办理变更手续	责令改正，处1万元以上3万元以下罚款	《广东省建设工程质量管理条例》第四十六条
	5	项目负责人变更，未及时办理工程质量终身责任制承诺书、授权书变更			
	6	未按规定对建筑材料、建筑构配件或设备进行检验检测	《广东省建设工程质量管理条例》第十九条　建设工程施工现场应当建立建筑材料、商品混凝土、混凝土预制构件、建筑构配件和设备进场检验制度，明确进场检验工作负责人和进场检验人，建立进场检验台账，根据技术标准严格进行进场检验。对技术标准规定进行抽样复试的，应当进行抽样复试。对进场检验和抽样复试的，应当经监理工程师检查签字认可。	责令改正，处1万元以上3万元以下罚款	《广东省建设工程质量管理条例》第四十六条

455

责任主体	序号	违法违规行为	违反条款	处罚标准	处罚依据
施工单位（行为）	6	未按规定对建筑材料、建筑构配件或设备进行检验检测	各工序应当按施工技术标准进行质量控制，每道工序完成后，应当进行检查并形成记录。相关各专业工种之间，应当进行交接检验。未经监理工程师或者建设单位技术负责人检查签字认可，不得进行下道工序施工	责令改正，处1万元以上3万元以下罚款	《广东省建设工程质量管理条例》第四十六条
	7	经检验不符合技术标准或设计要求的建筑材料、建筑构配件或设备，未按规定进行处理	《深圳市建设工程质量管理条例》第三十三条 经检验不符合技术标准或者设计要求的建筑材料、建筑构配件和设备，施工单位应当就地封存、做好记录，及时通知监理单位，并报告质监机构、建设行政主管部门或者有关专业工程行政主管部门处理	责令改正，处1万元以上3万元以下罚款	《深圳市建设工程质量管理条例》第六十九条
	8	未制定工程质量事故应急预案，组织应急演练	《广东省建设工程质量管理条例》第十条 施工单位应当依法开展建设工程施工，承担下列质量义务：（八）制定工程质量事故应急预案，组织应急演练	责令改正，处1万元以上3万元以下罚款	《广东省建设工程质量管理条例》第四十六条
施工单位项目负责人	1	违反《建设工程质量管理条例》相关规定且所在单位受到罚款处罚	《建设工程质量管理条例》相关规定	处单位罚款数额5%以上10%以下的罚款	《建设工程质量管理条例》第七十三条
商品混凝土生产单位、混凝土预制构件生产单位	1	未在资质证书许可的范围内承揽生产业务	《广东省建设工程质量管理条例》第十四条 商品混凝土生产单位、混凝土预制构件生产单位承担下列质量义务：（一）在资质证书许可的范围内承揽生产业务	责令改正，处1万元以上3万元以下罚款	《广东省建设工程质量管理条例》第四十六条
	2	以其他单位名义或者允许其他单位、个人以本单位名义承揽生产业务	《广东省建设工程质量管理条例》第十四条 商品混凝土生产单位、混凝土预制构件生产单位承担下列质量义务：（二）不得以其他单位名义或者允许其他单位、个人以本单位名义承揽生产业务		
	3	未为出厂的商品混凝土、混凝土预制构件出具质量合格证明文件	《广东省建设工程质量管理条例》第十四条 商品混凝土生产单位、混凝土预制构件生产单位承担下列质量义务：（四）为出厂的商品混凝土、混凝土预制构件出具质量合格证明文件		
	4	未在出厂的混凝土预制构件上镶嵌注明产品名称、规格型号、生产日期、生产单位的标牌	《广东省建设工程质量管理条例》第十四条 商品混凝土生产单位、混凝土预制构件生产单位承担下列质量义务：（五）在出厂的混凝土预制构件上镶嵌注明产品名称、规格型号、生产日期、生产单位的标牌		
	5	未参加处理相关工程质量问题和质量事故	《广东省建设工程质量管理条例》第十四条 商品混凝土生产单位、混凝土预制构件生产单位承担下列质量义务：（六）参加处理相关工程质量问题和质量事故		
	6	不使用或不完全使用散装水泥	《散装水泥管理办法》第十五条 预拌混凝土、预拌砂浆生产企业必须全部使用散装水泥。水泥制品生产企业也应当积极使用散装水泥	处以每立方米混凝土100元或者每吨袋装水泥300元的罚款，但罚款总额不超过30000元	《散装水泥管理办法》第二十一条

建设工程质量违法违规行为行政处罚表（施工单位处罚 5 万～20 万元）　　表 26-4-5

责任主体	序号	违法违规行为	违反条款	处罚标准	处罚依据
施工单位	1	未对建筑材料、建筑构配件、设备和商品混凝土进行检验	《建设工程质量管理条例》第二十九条　施工单位必须按照工程设计要求、施工技术标准和合同约定，对建筑材料、建筑构配件、设备和商品混凝土进行检验，检验应当有书面记录和专人签字；未经检验或者检验不合格的，不得使用。	责令改正，处 10 万元以上 20 万元以下的罚款；情节严重的，责令停业整顿，降低资质等级或者吊销资质证书；造成损失的，依法承担赔偿责任	《建设工程质量管理条例》第六十五条
	2	未对涉及结构安全的试块、试件以及有关材料取样检测	《建设工程质量管理条例》第三十一条　施工人员对涉及结构安全的试块、试件以及有关材料，应当在建设单位或者工程监理单位监督下现场取样，并送具有相应资质等级的质量检测单位进行检测		
	3	未对进入施工现场的墙体材料、保温材料、门窗、采暖制冷系统和照明设备进行查验	《民用建筑节能条例》第十一条第三款　建设单位、设计单位、施工单位不得在建筑活动中使用列入禁止使用目录的技术、工艺、材料和设备。《民用建筑节能条例》第十六条第一款　施工单位应当对进入施工现场的墙体材料、保温材料、门窗、采暖制冷系统和照明设备进行查验；不符合施工图设计文件要求的，不得使用	责令改正，处 10 万元以上 20 万元以下的罚款；情节严重的，由颁发资质证书的部门责令停业整顿，降低资质等级或者吊销资质证书；造成损失的，依法承担赔偿责任	《民用建筑节能条例》第四十一条
	4	使用列入禁止使用目录的技术、工艺、材料和设备			
	5	使用不符合施工图设计文件要求的墙体材料、保温材料、门窗、采暖制冷系统和照明设备			
	6	使用已被禁止使用的建材产品或施工工艺	《深圳经济特区建筑节能条例》第十一条第二款　建设、设计、施工单位不得采用列入禁止目录的技术、工艺、设备、材料和产品。	责令改正，处 5 万元以上 20 万元以下罚款；情节严重的，由颁发资质证书的部门责令停业整顿，降低资质等级或者吊销资质证书	《深圳经济特区建筑节能条例》第四十三条
	7	未按照建筑节能设计文件和节能施工规范进行施工	《深圳经济特区建筑节能条例》第二十一条　施工单位应当按照施工图中的建筑节能设计要求和建筑节能施工规范进行施工		
	8	在施工中偷工减料，使用不合格的建筑材料、建筑构配件和设备	《建设工程质量管理条例》第二十八条　施工单位必须按照工程设计图纸和施工技术标准施工，不得擅自修改工程设计，不得偷工减料。施工单位在施工过程中发现设计文件和图纸有差错的，应当及时提出意见和建议	责令改正，处工程合同价款 2% 以上 4% 以下的罚款；造成建设工程质量不符合规定的质量标准的，负责返工、修理，并赔偿因此造成的损失；情节严重的，责令停业整顿，降低资质等级或者吊销资质证书	《建设工程质量管理条例》第六十四条
	9	不按批准的施工图设计文件或施工方案施工			
	10	违反工程建设强制性标准	《实施工程建设强制性标准监督规定》第二条　在中华人民共和国境内从事新建、扩建、改建等工程建设活动，必须执行工程建设强制性标准	责令改正，处工程合同价款 2% 以上 4% 以下的罚款；造成建设工程质量不符合规定的质量标准的，负责返工、修理，并赔偿因此造成的损失；情节严重的，责令停业整顿，降低资质等级或者吊销资质证书	《实施工程建设强制性标准监督规定》第十八条

责任主体	序号	违法违规行为	违反条款	处罚标准	处罚依据
施工单位	11	无资质或超越本单位资质等级承揽工程	《建设工程质量管理条例》第二十五条 施工单位应当依法取得相应等级的资质证书，并在其资质等级许可的范围内承揽工程。禁止施工单位超越本单位资质等级许可的业务范围或者以其他施工单位的名义承揽工程。禁止施工单位允许其他单位或者个人以本单位的名义承揽工程。施工单位不得转包或者违法分包工程	超越本单位资质等级承揽工程的，责令停止违法行为，处工程合同价款2%以上4%以下的罚款，可以责令停业整顿，降低资质等级；情节严重的，吊销资质证书；有违法所得的，予以没收。未取得资质证书承揽工程的，予以取缔，处工程合同价款2%以上4%以下的罚款；有违法所得的，予以没收	《建设工程质量管理条例》第六十条
	12	未依法履行工程质量保修义务或拖延履行保修义务	《建设工程质量管理条例》第三十二条 施工单位对施工中出现质量问题的建设工程或者竣工验收不合格的建设工程，应当负责返修	责令改正，处10万元以上20万元以下的罚款；并对在保障期内因质量缺陷造成的损失承担赔偿责任	《建设工程质量管理条例》第六十六条
施工单位项目负责人	1	违反《建设工程质量管理条例》相关规定且所在单位受到罚款处罚	《建设工程质量管理条例》相关规定	处单位罚款数额5%以上10%以下的罚款	《建设工程质量管理条例》第七十三条

建设工程质量违法违规行为行政处罚表（施工单位处罚20万元以上） 表26-4-6

责任主体	序号	违法违规行为	违反条款	处罚标准	处罚依据
施工单位	1	在施工中偷工减料，使用不合格的建筑材料、建筑构配件和设备	《建设工程质量管理条例》第二十八条 施工单位必须按照工程设计图纸和施工技术标准施工，不得擅自修改工程设计，不得偷工减料	责令改正，处工程合同价款2%以上4%以下的罚款；造成建设工程质量不符合规定的质量标准的，负责返工、修理，并赔偿因此造成的损失；情节严重的，责令停业整顿，降低资质等级或者吊销资质证书	《建设工程质量管理条例》第六十四条
	2	不按批准的施工图设计文件或施工方案施工			
	3	违反民用建筑节能标准	《中华人民共和国节约能源法》第三十五条第一款 建筑工程的建设、设计、施工和监理单位应当遵守建筑节能标准	责令改正，处10万元以上50万元以下罚款；情节严重的，由颁发资质证书的部门降低资质等级或者吊销资质证书；造成损失的，依法承担赔偿责任	《中华人民共和国节约能源法》第七十九条

责任主体	序号	违法违规行为	违反条款	处罚标准	处罚依据
施工单位	4	违反工程建设强制性标准	《实施工程建设强制性标准监督规定》第二条　在中华人民共和国境内从事新建、扩建、改建等工程建设活动，必须执行工程建设强制性标准	责令改正，处工程合同价款2%以上4%以下的罚款；造成建设工程质量不符合规定的质量标准的，负责返工、修理，并赔偿因此造成的损失；情节严重的，责令停业整顿，降低资质等级或者吊销资质证书	《实施工程建设强制性标准监督规定》第十八条
	5	采购、使用不合格的商品混凝土、混凝土预制构件	《广东省建设工程质量管理条例》第七条第一项、第十条第三项　采购的建筑材料、商品混凝土、混凝土预制构件、建筑构配件和设备应当符合产品质量标准、设计要求和合同约定，有产品出厂质量合格证明文件，国家实行生产许可证管理、强制性产品认证管理的应当具有相应的证书，属进口的应当具有商检部门签发的商检合格证书	责令改正，处20万元以上50万元以下罚款	《广东省建设工程质量管理条例》第四十九条
	6	无资质或超越本单位资质等级承揽工程	《建设工程质量管理条例》第二十五条　施工单位应当依法取得相应等级的资质证书，并在其资质等级许可的范围内承揽工程。禁止施工单位超越本单位资质等级许可的业务范围或者以其他施工单位的名义承揽工程。禁止施工单位允许其他单位或者个人以本单位的名义承揽工程。施工单位不得转包或者违法分包工程	超越本单位资质等级承揽工程的，责令停止违法行为，处工程合同价款2%以上4%以下的罚款，可以责令停业整顿，降低资质等级；情节严重的，吊销资质证书；有违法所得的，予以没收。未取得资质证书承揽工程的，予以取缔，处工程合同价款2%以上4%以下的罚款；有违法所得的，予以没收	《建设工程质量管理条例》第六十条
施工单位项目负责人	1	违反《建设工程质量管理条例》相关规定且所在单位受到罚款处罚	《建设工程质量管理条例》相关规定	处单位罚款数额5%以上10%以下的罚款	《建设工程质量管理条例》第七十三条

建设工程质量违法违规行为行政处罚表（其他责任主体处罚5万元以下）　　表26-4-7

责任主体	序号	违法违规行为	违反条款	处罚标准	处罚依据
监理单位	1	监理人员配备不全	《广东省建设工程质量管理条例》第十一条　监理单位应当依法对建设工程实施监理，承担下列质量义务：	责令改正，处1万元以上3万元以下罚款	《广东省建设工程质量管理条例》第四十六条

460

责任主体	序号	违法违规行为	违反条款	处罚标准	处罚依据
监理单位	2	指定建筑材料、商品混凝土、混凝土预制构件、建筑构配件和设备的生产、供应单位	（一）成立项目监理机构，配备相应数量的监理人员； （二）不得指定建筑材料、商品混凝土、混凝土预制构件、建筑构配件和设备的生产、供应单位； （三）发现勘察设计文件不符合工程建设技术标准的，及时责令施工单位停止执行，告知建设单位由建设单位处理，发现违反法律、法规和工程建设强制性标准问题的，报住房城乡建设主管部门或者交通运输、水行政等主管部门处理； （四）发现建筑材料、商品混凝土、混凝土预制构件、建筑构配件和设备存在质量问题的，及时要求施工单位停止使用； （五）发现施工单位不按照审查合格的施工图设计文件施工或者有其他违法违规行为的，及时予以制止； （六）不得执行建设单位发出的违反法律、法规和工程建设强制性标准的指令； （七）按照技术标准和国家有关规定组织或者参加工程质量验收和工程竣工验收；对涉及结构安全和主要使用功能的重要部位、重要环节的隐蔽工程验收，提前报告有关行政主管部门或者其委托的工程质量监督机构； （八）按月向有关行政主管部门或者其委托的工程质量监督机构提交工程质量监理报告	责令改正，处1万元以上3万元以下罚款	《广东省建设工程质量管理条例》第四十六条
	3	发现勘察设计文件不符合工程建设技术标准的，未及时责令施工单位停止执行，告知建设单位由建设单位处理			
	4	发现建筑材料、商品混凝土、混凝土预制构件、建筑构配件和设备存在质量问题的，未及时要求施工单位停止使用			
	5	发现施工单位不按照审查合格的施工图设计文件施工或者有其他违法违规行为，未及时予以制止			
	6	执行建设单位发出的违反法律、法规和工程建设强制性标准的指令			
	7	未按规定组织或者参加分部（子分部）工程质量验收			
	8	重要环节的隐蔽工程验收，未提前报告工程质量监督机构			
	9	未按月向工程质量监督机构提交工程质量监理报告			
	10	对违反规定使用建筑材料、建筑构配件和设备的行为未采取措施予以制止或者报告	《深圳市建设工程质量管理条例》第三十九条　监理单位应审查施工单位报送的用于工程的材料、构配件、设备的质量证明文件，并应当按有关规定、建设工程监理合同约定，对用于工程的材料进行旁站、巡视、见证取样、平等检验等形式进行监理。对技术标准规定进行抽样复试的，应当进行抽样复试。对进场检验和抽样复试的，应当经监理工程师检查签字认可。对建设、施工单位违反规定使用建筑材料、建筑构配件和设备的，应当采取措施予以制止；不能有效制止的，应当及时报告质监机构和有关部门。 第四十条　施工单位不按经审查批准的施工图设计文件施工或者有其他违法、违章行为的，监理单位应当采取措施予以制止；不能有效制止的，应当及时通知建设单位，并报告质监机构和有关部门。 建设单位发出违反有关法律、法规或者强制性技术标准指令的，监理单位应当拒绝执行；建设单位直接向施工企业发出上述指令的，监理单位应当及时报告质监机构和有关部门	责令改正，处2万元以上3万元以下罚款	《深圳市建设工程质量管理条例》第七十条
	11	对施工单位不按经审查批准的施工图设计文件施工或者有其他违法、违章施工行为，未采取措施予以制止或者报告			
	12	对建设单位发出违反有关法律、法规或者强制性技术标准指令，未拒绝执行或者及时报告			

续表

责任主体	序号	违法违规行为	违反条款	处罚标准	处罚依据
监理单位	13	未依据有关建筑节能的法律、法规、标准、技术规范和设计文件对建筑节能建设实施监理	《深圳经济特区建筑节能条例》第二十二条　监理单位履行监理合同时，应当依据有关建筑节能的法律、法规、标准、技术规范和设计文件对建筑节能建设实施监理，并承担相应的监理责任	责令限期改正；逾期未改正的，并处5000元以上5万元以下的罚款	《深圳经济特区建筑节能条例》第四十四条
	14	发现施工单位违反规定使用袋装水泥或者现场搅拌混凝土和砂浆或者使用不合格预拌混凝土和预拌砂浆未制止	《深圳市预拌混凝土和预拌砂浆管理规定》第三十三条　监理单位应当对施工单位使用预拌混凝土和预拌砂浆的情况进行监督。发现违反规定使用袋装水泥或者现场搅拌混凝土和砂浆或者使用不合格预拌混凝土和预拌砂浆的，应当予以制止；无法制止的，应当及时向市、区建设主管部门报告	责令改正，并处2万元罚款	《深圳市预拌混凝土和预拌砂浆管理规定》第四十四条
	15	发现施工单位违反规定使用袋装水泥或者现场搅拌混凝土和砂浆或者使用不合格预拌混凝土和预拌砂浆无法制止时，未及时向市、区建设主管部门报告			
监理单位项目负责人、监理工程师	1	违反《建设工程质量管理条例》相关规定且所在单位受到罚款处罚	《建设工程质量管理条例》相关规定	处单位罚款数额5%以上10%以下的罚款	《建设工程质量管理条例》第七十三条
	2	总监理工程师对存在质量或者施工安全隐患以及违法行为未采取措施制止或者报告	《深圳经济特区建设工程监理条例》第三十七条　监理机构在履行职责时，发现工程建设中存在质量或者施工安全隐患以及违法行为的，应当采取措施制止；不能有效制止的，应当报告主管部门、工程质量监督或者施工安全监督机构处理	责令改正，对总监理工程师处3万元以上5万元以下罚款	《深圳经济特区建设工程监理条例》第四十五条
	3	监理工程师同时在两个或者两个以上监理单位执业	《深圳经济特区建设工程监理条例》第十五条　注册监理工程师不得同时在两个或者两个以上的监理单位执业	责令改正，处5000元以上1万元以下的罚款	《深圳经济特区建设工程监理条例》第四十五条
	4	未按规定签发工程所用材料进场验收合格书、工序交接验收合格书及停工通知、复工通知等相关文件	《深圳经济特区建设工程监理条例》第三十四条第一款　实施监理过程中，工程所用材料进场验收合格书、工序交接验收合格书、工程款支付通知及停工通知、复工通知均应当由总监理工程师或者其代表签发	责令改正，处3万元以上5万元以下的罚款；情节严重的，暂扣其执业证书6个月以上12个月以下	
勘察单位	1	编制的工程勘察文件不真实、准确，不能满足设计、岩土治理和施工的需要	《广东省建设工程质量管理条例》第八条勘察单位应当依法开展建设工程勘察工作，承担下列质量义务：（一）按照国家有关建设工程勘察文件编制深度要求，编制真实、准确的工程勘察文件；（二）参加建设单位或者监理单位组织的勘察设计交底和文件图纸会审，对编制的工程勘察文件以书面形式向建设单位、设计单位、施工单位、监理单位作出详细说明；（三）按照技术标准、国家有关规定及合同约定参加工程质量验收和工程竣工验收；（四）参加相关工程质量问题和质量事故处理，对因勘察造成的质量问题、质量事故提出相应技术处理方案；（五）参加处理工程施工中出现的与勘察有关的其他问题	责令改正，处1万元以上3万元以下的罚款	《广东省建设工程质量管理条例》第四十六条
	2	向建设单位、设计单位提供虚假勘察成果资料			
	3	未参加建设单位或者监理单位组织的勘察设计交底和文件图纸会审，对编制的工程勘察文件以书面形式向建设单位、设计单位、施工单位、监理单位作出详细说明			
	4	未按照技术标准、国家有关规定及合同约定参加工程质量验收和工程竣工验收			
	5	未参加处理工程施工中出现的与勘察有关的其他问题			

责任主体	序号	违法违规行为	违反条款	处罚标准	处罚依据
勘察单位项目负责人	1	违反《建设工程质量管理条例》相关规定且所在单位受到罚款处罚	《建设工程质量管理条例》相关规定	处单位罚款数额5%以上10%以下的罚款	《建设工程质量管理条例》第七十三条
检测单位	1	未在资质证书许可的范围内承揽检测业务	《广东省建设工程质量管理条例》第十三条 工程质量检测单位应当依法对建设工程质量进行检测，承担下列质量义务：（一）在资质证书许可的范围内承揽检测业务；（二）不得以其他单位名义或者允许其他单位、个人以本单位名义承揽检测业务；（五）建立检测事项台账，并将工程主体结构安全和主要使用功能检测的不合格事项及时报告有关行政主管部门或者其委托的工程质量监督机构	责令改正，处1万元以上3万元以下的罚款	《广东省建设工程质量管理条例》第四十六条
	2	未建立检测事项台账，并未将工程主体结构安全和主要使用功能检测的不合格事项及时报告工程质量监督机构			
	3	伪造检测数据和检测结论，出具虚假证明	《深圳市建设工程质量管理条例》第四十四条第三款 检测单位不得伪造检测数据和检测结论	吊销其资质证书，没收违法所得，并处1万元以上2万元以下的罚款；构成犯罪的，依法追究刑事责任	《深圳市建设工程质量管理条例》第七十一条
	4	未按规定在检测报告上签字盖章	《建设工程质量检测管理办法》第十四条 检测机构完成检测业务后，应当及时出具检测报告。检测报告经检测人员签字、检测机构法定代表人或者其授权的签字人签署，并加盖检测机构公章或者检测专用章后方可生效	责令改正，处1万元以上3万元以下的罚款	《建设工程质量检测管理办法》第二十九条
	5	未按照国家有关工程建设强制性标准进行检测	《建设工程质量检测管理办法》第十八条 检测机构应当对其检测数据和检测报告的真实性和准确性负责。检测机构违反法律、法规和工程建设强制性标准，给他人造成损失的，应当依法承担相应的赔偿责任		
检测单位相关责任人	1	检测人员对检测数据和检测结论弄虚作假	《深圳市建设工程质量管理条例》第五十二条 检测人员对检测数据的准确性、真实性负责；审核批准人对检测报告的合法性负责	责令改正，处1万元以上5万元以下罚款	《深圳市建设工程质量管理条例》第七十四条
审图单位	1	未对审查合格的施工图设计文件逐页加盖单位审查专用章	《广东省建设工程质量管理条例》第十二条第五项 对审查合格的施工图设计文件逐页加盖单位审查专用章，出具审查合格书并报住房城乡建设主管部门或者交通运输、水行政等主管部门备案	责令改正，处1万元以上3万元以下的罚款	《广东省建设工程质量管理条例》第四十六条
	2	超出认定的范围从事施工图审查	《房屋建筑和市政基础设施工程施工图设计文件审查管理办法》相关条款	责令改正，处3万元罚款，并记入信用档案；情节严重的，省、自治区、直辖市人民政府住房城乡建设主管部门不再将其列入审查机构名录	《房屋建筑和市政基础设施工程施工图设计文件审查管理办法》第二十四条
	3	使用不符合条件审查人员			
	4	未按规定的审查内容进行审查			

责任主体	序号	违法违规行为	违反条款	处罚标准	处罚依据
审图单位责任人	1	违反《房屋建筑和市政基础设施工程施工图设计文件审查管理办法》规定，且审查机构受到罚款处罚	《房屋建筑和市政基础设施工程施工图设计文件审查管理办法》相关条款	处单位罚款数额5%以上10%以下的罚款	《房屋建筑和市政基础设施工程施工图设计文件审查管理办法》第二十七条
设计单位	1	编制工程设计文件深度不满足施工需要	《广东省建设工程质量管理条例》第九条　设计单位应当依法开展建设工程设计，承担下列质量义务：（一）按照国家有关建设工程设计文件编制深度要求，编制工程设计文件；（二）参加建设单位或者监理单位组织的勘察设计交底和文件图纸会审，对编制的工程设计文件以书面形式向建设单位、施工单位、监理单位作出详细说明；（三）按照技术标准、国家有关规定及合同约定参加工程质量验收和工程竣工验收；（五）对采用新材料、新技术的工程，按照国家有关规定向工程施工现场派驻设计代表	责令改正，处1万元以上3万元以下的罚款	《广东省建设工程质量管理条例》第四十六条
设计单位	2	未按规定参加施工图设计交底			
设计单位	3	不参加重要分部验收和竣工验收工作			
设计单位	4	采用新材料、新技术的工程，未按照国家有关规定向工程施工现场派驻设计代表			
设计单位项目负责人	1	违反《建设工程质量管理条例》相关规定且所在单位受到罚款处罚	《建设工程质量管理条例》相关规定	处单位罚款数额5%以上10%以下的罚款	《建设工程质量管理条例》第七十三条

建设工程质量违法违规行为行政处罚表（其他责任主体处罚5万～30万元）　　　　表 26-4-8

责任主体	序号	违法违规行为	违反条款	处罚标准	处罚依据
建设单位	1	委托没有相应资质的工程质量检测单位进行工程质量检测	《广东省建设工程质量管理条例》第七条第三项　按照有关规定组织制定工程质量检测方案，委托具有相应资质的工程质量检测单位进行工程质量检测，见证或者委托监理单位见证取样送检、现场检测	责令改正，处5万元以上10万元以下罚款	《广东省建设工程质量管理条例》第四十七条
建设单位	2	采用列入禁止目录的技术、工艺、设备、材料和产品	《深圳经济特区建筑节能条例》第十一条第二款　建设、设计、施工单位不得采用列入禁止目录的技术、工艺、设备、材料和产品	责令限期改正，并处20万元以上50万元以下罚款	《深圳经济特区建筑节能条例》第三十九条
建设单位	3	要求设计、施工、监理、检测等单位违反建筑节能强制性标准和技术规范	《深圳经济特区建筑节能条例》第十八条第三款　建设单位不得要求设计、施工、监理、检测等单位违反建筑节能强制性标准和技术规范		
建设单位项目负责人	1	违反《建设工程质量管理条例》相关规定且所在单位受到罚款处罚	《建设工程质量管理条例》相关规定	处单位罚款数额5%以上10%以下的罚款	《建设工程质量管理条例》第七十三条

责任主体	序号	违法违规行为	违反条款	处罚标准	处罚依据
监理单位	1	未按照民用建筑节能强制性标准实施监理	《民用建筑节能条例》第十六条第二款　工程监理单位发现施工单位不按照民用建筑节能强制性标准施工的，应当要求施工单位改正；施工单位拒不改正的，工程监理单位应当及时报告建设单位，并向有关主管部门报告	由县级以上地方人民政府建设主管部门责令限期改正；逾期未改正的，处10万元以上30万元以下的罚款；情节严重的，由颁发资质证书的部门责令停业整顿，降低资质等级或者吊销资质证书；造成损失的，依法承担赔偿责任	《民用建筑节能条例》第四十二条
	2	对墙体、屋面的保温工程施工时，未采取旁站、巡视和平行检验等形式实施监理	《民用建筑节能条例》第十六条第三款　墙体、屋面的保温工程施工时，监理工程师应当按照工程监理规范的要求，采取旁站、巡视和平行检验等形式实施监理		
勘察单位	1	未按照法律、法规、规章及工程建设强制性条文进行勘察	《建设工程质量管理条例》第十九条　勘察、设计单位必须按照工程建设强制性标准进行勘察、设计，并对其勘察、设计的质量负责	责令改正，处10万元以上30万元以下的罚款；造成重大工程质量事故的，责令停业整顿，降低资质等级；情节严重的，吊销资质证书；造成损失的，依法承担赔偿责任	《建设工程质量管理条例》第六十三条
勘察单位项目负责人	1	勘察、设计单位未按照工程建设强制性标准进行勘察、设计，并对其勘察、设计的质量负责		处单位罚款数额5%以上10%以下的罚款	《建设工程质量管理条例》第七十三条
检测单位	1	出具虚假的检测数据和检测报告	《广东省建设工程质量管理条例》第十三条第四项　按照技术标准进行检测，出具真实、准确的检测数据和检测报告	责令改正，处5万元以上10万元以下罚款	《广东省建设工程质量管理条例》第四十七条
审图单位	1	出具虚假审查合格书	《广东省建设工程质量管理条例》第十二条第三项　按照有关法律、法规对施工图设计文件涉及公共利益、公众安全和工程建设强制性标准的内容进行审查，出具真实、准确的审查结论	责令改正，处5万元以上10万元以下罚款	《广东省建设工程质量管理条例》第四十七条
	2	经审查合格的图纸仍有违反法律、法规和工程建设强制性标准	《广东省建设工程勘察设计管理条例》第二十六条　施工图审查机构对其审查质量负责，各专业的审查人员承担相应的审查责任	没收施工图审查单位违法所得，处10万元以上30万元以下罚款，负责施工图审查单位认定的行政主管部门撤销对该审查单位的认定；造成质量安全事故的，依法追究质量安全责任	《广东省建设工程勘察设计管理条例》第三十三条

续表

责任主体	序号	违法违规行为	违反条款	处罚标准	处罚依据
设计单位	1	未按照工程建设强制性标准进行设计	《建设工程质量管理条例》第十九条　勘察、设计单位必须按照工程建设强制性标准进行勘察、设计，并对其勘察、设计的质量负责	责令改正，处10万元以上30万元以下的罚款；造成重大工程质量事故的，责令停业整顿，降低资质等级；情节严重的，吊销资质证书；造成损失的，依法承担赔偿责任	《建设工程质量管理条例》第六十三条
设计单位	2	未根据勘察成果文件进行工程设计	《建设工程质量管理条例》第二十一条　设计单位应当根据勘察成果文件进行建设工程设计		
设计单位	3	指定建筑材料、建筑构配件的生产厂、供应商	《建设工程质量管理条例》第二十二条　设计单位在设计文件中选用的建筑材料、建筑构配件和设备，应当注明规格、型号、性能等技术指标，其质量要求必须符合国家规定的标准。除有特殊要求的建筑材料、专用设备、工艺生产线等外，设计单位不得指定生产厂、供应商		
设计单位	4	未按照节能标准和规范进行设计	《民用建筑节能条例》第十五条　设计单位、施工单位、工程监理单位及其注册执业人员，应当按照民用建筑节能强制性标准进行设计、施工、监理	责令改正，处10万元以上30万元以下的罚款；情节严重的，由颁发资质证书的部门责令停业整顿，降低资质等级或者吊销资质证书；造成损失的，依法承担赔偿责任	《民用建筑节能条例》第三十九条
设计单位	5	使用列入禁止使用目录的技术、工艺、材料和设备	《民用建筑节能条例》第十一条第三款　建设单位、设计单位、施工单位不得在建筑活动中使用列入禁止使用目录的技术、工艺、材料和设备		
设计单位项目负责人	1	违反《建设工程质量管理条例》相关规定且所在单位受到罚款处罚	《建设工程质量管理条例》相关规定	处单位罚款数额5%以上10%以下的罚款	《建设工程质量管理条例》第七十三条

建设工程质量违法违规行为行政处罚表（其他责任主体处罚 20 万元以上）　　表 26-4-9

责任主体	序号	违法违规行为	违反条款	处罚标准	处罚依据
建设单位	1	未经建筑节能专项验收或者验收不合格，将建筑物交付使用	《深圳经济特区建筑节能条例》第二十三条第一款　建筑工程竣工后，建设单位应当在组织竣工验收五日前，向主管部门申请建筑节能专项验收；建筑节能专项验收应当与建设单位组织的竣工验收同步进行	责令限期改正，并处建筑项目合同价款2%以上4%以下罚款	《深圳经济特区建筑节能条例》第四十条
建设单位	2	采购不符合施工图设计文件要求的墙体材料、保温材料、门窗、采暖制冷系统和照明设备	《民用建筑节能条例》第十四条第二款　按照合同约定由建设单位采购墙体材料、保温材料、门窗、采暖制冷系统和照明设备的，建设单位应当保证其符合施工图设计文件要求	责令改正，处20万元以上50万元以下的罚款	《民用建筑节能条例》第三十七条

466

责任主体	序号	违法违规行为	违反条款	处罚标准	处罚依据
建设单位	3	采购、使用不合格的商品混凝土、混凝土预制构件	《广东省建设工程质量管理条例》第七条第一项　采购的建筑材料、商品混凝土、混凝土预制构件、建筑构配件和设备应当符合产品质量标准、设计要求和合同约定，有产品出厂质量合格证明文件，国家实行生产许可证管理、强制性产品认证管理的应当具有相应证书，属进口的应当具有商检部门签发的商检合格证书	责令改正，处20万元以上50万元以下罚款	《广东省建设工程质量管理条例》第四十九条
	4	施工图设计文件未经审查或者审查不合格，擅自施工	《广东省建设工程质量管理条例》第七条第二项　委托具有相应资格的施工图设计文件审查单位或者按照规定报有关行政主管部门组织施工图设计文件审查，经审查合格后再用于施工		
	5	未按规定组织竣工验收	《广东省建设工程质量管理条例》第七条第五项　按照技术标准、国家有关规定组织工程质量验收和工程竣工验收		
	6	涉及公共安全等重大设计变更文件未送原审图机构进行审查	《广东省建设工程勘察设计管理条例》第二十一条　经审查合格的施工图设计文件，任何单位和个人不得擅自修改；确需对涉及公共安全、公共利益和工程建设强制性标准的内容作修改的，建设单位应当将修改后的施工图设计文件送原审查单位重新审查	责令改正，并根据情节轻重处以处20万元以上50万元以下罚款	《广东省建设工程勘察设计管理条例》第三十条
	7	明示或者暗示设计单位或者施工单位违反工程建设强制性标准，降低工程质量	《建设工程质量管理条例》第十条第二款　建设单位不得明示或者暗示设计单位或者施工单位违反工程建设强制性标准，降低建设工程质量	责令改正，处20万元以上50万元以下的罚款	《建设工程质量管理条例》第五十六条
	8	明示或者暗示施工单位使用不合格的建筑材料、建筑构配件和设备	《建设工程质量管理条例》第十四条第二款　建设单位不得明示或者暗示施工单位使用不合格的建筑材料、建筑构配件和设备		
	9	违反建筑节能标准	违反建筑节能相关标准及规定	责令改正，处20万元以上50万元以下的罚款	《中华人民共和国节约能源法》第七十九条
	10	涉及建筑主体或者承重结构变动的装修工程，没有设计方案擅自施工	《建设工程质量管理条例》第十五条　涉及建筑主体和承重结构变动的装修工程，建设单位应当在施工前委托原设计单位或者具有相应资质等级的设计单位提出设计方案；没有设计方案的，不得施工	责令改正，处50万元以上100万元以下的罚款。造成损失的，依法承担赔偿责任	《建设工程质量管理条例》第六十九条
	11	未取得施工许可证擅自施工	《中华人民共和国建筑法》第七条第一款　建筑工程开工前，建设单位应当按照国家有关规定向工程所在地县级以上人民政府建设行政主管部门申请领取施工许可证	责令停止施工，限期改正处工程合同价款1%以上2%以下的罚款	《建设工程质量管理条例》第五十七条

责任主体	序号	违法违规行为	违反条款	处罚标准	处罚依据
建设单位	12	未组织竣工验收，擅自交付使用	《建设工程质量管理条例》相关规定	责令改正，处工程合同价款2%以上4%以下的罚款。造成损失的，依法承担赔偿责任	《建设工程质量管理条例》第五十八条
	13	验收不合格，擅自交付使用			
	14	对不合格的建设工程按照合格工程验收			
	15	对不符合民用建筑节能强制性标准的民用建筑项目出具竣工验收合格报告	《民用建筑节能条例》第十七条　建设单位组织竣工验收，应当对民用建筑是否符合民用建筑节能强制性标准进行查验；对不符合民用建筑节能强制性标准的，不得出具竣工验收合格报告	责令改正，处民用建筑项目合同价款2%以上4%以下的罚款；造成损失的，依法承担赔偿责任	《民用建筑节能条例》第三十八条
建设单位项目负责人	1	违反《建设工程质量管理条例》相关规定且所在单位受到罚款处罚	《建设工程质量管理条例》相关规定	处单位罚款数额5%以上10%以下的罚款	《建设工程质量管理条例》第七十三条
监理单位	1	与建设单位或者施工单位串通，弄虚作假，降低工程质量	《建设工程质量管理条例》第三十五条　工程监理单位应当依照法律、法规以及有关技术标准、设计文件和建设工程承包合同，代表建设单位对施工质量实施监理，并对施工质量承担监理责任	责令改正，处50万元以上100万元以下的罚款，降低资质等级或者吊销资质证书	《建设工程质量管理条例》第六十七条
	2	将不合格的建设工程、建筑材料、建筑构配件和设备按照合格签字			
	3	监理单位因过错导致建设工程质量缺陷或事故，造成人身或者财产损失	《深圳市建设工程质量管理条例》相关条款	依法承担赔偿责任	《深圳市建设工程质量管理条例》第七十五条
监理单位项目负责人、监理工程师	1	违反《建设工程质量管理条例》相关规定	《建设工程质量管理条例》第三十八条　监理工程师应当按照工程监理规范的要求，采取旁站、巡视和平行检验等形式，对建设工程实施监理	造成质量事故的，责令停止执业1年；造成重大质量事故的，吊销执业资格证书，5年以内不予注册；情节特别恶劣的，终身不予注册	《建设工程质量管理条例》第七十二条
	2	违反《建设工程质量管理条例》相关规定且所在单位受到罚款处罚	《建设工程质量管理条例》相关规定	处单位罚款数额5%以上10%以下的罚款	《建设工程质量管理条例》第七十三条

建设工程安全违法违规行为行政处罚表（5000～5万元）　　　　表26-4-10

责任单位	序号	违法违规行为	违反条款	处罚标准	处罚依据
建设单位（综合方面）	1	未按照规定协调组织制定防止多台塔式起重机相互碰撞的安全措施	《建筑起重机械安全监督管理规定》第二十三条　依法发包给两个及两个以上施工单位的工程，不同施工单位在同一施工现场使用多台塔式起重机作业时，建设单位应当协调组织制定防止塔式起重机相互碰撞的安全措施。安装单位、使用单位拒不整改生产安全事故隐患的，建设单位接到监理单位报告后，应当责令安装单位、使用单位立即停工整改	予以警告，并处以5000元以上3万元以下罚款；逾期未改的，责令停止施工	《建筑起重机械安全监督管理规定》第三十三条
	2	接到监理单位报告后未责令施工单位整改			

责任单位	序号	违法违规行为	违反条款	处罚标准	处罚依据
建设单位（综合方面）	3	工程开工前，未对相邻建筑物、构筑物、地下管线、市政公用设施等进行安全防护	《深圳经济特区建设工程施工安全条例》第十四条　建设单位在工程开工前，应当对相邻建筑物、构筑物、地下管线、市政公用设施等进行安全防护	责令其限期整改。逾期未整改或者整改不合格的，可责令该工程项目停工直至整改合格，并处以3万元以上5万元以下的罚款；造成相邻建筑物和设施损毁的，应当赔偿损失	《深圳经济特区建设工程施工安全条例》第四十七条
建设单位（燃气管道保护）	1	在燃气管道安全保护范围内依法从事顶进等可能危害燃气管道安全的活动，或者在燃气管道安全控制范围内施工的，未会同施工单位与管道燃气企业签订安全保护协议	《深圳市燃气管道安全保护办法》第二十六条　在燃气管道安全保护范围内依法从事顶进等可能危害燃气管道安全的活动，或者在燃气管道安全控制范围内施工的（以下简称"在燃气管道安全保护或者控制范围内从事活动"），建设单位应当会同施工单位与管道燃气企业签订安全保护协议，制定燃气管道安全保护方案并采取安全防护措施	由主管部门责令停止作业，各处3万元罚款；造成燃气管道损毁的，各处10万元罚款；造成损失的，依法承担赔偿责任；涉嫌犯罪的，移送司法机关依法处理	《深圳市燃气管道安全保护办法》第四十六条
施工单位（许可方面）	1	未取得施工许可证擅自进场施工	《深圳市建设工程质量管理条例》第二十七条　应当申请领取施工许可证的建筑工程未取得施工许可证的，不得开工	责令改正，处1万元以上3万元以下的罚款	《深圳市建设工程质量管理条例》第六十九条
施工单位（燃气管道保护）	1	在燃气管道安全保护范围内依法从事顶进等可能危害燃气管道安全的活动，或者在燃气管道安全控制范围内施工的，未与管道燃气企业签订安全保护协议	《深圳市燃气管道安全保护办法》第二十六条　在燃气管道安全保护范围内依法从事顶进等可能危害燃气管道安全的活动，或者在燃气管道安全控制范围内施工的（以下简称"在燃气管道安全保护或者控制范围内从事活动"），建设单位应当会同施工单位与管道燃气企业签订安全保护协议，制定燃气管道安全保护方案并采取安全防护措施	由主管部门责令停止作业，各处3万元罚款；造成燃气管道损毁的，各处10万元罚款；造成损失的，依法承担赔偿责任；涉嫌犯罪的，移送司法机关依法处理	《深圳市燃气管道安全保护办法》第四十六条
	2	在燃气管道安全保护或者控制范围内从事活动，未在开工3日前书面通知管道燃气企业	《深圳市燃气管道安全保护办法》第三十七条　在燃气管道安全保护或者控制范围内从事活动的，施工单位应当在开工3日前将开工时间、施工范围书面通知管道燃气企业。	由主管部门处3万元罚款；造成损失的，依法承担赔偿责任；涉嫌犯罪的，移送司法机关依法处理	《深圳市燃气管道安全保护办法》第四十七条
	3	在燃气管道安全保护或者控制范围内从事活动，未首先进行人工开挖	第三十八条　在燃气管道安全保护或者控制范围内从事活动的，施工单位应当首先进行人工开挖，探查燃气管道的具体位置和情况。		
	4	在施工过程中发现燃气管道现状与查询结果不一致，未立即通知管道燃气企业并采取保护措施	施工单位在施工过程中发现燃气管道现状与查询结果不一致的，应当立即通知管道燃气企业并采取保护措施。管道燃气企业接到通知后应当及时组织修补测试		

468

责任单位	序号	违法违规行为	违反条款	处罚标准	处罚依据
施工单位（出租单位、自购建筑起重机械的使用单位，起重机械）	5	未按照规定办理备案	《建筑起重机械安全监督管理规定》第八条 建筑起重机械有本规定第七条第（一）、（二）、（三）项情形之一的，出租单位或者自购建筑起重机械的使用单位应当予以报废，并向原备案机关办理注销手续。	由县级以上地方人民政府建设主管部门责令限期改正，予以警告，并处5000元以上1万元以下罚款	《建筑起重机械安全监督管理规定》第二十八条
	6	未按照规定办理注销手续			
	7	未按照规定建立建筑起重机械安全技术档案	《建筑起重机械安全监督管理规定》第九条 出租单位、自购建筑起重机械的使用单位，应当建立建筑起重机械安全技术档案		
	8	未按照安全技术标准及安装使用说明书等检查建筑起重机械及现场施工条件	《建筑起重机械安全监督管理规定》第十二条 安装单位应当履行下列安全职责：（二）按照安全技术标准及安装使用说明书等检查建筑起重机械及现场施工条件；（四）制定建筑起重机械安装、拆卸工程生产安全事故应急救援预案；（五）将建筑起重机械安装、拆卸工程专项施工方案，安装、拆卸人员名单，安装、拆卸时间等材料施工总承包单位和监理单位审核后，告知工程所在地县级以上地方人民政府建设主管部门；《建筑起重机械安全监督管理规定》第十三条第一款 安装单位应当按照建筑起重机械安装、拆卸工程专项施工方案及安全操作规程组织安装、拆卸作业。《建筑起重机械安全监督管理规定》第十五条 安装单位应当建立建筑起重机械安装、拆卸工程档案	由县级以上地方人民政府建设主管部门责令限期改正，予以警告，并处5000元以上3万元以下罚款	《建筑起重机械安全监督管理规定》第二十九条
	9	未制定建筑起重机械安装、拆卸工程生产安全事故应急救援预案			
	10	未将建筑起重机械安装、拆卸工程专项施工方案，安装、拆卸人员名单，安装、拆卸时间等材料报施工总承包单位和监理单位审核后，告知工程所在地县级以上地方人民政府建设主管部门			
	11	未按照规定建立建筑起重机械安装、拆卸工程档案			
	12	未按照建筑起重机械安装、拆卸工程专项施工方案及安全操作规程组织安装、拆卸作业			
	13	未根据不同施工阶段、周围环境以及季节、气候的变化，对建筑起重机械采取相应的安全防护措施	《建筑起重机械安全监督管理规定》第十八条 使用单位应当履行下列安全职责：（一）根据不同施工阶段、周围环境以及季节、气候的变化，对建筑起重机械采取相应的安全防护措施；（二）制定建筑起重机械生产安全事故应急救援预案；（四）设置相应的设备管理机构或者配备专职的设备管理人员；（六）建筑起重机械出现故障或者发生异常情况的，立即停止使用，消除故障和事故隐患后，方可重新投入使用	由县级以上地方人民政府建设主管部门责令限期改正，予以警告，并处以5000元以上3万元以下罚款	《建筑起重机械安全监督管理规定》第三十条
	14	未制定建筑起重机械生产安全事故应急救援预案			
	15	未设置相应的设备管理机构或者配备专职的设备管理人员			
	16	建筑起重机械出现故障或者发生异常情况的，未立即停止使用			
	17	未指定专职设备管理人员进行现场监督检查	《建筑起重机械安全监督管理规定》第十三条第二款 安装单位的专业技术人员、专职安全生产管理人员应当进行现场监督，技术负责人应当定期巡查	由县级以上地方人民政府建设主管部门责令限期改正，予以警告，并处以5000元以上3万元以下罚款	《建筑起重机械安全监督管理规定》第三十条
	18	擅自在建筑起重机械上安装非原制造厂制造的标准节和附着装置	《建筑起重机械安全监督管理规定》第二十条第三款 禁止擅自在建筑起重机械上安装非原制造厂制造的标准节和附着装置		

469

责任单位	序号	违法违规行为	违反条款	处罚标准	处罚依据
施工单位（出租单位、自购建筑起重机械的使用单位，起重机械）	19	未向安装单位提供拟安装设备位置的基础施工资料，确保建筑起重机械进场安装、拆卸所需的施工条件	《建筑起重机械安全监督管理规定》第二十一条 施工总承包单位应当履行下列安全职责：（一）向安装单位提供拟安装设备位置的基础施工资料，确保建筑起重机械进场安装、拆卸所需的施工条件；（三）审核安装单位、使用单位的资质证书、安全生产许可证和特种作业人员的特种作业操作资格证书；（四）审核安装单位制定的建筑起重机械安装、拆卸工程专项施工方案和生产安全事故应急救援预案；（五）审核使用单位制定的建筑起重机械生产安全事故应急救援预案；（七）施工现场有多台塔式起重机作业时，应当组织制定并实施防止塔式起重机相互碰撞的安全措施	由县级以上地方人民政府建设主管部门责令限期改正，予以警告，并处以5000元以上3万元以下罚款；逾期未改的，责令停止施工	《建筑起重机械安全监督管理规定》第三十一条
	20	未审核安装单位、使用单位的资质证书、安全生产许可证和特种作业人员的特种作业操作资格证书			
	21	未审核安装单位制定的建筑起重机械安装、拆卸工程专项施工方案和生产安全事故应急救援预案			
	22	未审核使用单位制定的建筑起重机械生产安全事故应急救援预案			
	23	施工现场有多台塔式起重机作业时，未组织制定并实施防止塔式起重机相互碰撞的安全措施			
施工单位（安全文明施工）	1	施工工地未设置硬质密闭围挡，或者未采取覆盖、分段作业、择时施工、洒水抑尘、冲洗地面和车辆等有效防尘降尘措施	《中华人民共和国大气污染防治法》第六十九条第三款：施工单位应当在施工工地设置硬质围挡，并采取覆盖、分段作业、择时施工、洒水抑尘、冲洗地面和车辆等有效防尘降尘措施。建筑土方、工程渣土、建筑垃圾应当及时清运；在场地内堆存的，应当采用密闭式防尘网遮盖。工程渣土、建筑垃圾应当进行资源化处理。《中华人民共和国大气污染防治法》第六十九条第五款：暂时不能开工的建设用地，建设单位应当对裸露地面进行覆盖；超过三个月的，应当进行绿化、铺装或者遮盖	由县级以上人民政府住房城乡建设等主管部门按照职责责令改正，处1万元以上10万元以下的罚款；拒不改正的，责令停工整治	《中华人民共和国大气污染防治法》第一百一十五条
	2	建筑土方、工程渣土、建筑垃圾未及时清运，或者未采用密闭式防尘网遮盖			
	3	建设单位未对暂时不能开工的建设用地的裸露地面进行覆盖，或者未对超过三个月不能开工的建设用地的裸露地面进行绿化、铺装或者遮盖			
施工单位（专职安全管理人员履职）	1	未现场监督危险性较大的分部分项工程安全专项施工方案实施	《建筑施工企业主要负责人、项目负责人和专职安全生产管理人员安全生产管理规定》第二十条 项目专职安全生产管理人员应当每天在施工现场开展安全检查，现场监督危险性较大的分部分项工程安全专项施工方案实施。对检查中发现的安全事故隐患，应当立即处理；不能处理的，应当及时报告项目负责人和企业安全生产管理机构项目负责人应当及时处理。检查及处理情况应当记入项目安全管理档案	由县级以上地方人民政府住房城乡建设主管部门责令限期改正，并处1000元以上5000元以下的罚款；造成生产安全事故或者其他严重后果的，按照《生产安全事故报告和调查处理条例》的有关规定，依法暂扣或者吊销安全生产考核合格证书；构成犯罪的，依法追究刑事责任	《建筑施工企业主要负责人、项目负责人和专职安全生产管理人员安全生产管理规定》第三十三条
	2	对检查中发现的安全事故隐患，未立即处理			
	3	对检查中发现的安全隐患，不能处理的，未及时报告项目负责人和企业安全生产管理机构			

续表

责任单位	序号	违法违规行为	违反条款	处罚标准	处罚依据
施工单位（企业主要负责人、项目负责人和专职安全生产管理人员证书管理）	1	"安管人员"涂改、倒卖、出租、出借或者以其他形式非法转让安全生产考核合格证书	《建筑施工企业主要负责人、项目负责人和专职安全生产管理规定》第十三条　"安管人员"不得涂改、倒卖、出租、出借或者以其他形式非法转让安全生产考核合格证书	由县级以上地方人民政府住房城乡建设主管部门给予警告，并处 1000 元以上 5000 元以下的罚款	《建筑施工企业主要负责人、项目负责人和专职安全生产管理人员安全生产管理规定》第二十八条
	2	"安管人员"未按规定办理证书变更	《建筑施工企业主要负责人、项目负责人和专职安全生产管理规定》第十一条　"安管人员"变更受聘企业的，应当与原聘用企业解除劳动关系，并通过新聘用企业到考核机关申请办理证书变更手续。考核机关应当在受理变更申请之日起 5 个工作日内办理完毕	由县级以上地方人民政府住房城乡建设主管部门责令限期改正，并处 1000 元以上 5000 元以下的罚款	《建筑施工企业主要负责人、项目负责人和专职安全生产管理人员安全生产管理规定》第三十一条
监理单位（建筑起重机械）	1	未审核建筑起重机械特种设备制造许可证、产品合格证、制造监督检验证明、备案证明等文件	《建筑起重机械安全监督管理规定》第二十二条　监理单位应当履行下列安全职责：（一）审核建筑起重机械特种设备制造许可证、产品合格证、制造监督检验证明、备案证明等文件；（二）审核建筑起重机械安装单位、使用单位的资质证书、安全生产许可证和特种作业人员的特种作业操作资格证书；（四）监督安装单位执行建筑起重机械安装、拆卸工程专项施工方案情况；（五）监督检查建筑起重机械的使用情况	由县级以上地方人民政府建设主管部门责令限期改正，予以警告，并处 5000 元以上 3 万元以下罚款	《建筑起重机械安全监督管理规定》第三十二条
	2	未审核建筑起重机械安装单位、使用单位资质证书、安全生产许可证和特种作业人员的特种作业操作资格证书			
	3	未监督安装单位执行建筑起重机械安装、拆卸工程专项施工方案情况			
	4	未监督检查建筑起重机械的使用情况			

建设工程安全违法违规行为行政处罚表（5 万元以上）　　　　表 26-4-11

责任单位	序号	违法违规行为	违反条款	处罚标准	处罚依据
建设单位（综合方面）	1	要求施工单位压缩合同约定的工期	《建设工程安全生产管理条例》第七条　建设单位不得对勘察、设计、施工、工程监理等单位提出不符合建设工程安全生产法律、法规和强制性标准规定的要求，不得压缩合同约定的工期	责令限期改正，处 20 万元以上 50 万元以下的罚款	《建设工程安全生产管理条例》第五十五条
	2	对勘察、设计、施工、工程监理等单位提出不符合安全生产法律、法规和强制性标准规定的要求			
	3	未取得施工许可证或者开工报告未经批准擅自施工	《中华人民共和国建筑法》第七条　建筑工程开工前，建设单位应当按照国家有关规定向工程所在地县级以上人民政府建设行政主管部门申请领取施工许可证；但是，国务院建设行政主管部门确定的限额以下的小型工程除外	责令停止施工，限期改正，处工程合同价款 1% 以上 2% 以下的罚款	《建设工程质量管理条例》第五十七条

责任单位	序号	违法违规行为	违反条款	处罚标准	处罚依据
建设单位（燃气管道保护）	1	在燃气管道安全保护范围内依法从事顶进等可能危害燃气管道安全的活动，或者在燃气管道安全控制范围内施工，造成燃气管道损毁	《深圳市燃气管道安全保护办法》第二十六条　在燃气管道安全保护范围内依法从事顶进等可能危害燃气管道安全的活动，或者在燃气管道安全控制范围内施工的（以下简称"在燃气管道安全保护或者控制范围内从事活动"），建设单位应当会同施工单位与管道燃气企业签订安全保护协议，制定燃气管道安全保护方案并采取安全防护措施	处 10 万元罚款	《深圳市燃气管道安全保护办法》第四十六条
勘察设计（综合方面）	1	未按照法律、法规和工程建设强制性标准进行勘察、设计	《建设工程安全生产管理条例》第十二条　勘察单位应当按照法律、法规和工程建设强制性标准进行勘察，提供的勘察文件应当真实、准确，满足建设工程安全生产的需要。勘察单位在勘察作业时，应当严格执行操作规程，采取措施保证各类管线、设施和周边建筑物、构筑物的安全。《建设工程安全生产管理条例》第十三条　设计单位应当按照法律、法规和工程建设强制性标准进行设计，防止因设计不合理导致生产安全事故的发生。设计单位应当考虑施工安全操作和防护的需要，对涉及施工安全的重点部位和环节在设计文件中注明，并对防范生产安全事故提出指导意见。采用新结构、新材料、新工艺的建设工程和特殊结构的建设工程，设计单位应当在设计中提出保障施工作业人员安全和预防生产安全事故的措施建议。设计单位和注册建筑师等注册执业人员应当对其设计负责	责令限期改正，处 10 万元以上 30 万元以下的罚款；情节严重的，责令停业整顿，降低资质等级，直至吊销资质证书；造成重大安全事故，构成犯罪的，对直接责任人员，依照刑法有关规定追究刑事责任；造成损失的，依法承担赔偿责任	《建设工程安全生产管理条例》第五十六条
	2	采用新结构、新材料、新工艺的建设工程和特殊结构的建设工程，设计单位未在设计中提出保障施工作业人员安全和预防生产安全事故的措施建议			
施工单位（许可方面）	1	安全生产许可证有效期满未办理延期手续，继续从事建筑施工活动	《建筑施工企业安全生产许可证管理规定》第八条　安全生产许可证的有效期为 3 年。安全生产许可证有效期满需要延期的，企业应当于期满前 3 个月向原安全生产许可证颁发管理机关申请办理延期手续	责令其在建项目停止施工，限期补办延期手续，没收违法所得，并处 5 万元以上 10 万元以下的罚款	《建筑施工企业安全生产许可证管理规定》第二十五条
	2	未取得安全生产许可证擅自从事建筑施工活动	《建筑施工企业安全生产许可证管理规定》第二条　国家对建筑施工企业实行安全生产许可制度。建筑施工企业未取得安全生产许可证的，不得从事建筑施工活动。本规定所称建筑施工企业，是指从事土木工程、建筑工程、线路管道和设备安装工程及装修工程的新建、扩建、改建和拆除等有关活动的企业	责令其在建项目停止施工，没收违法所得，并处 10 万元以上 50 万元以下的罚款；造成重大安全事故或者其他严重后果，构成犯罪的，依法追究刑事责任	《建筑施工企业安全生产许可证管理规定》第二十四条

责任单位	序号	违法违规行为	违反条款	处罚标准	处罚依据
施工单位（燃气管道保护）	1	在燃气管道安全保护范围内依法从事顶进等可能危害燃气管道安全的活动，或者在燃气管道安全控制范围内施工，造成燃气管道损毁	《深圳市燃气管道安全保护办法》第二十六条　在燃气管道安全保护范围内依法从事顶进等可能危害燃气管道安全的活动，或者在燃气管道安全控制范围内施工的（以下简称在燃气管道安全保护或者控制范围内从事活动），建设单位应当会同施工单位与管道燃气企业签订安全保护协议，制定燃气管道安全保护方案并采取安全防护措施	处 10 万元罚款	《深圳市燃气管道安全保护办法》第四十六条
施工单位（出租单位、自购建筑起重机械的使用单位，起重机械）	1	为建设工程提供机械设备和配件的单位，未按照安全施工的要求配备齐全有效的保险、限位等安全设施和装置	《建设工程安全生产管理条例》第十五条　为建设工程提供机械设备和配件的单位，应当按照安全施工的要求配备齐全有效的保险、限位等安全设施和装置	责令限期改正，处合同价款 1 倍以上 3 倍以下的罚款；造成损失的，依法承担赔偿责任	《建设工程安全生产管理条例》第五十九条
	2	出租单位出租未经安全性能检测或者经检测不合格的机械设备和施工机具及配件	《建设工程安全生产管理条例》第十六条　出租的机械设备和施工机具及配件，应当具有生产（制造）许可证、产品合格证。出租单位应当对出租的机械设备和施工机具及配件的安全性能进行检测，在签订租赁协议时，应当出具检测合格证明。禁止出租检测不合格的机械设备和施工机具及配件	责令停业整顿，处 5 万元以上 10 万元以下的罚款；造成损失的，依法承担赔偿责任	《建设工程安全生产管理条例》第六十条
施工单位（整体提升脚手架、起重机械、施工机具、模板等）	1	未编制拆装方案、制定安全施工措施	《建设工程安全生产管理条例》第十七条　在施工现场安装、拆卸施工起重机械和整体提升脚手架、模板等自升式架设设施，必须由具有相应资质的单位承担。安装、拆卸施工起重机械和整体提升脚手架、模板等自升式架设设施，应当编制拆装方案、制定安全施工措施，并由专业技术人员现场监督。施工起重机械和整体提升脚手架、模板等自升式架设设施安装完毕后，安装单位应当自检，出具自检合格证明，并向施工单位进行安全使用说明，办理验收手续并签字	责令限期改正，处 5 万元以上 10 万元以下的罚款；情节严重的，责令停业整顿，降低资质等级，直至吊销资质证书；造成损失的，依法承担赔偿责任	《建设工程安全生产管理条例》第六十一条
	2	未由专业技术人员现场监督			
	3	未出具自检合格证明或者出具虚假证明			
	4	未向施工单位进行安全使用说明，办理移交手续			
	5	安全防护用具、机械设备、施工机具及配件在进入施工现场前未经查验或者查验不合格即投入使用	《建设工程安全生产管理条例》第十八条　施工起重机械和整体提升脚手架、模板等自升式架设设施的使用达到国家规定的检验检测期限的，必须经具有专业资质的检验检测机构检测。经检测不合格的，不得继续使用。第三十四条　施工单位采购、租赁的安全防护用具、机械设备、施工机具及配件，应当具有生产（制造）许可证、产品合格证，并在进入施工现场前进行查验	责令限期改正；逾期未改正的，责令停业整顿，并处 10 万元以上 30 万元以下的罚款；情节严重的，降低资质等级，直至吊销资质证书；造成重大安全事故，构成犯罪的，对直接责任人员，依照刑法有关规定追究刑事责任；造成损失的，依法承担赔偿责任	《建设工程安全生产管理条例》第六十五条

474

责任单位	序号	违法违规行为	违反条款	处罚标准	处罚依据
施工单位（整体提升脚手架、起重机械、施工机具、模板等）	6	使用未经验收或者验收不合格的施工起重机械和整体提升脚手架、模板等自升式架设设施	第三十五条　施工单位在使用施工起重机械和整体提升脚手架、模板等自升式架设设施前，应当组织有关单位进行验收，也可以委托具有相应资质的检验检测机构进行验收；使用承租的机械设备和施工机具及配件的，由施工总承包单位、分包单位、出租单位和安装单位共同进行验收。验收合格的方可使用	责令限期改正；逾期未改正的，责令停业整顿，并处10万元以上30万元以下的罚款；情节严重的，降低资质等级，直至吊销资质证书；造成重大安全事故，构成犯罪的，对直接责任人员，依照刑法有关规定追究刑事责任；造成损失的，依法承担赔偿责任	《建设工程安全生产管理条例》第六十五条
	7	委托不具有相应资质的单位承担施工现场安装、拆卸施工起重机械和整体提升脚手架、模板等自升式架设设施			
施工单位（安全管理）	1	未设立安全生产管理机构、配备专职安全生产管理人员或者分部分项工程施工时无专职安全生产管理人员现场监督	《建设工程安全生产管理条例》第二十三条　施工单位应当设立安全生产管理机构，配备专职安全生产管理人员。《建设工程安全生产管理条例》第三十六条　施工单位的主要负责人、项目负责人、专职安全生产管理人员应当经建设行政主管部门或者其他有关部门考核合格后方可任职。施工单位应当对管理人员和作业人员每年至少进行一次安全生产教育培训，其教育培训情况记入个人工作档案。安全生产教育培训考核不合格的人员，不得上岗	逾期未改正的，停业整顿，处5万元以上10万元以下	《建设工程安全生产管理条例》第六十二条
	2	施工单位的主要负责人、项目负责人、专职安全生产管理人员、作业人员或者特种作业人员，未经安全教育培训或者经考核不合格即从事相关工作			
	3	未在施工现场的危险部位设置明显的安全警示标志，或者未按照国家有关规定在施工现场设置消防通道、消防水源、配备消防设施和灭火器材	《建设工程安全生产管理条例》第二十八条　施工单位应当在施工现场入口处、施工起重机械、临时用电设施、脚手架、出入通道口、楼梯口、电梯井口、孔洞口、桥梁口、隧道口、基坑边沿、爆破物及有害危险气体和液体存放处等危险部位，设置明显的安全警示标志。安全警示标志必须符合国家标准。施工单位应当根据不同施工阶段和周围环境及季节、气候的变化，在施工现场采取相应的安全施工措施。施工现场暂时停止施工的，施工单位应当做好现场防护，所需费用由责任方承担，或者按照合同约定执行	逾期未改正的，处5万元以上20万元以下的罚款	《建设工程安全生产管理条例》第六十二条；《中华人民共和国安全生产法》第九十六条
	4	未向作业人员提供安全防护用具和安全防护服装	《建设工程安全生产管理条例》第三十二条　施工单位应当向作业人员提供安全防护用具和安全防护服装，并书面告知危险岗位的操作规程和违章操作的危害		
	5	使用国家明令淘汰、禁止使用的危及施工安全的工艺、设备、材料	《建设工程安全生产管理条例》第四十五条　国家对严重危及施工安全的工艺、设备、材料实行淘汰制度。具体目录由国务院建设行政主管部门会同国务院其他有关部门制定并公布		
	6	挪用列入建设工程概算的安全生产作业环境及安全施工措施所需费用	《建设工程安全生产管理条例》第二十二条　施工单位对列入建设工程概算的安全作业环境及安全施工措施所需费用，应当用于施工安全防护用具及设施的采购和更新、安全施工措施的落实、安全生产条件的改善，不得挪作他用	责令限期改正，处挪用费用20%以上50%以下的罚款；造成损失的，依法承担赔偿责任	《建设工程安全生产管理条例》第六十三条

责任单位	序号	违法违规行为	违反条款	处罚标准	处罚依据
施工单位（安全管理）	7	施工前未对有关安全施工的技术要求作出详细说明	《建设工程安全生产管理条例》第二十七条　建设工程施工前，施工单位负责项目管理的技术人员应当对有关安全施工的技术要求向施工作业班组、作业人员作出详细说明，并由双方签字确认	责令限期整改；逾期未改正的，责令停业整顿，并处5万元以上10万元以下的罚款	《建设工程安全生产管理条例》第六十四条
	8	未对因建设工程施工可能造成损害的毗邻建筑物、构筑物和地下管线等采取专项防护措施	《建设工程安全生产管理条例》第三十条　施工单位对因建设工程施工可能造成损害的毗邻建筑物、构筑物和地下管线等，应当采取专项防护措施		
	9	在施工组织设计中未编制安全技术措施、施工现场临时用电方案或者专项施工方案	《建设工程安全生产管理条例》第二十六条　施工单位应当在施工组织设计中编制安全技术措施和施工现场临时用电方案，对下列达到一定规模的危险性较大的分部分项工程编制专项施工方案，并附具安全验算结果，经施工单位技术负责人、总监理工程师签字后实施，由专职安全生产管理人员进行现场监督：（一）基坑支护与降水工程；（二）土方开挖工程；（三）模板工程；（四）起重吊装工程；（五）脚手架工程；（六）拆除、爆破工程；（七）国务院建设行政主管部门或者其他有关部门规定的其他危险性较大的工程。对前款所列工程中涉及深基坑、地下暗挖工程、高大模板工程的专项施工方案，施工单位还应当组织专家进行论证、审查。本条第一款规定的达到一定规模的危险性较大工程的标准，由国务院建设行政主管部门会同国务院其他有关部门制定	责令限期整改；逾期未改正的，责令停业整顿，并处10万元以上30万元以下的罚款；情节严重的，降低资质等级，直至吊销资质证书	《建设工程安全生产管理条例》第六十五条
施工单位（文明施工管理）	1	在尚未竣工的建筑物内设置员工集体宿舍	《建设工程安全生产管理条例》第二十九条　施工单位应当将施工现场的办公、生活区与作业区分开设置，并保持安全距离；办公、生活区的选址应当符合安全性要求。职工的膳食、饮水、休息场所等应当符合卫生标准。施工单位不得在尚未竣工的建筑物内设置员工集体宿舍。施工现场临时搭建的建筑物应当符合安全使用要求。施工现场使用的装配式活动房屋应当具有产品合格证	责令限期整改；逾期未改正的，责令停业整顿，并处5万元以上10万元以下的罚款	《建设工程安全生产管理条例》第六十四条
	2	施工现场临时搭建的建筑物不符合安全使用要求			
	3	未根据不同施工阶段和周围环境及季节、气候的变化，在施工现场采取相应的安全施工措施，或者在城市市区内的建设工程的施工现场未实行封闭围挡	《建设工程安全生产管理条例》第三十条　施工单位应当遵守有关环境保护法律、法规的规定，在施工现场采取措施，防止或者减少粉尘、废气、废水、固体废物、噪声、振动和施工照明对人和环境的危害和污染。在城市市区内的建设工程，施工单位应当对施工现场实行封闭围挡		

475

责任单位	序号	违法违规行为	违反条款	处罚标准	处罚依据
监理单位（其他方面）	1	发现安全事故隐患未及时要求施工单位整改或者暂时停止施工	《建设工程安全生产管理条例》第十四条 工程监理单位应当审查施工组织设计中的安全技术措施或者专项施工方案是否符合工程建设强制性标准。工程监理单位在实施监理过程中，发现存在安全事故隐患的，应当要求施工单位整改；情况严重的，应当要求施工单位暂时停止施工，并及时报告建设单位。施工单位拒不整改或者不停止施工的，工程监理单位应当及时向有关主管部门报告。工程监理单位和监理工程师应当按照法律、法规和工程建设强制性标准实施监理，并对建设工程安全生产承担监理责任	责令限期改正；逾期未改正的，责令停业整顿，并处10万元以上30万元以下的罚款；情节严重的，降低资质等级直至吊销资质证书	《建设工程安全生产管理条例》第五十七条
	2	施工单位拒不整改或者不停止施工，未及时向有关主管部门报告			
监理单位（危大工程管理）	1	未对危险性较大的分部分项工程专项方案进行审核	《危险性较大的分部分项工程安全管理办法》第十七条 对于按规定需要验收的危险性较大的分部分项工程，施工单位、监理单位应当组织有关人员进行验收。第十八条 监理单位应当将危险性较大的分部分项工程列入监理规划和监理实施细则，应当针对工程特点、周边环境和施工工艺等，制定安全监理工作流程、方法和措施。第十九条 监理单位应当对专项方案实施情况进行现场监理；对不按专项方案实施的，应当责令整改，施工单位拒不整改的，应当及时向建设单位报告	责令限期改正；逾期未改正的，责令停业整顿，并处10万元以上30万元以下的罚款；情节严重的，降低资质等级直至吊销资质证书	《建设工程安全生产管理条例》第五十七条
	2	未对施工组织设计中的安全技术措施或者专项施工方案进行审查			
	3	未将危险性较大的分部分项工程列入监理规划和监理实施细则			
	4	未对危险性较大的分部分项工程专项方案实施情况进行现场监理			
	5	对于危险性较大的分部分项工程，未针对工程特点、周边环境和施工工艺等，制定安全监理工作流程、方法和措施			
	6	未对危险性较大的分部分项工程实施监理			
	7	对按照规定需要验收的危险性较大的分部分项工程，未组织有关人员进行验收			

施工扬尘行政处罚表　　　　　　　　　　　　表 26-4-12

序号	责任主体	违法违规行为	违反条款	处罚标准	处罚依据	处罚部门
1	施工单位	施工工地未设置硬质围挡，或者未采取覆盖、分段作业、择时施工、洒水抑尘、冲洗地面和车辆等有效防尘降尘措施的	《中华人民共和国大气污染防治法（2018年修正）》第六十九条 建设单位应当将防治扬尘污染的费用列入工程造价，并在施工承包合同中明确施工单位扬尘污染防治责任。施工单位应当制定具体的施工扬尘污染防治实施方案。从事房屋建筑、市政基础设施建设、河道整治以及建筑物拆除等施工单位，应当向负责监督管理扬尘污染防治的主管部门备案。	责令改正，处1万元以上10万元以下的罚款；拒不改正的，责令停工整治	《中华人民共和国大气污染防治法》第一百一十五条	住房和建设局
2		建筑土方、工程渣土、建筑垃圾未及时清运，或者未采用密闭式防尘网遮盖的				

续表

序号	责任主体	违法违规行为	违反条款	处罚标准	处罚依据	处罚部门
3	建设单位	建设单位未对暂时不能开工的建设用地的裸露地面进行覆盖，或者未对超过三个月不能开工的建设用地的裸露地面进行绿化、铺装或者遮盖	施工单位应当在施工工地设置硬质围挡，并采取覆盖、分段作业、择时施工、洒水抑尘、冲洗地面和车辆等有效防尘降尘措施。建筑土方、工程渣土、建筑垃圾应当及时清运；在场地内堆存的，应当采用密闭式防尘网遮盖。工程渣土、建筑垃圾应当进行资源化处理。施工单位应当在施工工地公示扬尘污染防治措施、负责人、扬尘监督管理主管部门等信息。暂时不能开工的建设用地，建设单位应当对裸露地面进行覆盖；超过三个月的，应当进行绿化、铺装或者遮盖	责令改正，处 1 万元以上 10 万元以下的罚款；拒不改正的，责令停工整治	《中华人民共和国大气污染防治法》第一百一十五条	住房和建设局
4	施工单位	施工单位未按要求采取扬尘污染防治措施	《深圳市扬尘污染防治管理办法》第十一条　道路与管线工程施工，除符合本办法第十条的规定外，还应当符合下列扬尘污染防治要求：（一）施工机械在挖土、装土、堆土、路面切割、破碎等作业时，应当采取洒水、喷雾等措施防止扬尘污染；（二）对已回填后的沟槽，应当采取洒水、覆盖等措施防止扬尘污染；（三）使用风钻挖掘地面或者清扫施工现场时，应当向地面洒水	责令限期改正，可处 1 万元以上 10 万元以下的罚款；拒不改正的，相关管理部门可依法责令其停工整顿	《深圳市扬尘污染防治管理办法》第二十三条	建设、交通、水务等相关部门
5	拆除工程施工单位	施工单位未按要求采取扬尘污染防治措施	《深圳市扬尘污染防治管理办法》第十二条　拆除房屋或者其他建筑物、构筑物时，除符合本办法第十条规定外，施工单位还应当对被拆除物进行洒水或者喷淋；但采取洒水或者喷淋措施可能导致危及施工安全的除外	由国土房产部门责令限期改正，可处 1 万元罚款，造成较严重后果的，处 2 万元罚款；拒不改正的，可依法责令其停工整顿	《深圳市扬尘污染防治管理办法》第二十四条	国土房产部门
6	施工单位	企业事业单位和其他生产经营者未按照挥发性有机物排放标准、技术规范的规定，制定操作规程，组织生产管理	《广东省大气污染防治条例》第二十五条第二款　企业事业单位和其他生产经营者应当按照挥发性有机物排放标准、技术规范的规定，制定操作规程组织生产管理的	责令改正，处 2 万元以上 20 万元以下的罚款；拒不改正的，责令停产停业	《广东省大气污染防治条例》第七十五条	环保部门
7	施工单位	施工单位未按要求制定扬尘污染防治实施方案或者扬尘污染防治实施方案未落实	《深圳市扬尘污染防治管理办法》第七条　建设单位应当将防治扬尘污染的费用列入工程概预算，并在与施工单位签订的施工承发包合同中明确施工单位对可能产生扬尘污染建设项目的扬尘污染防治责任。施工单位应当制定具体的施工扬尘污染防治实施方案	责令限期改正；拒不改正的，处 1 万元罚款	《深圳市扬尘污染防治管理办法》第二十条	环保部门

478

序号	责任主体	违法违规行为	违反条款	处罚标准	处罚依据	处罚部门
8	绿化养护施工单位	绿化和养护作业单位未按要求采取扬尘污染防治措施	《深圳市扬尘污染防治管理办法》第十七条 进行绿化和养护作业应当符合下列防尘要求:(一)气象部门发布建筑施工扬尘污染天气预警期间,应当停止平整土地、换土、原土过筛等作业;(二)栽植行道树,所挖树穴在48小时内不能栽植的,对树穴和栽种土应当采取覆盖等扬尘污染防治措施。行道树栽植后,应当当天完成余土及其他物料清运,不能完成清运的,应当进行遮盖;(三)3000平方米以上的成片绿化建设作业,在绿化用地周围设置不低于1.8米的硬质密闭围挡,在施工工地内设置车辆清洗设施以及配套的排水、泥浆沉淀设施,运输车辆应当在除泥、冲洗干净后方可驶出施工工地	责令改正,可处5000元罚款;拒不改正的,处2万元罚款	《深圳市扬尘污染防治管理办法》第二十七条	城管部门
9	建设单位	建设单位未按要求委托相关专业机构开展扬尘污染防治监督工作的,或者受委托的专业机构未履行监督义务	《深圳市扬尘污染防治管理办法》第八条 应当编制环境影响报告书的建设项目,在施工过程中可能产生扬尘污染的,建设单位应当委托相关专业机构依据建设单位制定的扬尘污染防治方案对施工单位实施监督	责令限期改正,可处1万元罚款;拒不改正的,处5万元罚款	《深圳市扬尘污染防治管理办法》第二十一条	环保部门
10	建设单位	建设单位未编制环境影响评价文件或者环境影响评价文件未经审批,擅自开工建设或者投入生产、经营、使用;建设单位环境保护设施未验收或者验收未通过,擅自将主体工程投入生产或者使用	《深圳经济特区环境保护条例》第二十五条 排污许可证是排放各类污染物的综合性许可证。排污许可证应当按照规定载明持证人基本信息、许可事项、环境管理要求等信息。排污者应当按照排污许可证的规定排放污染物,并遵守排污许可证载明的环境管理要求	责令限期改正,处5万元以上10万元以下罚款;未按照排污许可证规定排放污染物的,责令限期改正,处10万元以上100万元以下罚款;情节严重的,并吊销排污许可证;(按日处罚)	《深圳经济特区环境保护条例》第六十九条	环保部门
11	服务单位	受建设单位委托的专业机构未履行扬尘污染防治监督义务	《深圳市扬尘污染防治管理办法》第八条 应当编制环境影响报告书的建设项目,在施工过程中可能产生扬尘污染的,建设单位应当委托相关专业机构依据建设单位制定的扬尘污染防治方案对施工单位实施监督	责令限期改正,可处1万元罚款;拒不改正的,处5万元罚款	《深圳市扬尘污染防治管理办法》第二十一条	环保部门
12	砂石、混凝土企业	码头、堆场、露天仓库未按要求采取扬尘污染防治措施	《深圳市扬尘污染防治管理办法》第十四条 堆放易产生扬尘污染的物料的码头、堆场和露天仓库,应当符合下列扬尘污染防治要求:(一)码头、堆场和露天仓库的地面应当进行硬化处理;(二)采用混凝土围墙或者天棚的储库,库内应配备喷淋或者其他抑尘设施;(三)采用密闭输送设备作业的,应当在装料、卸料处配备吸尘、喷淋等防尘设施,并保持防尘设施的正常使用。堆场露天装卸作业时,应当采取洒水抑尘措施;(四)临时性的废弃物堆场,应当设置围挡、防尘网等;长期存在的废弃物堆场,应当构筑围墙或者在废弃物堆场表面种植植物;(五)划分料区和道路界限,及时清除散落的物料,保持道路整洁,并及时清洗	由环保部门责令限期改正,可处1万元以上10万元以下的罚款;拒不改正的,依法责令停工整治或者停业整治	《深圳市扬尘污染防治管理办法》第二十五条	环保部门

环境保护行政处罚表　　　　　表 26-4-13

责任主体	序号	违法违规行为	违反条款	处罚标准	处罚依据	处罚部门
建设单位	1	对需要配套建设的环境保护设施未建成、未经验收或者验收不合格，建设项目即投入生产或者使用，或者在环境保护设施验收中弄虚作假的处罚	《建设项目环境保护管理条例》第十七条　编制环境影响报告书、环境影响报告表的建设项目竣工后，建设单位应当按照国务院环境保护行政主管部门规定的标准和程序，对配套建设的环境保护设施进行验收，编制验收报告。建设单位在环境保护设施验收过程中，应当如实查验、监测、记载建设项目环境保护设施的建设和调试情况，不得弄虚作假。除按照国家规定需要保密的情形外，建设单位应当依法向社会公开验收报告。第十八条　分期建设、分期投入生产或者使用的建设项目，其相应的环境保护设施应当分期验收。第十九条　编制环境影响报告书、环境影响报告表的建设项目，其配套建设的环境保护设施经验收合格，方可投入生产或者使用；未经验收或者验收不合格的，不得投入生产或者使用。前款规定的建设项目投入生产或者使用后，应当按照国务院环境保护行政主管部门的规定开展环境影响后评价	责令限期改正，处 20 万元以上 100 万元以下的罚款；逾期不改正的，处 100 万元以上 200 万元以下的罚款；对直接负责的主管人员和其他责任人员，处 5 万元以上 20 万元以下的罚款；造成重大环境污染或者生态破坏的，责令停止生产或者使用，或者报经有批准权的人民政府批准，责令关闭	《建设项目环境保护管理条例（2017 年修订）》第二十三条第一款	环境保护行政主管部门
	2	建设单位未依法报批建设项目环境影响报告书、报告表或者未依法重新报批或者报请重新审核环境影响报告书、报告表而擅自开工建设	《中华人民共和国环境影响评价法（2018 年修正）》第二十二条第一款　建设项目的环境影响报告书、报告表，由建设单位按照国务院的规定报有审批权的生态环境主管部门审批。《中华人民共和国环境影响评价法（2018 年修正）》第二十四条　建设项目的环境影响评价文件经批准后，建设项目的性质、规模、地点、采用的生产工艺或者防治污染、防止生态破坏的措施发生重大变动的，建设单位应当重新报批建设项目的环境影响评价文件。建设项目的环境影响评价文件自批准之日起超过五年，方决定该项目开工建设的，其环境影响评价文件应当报原审批部门重新审核；原审批部门应当自收到建设项目环境影响评价文件之日起十日内，将审核意见书面通知建设单位。《中华人民共和国环境影响评价法（2018 年修正）》第二十五条　建设项目的环境影响评价文件未依法经审批部门审查或者审查后未予批准的，建设单位不得开工建设。《中华人民共和国环境保护法（2014 年修订）》第六十一条　建设单位未依法提交建设项目环境影响评价文件或者环境影响评价文件未经批准，擅自开工建设的，由负有环境保护监督管理职责的部门责令停止建设，处以罚款，并可以责令恢复原状	责令停止建设，根据违法情节和危害后果，处建设项目总投资额 1% 以上 5% 以下的罚款，并可以责令恢复原状；对建设单位直接负责的主管人员和其他直接责任人员，依法给予行政处分	《中华人民共和国环境影响评价法（2018 年修正）》第三十一条	生态环境主管部门

479

责任主体	序号	违法违规行为	违反条款	处罚标准	处罚依据	处罚部门
建设单位	3	建设单位编制建设项目初步设计未落实防治环境污染和生态破坏的措施以及环境保护设施投资概算或者未将环境保护设施建设纳入施工合同或者未依法开展环境影响后评价	《建设项目环境保护管理条例（2017年修订）》第十六条　建设项目的初步设计，应当按照环境保护设计规范的要求，编制环境保护篇章，落实防治环境污染和生态破坏的措施以及环境保护设施投资概算。建设单位应当将环境保护设施建设纳入施工合同，保证环境保护设施建设进度和资金，并在项目建设过程中同时组织实施环境影响报告书、环境影响报告表及其审批部门审批决定中提出的环境保护对策措施。《建设项目环境保护管理条例（2017年修订）》第十九条　编制环境影响报告书、环境影响报告表的建设项目，其配套建设的环境保护设施经验收合格，方可投入生产或者使用；未经验收或者验收不合格的，不得投入生产或者使用。前款规定的建设项目投入生产或者使用后，应当按照国务院环境保护行政主管部门的规定开展环境影响后评价	责令限期改正，处5万元以上20万元以下的罚款；逾期不改正的，处20万元以上100万元以下的罚款	《建设项目环境保护管理条例（2017年修订）》第二十二条第一款	环境保护主管部门
	4	建设单位未按照要求对施工现场和施工设备噪声污染防治情况进行监督	《深圳经济特区环境噪声污染防治条例（2020年修正）》第二十四条　建设单位在工程项目发包时，应当依据国家法律法规和有关技术规范，要求施工单位制定施工期间建筑施工噪声防治方案，并对施工现场和施工设备噪声污染防治情况进行监督	责令改正，处3万元罚款；情节严重的，处5万元罚款	《深圳经济特区环境噪声污染防治条例》第七十六条第三款	环保部门
施工单位	1	未按照规定安装、使用大气污染物排放自动监测设备或者未按照规定与环境保护主管部门的监控设备联网，并保证监测设备正常运行	《中华人民共和国大气污染防治法（2018年修正）》第二十四条　企业事业单位和其他生产经营者应当按照国家有关规定和监测规范，对其排放的工业废气和本法第七十八条规定名录中所列有毒有害大气污染物进行监测，并保存原始监测记录。其中，重点排污单位应当安装、使用大气污染物排放自动监测设备，与生态环境主管部门的监控设备联网，保证监测设备正常运行并依法公开排放信息。监测的具体办法和重点排污单位的条件由国务院生态环境主管部门规定	责令改正，处2万元以上20万元以下的罚款；拒不改正的，责令停产整治	《中华人民共和国大气污染防治法（2018年修正）》第一百条	环境保护主管部门
	2	施工单位未按要求建设、安装自动监控设备及其配套设施或者擅自拆除、闲置自动监控设备及其配套设施	《深圳市扬尘污染防治管理办法》第九条第二款　列为重点扬尘污染源的，施工单位应当按照规定的时限建设、安装自动监控设备及其配套设施，配合自动监控系统的联网，并保证自动监控设备及其配套设施的正常运行，不得擅自拆除或者闲置	根据《污染源自动监控管理办法》的有关规定处理	《深圳市扬尘污染防治管理办法》第二十二条	环保部门

续表

责任主体	序号	违法违规行为	违反条款	处罚标准	处罚依据	处罚部门
施工单位	3	施工单位未按照要求安装、使用噪声污染防治设施和监测设备	《深圳经济特区环境噪声污染防治条例（2020 年修正）》第二十五条　施工单位应当根据建筑施工方案和建筑施工噪声污染防治方案的要求，按照建设项目的规模、施工现场条件、施工所用机械、作业时间等情况，安装噪声污染防治设施和监测设备，采取有效的噪声污染防治措施，并保持噪声污染防治设施和监测设备的正常使用	责令改正，处 3 万元罚款；情节严重的，处 5 万元罚款	《深圳经济特区环境噪声污染防治条例》第七十六条第四款	环保部门
	4	噪声敏感建筑物集中区域内使用蒸汽桩机、锤击桩机等噪声严重超标设备	《深圳经济特区环境噪声污染防治条例（2020 年修正）》第二十六条　住房建设部门应当会同有关部门，组织推广使用低噪声建筑施工设备和工艺。施工单位应当使用低噪声的施工机械和其他辅助施工设备。禁止在噪声敏感建筑物集中区域内使用蒸汽桩机、锤击桩机等噪声严重超标的设备	责令改正，处 3 万元罚款；情节严重的，处 5 万元罚款	《深圳经济特区环境噪声污染防治条例》第七十六条第五款	环保部门
	5	施工单位未向周围单位和居民公示相关信息拒不改正	《深圳经济特区环境噪声污染防治条例（2020 年修正）》第三十条　施工单位应当在施工现场的显著位置设置公告栏，向周围单位和居民公布施工单位名称、施工时间、施工范围和内容、噪声污染防治方案、施工现场负责人及其联系方式、投诉渠道等。施工单位应当在施工现场设置环境噪声投诉来访接待场所，接待来访和投诉	责令改正；拒不改正的，处 2 万元罚款	《深圳经济特区环境噪声污染防治条例》第七十六条第七款	环保部门
	6	向周围环境排放建筑施工噪声超过规定排放标准或者技术规范限制	《深圳经济特区环境噪声污染防治条例（2020 年修正）》第二十三条　向周围环境排放建筑施工噪声，应当符合国家建筑施工场界噪声排放标准和地方环境噪声技术规范	处 3 万元罚款	《深圳经济特区环境噪声污染防治条例》第七十七条第二款	环保部门
服务单位	1	从事建设项目环境影响评价工作的单位在环境影响评价工作中弄虚作假	《建设项目环境保护管理条例（2017 年修订）》第二十五条　从事建设项目环境影响评价工作的单位，在环境影响评价工作中弄虚作假，由县级以上环境保护行政主管部门处所收费用 1 倍以上 3 倍以下的罚款	处所收费用 1 倍以上 3 倍以下的罚款	《建设项目环境保护管理条例（2017 年修订）》第二十五条	环保部门

刑事处罚一览表　　　　　　　　　　　　　　　　　　表 26-5

责任主体	序号	违法行为	违反条款	刑罚标准	刑罚依据	刑罚部门
建设单位	1	违反国家规定，降低工程质量标准，造成重大安全事故	第一百三十七条　建设单位、设计单位、施工单位、工程监理单位违反国家规定，降低工程质量标准，造成重大安全事故的，对直接责任人员，处五年以下有期徒刑或者拘役，并处罚金；后果特别严重的，处五年以上十年以下有期徒刑，并处罚金	对直接责任人员，处五年以下有期徒刑或者拘役，并处罚金；后果特别严重的，处五年以上十年以下有期徒刑，并处罚金	《中华人民共和国刑法》第一百三十七条	司法机关

481

责任主体	序号	违法行为	违反条款	刑罚标准	刑罚依据	刑罚部门
建设单位	2	违反消防管理法规，经消防监督机构通知采取改正措施而拒绝执行，造成严重后果	第一百三十九条第一款 违反消防管理法规，经消防监督机构通知采取改正措施而拒绝执行，造成严重后果的，对直接责任人员，处三年以下有期徒刑或者拘役；后果特别严重的，处三年以上七年以下有期徒刑	对直接责任人员，处三年以下有期徒刑或者拘役；后果特别严重的，处三年以上七年以下有期徒刑	《中华人民共和国刑法》第一百三十九条第一款	司法机关
	3	在安全事故发生后，负有报告职责的人员不报或者谎报事故情况，贻误事故抢救	第一百三十九条第二款 在安全事故发生后，负有报告职责的人员不报或者谎报事故情况，贻误事故抢救，情节严重的，处三年以下有期徒刑或者拘役；情节特别严重的，处三年以上七年以下有期徒刑	情节严重的，处三年以下有期徒刑或者拘役；情节特别严重的，处三年以上七年以下有期徒刑	《中华人民共和国刑法》第一百三十九条第二款	司法机关
	4	国有公司、企业、事业单位直接负责的主管人员，在签订、履行合同过程中，因严重不负责任被诈骗	第一百六十七条 国有公司、企业、事业单位直接负责的主管人员，在签订、履行合同过程中，因严重不负责任被诈骗，致使国家利益遭受重大损失的，处三年以下有期徒刑或者拘役；致使国家利益遭受特别重大损失的，处三年以上七年以下有期徒刑	致使国家利益遭受重大损失的处三年以下有期徒刑或者拘役；致使国家利益遭受特别重大损失的，处三年以上七年以下有期徒刑	《中华人民共和国刑法》第一百六十七条	司法机关
	5	国有事业单位的工作人员由于严重不负责任或者滥用职权或者徇私舞弊，造成国有公司、企业破产或者严重损失	第一百六十八条 国有公司、企业的工作人员，由于严重不负责任或者滥用职权，造成国有公司、企业破产或者严重损失，致使国家利益遭受重大损失的，处三年以下有期徒刑或者拘役；致使国家利益遭受特别重大损失的，处三年以上七年以下有期徒刑。国有事业单位的工作人员有前款行为，致使国家利益遭受重大损失的，依照前款的规定处罚。国有公司、企业、事业单位的工作人员，徇私舞弊，犯前两款罪的，依照第一款的规定从重处罚	致使国家利益遭受重大损失的处三年以下有期徒刑或者拘役；致使国家利益遭受特别重大损失的，处三年以上七年以下有期徒刑	《中华人民共和国刑法》第一百六十八条	司法机关
	6	投标人与招标人串通投标，损害国家、集体、公民的合法利益	第二百二十三条第二款 投标人与招标人串通投标，损害国家、集体、公民的合法利益的，依照前款的规定处罚	情节严重的，处三年以下有期徒刑或者拘役，并处或者单处罚金	《中华人民共和国刑法》第二百二十三条第二款	司法机关
	7	有下列情形之一，以非法占有为目的，在签订、履行合同过程中，骗取对方当事人财物：	第二百二十四条第一款 有下列情形之一，以非法占有为目的，在签订、履行合同过程中，骗取对方当事人财物，数额较大的，处三年以下有期徒刑或者拘役，并处或者单处罚金；数额巨大或者有其他严重情节的，处三年以上十年以下有期徒刑，并处罚金；数额特别巨大或者有其他特别严重情节的，处十年以上有期徒刑或者无期徒刑，并处罚金或者没收财产：	数额较大的，处三年以下有期徒刑或者拘役，并处或者单处罚金；数额巨大或者有其他严重情节的，处三年以上十年以下有期徒刑，并处罚金；数额特别巨大或者有其他特别严重情节的，处十年以上有期徒刑或者无期徒刑，并处罚金或者没收财产	《中华人民共和国刑法》第二百二十四条第一款	司法机关

责任主体	序号	违法行为	违反条款	刑罚标准	刑罚依据	刑罚部门
建设单位	7	（一）以虚构的单位或者冒用他人名义签订合同的；（二）以伪造、变造、作废的票据或者其他虚假的产权证明作担保的；（三）没有实际履行能力，以先履行小额合同或者部分履行合同的方法，诱骗对方当事人继续签订和履行合同的；（四）收受对方当事人给付的货物、货款、预付款或者担保财产后逃匿的；（五）以其他方法骗取对方当事人财物的	（一）以虚构的单位或者冒用他人名义签订合同的；（二）以伪造、变造、作废的票据或者其他虚假的产权证明作担保的；（三）没有实际履行能力，以先履行小额合同或者部分履行合同的方法，诱骗对方当事人继续签订和履行合同的；（四）收受对方当事人给付的货物、货款、预付款或者担保财产后逃匿的；（五）以其他方法骗取对方当事人财物的	数额较大的，处三年以下有期徒刑或者拘役，并处或者单处罚金；数额巨大或者有其他严重情节的，处三年以上十年以下有期徒刑，并处罚金；数额特别巨大或者有其他特别严重情节的，处十年以上有期徒刑或者无期徒刑，并处罚金或者没收财产	《中华人民共和国刑法》第二百二十四条第一款	司法机关
	8	以牟利为目的，违反土地管理法规，非法转让、倒卖土地使用权	第二百二十八条　以牟利为目的，违反土地管理法规，非法转让、倒卖土地使用权，情节严重的，处三年以下有期徒刑或者拘役，并处或者单处非法转让、倒卖土地使用权价额百分之五以上百分之二十以下罚金；情节特别严重的，处三年以上七年以下有期徒刑，并处非法转让、倒卖土地使用权价额百分之五以上百分之二十以下罚金	情节严重的，处三年以下有期徒刑或者拘役，并处或者单处非法转让、倒卖土地使用权价额百分之五以上百分之二十以下罚金；情节特别严重的，处三年以上七年以下有期徒刑，并处非法转让、倒卖土地使用权价额百分之五以上百分之二十以下罚金	《中华人民共和国刑法》第二百二十八条	司法机关
	9	非法占用耕地、林地等农用地，改变被占用土地用途，数量较大，造成耕地、林地等农用地大量毁坏	第三百四十二条　违反土地管理法规，非法占用耕地、林地等农用地，改变被占用土地用途，数量较大，造成耕地、林地等农用地大量毁坏的，处五年以下有期徒刑或者拘役，并处或者单处罚金	处五年以下有期徒刑或者拘役，并处或者单处罚金	《中华人民共和国刑法》第三百四十二条	司法机关
	10	非法采伐、毁坏珍贵树木或者国家重点保护的其他植物的，或者非法收购、运输、加工、出售珍贵树木或者国家重点保护的其他植物及其制品	第三百四十四条　违反国家规定，非法采伐、毁坏珍贵树木或者国家重点保护的其他植物的，或者非法收购、运输、加工、出售珍贵树木或者国家重点保护的其他植物及其制品的，处三年以下有期徒刑、拘役或者管制，并处罚金；情节严重的，处三年以上七年以下有期徒刑，并处罚金	处三年以下有期徒刑、拘役或者管制，并处罚金；情节严重的，处三年以上七年以下有期徒刑，并处罚金	《中华人民共和国刑法》第三百四十四条	司法机关

484

责任主体	序号	违法行为	违反条款	刑罚标准	刑罚依据	刑罚部门
建设单位	11	盗伐森林或者其他林木	第三百四十五条第一款　盗伐森林或者其他林木，数量较大的，处三年以下有期徒刑、拘役或者管制，并处或者单处罚金；数量巨大的，处三年以上七年以下有期徒刑，并处罚金；数量特别巨大的，处七年以上有期徒刑，并处罚金	数量较大的，处三年以下有期徒刑、拘役或者管制，并处或者单处罚金；数量巨大的，处三年以上七年以下有期徒刑，并处罚金；数量特别巨大的，处七年以上有期徒刑，并处罚金	《中华人民共和国刑法》第三百四十五条第一款	司法机关
	12	滥伐森林或者其他林木	第三百四十五条第二款　违反森林法的规定，滥伐森林或者其他林木，数量较大的，处三年以下有期徒刑、拘役或者管制，并处或者单处罚金；数量巨大的，处三年以上七年以下有期徒刑，并处罚金	数量较大的，处三年以下有期徒刑、拘役或者管制，并处或者单处罚金；数量巨大的，处三年以上七年以下有期徒刑，并处罚金	《中华人民共和国刑法》第三百四十五条第二款	司法机关
设计单位	1	违反国家规定，降低工程质量标准，造成重大安全事故	第一百三十七条　建设单位、设计单位、施工单位、工程监理单位违反国家规定，降低工程质量标准，造成重大安全事故的，对直接责任人员，处五年以下有期徒刑或者拘役，并处罚金；后果特别严重的，处五年以上十年以下有期徒刑，并处罚金	对直接责任人员，处五年以下有期徒刑或者拘役，并处罚金；后果特别严重的，处五年以上十年以下有期徒刑，并处罚金	《中华人民共和国刑法》第一百三十七条	司法机关
	2	国有事业单位的工作人员由于严重不负责任或者滥用职权或者徇私舞弊，造成国有公司、企业破产或者严重损失	第一百六十八条　国有公司、企业的工作人员，由于严重不负责任或者滥用职权，造成国有公司、企业破产或者严重损失，致使国家利益遭受重大损失的，处三年以下有期徒刑或者拘役；致使国家利益遭受特别重大损失的，处三年以上七年以下有期徒刑。国有事业单位的工作人员有前款行为，致使国家利益遭受重大损失的，依照前款的规定处罚。国有公司、企业、事业单位的工作人员，徇私舞弊，犯前两款罪的，依照第一款的规定从重处罚	致使国家利益遭受重大损失的，处三年以下有期徒刑或者拘役；致使国家利益遭受特别重大损失的，处三年以上七年以下有期徒刑	《中华人民共和国刑法》第一百六十八条	司法机关
	3	投标人相互串通投标报价，损害招标人或者其他投标人利益	第二百二十三条第一款　投标人相互串通投标报价，损害招标人或者其他投标人利益，情节严重的，处三年以下有期徒刑或者拘役，并处或者单处罚金	情节严重的，处三年以下有期徒刑或者拘役，并处或者单处罚金	《中华人民共和国刑法》第二百二十三条第一款	司法机关
	4	投标人与招标人串通投标，损害国家、集体、公民的合法利益	第二百二十三条第二款　投标人与招标人串通投标，损害国家、集体、公民的合法利益的，依照前款的规定处罚	情节严重的，处三年以下有期徒刑或者拘役，并处或者单处罚金	《中华人民共和国刑法》第二百二十三条第二款	司法机关

责任主体	序号	违法行为	违反条款	刑罚标准	刑罚依据	刑罚部门
设计单位	5	有下列情形之一，以非法占有为目的，在签订、履行合同过程中，骗取对方当事人财物：（一）以虚构的单位或者冒用他人名义签订合同的；（二）以伪造、变造、作废的票据或者其他虚假的产权证明作担保的；（三）没有实际履行能力，以先履行小额合同或者部分履行合同的方法，诱骗对方当事人继续签订和履行合同的；（四）收受对方当事人给付的货物、货款、预付款或者担保财产后逃匿的；（五）以其他方法骗取对方当事人财物的	第二百二十四条第一款 有下列情形之一，以非法占有为目的，在签订、履行合同过程中，骗取对方当事人财物，数额较大的，处三年以下有期徒刑或者拘役，并处或者单处罚金；数额巨大或者有其他严重情节的，处三年以上十年以下有期徒刑，并处罚金；数额特别巨大或者有其他特别严重情节的，处十年以上有期徒刑或者无期徒刑，并处罚金或者没收财产：（一）以虚构的单位或者冒用他人名义签订合同的；（二）以伪造、变造、作废的票据或者其他虚假的产权证明作担保的；（三）没有实际履行能力，以先履行小额合同或者部分履行合同的方法，诱骗对方当事人继续签订和履行合同的；（四）收受对方当事人给付的货物、货款、预付款或者担保财产后逃匿的；（五）以其他方法骗取对方当事人财物的	数额较大的，处三年以下有期徒刑或者拘役，并处或者单处罚金；数额巨大或者有其他严重情节的，处三年以上十年以下有期徒刑，并处罚金；数额特别巨大或者有其他特别严重情节的，处十年以上有期徒刑或者无期徒刑，并处罚金或者没收财产	《中华人民共和国刑法》第二百二十四条第一款	司法机关
监理单位	1	违反国家规定，降低工程质量标准，造成重大安全事故	第一百三十七条 建设单位、设计单位、施工单位、工程监理单位违反国家规定，降低工程质量标准，造成重大安全事故的，对直接责任人员，处五年以下有期徒刑或者拘役，并处罚金；后果特别严重的，处五年以上十年以下有期徒刑，并处罚金	对直接责任人员，处五年以下有期徒刑或者拘役，并处罚金；后果特别严重的，处五年以上十年以下有期徒刑，并处罚金	《中华人民共和国刑法》第一百三十七条	司法机关
	2	在安全事故发生后，负有报告职责的人员不报或者谎报事故情况，贻误事故抢救	第一百三十九条第二款 在安全事故发生后，负有报告职责的人员不报或者谎报事故情况，贻误事故抢救，情节严重的，处三年以下有期徒刑或者拘役；情节特别严重的，处三年以上七年以下有期徒刑	情节严重的，处三年以下有期徒刑或者拘役；情节特别严重的，处三年以上七年以下有期徒刑	《中华人民共和国刑法》第一百三十九条第二款	司法机关
	3	国有事业单位的工作人员由于严重不负责任或者滥用职权或者徇私舞弊，造成国有公司、企业破产或者严重损失	第一百六十八条 国有公司、企业的工作人员，由于严重不负责任或者滥用职权，造成国有公司、企业破产或者严重损失，致使国家利益遭受重大损失的，处三年以下有期徒刑或者拘役；致使国家利益遭受特别重大损失的，处三年以上七年以下有期徒刑。国有事业单位的工作人员有前款行为，致使国家利益遭受重大损失的，依照前款的规定处罚。国有公司、企业、事业单位的工作人员，徇私舞弊，犯前两款罪的，依照第一款的规定从重处罚	致使国家利益遭受重大损失的，处三年以下有期徒刑或者拘役；致使国家利益遭受特别重大损失的，处三年以上七年以下有期徒刑	《中华人民共和国刑法》第一百六十八条	司法机关

485

486

责任主体	序号	违法行为	违反条款	刑罚标准	刑罚依据	刑罚部门
监理单位	4	投标人相互串通投标报价，损害招标人或者其他投标人利益	第二百二十三条第一款 投标人相互串通投标报价，损害招标人或者其他投标人利益，情节严重的，处三年以下有期徒刑或者拘役，并处或者单处罚金	情节严重的，处三年以下有期徒刑或者拘役，并处或者单处罚金	《中华人民共和国刑法》第二百二十三条第一款	司法机关
	5	投标人与招标人串通投标，损害国家、集体、公民的合法利益	第二百二十三条第二款 投标人与招标人串通投标，损害国家、集体、公民的合法利益的，依照前款的规定处罚	情节严重的，处三年以下有期徒刑或者拘役，并处或者单处罚金	《中华人民共和国刑法》第二百二十三条第二款	司法机关
	6	有下列情形之一，以非法占有为目的，在签订、履行合同过程中，骗取对方当事人财物：（一）以虚构的单位或者冒用他人名义签订合同的；（二）以伪造、变造、作废的票据或者其他虚假的产权证明作担保的；（三）没有实际履行能力，以先履行小额合同或者部分履行合同的方法，诱骗对方当事人继续签订和履行合同的；（四）收受对方当事人给付的货物、货款、预付款或者担保财产后逃匿的；（五）以其他方法骗取对方当事人财物的	第二百二十四条第一款 有下列情形之一，以非法占有为目的，在签订、履行合同过程中，骗取对方当事人财物，数额较大的，处三年以下有期徒刑或者拘役，并处或者单处罚金；数额巨大或者有其他严重情节的，处三年以上十年以下有期徒刑，并处罚金；数额特别巨大或者有其他特别严重情节的，处十年以上有期徒刑或者无期徒刑，并处罚金或者没收财产：（一）以虚构的单位或者冒用他人名义签订合同的；（二）以伪造、变造、作废的票据或者其他虚假的产权证明作担保的；（三）没有实际履行能力，以先履行小额合同或者部分履行合同的方法，诱骗对方当事人继续签订和履行合同的；（四）收受对方当事人给付的货物、货款、预付款或者担保财产后逃匿的；（五）以其他方法骗取对方当事人财物的	数额较大的，处三年以下有期徒刑或者拘役，并处或者单处罚金；数额巨大或者有其他严重情节的，处三年以上十年以下有期徒刑，并处罚金；数额特别巨大或者有其他特别严重情节的，处十年以上有期徒刑或者无期徒刑，并处罚金或者没收财产	《中华人民共和国刑法》第二百二十四条第一款	司法机关
施工单位	1	在生产、作业中违反有关安全管理的规定，因而发生重大伤亡事故或者造成其他严重后果	第一百三十四条第一款 在生产、作业中违反有关安全管理的规定，因而发生重大伤亡事故或者造成其他严重后果的，处三年以下有期徒刑或者拘役；情节特别恶劣的，处三年以上七年以下有期徒刑	处三年以下有期徒刑或者拘役；情节特别恶劣的，处三年以上七年以下有期徒刑	《中华人民共和国刑法》第一百三十四条第一款	司法机关
	2	强令他人违章冒险作业，因而发生重大伤亡事故或者造成其他严重后果	第一百三十四条第二款 强令他人违章冒险作业，因而发生重大伤亡事故或者造成其他严重后果的，处五年以下有期徒刑或者拘役；情节特别恶劣的，处五年以上有期徒刑	处五年以下有期徒刑或者拘役；情节特别恶劣的，处五年以上有期徒刑	《中华人民共和国刑法》第一百三十四条第二款	司法机关
	3	安全生产设施或者安全生产条件不符合国家规定，因而发生重大伤亡事故或者造成其他严重后果	第一百三十五条 安全生产设施或者安全生产条件不符合国家规定，因而发生重大伤亡事故或者造成其他严重后果的，对直接负责的主管人员和其他直接责任人员，处三年以下有期徒刑或者拘役；情节特别恶劣的，处三年以上七年以下有期徒刑	对直接负责的主管人员和其他直接责任人员，处三年以下有期徒刑或者拘役；情节特别恶劣的，处三年以上七年以下有期徒刑	《中华人民共和国刑法》第一百三十五条	司法机关

责任主体	序号	违法行为	违反条款	刑罚标准	刑罚依据	刑罚部门
施工单位	4	违反国家规定,降低工程质量标准,造成重大安全事故	第一百三十七条　建设单位、设计单位、施工单位、工程监理单位违反国家规定,降低工程质量标准,造成重大安全事故的,对直接责任人员,处五年以下有期徒刑或者拘役,并处罚金;后果特别严重的,处五年以上十年以下有期徒刑,并处罚金	对直接责任人员,处五年以下有期徒刑或者拘役,并处罚金;后果特别严重的,处五年以上十年以下有期徒刑,并处罚金	《中华人民共和国刑法》第一百三十七条	司法机关
	5	违反消防管理法规,经消防监督机构通知采取改正措施而拒绝执行,造成严重后果	第一百三十九条第一款　违反消防管理法规,经消防监督机构通知采取改正措施而拒绝执行,造成严重后果的,对直接责任人员,处三年以下有期徒刑或者拘役;后果特别严重的,处三年以上七年以下有期徒刑	对直接责任人员,处三年以下有期徒刑或者拘役;后果特别严重的,处三年以上七年以下有期徒刑	《中华人民共和国刑法》第一百三十九条第一款	司法机关
	6	在安全事故发生后,负有报告职责的人员不报或者谎报事故情况,贻误事故抢救	第一百三十九条第二款　在安全事故发生后,负有报告职责的人员不报或者谎报事故情况,贻误事故抢救,情节严重的,处三年以下有期徒刑或者拘役;情节特别严重的,处三年以上七年以下有期徒刑	情节严重的,处三年以下有期徒刑或者拘役;情节特别严重的,处三年以上七年以下有期徒刑	《中华人民共和国刑法》第一百三十九条第二款	司法机关
	7	国有公司、企业、事业单位直接负责的主管人员,在签订、履行合同过程中,因严重不负责任被诈骗	第一百六十七条　国有公司、企业、事业单位直接负责的主管人员,在签订、履行合同过程中,因严重不负责任被诈骗,致使国家利益遭受重大损失的,处三年以下有期徒刑或者拘役;致使国家利益遭受特别重大损失的,处三年以上七年以下有期徒刑	致使国家利益遭受重大损失的,处三年以下有期徒刑或者拘役;致使国家利益遭受特别重大损失的,处三年以上七年以下有期徒刑	《中华人民共和国刑法》第一百六十七条	司法机关
	8	国有事业单位的工作人员由于严重不负责任或者滥用职权或者徇私舞弊,造成国有公司、企业破产或者严重损失	第一百六十八条　国有公司、企业的工作人员,由于严重不负责任或者滥用职权,造成国有公司、企业破产或者严重损失,致使国家利益遭受重大损失的,处三年以下有期徒刑或者拘役;致使国家利益遭受特别重大损失的,处三年以上七年以下有期徒刑。国有事业单位的工作人员有前款行为,致使国家利益遭受重大损失的,依照前款的规定处罚。国有公司、企业、事业单位的工作人员,徇私舞弊,犯前两款罪的,依照第一款的规定从重处罚	致使国家利益遭受重大损失的,处三年以下有期徒刑或者拘役;致使国家利益遭受特别重大损失的,处三年以上七年以下有期徒刑	《中华人民共和国刑法》第一百六十八条	司法机关
	9	投标人相互串通投标报价,损害招标人或者其他投标人利益	第二百二十三条第一款　投标人相互串通投标报价,损害招标人或者其他投标人利益,情节严重的,处三年以下有期徒刑或者拘役,并处或者单处罚金	情节严重的,处三年以下有期徒刑或者拘役,并处或者单处罚金	《中华人民共和国刑法》第二百二十三条第一款	司法机关
	10	投标人与招标人串通投标,损害国家、集体、公民的合法利益	第二百二十三条第二款　投标人与招标人串通投标,损害国家、集体、公民的合法利益的,依照前款的规定处罚	情节严重的,处三年以下有期徒刑或者拘役,并处或者单处罚金	《中华人民共和国刑法》第二百二十三条第二款	司法机关

487

488

责任主体	序号	违法行为	违反条款	刑罚标准	刑罚依据	刑罚部门
施工单位	11	有下列情形之一，以非法占有为目的，在签订、履行合同过程中，骗取对方当事人财物：（一）以虚构的单位或者冒用他人名义签订合同的；（二）以伪造、变造、作废的票据或者其他虚假的产权证明作担保的；（三）没有实际履行能力，以先履行小额合同或者部分履行合同的方法，诱骗对方当事人继续签订和履行合同的；（四）收受对方当事人给付的货物、货款、预付款或者担保财产后逃匿的；（五）以其他方法骗取对方当事人财物的	第二百二十四条第一款 有下列情形之一，以非法占有为目的，在签订、履行合同过程中，骗取对方当事人财物，数额较大的，处三年以下有期徒刑或者拘役，并处或者单处罚金；数额巨大或者有其他严重情节的，处三年以上十年以下有期徒刑，并处罚金；数额特别巨大或者有其他特别严重情节的，处十年以上有期徒刑或者无期徒刑，并处罚金或者没收财产：（一）以虚构的单位或者冒用他人名义签订合同的；（二）以伪造、变造、作废的票据或者其他虚假的产权证明作担保的；（三）没有实际履行能力，以先履行小额合同或者部分履行合同的方法，诱骗对方当事人继续签订和履行合同的；（四）收受对方当事人给付的货物、货款、预付款或者担保财产后逃匿的；（五）以其他方法骗取对方当事人财物的	数额较大的，处三年以下有期徒刑或者拘役，并处或者单处罚金；数额巨大或者有其他严重情节的，处三年以上十年以下有期徒刑，并处罚金；数额特别巨大或者有其他特别严重情节的，处十年以上有期徒刑或者无期徒刑，并处罚金或者没收财产	《中华人民共和国刑法》第二百二十四条第一款	司法机关
	12	排放、倾倒或者处置有放射性的废物、含传染病病原体的废物、有毒物质或者其他有害物质	第三百三十八条 违反国家规定，排放、倾倒或者处置有放射性的废物、含传染病病原体的废物、有毒物质或者其他有害物质，严重污染环境的，处三年以下有期徒刑或者拘役，并处或者单处罚金；后果特别严重的，处三年以上七年以下有期徒刑，并处罚金	严重污染环境的，处三年以下有期徒刑或者拘役，并处或者单处罚金；后果特别严重的，处三年以上七年以下有期徒刑，并处罚金	《中华人民共和国刑法》第三百三十八条	司法机关
	13	非法占用耕地、林地等农用地，改变被占用土地用途，数量较大，造成耕地、林地等农用地大量毁坏	第三百四十二条 违反土地管理法规，非法占用耕地、林地等农用地，改变被占用土地用途，数量较大，造成耕地、林地等农用地大量毁坏的，处五年以下有期徒刑或者拘役，并处或者单处罚金	处五年以下有期徒刑或者拘役，并处或者单处罚金	《中华人民共和国刑法》第三百四十二条	司法机关
	14	非法采伐、毁坏珍贵树木或者国家重点保护的其他植物的，或者非法收购、运输、加工、出售珍贵树木或者国家重点保护的其他植物及其制品	第三百四十四条 违反国家规定，非法采伐、毁坏珍贵树木或者国家重点保护的其他植物的，或者非法收购、运输、加工、出售珍贵树木或者国家重点保护的其他植物及其制品，处三年以下有期徒刑、拘役或者管制，并处罚金；情节严重的，处三年以上七年以下有期徒刑，并处罚金	处三年以下有期徒刑、拘役或者管制，并处罚金；情节严重的，处三年以上七年以下有期徒刑，并处罚金	《中华人民共和国刑法》第三百四十四条	司法机关
	15	盗伐森林或者其他林木	第三百四十五条第一款 盗伐森林或者其他林木，数量较大的，处三年以下有期徒刑、拘役或者管制，并处或者单处罚金；数量巨大的，处三年以上七年以下有期徒刑，并处罚金；数量特别巨大的，处七年以上有期徒刑，并处罚金	数量较大的，处三年以下有期徒刑、拘役或者管制，并处或者单处罚金；数量巨大的，处三年以上七年以下有期徒刑，并处罚金；数量特别巨大的，处七年以上有期徒刑，并处罚金	《中华人民共和国刑法》第三百四十五条第一款	司法机关

责任主体	序号	违法行为	违反条款	刑罚标准	刑罚依据	刑罚部门
施工单位	16	滥伐森林或者其他林木	第三百四十五条第二款　违反森林法的规定，滥伐森林或者其他林木，数量较大的，处三年以下有期徒刑、拘役或者管制，并处或者单处罚金；数量巨大的，处三年以上七年以下有期徒刑，并处罚金	数量较大的，处三年以下有期徒刑、拘役或者管制，并处或者单处罚金；数量巨大的，处三年以上七年以下有期徒刑，并处罚金	《中华人民共和国刑法》第三百四十五条第二款	司法机关
运营管理单位	1	明知校舍或者教育教学设施有危险，而不采取措施或者不及时报告，致使发生重大伤亡事故	第一百三十八条　明知校舍或者教育教学设施有危险，而不采取措施或者不及时报告，致使发生重大伤亡事故的，对直接责任人员，处三年以下有期徒刑或者拘役；后果特别严重的，处三年以上七年以下有期徒刑	对直接责任人员，处三年以下有期徒刑或者拘役；后果特别严重的，处三年以上七年以下有期徒刑	《中华人民共和国刑法》第一百三十八条	司法机关
	2	违反消防管理法规，经消防监督机构通知采取改正措施而拒绝执行，造成严重后果	第一百三十九条第一款　违反消防管理法规，经消防监督机构通知采取改正措施而拒绝执行，造成严重后果的，对直接责任人员，处三年以下有期徒刑或者拘役；后果特别严重的，处三年以上七年以下有期徒刑	对直接责任人员，处三年以下有期徒刑或者拘役；后果特别严重的，处三年以上七年以下有期徒刑	《中华人民共和国刑法》第一百三十九条第一款	司法机关
	3	在安全事故发生后，负有报告职责的人员不报或者谎报事故情况，贻误事故抢救，情节严重	第一百三十九条第二款　在安全事故发生后，负有报告职责的人员不报或者谎报事故情况，贻误事故抢救，情节严重的，处三年以下有期徒刑或者拘役；情节特别严重的，处三年以上七年以下有期徒刑	情节严重的，处三年以下有期徒刑或者拘役；情节特别严重的，处三年以上七年以下有期徒刑	《中华人民共和国刑法》第一百三十九条第二款	司法机关
	4	国有事业单位的工作人员由于严重不负责任或者滥用职权或者徇私舞弊，造成国有公司、企业破产或者严重损失	第一百六十八条　国有公司、企业的工作人员，由于严重不负责任或者滥用职权，造成国有公司、企业破产或者严重损失，致使国家利益遭受重大损失的，处三年以下有期徒刑或者拘役；致使国家利益遭受特别重大损失的，处三年以上七年以下有期徒刑。国有事业单位的工作人员有前款行为，致使国家利益遭受重大损失的，依照前款的规定处罚。国有公司、企业、事业单位的工作人员，徇私舞弊，犯前两款罪的，依照第一款的规定从重处罚	致使国家利益遭受重大损失的，处三年以下有期徒刑或者拘役；致使国家利益遭受特别重大损失的，处三年以上七年以下有期徒刑	《中华人民共和国刑法》第一百六十八条	司法机关
其他建设工程咨询服务单位	1	投标人相互串通投标报价，损害招标人或者其他投标人利益	第二百二十三条第一款　投标人相互串通投标报价，损害招标人或者其他投标人利益，情节严重的，处三年以下有期徒刑或者拘役，并处或者单处罚金	情节严重的，处三年以下有期徒刑或者拘役，并处或者单处罚金	《中华人民共和国刑法》第二百二十三条第一款	司法机关
	2	投标人与招标人串通投标，损害国家、集体、公民的合法利益	第二百二十三条第二款　投标人与招标人串通投标，损害国家、集体、公民的合法利益的，依照前款的规定处罚	情节严重的，处三年以下有期徒刑或者拘役，并处或者单处罚金	《中华人民共和国刑法》第二百二十三条第二款	司法机关

参 考 文 献

［1］深圳市市政工程质量安全监督总站制度汇编［Z］. 2018.

［2］深圳市建设工程质量安全监督总站制度汇编［Z］.

［3］深圳大鹏新区建设工程质量安全监督站制度汇编［Z］. 2019.

［4］深圳市宝安区、龙岗区等区建设工程质量安全监督站制度、工作手册等资料.

［5］北京、上海、深圳等市建设工程质量安全监督站制度、工作手册等资料.

［6］国家、广东省、深圳市及各区相关工程建设法规、规范性文件及制度等.